世界を貧困に導くウォール街を超える悪魔

THE FINANCE CURSE

ニコラス・シャクソン
平田光美　平田完一郎〔訳〕

ダイヤモンド社

THE FINANCE CURSE
by
Nicholas Shaxson

First published as The Finance Curse by Bodley Head, an imprint of Vintage.
Vintage is part of the Penguin Random House group of companies.

Japanese translation published by arrangement with Bodley Head, an imprint of Random House Group Ltd. through The English Agency (Japan) Ltd.

CONTENTS

世界を貧困に導く　ウォール街を超える悪魔

ICE CURSE

世界を貧困に導く ウォール街を超える悪魔

●登場する人物の所属、肩書きなどは、すべて著者執筆時点のものです。

●＊の注は原注です。下記のURLかQRコードよりご覧ください。
https://rd.diamond.jp/109342-pb

序章　少額の手数料から見えてくる金融化現象

皆さんは最近ネットで切符を購入したことがあるだろうか。そして、その購入手数料はいくらかご存じだろうか？　例えば電車の切符などをオンラインで販売する企業、トレインライン[訳注★1]へ支払った少額の予約手数料75ペンス[訳注★2]は、あなたの銀行口座を出た後、列車の旅とは対照的に実に複雑な旅をしている。

ロンドンに拠点を置くトレインラインは、トレインライン・ホールディングスという別の持ち株会社が所有しており、その傘下にある。そして、この持ち株会社は別の会社が所有しており、それをまた別会社が所有するという形で、このトレインラインの親に相当する会社は合計5社に上る。

では、この5社に所有されるトレインラインにあなたが支払った手数料75ペンスは、どこへ行くのか。その道筋を辿《たど》ってみると、英仏海峡を越えてタックスヘイブンのジャージー島へ、そこから再度ロンドンに戻り、前述の5社を通過し、もう一度ジャージー島へ戻り、欧州大陸に飛ん

訳注1　トレインライン　イギリスおよび欧州大陸の電車とバスのチケットサービス会社。
訳注2　75ペンス　日本円で100円足らず。

でタックスヘイブンであるルクセンブルクの2社の銀行口座に落ち着くことになる。

この手数料の旅路を川の流れにたとえるなら、キラキラ輝きながら流れ下るその途中で、さまざまなカネの小川の分岐や合流があり、前述のヒエラルキーに属するそれぞれの会社が銀行からカネを借りたり、会社同士が時には資金投入や借入金の名目で互いに融通し合ったり、驚くほどの高利で貸し借りが行われているのだ。

ルクセンブルクに到達した、ちっぽけな、しかし勇敢な75ペンスは、金融のトンネルに潜ってしまうため追跡が難しくなる。しかし、しばらくするとまた表に現れ、今度はカリブ海へと移動する。次はケイマン諸島の、実態がつかみにくく不可解な3、4社を経て再び表に現れるのだ。この75ペンスは、あなたの口座を出てからすでに二十数社の口座を経ているが、さらに世界中の無数の資金の川や大河に合流し、まとまってアメリカの巨大な投資会社KKR（コールバーグ・クラビス・ロバーツ）の大きな胃袋に吸い込まれていく。

しかし、カネの大河はそこで止まることはない。今度はKKRの株主の口座に吸い込まれていく。その株主とは、世界最大の銀行、投資ファンド、そして裕福な個人投資家——KKRの創業者であり、億万長者で、いまだ存命の二人、ジョージ・ロバーツとヘンリー・クラビスを含む裕福な投資家である。

KKRは1977年に最初の買収を成立させて以来、実在する300社以上の株式のすべて、もしくは一部に投資してきた。その中にはセーフウェイ、トイザらス、デルモンテ・フーズ、ソノス・ワイヤレス・ハイファイシステムなどのメーカーや、薬局のブーツ、トレインラインも含まれている。KKRの主な収益源は、企業再生による利益や、投資した企業が倒産する前に売却して得た利益である。直近でも、180社超の実体のある企業を所有している。あえて「実体のある」という表現を使うのは、KKRが所有する企業の数は実に4000社を超え、そのほとんどが市井《しせい》の人々の生活から切り離された、帳簿上においてのみ存在する会社だからだ。

それらの登記場所は、例えばジャージー島に20社以上、ルクセンブルクに200社超、ケイマン諸島では800社を超える数になる。ブーツやトレインラインなどKKR帝国の一構成員である実体のある会社は、必ず前記のような複雑な企業構造を持ち、そこを起点に、経済専門用語のような奇抜な名前の企業群が居並び、頂点に立つ企業がそれらをがんじがらめにしてしまっている。例えば、トレインラインの場合は、「トレインライン・ジュニア・メッツ・リミテッ

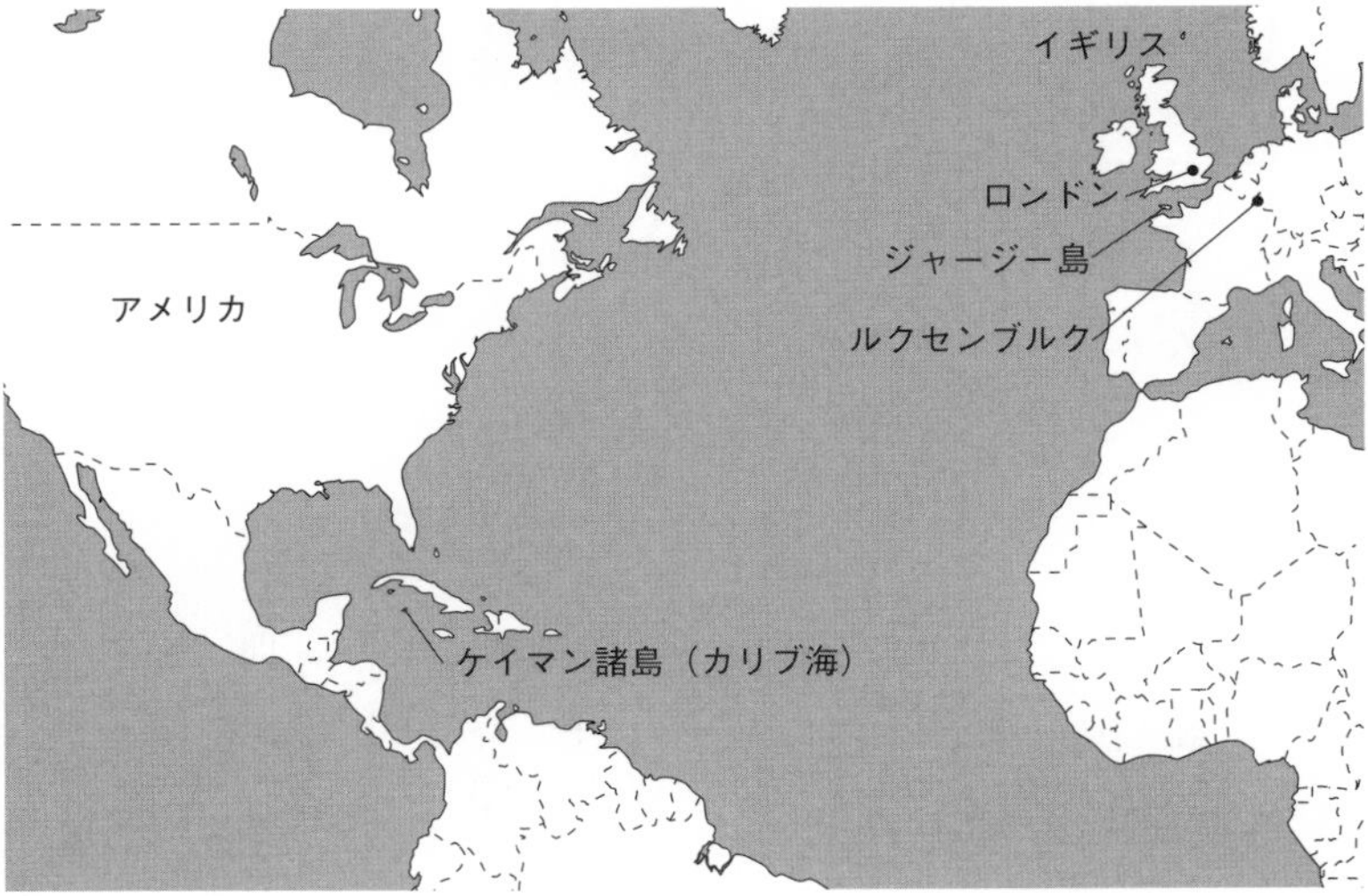

ド」「ビクトリア・インベストメント・インターミィディエイト・ホールドコ・リミテッド」などがある[*1]。

これまで紹介してきたことは、違法とは言いがたい。むしろ、今日のビジネスのあり方の主流とも言えよう。しかし、トレインラインの複雑な企業群のあり方は、いくつかの疑問を提起する。

第一の疑問は、何のためにそうするのか？　である。

この疑問に答えるには、まずは金融化《ファイナンシャライゼーション》について理解しておかなければならない。この現象は1970年代に初めて登場し、その後ゆっくりと静かに私たちに忍び寄ってきた。金融化がもたらした大きな変化は、金融、保険、不動産の各分野の大規模化と影響力の飛躍的な増大に留まらず、金融市場や金融手法、動機や考え方に至るまで、私たちの経済・社会活動や文化面にまでかつてないほど深く浸透してきている。

トレインラインの企業構造は、前述の後半部分に該当する金融化の波の新たな側面を代表するものだ。すなわち、実体経済において本当の富を生み出す企業活動——例えば歯車などの部品や機材、マラリアの特効薬を開発・製造したり、おもちゃやツアーを企画販売したり、電車の切符の効率的なオンライン販売用プラットフォームを考案したりする企業の経営者たちに、企業活動の生産性向上に向けてたゆまぬ努力を求めたり、起業家精神を向上させる行動をとるよう仕向けるのではなく、むしろそれらから目をそらすよう誘導し、企業所有者（株主）に対して高収益をもたらし、かつもっと短期間で簡単に利益を上げられる甘い誘惑に満ちた金融工学に走らせるようにしている。

75 ペンスの旅

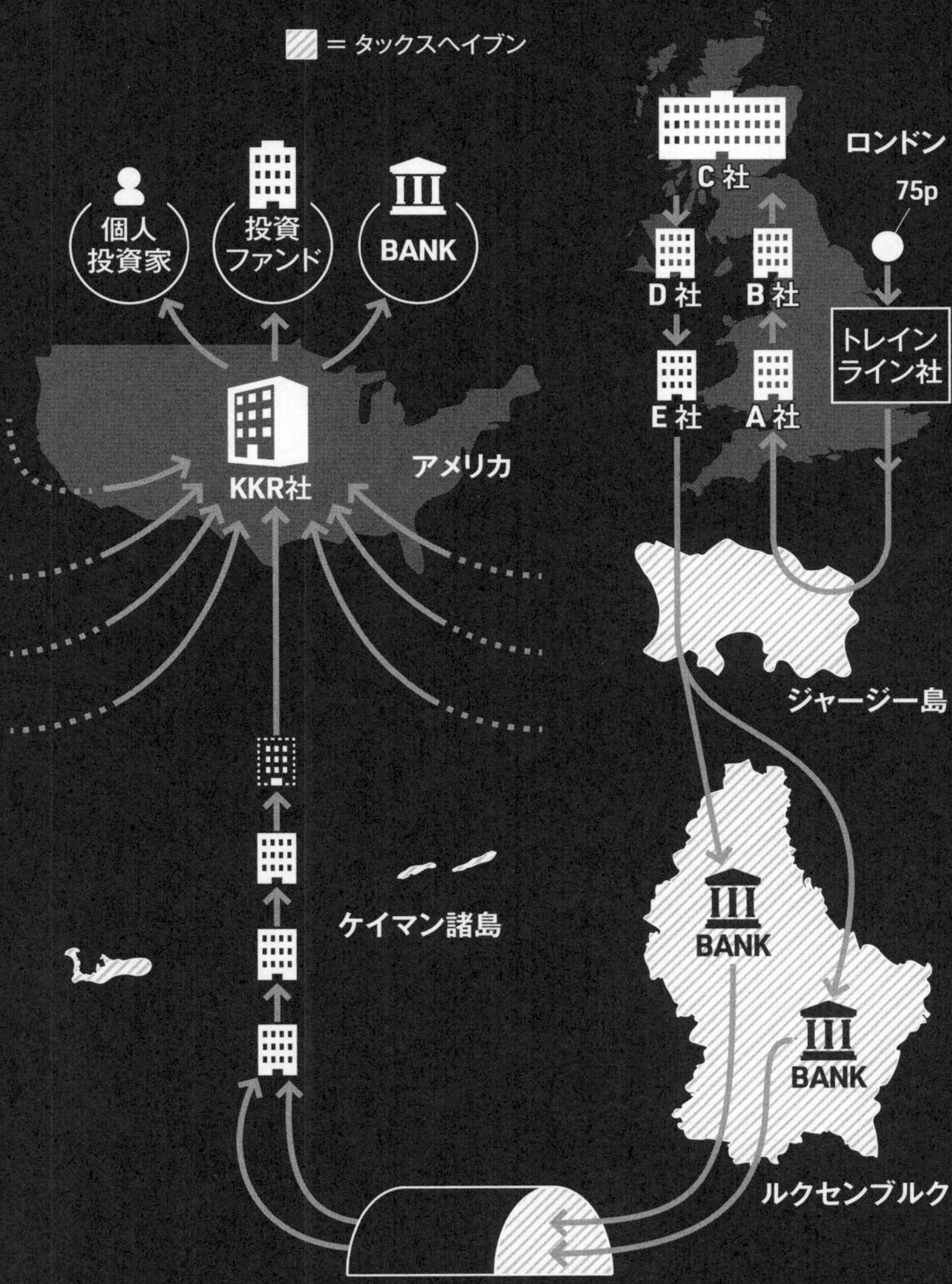
= タックスヘイブン
個人
投資家
投資
ファンド
BANK
KKR社
アメリカ
ケイマン諸島
ロンドン
C 社
D 社
B 社
E 社
A 社
75p
トレイン
ライン社
ジャージー島
BANK
BANK
ルクセンブルク

企業の存在意義は、半世紀ほど前には、利益を上げること、そして従業員や地域社会およびより広範な社会にも貢献するものとして受け入れられていた。しかし、ここ数十年の金融化の時代に、ビジネスは大きな変革を遂げ、今では企業の所有者である株主の財産を最大化するという一点にまでその目的は絞られてきてしまっている。トレインラインの複雑で入り組んだ企業構造は、実際に有用なビジネスを行う末端の企業を土台としたその上に、金融的な構造を構築し、最先端の複雑な手法でその稼いだカネを吸い上げているのが実態である。これは一例にすぎないが、今や私たちの周りにはこの金融化が溢れているのだ。

　このような複雑な企業構造について、さらに2つ目の大きな疑問が湧いてくる。トレインライン・グループは、2017年度に、イギリスの顧客からおよそ1億4800万ポンドの収入を得ている。たった75ペンスの予約手数料の積み重ねが、この金額になるのだ。トレインラインは、私たち利用者に電車の切符の購入を最小限の煩雑さで実現するという有用なサービスを提供している。しかし、このサービスの対価として、イギリスの電車利用客から2017年度に得た1億4800万ポンドもの金額は、果たして適正だったのか？[*2]　また、同様の利便性をこの半分のコストで提供することはできなかったのだろうか？　この1億4800万ポンドのうち、いくらが正当な付加価値として認められ、またリスクを負担するコストと認められるのだろうか？　そして、電車の切符販売における独占企業ともいえる立場を利用して得た金額のうち、いくらが不当な富の搾取だろうか？

　この質問に対する回答は簡単ではない。なぜなら、まずカネの流れの大半は、ジャージー島、ルクセンブルク、ケイマン諸島に隠されている一方で、私たちの社会が「企業は儲けすぎている」と判断する線引きのレベルという哲学的な問題を提起するからだ。1つ明らかなのは、他に選択肢のないイギリスの電車利用者は、トレインラインに多額の手数料を支払っており、その一方でKKRとその投資家たちは多額の利益を上げているということだ。いくらをもって企業の「儲けすぎ」と言うかは別としても、この多額の利益は少なくとも利用者にとっては、隠された課税と同等と言えるのである。

金融化時代の到来で、企業経営者やそのアドバイザーと金融セクターは、これまで主流であった経済に貢献する形態の富の創出から乖離《かいり》し、金融手法を駆使して、経済から富を搾取する方向に舵を切った。金融化は、株主や経営者に莫大な利益をもたらす一方、そのよって立つ土台である実体経済、すなわち私たち庶民が暮らしを維持し、働く場である実体経済は沈滞してしまっている。いわばこれら莫大な利益と経済の沈滞はコインの表裏であり、いずれも富の搾取なのだ。

これこそが本書の中心テーマであり、名づけて「金融の呪い」なのである。そして、金融の呪いのコンセプトは単純だ。すなわち、金融セクターがいったん最適な規模および有益な役割を果たす規模を超えてしまうと、その拠点を置く国に、害をなし始める。それらは、伝統的な金融の役割である社会への貢献や、適正な富の創出ではなく、他の分野から富を搾取する利益率の高い分野の活動に舵を切ってしまう。同時に、政治的な影響力を強め、法律や規則、ひいては社会そのものを彼らの目的に適合させようとし始める。その結果、低経済成長、貧富の差の拡大、非効率的な市場、公共サービスの劣化、汚職による腐敗の進行、競合する経済分野の空洞化、そして民主主義と社会に対し、広範囲のダメージをもたらすのだ。

そこで、金融の呪いという概念についてより深く理解するため、1世紀ほど遡り、当時の世界から俯瞰していきたい。それは、20世紀初頭のアメリカの泥棒男爵とも呼ばれる悪徳資本家集団の時代に始まり、１９５０年代の大英帝国の崩壊、その後シティのグローバル金融センターとしての再生を経て、１９６０年代におけるカリブ海諸島の英領タックスヘイブンの誕生、そして１９７０年代から80年代にかけての、アイルランドの「ケルトの虎」経済の初期のルーツを探り、その後のグローバル経済危機を誘発する原因となったロンドンの果たした重大な役割など、これまで語られてこなかった驚くべき真実を明らかにしていく。そして、経済危機の後は資産運用マネジャーの奇妙な世界に分け入る。

さらには、億万長者のための欺瞞に満ちた逃げ口上や、巨大な権力を手にした大手会計事務所の調査分析を行い、北イングランドの介護職員に始まり、それとは対照的なメイフェア[訳注★3]にまばゆいオフィスを構えるプライベート・エクイティ（ＰＥ）の大物へと至る企業の複雑な足跡を追ってゆく。その過程で、どのように事実が否定され、歪められ、誤用されたのか。また、これらすべてが普通で、かつ必要な活動であり、さらには良いことだと民衆を説得するためにでっち上げられた情報であったことなどが見えてくる。もはや、目的のためには何でもやる世界なのか？

豊富さゆえの貧困

金融の呪いの概念には長い歴史がある。１９９０年代初頭から半ばにかけて、私がロイターの特派員として石油とダイヤモンドの豊富なアンゴラに駐在していた当時、国連はアンゴラが世界で最も過酷な戦争で喘《あえ》いでいるとの報告を出していた。私が赴任中に出会った西洋人は全員、同じ質問を投げかけてきた――これほど天然資源に恵まれている国の国民が、なぜこれほどまで困窮の極みに達しているのか？　もちろん、汚職がその原因の1つではある。賄賂で動く国のリーダーがオイル・マネーを盗み、そのカネで首都ルアンダのビーチでロブスターやシャンパンを楽しむ一方、砂埃の舞う地方では、栄養失調でボロを着た同胞同士の殺し合いが続いていたのだ。しかし、これだけではない、何かが裏で動いていた。

当時の私にはそれが何であるかは知る由もなかったのだが、学者たちがようやく新しい概念として認識し始め、提唱しつつあった「資源の呪い」[*3]と名づけた現象を最前線で見ていたのである。学者たちは、アンゴラをはじめとする天然資源の豊富な国々が、資源の乏しい近隣諸国と比較して、その資源の豊富さゆえになぜか経済成長が遅れ、政治的腐敗や摩擦の増加、より独裁的な政治と極度の貧困に苦しんでいることを突き止めつつあった。

資源保有国にまつわる呪いについて唯一覚えておくべきことは、資源がありすぎるがゆえの悲劇なのだ。豊富な天然資源を有する国が、そこから得られる富を国民のために適切に使わないばかりか、権力の座にある詐欺師のような者が他者より早く富をつかみ取って国外へ隠すというケースもある。重要な点は、天然資源から得られた財産は、資源が発見されなかった場合と比較

訳注3　メイフェア　ロンドン中心部のハイドパークに隣接し、高級ホテル、レストラン、服飾店などが並ぶ高級街。

して、結果的にその国の国民をより貧困に陥らせてしまうことだ。それゆえ、資源の呪いは、豊富さゆえの貧困という背理の異名を持つ。もちろん、国によって受ける影響は異なる。例えばノルウェーの場合、持っている天然資源によって潤っている。しかし、当時のアンゴラの人々には、資源の豊富さゆえ、それが戦争の資金源となり、結果として国を長期にわたり深刻な状況に追い込んでいる、とは想像すらできなかったのだ。

資源の呪いに苦しむアンゴラの現状をレポートした私の記事を、ジョン・クリステンセンが読んでいた。イギリスのタックスヘイブンであるジャージー島の公式財務アドバイザーを務めていた彼は、自分の見たジャージー島における現象と私の記事との間にあるいくつもの相似性に気づいた。彼は当時を振り返り、「私は、記事の指摘する石油や天然ガスが過剰にあるがゆえに貧困に陥るという、直感とは相いれない概念に強く惹きつけられ、関心を持った」と言う。そして、読めば読むほど、「これはジャージーそのものではないか！　互いに不可思議と思えるほど相似形だ」との思いを強くした。

そして彼はもっと重大な点に気づいていた。それは、金融に依存しているジャージーだけがアンゴラ同様、資源の呪いに苦しんでいたのではなく、イギリスも同じように苦しんでいたということである（ジャージー島タックスヘイブンで目にした無節操な金銭欲の実態に驚愕したクリステンセンは、2003年に退職した後、タックスヘイブンの廃止に向けて闘うことを目指す組織、タックス・ジャスティス・ネットワーク[訳注★4]の設立に貢献・寄与した）。

イギリスとアンゴラの共通点は、どちらも大きな経済セクターが幅を利かせ、牛耳っているということだ。アンゴラの場合は石油であり、イギリスは金融である。その規模を把握するには、数字で比較するのがわかりやすい。１９７０年以前の1世紀ほどを見ると、イギリスのＧＤＰのおよそ半分を銀行の資産が占めていたが、その後金融化の到来とともにその率が急上昇し始める。金融危機が世界を襲うことになる直前の２００６年までには、イギリスの銀行の資産はＧＤＰの５００％に達し、それ以降ほとんど変動していない。これは欧州平均の倍であり、アメリカの４～5倍である。さらにこれを銀行のみならず保険会社や他の金融関連機関の保有する金融資産にまで広げれば、ＧＤＰの10倍をはるかに超える額になる。*4

アンゴラをはじめ、石油資源に恵まれ、それに大きく依存するアフリカ西海岸諸国を取材していくうちに、石油産業分野によって国内経済の他の分野の活力が吸い上げられ枯渇していくのを目の当たりにした。高等教育を受けた優秀な人材が工業、農業、政府、公共団体、メディアからどんどん引き抜かれ、高給が保証された石油関連の仕事に吸い寄せられていった。

また、あえて政府機関に残った優秀な人材でさえ、石油産業によって国の発展の望みが絶たれたことに失望し、政治がオイル・マネーに擦り寄るための腐敗と権力闘争のゲームにすぎなくなった現状に落胆し、国の難題を解決する意欲を失っていく。

ロンドンのシティでも、イギリスの優秀な頭脳に関して、これに酷似した現象が現れていた。

訳注4　タックス・ジャスティス・ネットワーク　略称ＴＪＮ（Tax Justice Network）。２００３年にロンドンで設立された国際的なネットワークで、より公正な税制のための調査・分析・啓発を行う非営利組織。

イギリスの政治家連中も同様に、派手なプライベート・エクイティの大物たちや、銀行の経営者、会計士、財テク企業のCEOに取り込まれている。「金融業界は、天才的なロケット科学者を、宇宙衛星関連産業と競り合って吸い上げていってしまう」とは、金融の台頭と経済成長に関する研究発表をした有名な学術研究者たちの言葉である。「結果として、違う時代に生まれたならば科学者としての道に進み、がんの撲滅や火星への有人飛行という夢に向かって人生を捧げたかもしれない若者が、今やヘッジファンド・マネジャーになることを夢見ているのだ」

政治の世界からも、金融の専門知識を持つ優秀な人材が高収入を謳《うた》う金融業界へと流れ、結果としてイギリスでは無能な首相が続いている。[*5] 有能な首相候補の多くがヘッジファンドに流れ、カネにまみれて持てる才能を生かしきれていない現実がある。そのような政治における焦点の大きなぶれが、本来であればバランスのとれた国内の発展を阻害し、さらなる悪循環を招いている。

アンゴラでは、石油によってもたらされた滝のように流れ込む富が、住宅から散髪に至る現地の商品価格やサービスの値段を押し上げていった。この価格高騰が、やがて輸入品と対抗できないほどにまで、地場産業や農業に追加の破壊的打撃を与えた。これと同様の現象がロンドンのシティでも起きていた。どんどんシティに流れ込むカネ（とシティの中で生み出されたカネ）は、住宅価格や商品価格を押し上げ、イギリスの輸出産業は外国企業との価格競争で不利な立場に追い込まれていった。[*6]

石油ブームや石油バブルの崩壊も、アンゴラに壊滅的な影響をもたらした。経済が好調なときには、首都ルアンダの空に林立していたクレーン群は、バブルの崩壊とともに未完成の巨大なコンクリートの残骸だけを残した。好景気時に行った巨額の借り入れは、不景気時には負債の山を築き、問題をさらに深刻化させた。

イギリスの場合、金融バブルとその崩壊はタイミングも異なり、さまざまな要因で引き起こされたが、石油バブルとその崩壊は、ラチェット効果[訳注★5]を生む。好景気時には優勢な産業が他の経済部門にダメージを与えるが、バブル崩壊時にダメージを受けた部門が簡単に再興できるはずもない。また、晴れているときには傘を差し出し、雨が降れば傘を取り上げることでつとに有名な銀行家が、かえって問題を深刻にしている。好況時には信用供与の蛇口を最大限に開き、貸出を増やすことで効果を倍増させるが、物事が萎縮し始めると、速やかに回収を強行し、不景気をより悪化させてしまう。

フランスのような「普通」の経済構造の国の場合には、富は幅広い産業、例えば工場や建設現場、銀行、漁業、ケータリングなどさまざまな分野で働く人々によって生み出されている。一方政府は、警察や道路、学校、法の支配、下水等を整備し、それらの財政的支援を行う役割を担っている。そのため、政府は選挙民および産業界と話し合い、彼らから税金を徴収せねばならず、その話し合いを通じて検証可能で健全な説明義務、相互責任が育まれている。

しかし、アフリカ諸国のように政治家集団の上層部にオイル・マネーが勢いよく流れ落ちてくる場合、政府は市民と協議や交渉を行う必要すらなくなる。オイル・マネーは権力の抑制と均衡、

訳注5　ラチェット効果　歯止め効果。所得水準の低下に対して消費支出がそれほど低下しない現象。

さらに行政構造までも破壊し、政権の座に居座る者は、原始の政治のやり方に先祖返りする。すなわち、自分で富の分配を行い、また自分への忠誠と引き換えに取り巻き連中に富を手にする許可を与えるのだ。そして、もし市民が不満を口にしようものなら、オイル・マネーは民兵的な警察を使って取り締まりを行う（そのこともあってか、石油依存経済の国々は往々にして独裁的である）。アンゴラのような石油中心の経済構造を持つ国を川にたとえて描くならば、石油のもたらした富（財宝）を満載した小型船団が滑るように川下に向かっている。途中には関所が設けられ、通過する船から通行料を徴収している。しかし、通行料の徴収の大部分は川上で行われ、川下に下るにつれて川の流れはより多くの細かな支流に分岐し、配分される富は極端に少なくなる。ほとんどの人々は川下の先の扇状地に住んでおり、配分可能な富はほとんど残っていない。

イギリスでもこれと同じようなことが起きている。イギリスはアンゴラと比べても、より多様な経済構造を有しているので、末端の現場でも十分な富が生み出されている。しかし、それと同時に川上にも、ほとばしるほどの富が流れ込んでいるのだ。その富は地中のパイプラインから吸い上げられるのではなく、その大部分が他の産業分野から吸い上げられるよう、金融セクターによって設計されたものなのである。この金融セクターによる川上からの富の流入は、まだイギリスを独裁国家に変貌させるまでには至っていないが（しかし、経済規模の小さなタックスヘイブンでは、その経済の金融への依存度の高さゆえに独裁に近い状態になっているのも否定できない事実である）、現実に起きていることは、金融分野がしばしば他の経済分野と利害が衝突し、敵対した場合にはつねに金融分野が勝利していることだ。

前記の経済構造は、アンゴラおよびイギリスの非石油産業分野の経済に似たようなダメージを与えている。英産業の斜陽はアンゴラほど悲惨ではないものの、将来への警鐘として大きな示唆を与えてくれている。それは、支配的産業への過剰な富の集中は、他の産業分野の成長を抑制し、破壊しかねないというものだ。国に流れ込む過剰なカネの大河は、長期的には経済の発展を阻害し、国そのものを多方面から頽廃《たいはい》させる可能性が極めて高いのだ。

1970年代から始まった英製造業の衰退が、他国を凌ぐ速さで起きたことと、英金融セクターの資産がGDPの10倍以上に膨らみ、比較可能な西側諸国の間でも、その経済規模に占める金融資産の割合が群を抜いて増加していたことは偶然ではない。また、偶然の一致とは言えないもう1つの要素が、ロンドンのシティに毎週何兆ドルものカネが流入し、レストランや劇場に入り浸る華やかな実業家たちがいる一方、イギリス全体としてみると、他の同等諸国と比較しても何ら恵まれているとはいえず、見方によってはむしろ劣っているかもしれないという点だ。イギリスの一人当たりのGDPは、北欧の同等国よりも低く、貧富の差はより大きく、医療、福祉の総合的な満足度も劣っているのである。[*7]

通常ならば、巨大な金融セクターから市場の他の分野に対して投資を期待するところだが、現在までのところ、真逆の現象が生じている。1世紀ほど前までは、銀行融資の8割は実体経済を担う企業への融資であったが、今では主に銀行間貸借や住宅と商業不動産分野に流れ、イギリスの銀行貸し出しのうち金融セクター以外のビジネスに回るのは1割強にすぎない。[*8] すなわち、イギリスにおける非金融分野への投資は、イタリアの水準すら下回り、G7各国の中でも最低水準だ。この傾向は長期的なもので、1997年以来、OECD諸国——それもメキシコ、チリ、トルコを含む上位34ヶ国のうち最下位で推移している。

多くのイギリス人は、「競争力」を有すると考えられている低税率、金融中心の経済に誇りを持っている。しかし、一人当たりの所得水準では、イギリスの経済規模は北欧のどの国のそれよりも小さく、さらには高税率のフランスと比較しても25%以上生産性が低い。ロンドン以外の場所では生産性はさらに低く、この状態はかなり長期にわたって続いている。*9 難しい政治課題への対処から逃避し、不景気の埋め合わせをするために、歴代政権は金融緩和策などを掲げ、結果として1960年代以降には潜在的な経済規模の3倍の速度で銀行の資産が膨らむことを容認した。*10 しかし、この資産のほとんどは金融セクター内で循環しているだけで、本来それを必要とする人々に、そして実体経済には回らず、完全に乖離した形で存在してしまった。金融化の時代の変化は、通常のビジネスや市井の人々とは無関係のところで起こったものなのだ。

ここで先ほどと同じ質問が頭をもたげてくる。より大きな疑問として、これらは「一体何のためなのか?」ということだ。イギリスの著名な金融コメンテーターの一人、ジョン・ケイは、この問題提起とともに彼自身の分析を次のように述べている。

「限られた数人が互いにカネを交換し合っても、常識で考えれば、このカネの総額は大して変わらないことは自明であろう。しかし、もしその中のごく限られた人が極端に多額の利益を上げるならば、その利益は同サークル内の他のメンバーの犠牲の上に得られたものでしかない」*11

しかし、金融の呪いの分析によれば、ケイの推論よりも結果はさらに酷《ひど》いものになる。実は、この過剰な金融セクターの中を渦巻くように循環するカネは、私たちすべてを貧困化させているようなのだ。イギリスでは「シティは金の卵を産むガチョウ」といわれている。しかし、金融の呪いの観点からは、シティの違った側面が暴露される。それは、他の産業を締め出す、鳥にたとえるなら托卵することで知られるカッコウだというのだ。

金融セクターの肥大化がコスト高をもたらす

誰にでも金融は必要である。請求書の支払いや退職後に備えての預貯金、その預貯金を有望なビジネスに投資したり、予期せぬ事態や災厄に備えて保険を掛けたり、時には目先の変わった有望な投資機会を嗅ぎつけた投機家にとっても金融は必要である。しかし、だからといってこれらが金融セクターのあるべき適正規模やその果たすべき役割を示唆するものではない。

我々の経済にとっての金融のあるべき姿とは、それを必要とする我々に有用なサービスを適正なコストで提供してくれるかどうかであって、巨額の利益や高給取りを量産することではない。それを理解するには、電話会社を例にするとわかりやすいだろう。もしも電話会社が急に想像を絶するほどの利益を上げ始め、多くの億万長者を輩出するようになり、通信が他のすべての経済セクターの成長を阻害するようになってしまったとしよう。その一方で、通信の質は悪く、回線は不安定なのに、料金は相変わらず高いままでサービスは頼りないとしたら、何かがおかしいことは明白だろう。

金融および金融化の登場と隆盛は、単にゼロ・サム・ゲームのように、貧しい大衆から金融セクターの少数のプレーヤーへ富を移動する現象ではなく、長期にわたりマイナスになるネガティブ・サム・ゲームなのだ。多くの最新の研究や証拠から明らかになりつつあることは、国における金融セクターが一定の規模を超えて肥大化し始めると、本来それが果たすべき核心的で有用な機能から乖離し始め、より儲けやすく有害なゴールを目指して走り出すようになる、ということだ。この適正規模を超えて起こる金融の膨張は、その国の経済発展の速度を鈍らせ、他の領域にまで悪影響を及ぼす。その意味では、イギリスの金融セクターは適正規模をすでに超えてしまっている。そこで、新たな疑問がいくつか湧いてくる。まず、その適正規模超えの転換点はどこにあったのだろうか？　次に、その結果引き起こされた損害はどれくらいなのか？

最初の疑問については、歴史的・政治的観点から本書の中で考察することとし、1950年代に今日の問題の種がいかように蒔《ま》かれたかに触れる。1950年代はイギリスが帝国としての植民地を失い、国内では強力な民主主義勢力に直面したシティが、利益と権力を制限された結果、金融以外の経済分野に前例のない成長をもたらした時代だ。その後、シティは新たなグローバル金融モデルを構築し、その成功ゆえに、このシティの再生劇を第二の大英帝国の夜明けと称する人もいるほどだ。このような黎明期を経て、1970年代に顕現し始めたこの新しいモデルがイギリスに深刻なダメージを与え始めた。

2つ目の疑問に関しては、さらにデータに基づいた分析ができる。2016年に米金融学の専門家で、金融化の権威であるマサチューセッツ大学のジェラルド・エプスタイン教授とコロンビア大学のジュアン・モンテシーノが共著で「Overcharged：The High Costs of High Finance」[訳注★6]

という報告書を出した。それはアメリカにとっての金融の呪いのようなもので、すでに確立された手法を用いながら、アメリカにおける肥大化した金融セクターのもたらした総体的な負の側面の算出を試みたものだ。その結果やいかに？　米金融システムは、1990〜2023年の間にアメリカ経済に対して12兆9000億〜22兆7000億ドルもの余分なコストを課し、「現在の金融制度の維持が、ネット（正味）ベースでアメリカ経済の足を引っ張ることになる」ものであった。

計算式では、金融セクターのアメリカ経済に与える利益から、同セクターの課すコストを差し引くと、その額は平均的なアメリカの一般家庭当たりに換算して、ネットでおよそ10万5000〜18万4000ドルに相当する金額となる。このマイナス分がなければ、アメリカの一般家庭は退職時に倍の資産を築けていたはずだ。皮肉なことにアメリカ経済は、米政府が高給取りの金融業者にその給料の満額を支払ってどこかの高級リゾート地に隔離し、そこで一日中ゴルフに興じさせていたほうが、今よりもっと底堅く好調だったはずなのだ。

2017年にジョン・クリステンセンと私はエプスタインとモンテシーノ両氏を交えて、これと似たような計算がイギリスでもできないか意見交換をした。計算の結果は、全体として、肥大化した金融セクターがイギリス経済にもたらす損失の概算は、およそ4兆5000億ポンドを超

訳注6　Overcharged　オーバーチャージ。金融の膨張によるコスト高。

えるというものだ。より具体的でわかりやすい物差しで引き直すと、その数字は国内総生産の2年半分に相当し、一世帯当たり17万ポンドに相当する。その数字を見れば、金融セクターが今よりも小さく、適正規模であったならば、そして社会の公器としての役割を果たし、社会に貢献する存在であったならば、平均的な家庭がどれほど貯蓄を増やし得たかが理解できるだろう。[*12]

この数字はあくまで控えめなもの、机上の計算でしかない。しかし、実際には測定が難しいコストも多く存在するので、それらを足し合わせると、数字はもっと大きく膨らむことになる。そのコストの1つに、金融の呪いが人種、性別、地域および世代間などに及ぼす深刻な影響がある。のちほど指摘するが、金融の呪いはたいていの場合、より恵まれない層から富と権力を搾取し、それらを一番必要としていない層に献上し、結果として広範囲にわたる富および権力の不平等を生み出しているのだ。もう1つの潜在的かつ測定不能なコストとして、この過剰ファイナンス（度を越した金融の提供）によってもたらされた格差の拡大が多くのイギリス人の間に不公平感をもたらし、ブレグジットに賛成する機運を高めたと考えられる。

さらにもう1つの測定不能なコストとして挙げられるのが、シティに蔓延《まんえん》する数々の組織犯罪や不正行為の増加である。ここでその規模と範囲について、どれほど深く浸透し横行しているのかを証明するのは不可能だ。しかし、「ロバート・ジェンキンズの銀行による悪事の一覧の一部」（'Robert Jenkins' partial list of bank misdeeds'）を見れば、ある程度の推測はできる。これは、NGO団体「ファイナンス・ウォッチ」によって、つねに最新の情報に更新される評価報告書である。ジェンキンズは、イングランド銀行の金融政策委員会の元委員で、シティグループとクレディ・スイスで銀行員も務めた経験から、裏で行われているすべてを見てきた人だ。彼のリストを見れば、銀行の行う種々の不正行為がよくわかる。

例えば、リストにはまず「1．元本保証支払保険の不適切販売」とあるが、不適切販売という言葉はたいてい詐欺を意味する婉曲表現である。

このようなことを列挙したリストが長々と続き、各項目に目を通すたびにゾッとさせられる。11番目には、現代金融の特質「小規模事業者への貸付慣行の乱用」があり、16番目には、国の権威を貶《おとし》める「脱税の教唆と幇助《ほうじょ》」という各国財務省に何千億もの出費を強いるいたちごっこに加担しているものがある。17番目は、「暴力団的な薬物カルテル組織の資金洗浄の教唆と幇助」であり、中でも特筆すべきはHSBCの果たした役割で、ロシアのギャング組織およびメキシコのシナロア・カルテル訳注★7のためにHSBCは何億ドルにも上る資金洗浄を行った。

19番目の「LIBOR《ライボー》訳注★8の操作」は、800兆ドルにも上るデリバティブ市場の支払い計算に用いられる基準となる数字の操作で、他にもさまざまある。61番目は、重要度は下がるが「政府系投資ファンドの顧客に媚びる売春婦斡旋」、109番目にひっそりと書かれているのは「アフリカ諸国の大規模な資金洗浄」である。

このリストについて書いている時点で、項目数がすでに144に上っており、いまだ増え続けていて、どれも非常に厄介な問題だ。これらは不正行為のごく一部にすぎず、しかも銀行に限定

訳注7　シナロア・カルテル　メキシコの麻薬犯罪組織。メキシコ最大の犯罪組織であるとされる。

訳注8　LIBOR　(London Interbank Offered Rate) 在ロンドン銀行間で資金供給時に提示する金利のこと。

されたものでしかない。これらすべてを理解し把握しようとすることは、あたかも現在の科学で明らかになっている宇宙の惑星間の距離を子供に説明しようとする難しさに似ている。これら不正行為が社会に与える損害額は、私たちの算出した推定値の4兆5000億ポンドには含まれていない。

もちろん、この4兆5000億ポンドという巨額の数字にさまざまな異議を唱えることは可能であるし、シティを擁護する人々はおそらく例外なく容赦のない攻撃を仕掛けてくるだろう。しかし、この推定値は、現在シティから発表されている支配的見解――すなわち単純に総雇用数、税収または金融サービスの黒字分をすべて足し合わせた合計値のみを用い、実際にかかっているコスト部分を隠蔽した数字を、金融の経済への「貢献度」として大々的にメディアに垂れ流すよりは、よほど信頼できる数字と言えよう。

肥大化した金融部門のコストに言及せず、利益のみを強調するシティの出す数字はまったく意味を持たない。彼らの数字はグロス（総計）であり、私たちが提示しているのは、ネット（正味）である。しかも、その数字が大きなマイナスを示しているのだ。もちろん、これについての検証はまだ必要である。[*13] しかし、今までのところ、いかにシティが社会に貢献し得る適正規模を大きく超えて肥大化してしまったかを推定するに足る数字ではないかと思っている。そして、これが金融の呪いの規模を理解するにふさわしい出発点となろう。

「競争力」強化というまやかし

ここで、新たな疑問が湧く。なぜ私たちは、自分たちに不利益しか及ぼさない、肥大化した産業の存在に耐え、許容してきたのか？　その主な理由は、政治家やシティで活躍する多くの有名人によって植えつけられた次のようなストーリーである。すなわち、シティは我々にとって必要不可欠で、富の創出の源であり、もてはやさなければならない、というものだ。このストーリーの根底には、普遍的な「国家の競争力」という概念があり、イギリスおよび各国において、特異で害を及ぼすものとして表面化してきている。この概念を私は、競争力強化政策と呼ぶことにする。この概念は、ここ数十年にわたって英政界および経済界のあらゆるところに浸透してしまっている。

「イギリスは競争力を維持しなければならない」という基本計画は、とても聞こえのいい魅力的な提案である。しかし、前述の考え方に基づくこの競争力強化政策自体が、最も複雑で人心を混乱させる経済談義となるのだ。この概念は多数のイギリス人を言葉巧みに欺き、つねに補助金や規制緩和、その他さまざまな利権をシティに提供し続けない限り、すべての銀行家はより「競争力」のあるシンガポールやジュネーブなどに逃げ出す、と思い込ませ、恐怖心を煽っている。また、これまで法人税の低減、金融分野の規制緩和や裏金、金融犯罪に対する英当局の監督の緩さへの抗議を封殺するために、シティの「競争力」維持への支援をつねに声高に叫んできた経緯がある。

そして、これは金融セクターの最強のイデオロギー的武器で、イギリスの政策決定組織と大多数のメディアの関心を惹くための大きな仕掛けの役割を果たしている。この魅惑的な囲い込みは、大変巧妙にしかも組織的に行われ、サポート先を明確に設定している。

例えば、銀行や保険会社、ヘッジファンド等が、世論を形成するシンクタンクにカネを注ぎ込んでいる。また、訪問する各国要人のための宴席を設けたり、政治家や影響力のあるロンドンの知識人を狩猟で接待したりと、さまざまな趣向を凝らしている。私はこれを「支配層の攻略」と呼ぶことにした。なぜなら、この攻略は、政治システムを超越して奥深く踏み込み、国の経済や文化、社会にまで浸透していくからだ。

広く受け入れられることになったシティの「競争力」維持の差し迫った必要性について見ていくことは、なぜ銀行が大きすぎて潰せなくなったのか、銀行家はなぜ特別扱いされ投獄されないのか、病院がなぜ融資を受けられないのか、なぜ大好きな地元の書店が廃業に追い込まれたのか、そしてなぜタックスヘイブンへの対処が難しいといわれるのか、ということと繋がってくる。

この「国家の競争力」という概念は、複雑かつ注意深く扱わなければならない分野であり、本書を通じてその歴史や意味を解き明かしていきたい。多くの人々は、イギリスは巨大な株式会社にたとえられる、と思い込まされている。それは、あたかも「イギリス株式会社」なるものが世界市場に存在し、その「イギリス株式会社」がドイツや中国、ルクセンブルクなどとともに、グローバルに競い合っている、というものだ。しかし、これほどばかげた話はなく、本書では金融の呪いをベースに奥深く蔓延する誤謬《ごびゅう》と誤解を解明していく。

この金融の呪いという概念は、これまで支配的であった考え方を覆すものだ。「競争力ある」

金融セクターを維持する目的のため、シティの規模および強さをできる限り維持しなければならない、というのが現在の論理である。しかし、これ以上の金融肥大化がイギリスにとって有害であるなら、またイギリスの繁栄を望むなら、論理的に考えてシティは縮小されなければならない。従って、このような「競争力」を追求することは無駄なことであり、私たちは真逆の道を行かなければならない。これさえ理解できれば、民主主義は大きく息を吹き返すだろう。

もし、イギリスとその金融セクターが「グローバルな世界での競争」において「競い合う」必要がなければ、国としては独自に課税でき、社会の要望に沿った形で金融セクターを規制することが可能となり、今よりもさらに状況は改善し、全体としてうまくいくようになる。のちほど説明するが、おおよそ良い部分はそのまま維持され、害をなすものは駆逐されていくことになるため、これこそ素晴らしい成果と呼ぶにふさわしいだろう。

そして本書の中で、その価値ある成果は私たちの手の届くところにあるという朗報を紹介したいのだ。

第1章

資本家による破壊工作

経済学者の中には、あたかも宇宙船から高性能の望遠鏡で地球を眺めるかのように振る舞う者がいる。人類の右往左往する姿と活動だけを冷静に記録し、人間の愚かさ、残酷さ、性、友情、正直さや、小説よりも奇なる人生の苦楽浮沈は斟酌《しんしゃく》せず、我々の行動をもとに理論や数理モデルを組み立てるのだ。

異端の経済学者であり、思想家でもあったソースタイン・ヴェブレンは、そんな宇宙人のような人だった。人間として得られる経験からは距離を置き、外野から人間社会を観察することで人間の弱点を明確に捉え、そこを起点にカネとビジネスへの正しい理解に繋げようとしたのだ。伝統的良識にはさまざまな形で反発したが、それが顕著に表れたのが経済に関する考え方である。

ヴェブレンはアメリカ版カール・マルクスとも、経済学版チャールズ・ダーウィンとも呼ばれたが、その多彩で突飛な考え方は広範囲に及び、分類することすら難しい。にもかかわらず、人間の行動についての異端的な理解が、彼のアイデアを並外れた素晴らしいものにすると同時に、時には醜い人間の行動様式や考え方を経済学と組み合わせることで、金融の呪いの基本原理を総括するのに役立ったのである。

ヴェブレンは、ノルウェー系アメリカ人の経済学者で社会学者にして、女たらしのはみ出し者でもあった。彼にまつわる逸話は多く、自分の家具は作るが、ベッド・メーキングはしないし、食べた後の食器は、崩れんばかりに積み上がってから、樽に入れてまとめてホースで洗ったという。また、あるときはスズメバチの巣を入れて返すためだけに隣人から袋を借りたのだとか。

宗教を「n次元では販売可能だが、通常の基準では推し量れず、評価不能な創作物」と特徴ある美辞麗句で表現したり、主要な教会を「チェーン店」、個別の教会を「小売店」と評したりした。信仰厚いミネソタ州のカールトン・カレッジ・アカデミーでは、ある生徒に、彼女にとっての教会とはどのような存在なのかをビール樽に換算して算出させたり、「人食い風習への弁護」と題したスピーチで騒ぎを起こしたりした。

既存の宗教からの非難や従来の経済学の枠組みにとらわれない変わり者の天才は、労働者らを薄汚れた下層階級と見なし、地主を上流階級に位置づけることを当然視した20世紀初頭の狭量な社会観にも影響されなかった。彼の社会との距離感は、他者には見えない何かを見る目、視点を提供し、他者が言えないことを言わしめたのだ。

ヴェブレンは、1857年にノルウェー移民の両親のもと、ウィスコンシン州で12人兄弟の中で最も賢い6番目として生まれた。幼少期を過ごした農場は周囲から孤立していたため、ある歴史家は、家を出て自立する彼を「アメリカに移住する」と表現したほどだ。

貧しい生い立ちではあったが、持ち前の才能でイェール大学に進学し、1884年に博士号を取得した後、彼は姿を消すと、数年にわたり何もせず遊び暮らしていた。兄弟によれば、「彼は読書をしてはぶらぶら」し、「翌日はぶらぶらしては読書をしていた」。

彼が定職に就けなかった理由は、キリスト教を嫌悪していたためとも、ノルウェー人に対する偏見のためともいわれている。彼がときおり見せる変人ぶりと嫌みな口調も影響したに違いないが、経済学者や他の学者に対する大っぴらな軽蔑も影響したことだろう。大学当局とも幾度となく衝突したが、それでも学者らしい白熱した議論を楽しみながら、自身のことを「知識層の平和を乱す者」で「前人未到の知識の大地の放浪者」と称していた。

しかし、彼は孤独だったわけではなく、のちにシカゴ大学の同僚や生徒と不貞関係を持ったということで追放処分を受けた。学部長が1905年にヴェブレンを自室に呼び出した際の次のような逸話が残っている。

学部長「実は、職員の奥さま方について問題が生じている」
ヴェブレン「ああ、みんな酷いもんですよ。全員と関係を持ちましたからね[*1]」

彼の女たらしの武勇伝は、外見ゆえではなかった。真ん中で分けられた長めの髪は、頭の両側にべったりと張り付くように下ろされ、濃いゲジゲジ眉に雑に刈られた口ひげとあごひげが、ノルウェー系の農民出身という印象を払拭する努力をさほどしていないことを物語っていた。

ある愛人は、彼のことをチンパンジーと表現し、他の人の印象では、彼には奇妙なノルウェー的カリスマ性が漂っていたという。また、ある訪問客は、「日頃見かける外出時の貧血気味で虚弱な姿に比べて、ゆったりとしたガウンを羽織って室内でのんびりと過ごす様子は、その長く伸びたひげと北欧系の顔の特徴と相俟《ま》って、暖炉のそばでくつろぎながら客人をもてなすバイキングを想起させた」と証言した。そして、「そのようなときにこそ、彼は興味深い情報を披露したり、また引きこもりがちな生活を送るわりには、どこからともなく探知してきた悪意に満ちた陰口をたたいたり、生き生きとした俗語に彼流の新造語を織り交ぜながら、熱心に客人を喜ばせるツボを探っていたのである」[*2]。

ヴェブレンの型破りのカリスマ性は、アイデアの領域にも広がり、彼の死後100年以上も続く次のような評価に繋がっている。

彼は資本主義を生体解剖し、ヴィクトリア朝時代や新古典派の経済学者らの提唱する無機質で独善的な従来の学説を射すくめるような批判を展開した。すなわち、経済学者らは人類を、自己利益を追求し、最大の効率化を目指す個人と企業の集合体と見なして、自らの作ったソーセージ製造機ならぬ数字製造機にとってのデータとしてのみ扱ってきた、と。

彼の辛辣な観察によると、これら経済学者は、人間を「幸せになりたいという欲求が、外部の刺激を受けながら揺れ動く、幸せと苦痛を表す計算機」のようなものだと見なしている。さらに、こうした経済学者は「アリューシャン列島の人々が、海藻と打ち寄せる波を熊手でかき分けながら呪文を唱え、貝類を探して採る行為」を、家賃、給与、利息などを計算する方程式に放り込んでいる、と嘲《あざけ》ったのだ。

歴史を取り戻そう、と彼は嘆いた。そして、政治だけでなく、人間本来の生活も取り戻そう、と。彼の言葉は核心を突いていた。それは過去だけでなく、現代にも通じるものがある。

1899年に出版されたヴェブレンの最も有名な著作『有閑階級の理論』では、「生産性のある労働者が長時間労働を強いられる一方で、彼らの労働の果実を寄生的なエリート層が食い物にしている」世界を敵意をもって暴露している。富裕層は、自分たちがどれほど金持ちで働く必要がないかを周りに見せびらかすために、「目立つ散財」や「目立つレジャー」という無駄なことをしていた。金権政治家は、さらに多くの富と権力を渇望した。そしてあろうことか、彼らのわがままと過剰な富は、庶民の怒りではなく尊敬を集めることになった！　と指摘したのだ。

抑圧された大衆は、社会の上層部の連中を打ち倒そうとはせず、逆に彼らの真似をしたいと考えた（例えば、現代でいえばイギリスの「メイド・イン・チェルシー」やアメリカの「カーダシアン家のお騒がせセレブライフ」などのリアリティ番組が人気を博したことを見るとわかりやすい）。そして20世紀の人間は、未開な時代の祖先と大して変わらなかったと結論づけたのである。

ヴェブレンの次の大著は、1904年に出版された『企業の理論』である。知名度は前作ほどではなかったものの、より過激で重要度を増しており、金融の呪いの要素を垣間見ることができる。[*3]この中で、彼は実業と「機械化工程」（生産性のあるエンジニアと企業家が汗をかき、有用なものを作り出すこと）をいわゆる利益のみを追求する「ビジネス」と比較して分析している。すなわち、生産という基盤の上に、そのすべてを支配し、利益を搾り取るための信用力やローン、所有権、思惑や市場という巧妙な金融の上部構造が乗っている。

カール・マルクスが労働者対工場所有者の緊張関係に焦点を当てていたときに、ヴェブレンはそれと関連はするものの、異なる闘争、すなわち富の創造者と搾取者との関係に焦点を当てていたのだ。それは、製造者に対峙する受益者、生産者対搾取者の構図だ。

では、次のような風刺漫画を想像してみよう。奇妙な管や機械装置の漫画で有名なヒース・ロビンソンが描きそうな場面だ。シルクハットをかぶった数人の老紳士が、経済構造の上の細長い配管にちょこんと座り、奇妙な仕掛けの機械を操作しながら、下であくせく働く労働者や消費者のポケットから、コインやお札、借用証書を思いのままに吸い上げている。[*4]

この経済の階層区分の考え方は、古くは1776年に発表されたアダム・スミスの『国富論』の時代まで遡り、何世代にもわたって経済思想家らの間で共有されてきた。[*5] 主な問題は、誰が富の創造者なのかについて意見が割れていたことだ。

保守的な見解によれば、富の創造者とは金持ちのことで、カネや資本を有し、工場を建て、その後政府に徴税される。その富は貧しい層や施しを受ける者に再配分される。この観点に立てば、貧困層と恵まれない境遇にある者たちが、金持ちから富を奪っているのだ。

しかし、ヴェブレンはそれに真っ向から反対した。彼は、富の搾取者である金持ちを「多くのハエやクモがひっきりなしに行き交う通り道に最適な居場所を見つけた」優越感に浸るヒキガエルにたとえ、さらに一歩踏み込んで論争を引き起こした。

ヴェブレンに言わせれば、多くの金持ちビジネスマンは、単に怠け者のヒキガエルのように目の前を行き交うハエを取るように富を搾取して金持ちになったのではなく、もっと積極的な破壊工作を通して、すなわち彼流のトゲのある表現を用いるなら、「効率性に対する慎重に熟慮された破壊工作」が原因だと主張したのだ。「これらのプレーヤーは、より多くの果実を得ようと木を揺らすことで、通常の生産行動を阻害している」

これに対して批評家たちは、ナンセンスだと冷笑した。誰がそんな下劣でばかなことをする？いや、全員がやっている。ヴェブレンは容赦なく資本主義の公然の秘密、すなわち大資本家は効率的な競争はもちろんのこと、自由市場も嫌いだ、ということを容赦なく暴露してしまった。彼らは自由競争を好きだと言うが、真の競争は、価格を押し下げ、給料を押し上げるので、結果として利益が減る。彼らが真に望むのは、彼らに都合のいい歪んだ市場――すなわち、対労働者、対消費者および対納税者にとっては不利な市場だ。そしてそこにこそ、大金が眠っている。

「ビジネスをする者同士が共倒れになるまで戦い続けるより、身を潜めた資本家（不在所有権者）は、その総力を結集して消費者に戦いを挑んでいる」とヴェブレンは主張し、「それが今や同業企業間の競争ではなく、ビジネス界全体とその他社会との競争になってしまった」と言う。この対立構図こそが、金融の呪いの核心なのである。

調査報道の草分け、イーダ・ターベルの暴露記事

『企業の理論』が出版された時期は、当時新たな分野として大きく注目され始めた、そして今なお歴史的にこの分野の偉業と目されている調査報道の黎明期と重なる。それはジャーナリストのイーダ・ターベルによる、ジョン・D・ロックフェラーのスタンダード・オイルの独占に関する暴露記事だ。彼女は世界がこれまでに見たこともないような同社の陰謀とカルテルを初めて世に知らしめた。彼女は、ロックフェラーがヴェブレン流破壊工作の達人であり、石油ならびに石油精製品の生産と流通の市場操作を行い、非情な手段や暴力的手法を駆使して、ライバルたちを買

収したり、競合相手を市場から追放したりしながらアメリカ全土の独占を目指していたことを明らかにした。1902年から1904年にかけて雑誌「マクリュア」に連載された彼女の記事の冒頭には、若くたくましい男たちがペンシルベニア州の油田で新しい町を開拓する様子が描かれていた。

「彼らの人生は活気と喜びに満ち溢れていた。その若者の多くはいまだ40歳以下で、これまでの困難と開拓の経験から自らの力に目覚め、将来への希望と期待を抱きながら、世界で最も美しい町をつくろうとしていた。

しかし、最も自信に溢れた絶頂期に、どこからとも知れず大きな手が介入し、彼らの成果を奪い、その未来を喉を締めるがごとく奪い取ったのだ。彼らのビジネスを突然奪った目に見えない襲撃は、彼らの男気溢れる勇気とフェアプレー精神を打ち砕いた*6」

ロックフェラーの企ての1つに、1892年、100人ほどの暴漢がデラウェア州ハンコックを襲い、敷設予定だった競合相手のパイプライン工事を妨害するという事件があった。別の証言では、「彼らの装備には、ダイナマイトや四爪錨《よつめいかり》、かぎてこなどさまざまな道具が含まれ、パイプラインが敷設されたなら持参の道具で掘り起こして撤去する準備を整えていた。カノン砲は石油タンクに穴を開け、引火させるために使われる。『独立派』には、逆らえばどんな目に遭うかを思い知らせるために、毎晩10時にカノン砲を発砲し威嚇した。その衝撃は数マイル四方に伝わり、人々とその家の窓を震撼させた」[*7]。独立派の人々はハンコックを放棄した。これ以上の破壊行為は想像すらできない。

論争を巻き起こしたターベルの記事は、親愛と嫌悪感の合わさった、彼女の執念とたゆまぬ努力の結晶であった。彼女の父、フランクリン・ターベルは一石油労働者にすぎなかったが、ロックフェラーの非情な策略によって、それまでの快活で愛情溢れる父親から一転、ユーモアの消えた険しい表情の抜け殻に変貌させせられてしまった。

「スタンダード・オイルの株式を買えば、あなたの家族は未来永劫、満ち足りて暮らせるだろう」

ロックフェラーは違法スレスレの行為をしながら、そう被害者たちに優しく囁《ささや》いた。そして、被害者らの倒産寸前の事業の権利とスタンダード・オイルの株式との交換を超安値で持ちかけ、我々と行動をともにすれば生活はずっと楽になることを保証しよう、「私は、お前たちの知らない方法でカネを生み出す術《すべ》を知っている」と請け合った。フランクリン・ターベルは手を挙げ、その結果、大きな代償を支払うことになる。彼のビジネス・パートナーが自殺したのだ。その後イーダの父親は「その日に見聞きした面白いことを家族に語ることもなくなった」と彼女は回想する。そして「口琴《こうきん》も奏でなくなり、父が座っている椅子の肘掛けに乗った小さな妹に歌を聴かせることもなくなった」[*8]。

ロックフェラーは賄賂やキックバックを使い、時にはスパイ行為や中傷戦術、暴力に加え、脅迫じみた買収工作も組み合わせながら競合相手を排除していった。さらに石油製造業者への妨害を行い、石油を買い占め、ブローカーを潰した。そして秘密裏に政治家に献金し、公式調査の依頼は傲慢な態度ではねつけた。自らの足跡は隠し、問題になりそうな仕事は部下に委嘱し、内部文書では疑いを招くような言い回しを避けた。海外にも進出し、規制をかいくぐりながら、グローバル税制の隙間を選んでゲームのようにビジネスを展開した。その目的は、ある伝記作家によれば、「一国の政府と肩を並べるほどの資源を持つ国家権力に相当するものを手に入れることであった」[*9]。

ターベルに言わせると、合法的なビジネスを目指す人たちを潰すには時間がかかるものだ。「しかし、ロックフェラーの最も驚嘆すべき特徴は、忍耐である。彼はあたかも、大規模要塞に守られた丘に立つ都市を攻略しようと気球に乗って上空から俯瞰する司令官のようであった。そして、ここを攻略すればあそこが落ちる、この丘に進軍したらあの要塞は占領できるなど、どれ1つとして無駄なものはなかった。例えば、ブラウンタウンの街角の食料品店、オイル・クリークの質素な精製所、最も短い私設のパイプラインなど、たとえ小さくとも、いずれ大きく育つのである」

ロックフェラーがビジネスを始めた頃、企業は州境を越えての営業を認められていなかった。しかし、彼はそれをかいくぐる抜け穴を見つけたのだ。これまで数々の州でそれぞれ営業していた自社企業を、トラストという柔軟でありながら強大な中央集権構造の下に集約し、極秘裏に国中で企業活動ができるよう再編したのである（それゆえ、独占禁止法およびそれら該当行為は、以後、反トラスト法として知られるようになった）。

このトラストという手法を通して、ロックフェラーはアメリカにおける精製石油の90％以上の支配権を獲得、多額の富を消費者から搾取することに成功し、泉のごとく湧き出る利益を得、それらの収益は中核ビジネスを超えて鉄道、銀行、製鉄、精錬銅製品他多くの分野に注ぎ込まれていった。*10

この話に今日のアマゾンを連想したあなたは、勘がいい。ロックフェラーがアメリカ最大の独占者で、最初の億万長者となったのは、偶然ではない。独占に多額のカネが集まるのは、今も昔も変わらないのである。

しかし、ヴェブレンの時代にアメリカの経済界を牛耳っていた悪徳資本家集団は、ロックフェラー以外にも牛肉、砂糖、ウィスキー、海運、鉄道、鉄、綿花、繊維や毛皮など多数存在し、彼はそのうちの一人にすぎなかった。これらの分野の支配者たちは、莫大な財産を築き、今でもその名(ロックフェラー、カーネギー、ヴァンダービルト)を轟かせている。だが、彼らの力は別のある大きな力によって完全に削がれたのだ。それが、金融の独占である。

ヴェブレンが『企業の理論』を出版してから約10年後の1913年、アメリカ議会の委員会が有名な「マネー・トラスト調査」という報告書を提出した。その報告書は、アメリカのビジネス界のリーダーたちが国家経済の半分を不正に操作しているとして、その大規模な陰謀の存在を暴露したのだ。ロックフェラーが関与しているとされたが、しかし実態は彼やスタンダード・オイル以上に大規模なものが絡んでいた。

調査の対象となったこの「マネー・トラスト」とは、少なくとも18の大手金融機関に加え、300以上の企業が密接に絡み合う巨大な格子状の構造で、それがアメリカの産業界を指揮管理し、手形交換所やニューヨーク証券取引所を陰で操作していることが明らかになったのだ。*11 金融倫理という名の下の狡猾な密約に基づき、彼らは互いに競争しないことに同意、そしてその頂点に君臨していたのが、銀行家ジョン・ピアポント・モルガンである。

衝撃的な事実を明らかにしたこの報告書は、産業界には独占よりもっと危険な力が存在する、と警鐘を鳴らした。すなわち、より大きな危険とは、独占的支配が莫大な富を支配し、それを用いて各産業界と経済全般に信用力を恣意的に配分する、というものだ。そして、信用力を支配すれば経済をコントロールできることになる、と警告した。

「信用力という大動脈は、これら企業グループを通じた支配によって流れを阻害され、ほとんど詰まり、窒息しかかっている」という。「この内輪のグループによるかかる行為は、各産業において保証されるべき潜在的競争力の核心部分に徹底的な打撃を与えているため、トラストによって実現されたいかなる行為よりも競争を破壊している」と。

この報告書が公にされると、国民的な怒りが爆発した。風刺画家は、タコが建物に足を巻きつける様子や、シルクハット姿の男たちが世界をわしづかみにしている姿、貧者がなけなしの貯金をしようと長い列を作った先に、銀行家がカネの詰まった袋の上に座っている様子を描いた。三叉の銛《もり》を手にした悪魔が、カネの詰まった袋を担いで跳ね踊っている姿、8本の腕を持つ陰険な顔つきのジョン・ピアポント・モルガンが、8つの銀行の中にある8台の機械のハンドルを回している姿も見える。また、あるときは巨人のハーメルンの笛吹きとなり、多くの人々にダンスを踊らせながら荒野へと誘導していくのだ。

ヴェブレンの時代の著名な弁護士ルイス・ブランダイスは、この報告書を次のように結論づけた。

「金の卵を産むガチョウは、最も高価な所有物と見なされてきた。しかし、もっと儲けるには、他人の所有するガチョウが産んだ金の卵を盗る特権を得ることだ。今日の投資銀行家たちこそがその特権を持っている……。この金融寡頭制の中核的要素を成すのが、投資銀行家なのだ」

ブランダイスの指摘は他にもあり、それは金融の呪いの概念を理解する上で繰り返し登場する大変参考になるもので、次の通りだ。搾取と略奪の構造を支える核心には、とても有用な機能が備わっている。問題の核心は金融そのものではなく、民主主義の監視の目が届かない過大な金融で、それらは強大すぎる、そして目的を間違えた金融なのだ。

国家による破壊工作

破壊工作の最も有効な手段の1つに独占がある。だが、ヴェブレンの時代には独占以外にも数多くの手段が存在した。「マネー・トラスト調査」で指摘こそされなかったが、その最大のものはモルガンの所有する銀行が関わっていた。1899年に始まったこの年代記は、モルガンの法律顧問であったウィリアム・クロムウェルが新会社パナマ・カナル・カンパニー・オブ・アメリカを設立したときに始まる。

当時のパナマはコロンビアの一州で、北米と南米との間の狭い地峡を結ぶ高収益の鉄道が走っていた。ルーズベルト大統領はジョン・ピアポント・モルガンと結託して、パナマの持つ収益性の高い鉄道の積み替え手数料収入欲しさに、両者でコロンビアからパナマの分離独立を目論《もくろ》む勢力に武器供与をはじめ、さまざまな支援を行った。さらに運河を建設できれば、利益は数倍に膨らむことになる。

陰謀論の長い物語を要約すると、パナマは結果的にアメリカの管理支配権が有効に機能する条件下でのみ、コロンビアからの独立を獲得した。新しく成立した国の初代の財務代理人はモルガンで、パナマ運河は1914年に開通した。

「ウォール街がパナマ独立の全工程を計画、資金援助し、そして実行したのである」と回想するのは、『How Wall Street Created a Nation（ウォール街はいかにして国を作ったか）』の著者、元モルガンの弁護士オヴィディオ・ディアズ・エスピーノである。この事件によって「コロンビア政府は崩壊、新たな共和国が誕生し、賄賂の横行によってワシントンの政治基盤を揺るがせ、ラテン・アメリカにおけるアメリカ帝国主義を生み出すことになったのだ」。

実質的に、ウォール街は自分たちの利益のために、政府の軍事力を利用して世界貿易の大動脈に妨害拠点《チョーク・ポイント》を作り、強大な料金所を構築し運営することに成功した。まもなくそこに、米金融関連のヒキガエルたちが集団で居心地よく居座り、ヴェブレンの想像したハエやクモは世界有数の規模を誇る船団に置き換わった。1919年にパナマが始めた、〝詮索なし〟の船籍登録制度について、ヴェブレンはそのゲームの中身を次のように解説している。

「この国際競争という環境下では、国の組織および政策は、大きなビジネスとの関わりの中で一定の度合いでその利害関係に巻き込まれていくことになる。従って、商工業に携わる企業のビジネスマンは、国を背負って他国のビジネスマン相手に競い合うことになり、それは国家権力、法制度、外交、さらに軍事力までも巻き込み活用しながら、金銭的優位性を戦略的に獲得するための競争を展開することになるのだ」

これらこそが国家が行う「破壊工作の手段である」という。国内の優良企業をグローバルな舞台で「戦える」ようにするには、一般庶民がその負荷を背負わなければならない。国家の優良企業という概念は、経済史において繰り返し登場するテーマなのだ。

フェイスブックのマーク・ザッカーバーグが2018年4月にプライバシー権侵害についてアメリカ議会で厳しく追及されていた頃、彼が書いたとされる虎の巻を写した写真が公開されたことで彼の本心が明らかになった。そこには「アメリカのテクノロジー企業は、アメリカの中核をなす資産。それらを分割することは中国企業を利するだけ」と書かれていた。

しかし、彼の主張する、国家の安全保障に関わるアメリカ人利用者の高価値で機密性の高い個人情報満載のデータを、自分たちだけがかき集めて高利益率で売るのだからその独占の邪魔をするな、とのあからさまでばかげた要求は、ヴェブレン特有の表現で次のようにまとめられていた。「陸軍や海軍はタダ同然で、ある場所またはある特殊な方法で目的物を手に入れるために、特権的な取引権の行使を強行、もしくは防御するのに利活用され、一方、その実力行使のコストを支払わされるのは一般庶民で、自己満足させられ、得意になっている」。ヴェブレンはすでに、国家の「競争力」は、国際金融および国際ビジネスに依拠するという最大の誤解を当時より指摘していた。

しかし、破壊工作は過去も現在も、独占に限ったものではない。パナマが船籍登録制度を新設したことは、結果的に国としてタックスヘイブンへの大きな第一歩を踏み出すことに繋がった。

そして、タックスヘイブンは、現代における破壊工作の道具として幅広く利用されている。

タックスヘイブンの定義については共通認識が存在するわけではないが、概念としては「逃避」と「別の場所」の2つに集約できるであろう。すなわち、自分の資産やビジネスを別の場所（オフショア）に移し、気に入らない本国の煩《わずら》わしい規制や法律を回避するのだ。その法律には、税、開示義務、金融や労働規制、運送規約等々あるので、「タックスヘイブン（租税回避地）」は誤った呼称であり、タックスヘイブンは税に関すること以上の広範な要素を含むヘイブン（回避地）でもある。

しかし、ここではまず税金について取り上げ、それもヴェブレンの時代に現れ始めた古典的なタックスヘイブンのまやかし、移転価格との関連について見てみよう。

例えば、ある多国籍企業が1コンテナ当たりのコストが1000ドルのバナナをエクアドルで生産し、ウェールズにあるスーパーがそれを3000ドルで買うとするならば、この取引構造のどこかに2000ドルの利益が眠っているはずだ。問題は「誰がその利益に課税できるのか？」。

今、その多国籍企業は3社の子会社を設立している。1社目はエクアドル株式会社でバナナを生産、2社目はウェールズ株式会社でそのバナナをスーパーに卸販売、最後の3社目が従業員のいないペーパーカンパニーで、このパナマ株式会社はタックスヘイブンに設立されている。これら子会社同士は、多国籍企業内部でコンテナの売買を行う。まずはエクアドル社がコンテナをパナマ社に1000ドルで売却し、その後パナマ社がウェールズ社に3000ドルで売るのだ。

では、差額2000ドルの利益はどこに消えたのだろうか？　エクアドル社はコンテナを作るのに1000ドルかかったが、パナマ社へ同額の1000ドルで売却したので、利益ゼロとなり、エクアドルでは課税されない。同様に、ウェールズ社はパナマ社から3000ドルで購入するものの、スーパーには3000ドルで売却したので利益もないため、イギリスでは課税されない。一方、パナマ社は1000ドルでこのコンテナを購入し、3000ドルで売却したので、2000ドルの利益が上がっている。しかし、パナマはタックスヘイブンなので、税率はゼロである。あら、不思議！　どこからも課税されない！

実際はこれよりもっと複雑ではあるものの、これが基本的な考え方であり、この金融ゲームに参加するプレーヤー以上に効率的にバナナを栽培し、運搬し、売ることができる者はどこにもいない。これは単なる富の搾取であり、富める国、貧しい国双方の納税者の富の移転をビジネスにしているのである。しかし、これも立派な破壊工作なのだ。なぜなら巨大多国籍企業が、このようなカネのかかる国際的スキームを、それができない国内の競争相手である中小企業の犠牲の上に構築して、市場を操作・誘導しているからである。

このような多国籍企業向けの税務戦略を主導したパイオニアが、1897年にリバプールでユニオン・コールド・ストレージを設立した、エドマンドとウィリアムのヴェスティ兄弟だ。食肉業界の独占で成功を収めたヴェスティ兄弟は、南米で大規模牧畜経営を行い、大規模農場を経営していた地元組合を容赦なく潰し、他方、イギリス国内では競合相手の食肉業者らを潰し――その中に私の大伯父たちもいた[*12]――小売業も独占したのだ。その間にも、いくつかの船舶輸送会社を支配下に収め、国際租税システムをも自分たちに都合のいいように操作した。

税率ゼロの基本的なしくみ

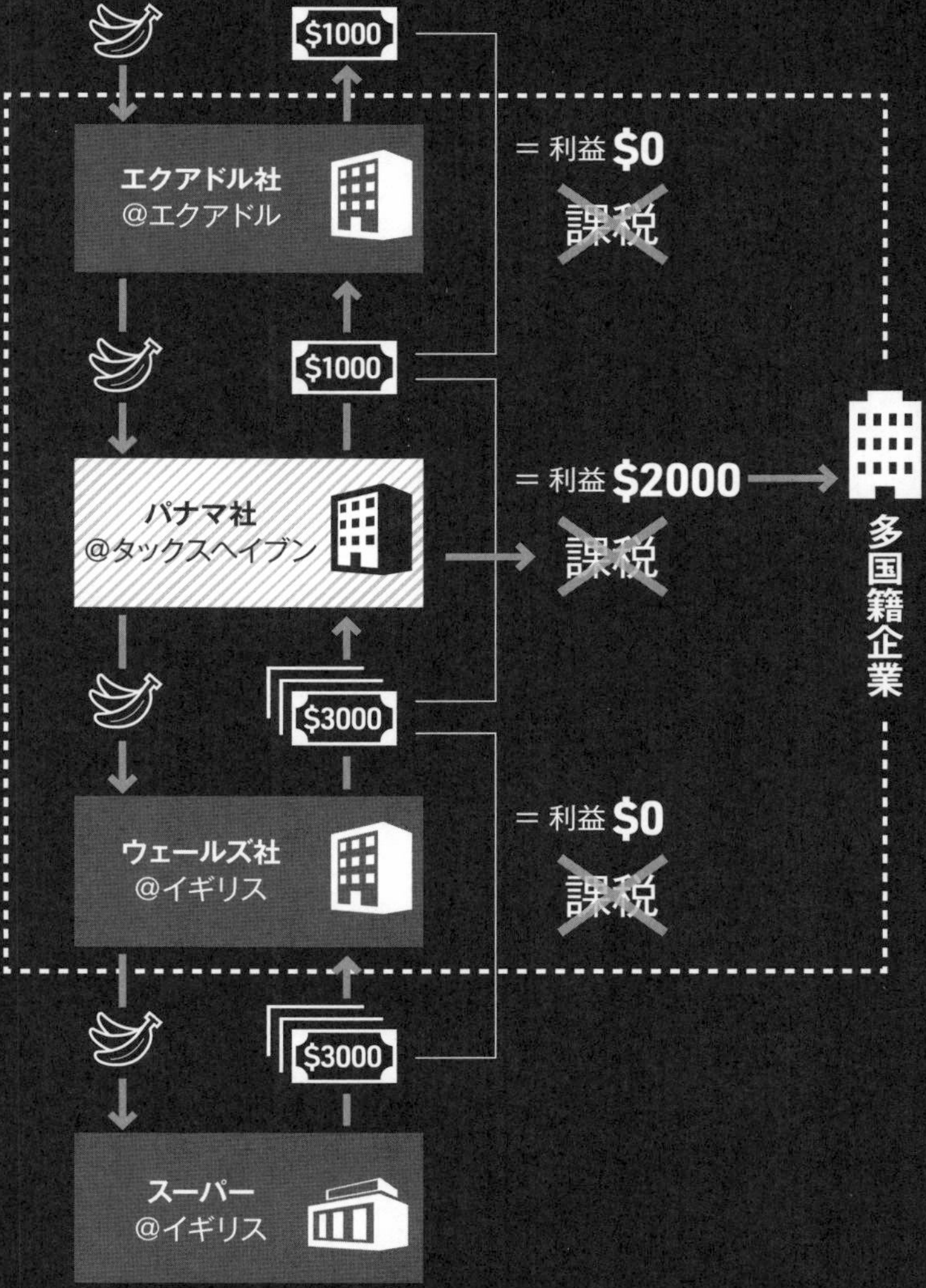

ウィリアム・ヴェスティは、1920年にイギリス王立委員会を愚弄《ぐろう》するような発言をした。「もし我々がアルゼンチンで家畜を殺し、精肉したものをスペインで販売したならば、イギリスはそのビジネスに関して一切課税できない。さまざまな方策を講じるならすればいいが、取れないものは取れない」と嘲ったのだ。

1920年代初頭からタックスヘイブンは、自由市場を窮地に陥れる収益構造《エコシステム》の提供を通じて成長していく。そして1970年代以降のモバイル型グローバル金融の成長とともに、破壊工作の可能性は飛躍的に増大したのである。

20世紀に入り、ヴェブレンの指摘は何度も立証されることになった。例えば、アメリカの路面電車の一大スキャンダルでは、コンソーシアムを結成した石油、バス、車やタイヤ関連企業が緩やかな協定を作り、アメリカの主要45都市を走行する路面電車と電気による大量輸送鉄道網を買収し、その後それらの路面電車を全廃したのだ。

反トラスト法専門の弁護士らに言わせれば、買収後の都市鉄道交通手段の破壊は「計画的な共同行為」であり、アメリカを車とバス、タイヤと石油に依存するよう仕向ける作戦であった。これまでのところ、その戦略は成功したように見えるが、大規模な気候変動を引き起こす道筋をつけてしまったかもしれない。

また、直近の破壊工作の例としては、ヴァンパイア・ユニットとの異名をつけられた、今では悪名高いロイヤル・バンク・オブ・スコットランド（RBS）のグローバル・リストラクチャリング・

グループ（GRG）がある。

RBSによれば、GRGとは債務危機にあえぐ企業の「集中治療室《ICU》」で、彼らの負った債務契約を見直して「健康に戻す手伝い」をする部署だという。しかし、世界的金融危機の後、GRGは脆弱な数千社の中小企業に、到底支払えないほどの法外な手数料、罰金、そして金利の引き上げを要求し、大打撃を与えた。銀行員の間で〝迅速な現金回収プロジェクト〟と名づけられた方法で、彼らは貸出条項を取引先の企業が倒産するように工作し、対象企業の資産を安く手に入れられるように策謀したのだ。イギリスの中小企業数百社がRBSを相手取り、彼ら中小企業を食い物にしたとして訴訟を起こしている。

「縄：時には客に首吊り自殺してもらわないといけないこともある」と銀行内で広く共有されたメモには書かれていた。「高額な月額手数料を先取りして稼げ……まずは予算を達成しろ」と。

また、シティの規制当局が隠蔽しようとした、内部から漏れたFCA（金融行動監視機構）への報告書の中には、職員24人に宛てたメモが特記され、そのメモにはGRG職員に対して倒産した店から金目のものをいち早く持ち帰るよう命令し、次のように書かれている。「訪問して自分の名前を欲しいものに書いてくること……情報は職員間だけで共有し、カスはつかむな……GRG限り！」

これよりもっと早い段階に見つかった報告書によれば、2009~13年にGRGが関与した存続可能な企業のうち90％以上が、この部署による「不適切な行動」によって損害を被《こうむ》っていたことが判明している。そして、このような事態は、RBSに限ったことではなかった。政府のアドバイザーを務め、独立系のレポートを書いたローレンス・トムリンソンは、イギリス全土にわたるリテール事業部門で「不当利得行為および嫌悪すべき行動」が蔓延し、「そのうちの数行は、取引先企業たる顧客に対して下す決断を通じて損害を与え、金融破綻に追い込んでいる」と指摘している。このような破壊工作が中小企業を潰し、彼らの家庭崩壊を招いただけでなく、心臓発作や自殺を助長したのだ。[*13]

ヴェブレンは、今日も行われている前記のような行動を的確に観察していた。このような略奪と市場の不正操作によって湯水のごとく流れ込み続ける利益が、彼の皮肉な表現を借りれば、「ビジネス成功の知恵である」という。

私たちは毎日のように、政治家や産業界、金融界のリーダーから「ビジネス成功の知恵物語」を聞かされている。また、BBCがこれらと無縁の、何も知らない銀行員やシティの専門家に、直近の合併による株価の値上がりや、シティに対する贈り物としての最新の規制緩和や税率低減措置を賞賛させ、加えて、銀行員のボーナスの増額やプライベート・エクイティの活動増等、諸々の要素が、さもイギリスに利益をもたらすかのような印象を与える報道を繰り返し流すのを耳にしている。[*14] これらの急増する利益が、我々の経済活動を構成する血液から吸い取られている限り、湧出する利益は経済の沈滞の兆候でしかなく、健康と呼べる状態からはほど遠いと言わざるを得ない。ヴェブレンの有名な言葉を借りれば、「ビジネス成功の知恵は、直近の分析によれば賢い破壊工作の利活用に集約される」。

ヴェブレンとターベル両氏は、同輩からはしばしば槍玉に挙げられ笑い者にされたが、彼らの正しさは幾度となく証明されてきた。

スタンダード・オイル事件を暴露した後、イーダ・ターベルは一部メディアから中傷された。「ああ、彼女の努力……はなんと哀れなのだろう」とある学者は書いた。また、彼女とその信奉者らを指して、「お涙ちょうだいの輩《やから》である」と表現した者もいた。ロックフェラーは、ミス・ターベル（タール樽）とあだ名し、社会主義者で「誤った考えを持つ女」と呼んだ。続けて曰《いわ》く、彼女は公正を装いながら、「女性によく見られる傾向だが、彼女も事実を歪曲し……完全に道理を無視している」と糾弾した。

彼女に対するあまりにも酷い誹謗《ひぼう》中傷は、彼女に「私と対決し、引き裂くような態度をとるおぞましい人間」から解放されたいと思わせるに十分で、長期にわたる「安全地帯と思われる自身の書斎への逃避を促す」こととなったのだ。[*15]

しかし、1911年になってようやく彼女の調査が報われるときがきた。スタンダード・オイルは34の会社に分割され、それらは今日の石油メジャーの先駆者であるエクソンモービルとシェブロン、そしてBPの一部となった。

その後、長続きはしなかったものの、1928年にスコットランド北部、インヴァネスのアクナカリー城で、分割された元スタンダード・オイルの大企業群数社のトップと国外の競合企業が一堂に会し、世界中の石油産業を自分たちに都合よく分割して業界を支配しつつ、互いに談合しながら利益を生み出す組織体に再編することを目的とした密約の叩き台を作り、合意した。

ヴェブレンは、自身の素晴らしいアイデアが証明されることとなった1929年の世界恐慌の数週間前に死去した。大暴落とその後の混乱は、闇の勢力に力を与え、世界をさらなる血みどろの武力衝突へと突入させることとなった。ターベルはそれらを見届けて、1944年にこの世を去った。

二人の残した偉業と歴史には多くの警告が含まれている。それは、資本主義に巣食う大きな悪性腫瘍には対処していかなければならない、ということである。

第1章

年	この章で扱った出来事の流れ（■＝参考として日本での主な出来事）
1776	『国富論』（アダム・スミス著）が出版される
1853	■アメリカ東インド艦隊司令官のペリーが浦賀沖に来航
1867	■大政奉還、明治新政府樹立へ
1890	アメリカ連邦議会が反トラスト法の中心的連邦法となるシャーマン法を制定
1894	■（～1895）日清戦争
1897	リバプールでユニオン・コールド・ストレージが設立される
1899	『有閑階級の理論』（ソースタイン・ヴェブレン著）が出版される
1902	（～1904）マクリュア誌にスタンダード・オイル事件の告発記事が掲載される
1904	『企業の理論』（ソースタイン・ヴェブレン著）が出版される
	■（～1905）日露戦争勃発
1911	スタンダード・オイルが34の新会社に分割される
1913	アメリカ議会の委員会が報告書「マネー・トラスト調査」を提出
1914	第一次世界大戦勃発。パナマ運河開通
	反トラスト法のクレイトン法、連邦取引委員会法が制定される
1919	パナマが国外の船主による船籍登録を認め、便宜置籍船国となる
1920	国際連盟発足
	■国際連盟に加盟
1920初頭	この頃からタックスヘイブンが成長していく
1923	■関東大震災
1929	米ウォール街の株価が大暴落。世界恐慌が始まる（～1930年代後半頃）
1933	米ルーズベルト大統領によるニューディール政策（～1939年）
1936	（～1950）ナショナル・シティ・ラインズによる100以上の電気鉄道の買収が行われる（「アメリカ路面電車スキャンダル」）

第2章

国境を超えた新自由主義《ネオリベラリズム》

1950年代中頃、シカゴ北部の郊外にあるノースウェスタン大学のカフェテリアで、保守系の経済学者、マイヤー・バースタインとその同僚でミクロ経済学を教える左派系の気の強い教授、チャールズ・ティボーとの間で、ある論争が勃発していた。

論争の発端は高額な家賃についてだったが、気づくと最終的にはもっと大きな議論に発展していた。それは、いかに州と国家が競い合うかに関する遠大かつその後の経済学に大きな影響を及ぼす新しい理論についてであった。

友人としては仲の良かった二人だが、ティボーは、自身で〝フリードマニアック〟と名づけ、急速に勢いを増し始めた一派にバースタインが加わったことに苛立ちを覚えていた。この一派は、当時アメリカ右派の金融ゴッドファーザーと呼ばれたシカゴ学派の経済学者、ミルトン・フリードマンをやみくもに信奉するグループを指していた。

ティボーのことを「これまで知己を得た友人の中で最も面白い人でした」と回想するのは、ティボーとは旧知の仲で唯一存命のリー・ハンセンである。ティボーは自分が受け持つクラスの授業で、大物学者のモノマネをしたり、面白いあだ名をつけたり、スーツにネクタイ姿の大学の慣例に反して作業着で登場したり、と型破りな人だった。ある日、学生の父親が講義の一環として指定された本が「社会主義的」であると批判すると、学部長から次のような返事を書き送らせた。「このたびの手紙は、ティボー教授が社会主義者ではなく、共産主義者であることをお知らせするものです」[*1]

ティボーは、実のところ共産主義者ではなく、いたずら好きなだけだった。しかし、当時のアメリカではそんな冗談を言うことすらリスクを伴うものだった。その頃は、ジョセフ・マッカーシー上院議員によるマッカーシズム[訳注★1]の最終段階にあり、ハリウッド、政府、学界をはじめアメリカ社会のさまざまなところでいわゆる「赤狩り」が行われていた。マーシャル・プランの起草者として知られ、第二次世界大戦後の欧州で共産主義の膨張を阻止すべく援助を行うべし、と主張したジョージ・マーシャルをも、マッカーシーは共産主義に傾いた者として非難した。[*2]

しかし、ティボー自身、その冗談めいた言葉とは裏腹に、政府が有用なことを成し得ると信じていた。その1つに、ノースウェスタン大学のカフェテリアで、バースタインが自分の住むシカゴ近郊の高額な家賃について、当該地域の固定資産税が高く、その税金が地域の学校の費用に使われている、しかし自分に子供はいない、と不満を露《あら》わにすると、ティボーは自身の主張を述べずにはいられず、「それほど高額な家賃を払う必要はない！　どうしてロジャーズ・パークに引っ越さないのか？」と返した。[*3]

訳注1　マッカーシズム　第二次世界大戦後の冷戦初期にアメリカ共産主義者およびその同調者を排除しようとしたレッド・パージのこと。

その日の夕方、ティボーは大学生のチャールズ・リーヴェンと話していた。「チャス、わかるかい？　私は正しかった。人々は地元の公共物について選択権を有しており、例えば引っ越すという単純な行為によって自身の選択を表明（顕示的選択）することができるのだ。これはとてつもなく良いアイデアだ。気が変わらないうちにこのことを書き上げねば！」

そして、1週間も経たずに初稿を書き上げ、保守系の「ジャーナル・オブ・ポリティカル・エコノミー」誌に投稿したものが、1956年10月に「地元消費に関する純粋理論」というあまりパッとしないタイトルで出版された。当時のティボーは知る由もなかったが、急いで書き上げたその原稿は、その後の経済学分野で最も頻繁に引用される論文となるのである。[*4]

リーヴェンとの会話で使用された「顕示的選択」という表現は、保守本流の経済学者なら何か引っかかるはずだ。ティボーは、米経済学者、ポール・サミュエルソンが1938年に提唱した顕示選好理論に言及していたのである。

この基本概念は、消費者の好みを把握するためには直接その心理を読もうとしなくとも、次善の策として、購入履歴を調べればその人の好みがわかり、そのデータをシカゴ大学の効率的な数理モデルやグラフに入力するだけでよい。そうすれば、手際よく処理されたデータから政府の政策効果を検証することができ、市場経済の奥深い分析に活用することができる、というものだった。

1950年代に入ると、この理論は消費者行動を理解するために幅広く活用されるようになった。しかし、消費者や市場から離れて、このモデルを学校や道路、病院などの公共サービスの分野に当てはめようとすると、予期せぬ問題が生じた。サミュエルソン自身、1954年にこれは大変重要な問題だ、として論文で指摘しているが、それがいわゆるタダ乗り（フリーライダー）問題である。

サミュエルソン曰く、「人々は喜んで公共サービスの提供を受けるが、これらを裏で支える税金の支払いは回避したい」。このタダ乗り問題の意味するところは、税金や公共サービスに関しては人々の嗜好はさまざまで、各個人の好みを把握できないということだ。すなわち、シカゴ大学の効率的で美しい数理モデルに押し込めて、最適な税率や公共支出額を算出できないことを意味する。従ってこの分野に関しては、政府や民主的政治が介入する以外に方法はなく、残念ながら経済学者の出る幕ではない。なんとも痛いところを突かれてしまった。

ティボーは1956年に発表した論文で、これに対する反論を見つけた、と主張した。[*5] 最終的に、市場機能を使って公共サービスと税の相関関係を説明できる方法があったというのだ。

サミュエルソンの言うように、市場分析理論を米連邦政府の行動に当てはめることはできないだろう。しかし、地方政府ならば可能である、とティボーは主張した。アメリカの各州は、それぞれが提供するさまざまな公共サービスと、それを支えるために徴収する種々の税をセットにした異なるパッケージを提示しており、人々は自身にとって最適な税とサービスを提供してくれると考えられる州を選択し、自由に移住できるのだ（ちなみに、バースタインは提案されたロジャーズ・パークに移り住み、家賃も下がって「とても幸せにそこに定住した」という）。

ティボーはこのように、自分に適したより良い公共サービスを求めて移住する（「足による投票」）

というのは、ショッピング・モールで買い物をするようなものだと書いている。すなわち、公共サービスは消費する商品にあたり、税金はその商品の値段である。また地域社会は、民間市場と同様に最適な税と公共サービスの組み合わせを提供しようと「競い合う」というのだ。

続けて、もし人々が「足による投票」ができるならば、経済学者らは、アメリカ人好みの公共財と税の最適な組み合わせを見つけ、このデータを彼らの数理モデルに当てはめることができるだけでなく、「バーゲン嗜好」の人々を最適な地域社会に誘導し、政府の施策に効率性という民間の市場原理を導入することができるようになると説いた。数学を少し取り入れるだけで、政府は公共サービスと税の理想の均衡点を探し当てられる。

ティボーは、フリードマニアック派による政府の介入に反対する大きなうねりに対抗するかのように、最終的にどうすれば政府も効率を追求できるかを示せたと感じたのだ。州境を超えて生産性の高い企業や人々を誘致するためには、減税だけが魔法の妙薬ではない。企業もそこで働く従業員も皆、健全な財政基盤に支えられた良質な公共サービスを必要としている。ある意味、それはトレードオフの関係にあり、人々が州境を越えて移動し、トレードオフの最適妥協点を見出したとき、福祉全体の向上に繋がるのだ。少なくとも、これらすべてが課題の発展的な解決に資すると彼は考えていた。[*6]

ティボー自身は、自分のアイデアをそれ以上深く掘り下げはしなかった。内容は洗練されたものだったが、彼にとっては「ただの論文」[*7]でしかなく、また世間からも長い間注目されることもなかった。当時は政治の中央集権化理論が主流で、地方政治に関する理論に関心を払う人はほとんどいなかった。また、メディアで報道される地方政府に関する話題は、人種差別撤廃や政府の無能、汚職に関する話に限られていた。少なくともティボーにとって、彼の理論はそこでおしまいになるはずだった――彼は1968年1月、43歳の若さで心臓発作のため他界した。

世界がようやく彼の論文の内容に注目し始めたのは、死後1年あまり後のことで、現代のグローバル経済における最も重要な問題について論争を巻き起こすことになった。それは、もし富裕層、銀行、多国籍企業とその利益が、法人税減税や金融の規制緩和などの政策変更を動機として、国境を越えて移動したら何が起こるか？　というものだった。

この論争は、国家の競争力とは何か、また、法人税減税や環境基準について、競争することは健全なのか、あるいはそれは不毛な競争なのか、という本質的な疑問に辿り着く。ティボーの考え方は誇張され、さらに歪められた挙げ句、最終的には金融の呪いを生む幅広い政策のイデオロギー的支柱として用いられるようになった。これは左派のティボーにとって、望んだことではなかったはずだ。

ケインズが警鐘を鳴らした国際金融の危険性

歴史が証明する通り、不平等の解消がきちんと実現されるには、大変激しいショック療法的な出来事が必要になる。[*8] ティボーの世代には第二次世界大戦がそのショック源となった。経済危機と1930年代の世界恐慌により、それまでのロックフェラーやヴェスティ兄弟のような勝手な破壊工作を許してきた自由貿易や金融の規制緩和および自由放任主義経済《レッセ・フェール》は信頼を失った。

フランスの戦場で殺し合いをした労働者は、もはや金持ちエリートに迎合する気になれなかった。今度は国に何かお返しをしてほしかった。1945年の終戦は、イギリスの経済学者ジョン・メイナード・ケインズの提唱する進歩的かつ革命的なアイデアを実行する唯一無二の政治的好機となった。

ケインズは金融の有用性を熟知していたが、それが時に民主的なチェックを受けずに勝手に世界を動き回れるなら危険であることも知っていた。国の経済が、グローバルなホット・マネー、つまり根無し草的で、どこの国にも拘束されず、実在のプロジェクトにも関わりのないカネの流れに晒《さら》されていれば、完全雇用などの望ましい政策の遂行は難しくなる。なぜなら、たとえ産業育成という目的のために金利を下げたとしても、国が自由な金融資本の流出入を許していれば、カネはもっとリターンの多い先を求めて流出していくだけだからだ。従って、資本は不足し、通貨の価値は下がりやすくなり、金利は再度押し上げられることとなる。

政府が国民の期待に応えるには、金利引き下げ以外にないが、投機マネーの動きを制限する必要があることをケインズは知っていた。彼の「物は、でき得る限り高くなく便利ならば国内で製造しよう」という言葉は有名だが、加えて「金融に関しても、まず国内でやろう」と主張した。

ケインズは、国際貿易と投機的国際金融とを慎重に区別し、前者は多くの場合、利益をもたらすが、後者は大きなリスクを孕《はら》んでいることを認識していた。政府だけがリスクに晒されていたわけではなく、1929年に始まった世界恐慌は、投機的なカネの流れが民間にまで壊滅的な被害を及ぼしたことを暴露したのだ。

彼は「経験は積み上がってきている。すなわち、所有と経営の乖離は、人間関係にとって好ましい状況ではなく、長期的には互いに緊張や対立を生み、経済的利益を無に帰することになる」と警鐘を鳴らした。そして「もしも遠い海外の資本家がビジネスをコントロールするようになれば、生み出される利益を上回る損失を被るだろう」と言った。[*9]

ケインズの指摘した国境を越えた金融取引（国際金融）の危険性は、とてつもない知的インパクトをもたらし、第二次世界大戦が始まった頃には学界の主流となっていた。各国政府や世論も、最近起きた経済的、軍事的悲劇の再来を避けるためには、国際金融のシステムを変えるしかない、と考えていた。

そこで、1944年にケインズの知的指導監督のもと、米側の強硬派、ハリー・デクスター・ホワイトも参加する中、世界の先進国がニューハンプシャー州のブレトンウッズに集まり、越境する金融資本の流れを抑制し、不安定化を助長するホット・マネーの潮流から国々を守るため、協議、協調する新たなグローバル・システムを何とか構築したのである。

システムは不安定な船出となった。1945年から47年にかけて、ウォール街の連中が、短期間ではあったが金融自由化策を強要したため、戦争で疲弊しきっていた欧州から、その再建のための支出を嫌った金持ちらによる巨額の資金逃避の潮流を招いた。しかし、欧州における共産主義者による政権奪取に対する恐怖が政策立案者たちの関心の的となり、ブレトンウッズ体制はやっと実効性を持つこととなった。

ブレトンウッズ体制は、今日では想像できないほど素晴らしいシステムだった。国際金融は大きく制限されていたものの、貿易はほぼ自由だった。従って、国際金融も、貿易または実体のある投資、もしくは特定の優先認可案件に対するものは認められていたが、投機を目的としたものは認められていなかった。為替レートはドルに対してほぼ固定され、ドルは金《ゴールド》に対して固定されていた。例えば農業機械を輸入したければ、または休暇でフランスに行きたければ、必要相当額のポンドと関連する輸入書類、または旅行関連の必要書類を銀行か中央銀行に持参し、適正な商品購入または旅行であると銀行を納得させられれば、銀行はポンドと引き換えに相当額のドルまたは仏フランを海外の対象口座に振り込むか、現金で払ってくれる。

　しかし、１００万ポンドをイングランド銀行に持参し、金利条件の良い独マルクで欲しい、と言えば、「失せろ」と言われたに違いない。この大規模な国際的管理装置の目的は、米財務長官ヘンリー・モーゲンソウに言わせれば、「高利貸しを国際金融の殿堂から追い出すことだった」。

　ブレトンウッズ体制は、穴だらけで問題の多いシステムだったが、それでも第二次世界大戦からのほぼ四半世紀、何とか結束を保ってきた。金融の動きが封じられていたために、各国政府は国内すべてのカネが国外へ逃避していく不安を感じることなく、自国利益の最大化を目指し、行動できたのだ。

　富裕層への課税率は高く、時にはとてつもなく高かった。アメリカでは１９５０年代から70年代にかけての最高税率が70〜80%の間を変動し、イギリスでは第二次世界大戦の最中には99・25%に達したこともあり、１９５９年に80%に下がるまで、１９５０年代の大半は97・5%で推移した。

国内の金融規制は驚くほどしっかりしていて、アメリカのニューディール政策は、それと目的を同じくする独占禁止法と相俟って商業銀行と投資銀行業務を分割し、さまざまな規制を設けた。また、戦時中の政府主導の大規模な技術開発は、その後の工業化に大きなうねりを起こし、各国政府は引き続き、民間部門にとってリスクの大きい分野には研究開発投資を積極的に行った。[*10]

このような巨額かつ協調的な政府介入が行われ、また時には驚くほどの高課税率が実施された環境下であったにもかかわらず、富裕国も途上国も、ともにかなり高水準の経済成長を維持していた。しかも、この時期が後にも先にも人類史上例を見ない高水準の成長期だった。例えば、西欧諸国は1950～73年の間に、平均4・1％の成長を遂げた。投機的資本移動が抑制されていたにもかかわらず、貿易は伸長した。この時代は今、「資本主義の黄金時代」と呼ばれている。[*11]

経済成長が加速する中、経済格差は縮小し、インフレは抑えられ、債務は減少し、金融危機のリスクは小さく、その頻度は抑制された。これこそがアメリカン・ドリームの目指すところであり、それがグローバル規模で実現したのである。

「ほとんどの国民はこれほどの繁栄を享受したことがない」とイギリスのハロルド・マクミラン首相は言った。「田舎を回り、工業都市や農場を訪ねてみてください。そうすれば我々がかつてお目にかかったことのない、いや、この国の歴史上見たこともない豊かさを目にするでしょう」。

医療サービスと政府の財政支援を受けた福祉事業の提供は、西側社会で花開いた。労働組合が非常に大きな力を持ち、発展途上国は未成熟産業を関税障壁で守りながら育成することに成功した。

今では想像しにくいが、当時の投資銀行家は、学校の教師以上に法外に給料が高かったわけではない。[12] そして、英財務大臣は、「(政府は) 非生産的な不労所得生活者の側ではなく、積極的に生産に従事する者の側に立たなければならない」と宣言し、イングランド銀行は1946年に国有化された。これらはすべて、傲慢な金融の暴走と悪徳資本家時代の当初の無責任な政策に対する、行政および政治の断固とした目に見える形での矯正手段であった。金融はあくまで社会の奉仕者であり、主人ではないのだ。そして、これはうまく機能した。

ケインズは自身の提唱したアイデアがしっかりと立証されたことを見届けることなく1946年に他界した。しかし、これに対する新たな挑戦者が現れるまでそれほど時間はかからなかった。政府を手かせ足かせで縛り上げ、カネと金融の最大限の力を解き放とうとする反革命的動きが、すでに本格化し始めていたのである。

新自由主義の反撃

ブレトンウッズ体制が実効性を有していた間、銀行家はそれを嫌悪した。ミッドランド銀行取締役の一人であったハーレック男爵の手紙からその空気が読み取れる。その中で彼は、英商務省長官スタフォード・クリップス卿と、彼が「豚野郎」と呼んだ財務大臣ヒュー・ダルトンらを次のように公然と非難し、不満を表明している。

「(彼らは) 帝国、通商、産業とすべてのフェアプレーの利益に反する政治的および個人的野望と恨み」を果たすために動いており、また「このクソのような政府における二人の最悪な輩こそが、ミッドランド銀行が闘う最大の敵なのである」[13]。

この銀行団からの反撃は、オーストリアの平凡な経済学者フリードリヒ・ハイエクが、1936年に「突然の閃《ひらめ》き」で思いついた単純なアイデアを基に整理構築されたもので、数年も経たずしてそれはネオリベラリズム——新自由主義と名づけられた。

多くの人にとって新自由主義とはそれほど重要な意味を持つ言葉ではないものの、左派の人々によって彼らが嫌う右派に対する政治的蔑称として頻繁に使われた。しかし、これまでの歴史的背景をも勘案すれば、実質的効果としては政府が主導し、積極的に保護する金融の規制緩和、民営化とグローバル化も指している。

新自由主義（ネオリベラリズム）とは、18世紀の古典的自由主義から派生したものである。自由主義には、政治的自由主義、すなわち法治国家における平等で民主的な市民の権利を保障するものと、経済的自由主義、すなわちアダム・スミスの「見えざる手」から始まる、適切に機能する市場で自由に交換や貿易を行うことで社会全体が豊かになる、という2つがある。自由な商取引が保障されればされるほど、社会全体が良くなる、というのだ。政府の役割とは、国家の基本機能としての防衛や私有財産権の保護、独占に対する警戒監視などを行い、その他については自由にさせることだ。

政治的および経済的自由主義は、互いにかなり異なる分野ではあるものの、いずれも自由が議論の出発点である。そして、新古典派経済学もこの考え方に深く影響されている。これは、市場分析を行う典型的な手法のセットのようなもので、その結論の核心は、（妨害のない）市場での競争は総じて効率的であり、社会にとっても良いことである、というものだ。

新自由主義はこれらのアイデアを増幅強化した。まず、政府は必ず権力を集め、専制政治に向かう。この恐怖は当時は理解できるものだった。ナチスドイツが欧州をほぼ制圧し、ソ連の全体主義が不気味に迫り、１９４９年出版のジョージ・オーウェルのヒット小説『１９８４年』に登場する思想警察が、西欧文化をいやらしい目つきでじっと見入る亡霊のように迫っていた。

今では新自由主義の創始者として認められているハイエクは、まず新古典派の考え方である「市場における競争が効率性および総合的な観点から社会全体に貢献するものだ」というところから説き始めた。そこから大きく飛躍し、この推論は単に市場や交易だけでなく、他のさまざまな日常生活に至るまで正しいかもしれないし、正しくなければならない、と主張した。そして、もし社会や法律などの社会組織を、政府のハサミを用いてバラバラに切り裂き、それらを巨大な１つの市場、もしくはさまざまな市場に投入し直して互いに競争させ、再構築することができたらどうなるかと考えた。この最もわかりやすい形が、民営化である。

それは、国有資産を民間に売却し、それぞれに競争させて、さらなる効率化を期待することだ。これが実現できれば、市場は最終的に、独裁的な権力に隷属する政府を手なずけて調教する有効な手段となる、とハイエクは主張した（このことから今日のＮＨＳ[訳注★2]を思い出したなら、あなたは勘がいい）。

ハイエクの最も有名な著書『隷属への道』にはこのことが詳細に書かれている。彼によれば「真に善し悪しを合理的に判断できる権威者は唯一、競争および価格設定システムだけである」という。

まもなくしてこれが、新自由主義者の唱えるお題目となっていった。減税を行い、規制緩和し、民営化し、これらすべてを競い合わせて突き進ませる。銀行や企業だけでなく、病院、大学、学校の運動場、環境保護組織、性的虐待の被害者保護、規制当局、弁護士、ペーパーカンパニー、台所の流し台等のすべてを、同じ競争原理の枠組みの中に押し込み、また押し込むべきであり、市場競争力という唯一の判断基準である市場の洗礼により分類、評価されねばならない、とするものだ。

この枠組みの中で人は、人間らしい「品位を保ち、奪うことのできない権利と義務を保持する者」から、冷酷に損得勘定をはじく計算機と化し、勝者と敗者に分類されてしまう、とスティーブン・メトカーフは解説する。

社会は、もはや政治的な議論を行う場でも協力し合う場でもなく、すべてが一種の市場となる。そこでは、すべてを見通す知恵者のように、市場から自然発生的に生じた知性が、全体の幸福が最大化するよう利害対立分野の優先順位を決め、限られた資源の最適配分のあり方を計算し、最大化された果実を分配するのだ。

政府は、この市場原理をできるだけ社会の奥深くにまで浸透させる役割を担うよう再構成されてしまう。その過程で市民権や従来の正義の観念や法の支配までもがわきに追いやられ、それら

訳注2　NHS　(National Health Service)　イギリスの国民保健サービス。国民の医療ニーズに対して公平なサービスを提供することを目的に1948年に設立された。

は生産性、リスクや資本利益率などの技術的な議論にすり替えられる。

新自由主義の本質とは、イギリスの思想家ウィル・デイビーズによれば、「経済によって政治に幻滅させること」であり、さらには「政治判断を経済的評価によって置き換えようとする試みであり、……競争原理という視点から誰が、そして何が重要で価値あるものなのかが見えてくる。競争、競争力、そして究極的には不平等までもが正当化され、許容されることになる」[*14]。

この考え方は、まったく新しい正義の概念を提示した。これ以上に革命的な考え方は想像もつかない。

新自由主義革命が正式に誕生したのは、ブレトンウッズ・サミットから数年後の1947年に、ジュネーブ近郊のモン・ペルランで開催されたアメリカと欧州の知識人による歴史的会合でのことだった。この会合にはハイエクの他、数多くの著名な経済学者や思想家も参加し、ミルトン・フリードマン、ルードヴィヒ・フォン・ミーゼス、ジョージ・スティグラー、フランク・ナイト、カール・ポッパーやライオネル・ロビンズらが含まれていた。

この会合は、スイスの三大銀行と二大保険会社、スイス中央銀行とイングランド銀行、シティの利益団体に財政を支援されていた。ハイエク自身、1950年にロンドン・スクール・オブ・エコノミクス（LSE）を退職後、「企業スポンサーのない常任の職位はなかった」という。

その会合で誕生したモン・ペルラン協会の野望は、民間のヒーローたちで国家を支配する独裁主義的な一団の打倒を目指すという、あまりにも救世主的で実現不可能な考えだった。ハイエクは「自由の原理を理解し守るには継続的な努力が必要で、そのために戦う人々を募り、訓練しなければならない」と宣言した。

経済的自由は、ひいては政治的自由をもたらす。企業からの資金が、革新的なシンクタンクの新たなネットワークに流れ込み始め、これらの思想を喧伝した。このネットワークが新自由主義の揺籃《ようらん》期を形作り、ケインジアン合意に対する反撃の始まりとなった。*15

この動きが、政治家から権威と権力を奪い、それを経済学者および強欲な投資家に移してしまった。そして、この新たな権威構造のトップに君臨することになったのが、金融プレーヤーである。彼らは、新自由主義という妙薬を飲まされて、その虜となった政府を凌ぎ、政策決定に対する拒否権も手に入れ、グローバル企業を売買するのだ。

おそらく、この新自由主義という潜在的で強い伝染力を持ったイデオロギーの最も警戒すべき産物こそ、金融化として広く認識される現象である。これこそまさしく金融の呪いの中核をなすもので、単に金融セクターの規模拡大に留まらず、金融手法を駆使し、日常のあらゆる事象までも、その可否を検証することなく、競争原理を当てはめていく。

ハイエクの先進的アイデアは多くの人々を惹きつけ、オックスフォード大学保守党協会の会長・代表を務めたマーガレット・ロバーツもその一人だった。彼女はその後、結婚してサッチャー姓を名乗り、イギリス初の女性首相となったが、約半世紀後、ハイエクの『隷属への道』こそ「最も参考にした本」と述べた。

他の多くの政治家も、新自由主義をこよなく愛した。なぜなら新自由主義の中核を成す「市場の下す判断」が、難しい選択を迫るような責任を免除してくれただけでなく、公平や正義など厄介な事柄への対処を回避する手助けをしてくれたからだ。

彼らは椅子に座ってくつろぎながら、自由放任主義という機械が、煩わしく難しい騒動を整理していくのを見ているだけでよかった。そして、これがまた人気を集めた理由だった。そもそも競争を嫌う人などいるのだろうか？

ＢＢＣの司会者が政府の日々の政策を取り上げ、「これについてシティはどう見ているのか」と評価を問いかけるたびに、彼らはヴェブレンが皮肉たっぷりに命名した、ビジネス成功の知恵を推奨するだけでなく、新自由主義者とその政治的判断も受け入れている。

しかし、新自由主義者は、このユートピア的で、全知の、またすべての人にとって最善の市場を実現し得る価格設定システムに、一般の人々や企業、そして細切れにした社会を押し込むだけでは満足せず、さらに国々を丸ごとそこに放り込もうとしたのである。

そして、この扉を開いたのが、チャールズ・ティボーの著作だった。２つの強力な磁石が引き寄せ合うかのように、ハイエクとティボー二人の思考は近づいた。一人は政府や社会の一部には効率的に競争させねばならないとし、もう一人は、国と自治体は互いに効率的に競争できると説いた。この両者の主張がいずれ合流し一体化することは避けられなかった。

両者の説の合体は、プリンストン大学の経済学者、ウォーレス・オーツが１９６９年に発表した論文の中で、ティボーの論文を補強するような調査研究結果を公表したことで実現した。[*16]

オーツはニュージャージー州の53の地域を対象に、固定資産税と併せて地方自治体の学校に対する支出について研究を行った。そして、これらの住宅価格との関連性を分析した。

彼の結論はティボーが予測した通りのものとなった。すなわち、地域の固定資産税が高ければ、住宅価格は低めに抑えられ、学校に対する支出が多いほど住宅価格も高くなる傾向が見られた。人々は、「足による投票」をしていたのだ。税金とその支出内容に応じて、転入、転出していることが明らかになった。ティボーは正しかったのだ！

オーツの示した結果は、今日では驚くほどのことではないかもしれないが、当時はまったく新しい視点だった。経済学者のウィリアム・フィシェル曰く「アメリカ人が頻繁に転居するのはよく知られていたが、地方自治体に求めるサービスと人の移動を関連づけた経済学者はこれまでいなかった」。このモデルはどんどん支持を獲得し、フィシェルによれば、今や「アメリカにおける地域公共経済学の手本となっており、……その影響は経済のみならず、公共部門以外にも幅広く及んでいる」[*17]という。

スコットランド、北アイルランド、そしてロンドンでも、徴税権および財政支出の権限拡大を求める議論は、その多くがティボーとオーツの案から生まれたこのモデルを根拠にしている。ティボーの壮大なアイデアは実は目に見えないところでも健在なのだ。

新自由主義者にとって、州の「効率的な選別」は刺激的な考え方だった。それは、行政区や州のみならず国全体までも彼らの信奉する競争モデルに丸ごと突っ込むことで、この手法が最善であると主張することを可能にしたのだ。それ以上に歓迎すべきは、公共サービスも課税システムも、さらには法律でさえも、市場で売買される商品の1つにすぎないとの評価を正当化できたことである。

ウィル・デイビーズによると、「法律も、国家が競争するための幾多の『資産』の一部となり」、さらに税金は「国家株式会社にとって最小限に抑えるべき『コスト』でしかなくなった」のだ。

これがいかに反体制的で破壊的な概念かわかるだろう。法治主義にも、また法人課税システムにも値段がつけられるというのだ。１９７０年代にこれらの考え方が政治の主流に登場すると、政治的腐敗、寡頭政治、公的資金による銀行救済、そして国際的な組織犯罪の増加をもたらした。*18

このような知的・政治的変化が明らかになるにつれて、ティボーのアイデアは、彼が意図しなかったような形でアメリカで顕現していく。彼がかつて考えたような、地方自治体同士が効率性を上げるために互いに競争するのではなく、その頃から表面化し始めた地方自治体同士の「競争」は、巨大な金融機関と企業が州や国家から欲しいものを手に入れるために、政府同士を不毛な競争へと駆り立てる強大な道具になることを暴露しつつあった（以後、本書においては、この後者の「競争」をカッコ（「　」）をつけて表記することとし、民間市場における競争の概念とは区別する）。

移転コンサルタントが仕掛ける詐欺

オーツが論文を発表してから4年後の１９７３年、民主党のアイダホ州知事セシル・アンドラスは、成長著しいコンピュータ会社、ヒューレット・パッカードの会長、デビッド・パッカードと会談した。同社は新たに大規模なコンピュータ工場の建設を計画しており、その候補をアイダホとオレゴンに絞っていた。アンドラスは自伝で、オレゴン州が提示していた魅力的な逆提案に対し、いかに自州の魅力を売り込んだか、そして「パッカードは礼儀正しく話を聞いていた」と回想しながらも、「そして、落ち着いた口調で『で、どんな種類の減税措置を州として提案してくれますか?』と問われた」と記している。それに対するアンドラスの答えは、今日では古風で趣《おもむき》さえ感じられるだろう。

「私は深呼吸をしてから、難しい要求に対する私の考えを整然と述べた。『私たちは、既存のビジネスが新たなビジネスに対して助成金・補助金を出すことは不適当だと考えています』と伝えた。『あなた方が我がアイダホ州に来れば、市民となり、皆と同じルールの下で生活することになります。数年も経てば、あなたも古参になります。そのとき、あなたは次に来る人に助成金を支払いたいと思いますか?』。それは緊張を強いられる瞬間だった。しばし間を置いて、パッカードは不平がましく唸《うな》り、『それは筋が通っているな。そうすべきだ』。それから次の質問に移った。こうしてコンピュータ工場の誘致に成功し、一流の企業市民も獲得した」[*19]

当時はまだ古い共通認識が生きており、維持されていた。すなわち、企業とは単に利益を生む機械ではなく、もっと広範な役割を担っている、というものだ。企業は安定した社会組織であり、質の良い仕事と素晴らしい商品、サービスを提供し、税金を納め、繁栄するコミュニティを作り出すのである。しかし、この共通認識が危機に晒され、やがて見る影もなく変質していく。

あまり知られていない動きだが、アンドラスの時代にアメリカで胎動した新たな産業があった。この産業は、実業家のレオナルド・ヤシーンが1934年にニューヨークでファンタス・ファクトリー・ロケーション・サービスを創業したときに初めて登場した。この企業は、アメリカ国内で不案内な地域への移転や拡張を検討している企業に、移転候補先の情報を専門に提供する業務を行うもので、これ自体はとても合理的なアイデアだった。

しかし、その頃から問題が起き始めた。企業が、地元にとって有用なもの、例えば整ったインフラや健康で教育水準の高い労働力を求めるだけにとどまらず、タダ乗りを狙った要求をエスカレートさせ、特別税控除や労働組合関係法適用の免除、緩い環境基準や地元納税者を犠牲にした金銭的報酬を公然と要求し始めたのである。

1960年代後半にティボーの論文が有名になったときには、移転ビジネスは産業としてすでに成熟しつつあった。それと並行して、対外秘密主義のコンサルタントが地方自治体同士を「競争」させながら、「正常な事業環境を維持」するよう各州に圧力をかけていった。これの意味するところは、地元の納税者から最大限の補助金を搾り取ることだった。

これらの変化を注意深く観察してきた米非営利団体グッド・ジョブズ・ファースト（GJF）の代表グレッグ・リロイは、コンサルタントらの現状を次のように批判している。

「彼らは経済開発会議に高級スーツを着て登場し、まるでロック・スター気取りだ。客寄せパンダの彼らが発する一言一句に、数百人もの役人が聞き入っている。彼らは企業連合が仕掛けた『国家や州間における経済戦争』を推進するための突撃隊で、法人税率を下げさせ、あらゆる場所で国や地方自治体のすべてを操っている。……市や州は競って補助金を最大化しようと互いに傷つけ合っている……彼らは、州が州を駆逐する、という重大事を弄《もてあそ》んでいるのだ」[*20]

リロイは、用地コンサルタントらが展開する14種のフリーライド詐欺の証拠を挙げている。例えば、「仕事に対する脅迫：初めからすると決めていた仕事に対して、どのようにしてその仕事に対する対価を得るか」「ありもしない偽物の競争相手を作り出す」「解雇を目的とした報酬」「低賃金に抑える：見えないコストを納税者に押し付ける」。1970年代から始まったアメリカの州間におけるこの「競争」は加速度的に熾烈《しれつ》さを増し、今や自制が働いていない。

この現象を間近で観察するのに最適な事例の1つがカンザスシティである。ここではカンザスとミズーリの州境が市の中心部を貫いていて、通りを一本隔てただけで企業は隣の州へと移転できる。このことが州間の誘致に関わる見返り合戦に発展し、「停戦」の声まで上がる事態となってしまった。

2016年の12月も押し詰まった、ある凍てつく朝、カンザスシティを訪れた際、州境のカンザス側にあるジョンソン郡の自治体の1つ、レネックサで、商工会議所の会頭ブレーク・シュレックと会った。彼の穏やかな話し方と温和な雰囲気に加え、銀髪の長身、ポロシャツにメタルフレームのメガネをかけた姿が、アップル創業者のスティーブ・ジョブズを彷彿とさせた。

彼のオフィスは元農場だった家を改造したもので、白壁にハロッズ調[訳注★3]の濃いグリーンのシャッターという外観が、周囲のきれいに刈り込まれた芝生に映えている。彼の仕事は、この地域に企業を誘致することだ。まずはレネックサへ、そしてジョンソン郡へ、さらにはカンザス州へ、である。

今までの誘致策は順調だったようで、レネックサには洗練されたオフィス街区が形成され、郊

訳注3　ハロッズ調　Harrodsはイギリスの老舗デパート。イメージカラーにグリーンが使われている。

外の開発地区には、低層のオフィス街や産業センターが、白い囲い柵の中に建ち並ぶ建築家やエンジニア、バイオ科学者らの素敵な家々と共存し溶け込んでいる。ジョンソン郡の雇用環境は順調で、良いときも悪いときも平均して年間4000人を超える水準で伸びており、2016年時点の失業率は3・3%で、つねに全国平均を下回ってきた。[*21]

なぜこれほど誘致に成功したのかについて、彼は理由を複数挙げて説明してくれた。

「私たちは、成長に先立って地域のインフラ整備を支持する賢明な議員を選挙で選んできました。街路や上下水道など、地味なものに投資しているのです。しかし、長年にわたっているので、すでにその成果は出ており、投資は回収できています」

「しかし、要となるのは、素晴らしい当地の公立学校制度です」と強調した。

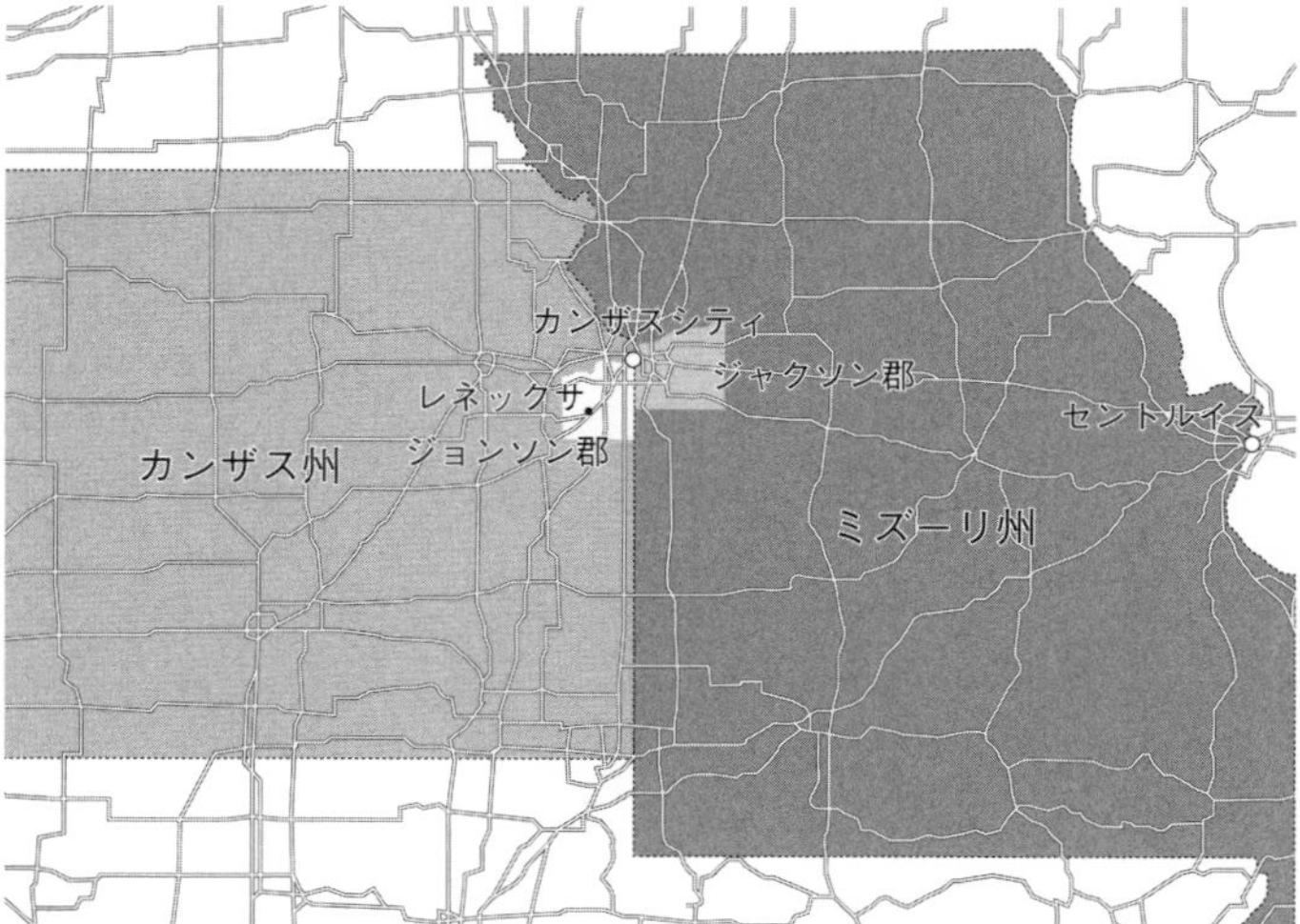

「極右の人たちは、最も重要なのは可能なかぎり低率な税金だという。しかし、ここジョンソン郡はその対極にあり、正反対のことを行っています。つまり、コミュニティ全体としてどのように共に発展していくのか、ということです。安全な地域としての長所を維持し、さらに伸ばしていくためのコストです。私たちは、このモデルこそが成功の証《あかし》であることを説明して見せたのです」

そして、こう続けた。

「実にこの30年間、この政策を続けてきてカンザスの税金が高すぎると言われたことは一度もありません。問題になったことすらないのです。ここで働き始めた頃、税の控除や奨励金などを要求する人を軽蔑の眼差しで見ていたものです。もし私たちのコミュニティに入りたいのであれば、いいいいいいいいいいいい、適正額を支払って参加してください、というのが基本の考え方です」

アイダホ州のセシル・アンドラス知事なら、同意してくれたはずだ。

しかし、会話はここから暗転した。シュレックによれば、1990年代頃に大きな変化が起き始めていることに気づいたという。それまで存在した誘致候補者との直接の接点が、いつの間にか、もっと挑戦的で情け容赦のない無礼なコンサルタント連中に置き換わっていってしまったのだ。「これまでの『さあ、我々のコミュニティが好きなら一緒にビール片手にステーキでも食べながら友達になろうよ』という会話から、もっと冷淡で客観的な関係になってしまった。今や、どこも自称コンサルタントの表計算シートに入れられ、誰もが彼らの言う上位10位までに入ろうと躍起になっている。また、彼らが要求するデータ満載の質問に素早く答えられるよう準備しなければばならず、一晩のうちに5マイルまたは10マイル四方の人口統計と研究分析を求められることもある。今ではすべてがコンサルタントのペースで進められていて、これこそ地域産業を大きく変えようとしている。コンサルタントが移転先候補地を提案するというビジネスを始めた頃から、奨励金は彼らのビジネスと合体し、今では彼らの文化の一部となってしまった」

このようなコンサルタントの登場で、秘密主義の文化までもが蔓延してしまった。彼らの手にかかれば、秘密主義は、公共の金庫から企業に交付するさらなる補助金を奪い取る強大な武器となる。コンサルタントにとって秘密主義が好都合なのは、他のライバル候補地がどのような提案をしているのかについて、誇張や嘘を混ぜながら自治体側にチェックする術を与えず、州や市の逼迫《ひっぱく》した財政からさらに搾取することを可能にしているからだ。

シュレックはファイルを取り出すと、パラパラとめくりながら、強固な守秘義務条項が付帯されたビッグフット、レッドウッド、メープルなどのプロジェクト名を読み上げた。

「これまでにも大きな案件があり、6～10人ほどが企業から派遣されるものの、彼らの苗字も名前も教えてもらえない」とこぼした。あるときなど、シュレックと同僚たちは、クエンティン・タランティーノ監督の映画「レザボア・ドッグス」からとったミスター・ピンク、ミスター・オレンジなどと名前をつけなければならないほど「追い込まれてしまったのです」と。

企業はたいていの場合、移転候補先を決めてから候補地同士を「競争」させるのだが、コンサルタントが介入した場合、彼らは補助金パッケージの3割を要求するので、騙したり、不当なプレッシャーをかけたりする。また、税の補助金制度は利己的に利用される制度としても悪名高く、有利な条件の金融を提供したり、役人に継続的に天下り先を提供する企業にはうまみのある取引が提供されたりする。[*22]

例えば、ミズーリ州側のカンザスシティでは、「競争力のある輝かしい、そして持続可能な経済」を達成するための中立的な機関として経済開発公社（ＥＤＣ）を設立したが、そこで働く人々は大手法律事務所を頻繁に出入りする輩ばかりで、補助金のばらまきをどう配分すべきかについて議論する始末だ。また、ＥＤＣは各案件に応じてその分け前にあずかり、税金の控除は別の予算から支出される。これこそが典型的なタダ乗り問題なのだ。

ジョンソン郡は、今では新たに転入する企業には一般的に50～55％の固定資産税の減税を認めているが、「がめつい企業はもっと多くの減税額を獲得している」とシュレックは言う。例えば、レストランチェーンのアップルビーズは、ミズーリ州に移転するぞ、という切り札をちらつかせ、10年間で90％の減額を勝ち取った。ミズーリ州の港湾局に至っては、１００％の税額免除を認めている。

特筆すべきは、「カンザスで雇用を促進しよう」というプログラムでは、驚くべきことに被雇用者の給与から源泉徴収された税金を、財政が逼迫している州に納めさせるのではなく、当該労働者の雇用を10年間継続した場合に、その源泉税の最大95％を当該企業に支払うというのだ。

このような取引が一般的になっており、他にも自治体主催のプロジェクトに関連して売り上げた消費税を企業が取り込むことを容認することもある。このような手法が全米で行われるようになり、「実力者に払う税」とのあだ名までついてしまった。他にもゼロ金利のローンや州からのおおっぴらな補助金交付などがある。

「今では移転するほぼすべての企業から、何らかの形での資金提供を期待される時代です」とシュレックは指摘する。そして、「露骨に支払う州もあるそうだが、我が州ではまだそこまではいっていない」と言う。しかし、税の管轄権の違いを利用した競争は熾烈さを増しており、共倒れのリスクを孕んでいる。

「我々は伝統的に善きパートナーだったが、このところ互いに争っている状態だ。箱に数匹のネズミを入れて、十分なチーズを与えれば問題は起きないが、チーズを取り上げれば噛みつき合うようになる」

シュレックのオフィスから東へ数マイル、州境を越えてすぐのミズーリ州ジャクソン郡で、精神衛生《メンタルヘルス》地域基金の専務理事ブルース・エディに会った。この組織は公的サブ・ファンドで、家庭内暴力や性的虐待の被害者、精神障害者など1万5000人の支援をしている慈善事業に、年間1000万ドルを資金提供している。*23 そのほとんどは、唯一の収入源である固定資産税で賄われている。

これは世界各地の税体系から見ても珍しい。たいていはさまざまな税収が一般会計にまとめられ、その後異なる目的のために支出されるため、減税による直接的影響を精査しにくいのが実情だ。しかし、本件の固定資産税は、このファンドへの資金提供のように特定の目的のために支出されるため、競争的な減税措置は弱者を直撃することになる。

エディの仕事は政治絡みがほとんどで、当選した議員に報告する立場にあるため、私と話すときも警戒していたが、ほどなくして固定資産税に関する減税措置がいかに必要な予算確保に悪影響を及ぼしているかが見えてきた。

「一筋縄ではいかない難問です」と彼は話し始めた。「減税にはさまざまなものがあるが、私は精神疾患で苦しむ人々を支えるための税収を確保するために、闘わなければならないのです」

「競争的」な税の軽減策は今や、やらないではすまされない強迫観念のようになってしまった。「今や、堂々巡りの議論で行き詰まっている。減税は善である。なぜか？『競争力』があるから。ではなぜ『競争力』が善いことなのか？それは税率が低くなるからである！」

これこそが、共通（公共）の幸福、すなわち社会全体にとっての幸せをよしとしない新自由主義者の議論に繋がっていく。いわば人間として合理的な基準をよしとする本来のあり方が完全に否定されてしまった。そして、もっと酷くなってきている。

こうした駆け引きは全米に急速に広がっている。最近の最も悲しい話題はアマゾンをめぐるものだ。同社は2017年に第2本社を建設する計画を発表し、各市に対し、誘致策を盛り込んだパッケージの入札を要請した。本書執筆中にはすでに238の市町村が「第2本社」プロジェクトの候補地として名乗りを上げ、最高の提案はメリーランド州の85億ドル相当の税額控除およびその他補助金だが、肝心のアマゾンは建設計画には50億ドルしかかからないと言っている。メリーランドは小さな州だが、もしこの入札が成功すれば、アマゾンのスタッフが周辺の州から移転してくるだろう。

アマゾンの例はあと2つ、底辺への競争に関する重要な点を浮き彫りにした。

第一に、このどこまでも続く不毛な競争は、ゼロで終わらないということだ。企業の支払う税金がゼロになれば、それが半永久的に続く。そのうちに補助金を与えるようになり、消費税や出血セール、給与の源泉税他の経済的ごまかしが行われ、納税者の納めた税金が搾取され、巨大企業に富が継続的に蓄積されていく。これは、大企業群および富裕層は、納税者たる私たちが納めた税金にタダ乗りすることを追求し続け、それには天井が存在しないことを意味する。彼らに減税措置を講じ、補助金を給付して欲求を満たせば、盛り場のゴロツキ同様、さらに多くを要求するようになるだろう。逆にそうしない理由もない。

第二の点は、「勝者の呪い」と呼ばれるもので、この概念は経済学者ならよく知るところだ。これはオークションでよく見られる現象で、入札による落札者は多くの場合、過剰に支払ってしまう。なぜなら、自分たちが入札したものの価値が理解できていないから、そして入札で犠牲にしているものが何かを理解できていないから、また甘言に丸め込まれたり、脅迫されたり、そそのかされたり、他人のお金で入札しているのでコストを度外視しているからだ。

２０１６年の研究では、アマゾンの第２本社プロジェクトのような、企業のメガ・ディールを追い求めた結果、生み出した職場１つに対して、アメリカの各州は平均65万８０００ドルの経費がかかり、これを実施している州は実質的に損失を被っていることが明らかになった。

テクノロジーのデータセンターに関して言えば、雇用の創出に一職場当たり２００万ドルの費用がかかっている。一方、アメリカの各州は一労働者当たり６００ドルに満たない費用を研修などに投じているが、こちらのほうがはるかに仕事を生み出す効果が高いことが知られている。[*24]

国同士、税制同士の「競争」は善か？

本章では政策決定者に向けて、3つの大きな質問を提起している。最初の質問は、税控除および類似する他のおいしい話で、自分の担当地域に外からのビジネス投資資金を誘致できるだろうか？

これに対する回答は、「時々は」という条件付きだが、言うまでもなくイエスであろう。オーツの1969年の論文が発表されて以降、この問題は幾度となく精査され、その効果は繰り返し確認されてきた。[*25] これは単にアメリカの州で起きている話ではなく、国レベルでも起こり得ることなのだ。

第二の質問は、州や国が競争してビジネスや市民の獲得に躍起になることは、果たして世界全体にとって善いことなのだろうか？　それとも州同士が互いに競い合うことは有害で、どん底への道なのだろうか？[*26]

これまで説明してきた通り、新自由主義の人々は、ティボーの壮大なアイデアを利用して、このような「競争」は健全で効率が良いと反論してきた。そしてこの論争は、あらゆるところで見かける。例えば、2013年にスイスの大統領ウエリ・マウラーはダボスで開催された世界経済フォーラム（WEF）で次のように述べた。

「会社の移転先に関する『競争』は、スイス国内の地方公共団体間でも行われている。多様性は競合を刺激するが、それはビジネスの世界だけでなく、政治においても同様だ。これがひいては良いインフラ整備に繋がり、形式重視のお役所仕事がはびこるのを抑制し、税金も下がるのだ」

これらの議論を、聞こえの良い一言に煮詰めれば、「競争は善である」ということだ。企業で機能するなら国にとっても同じだろう、機能するはずだ。ビジネス界が互いに切磋琢磨しながら競合することで繁栄をもたらすのと同様に、州や国も互いに競争し得る、という考え方に学問的な信用力を与えたのは、ティボー、オーツとシカゴ学派だった。この考え方は、世界を大きく変えるほどの影響力を持った。

しかし、ティボーの理論はどこか引っかかる。その理論はまったくのデタラメであり、ナンセンスなのだ。ティボー自身も自分のモデルは現実的でない、と述べている。また、ティボーがこの理論を最初に発表した学術会議の出席者によると、「彼は保守系経済学者団体に対して、内輪の冗談として話題を提供しただけ」という。彼にとっては右派系の「ジャーナル・オブ・ポリティカル・エコノミー」誌に論文が掲載されたことが実に愉快だと感じていたことは確かだ。彼は常々、「あのばかどもは、私がリベラルだとは知らないのだろう。だから、出版しなければならない、という気持ちに駆り立てられるのだろう！」と言っていた。[*27]

さらに、論文にはその限界をも明示し、こう書かれていた。「このモデルを用いて民間の競争モデルと比較したい気持ちになった人は、失望するかもしれない」と。

このモデルの主要部分の欠陥は致命的であり、総合的に見れば破滅的である。少し考えれば初心者でさえ、国家や税制同士の「競争」は、市場における企業間の競争とはまったく似ていないことがわかるだろう。その違いを少しでも理解するために、カリリオンやエンロンのように破綻した企業と、数年前に破綻したソマリアのような国家について見ていこう。

企業が破綻すれば、それは悲しいことではあるが、それでも従業員は新たな職を見つけることができるかもしれないし、企業同士が市場で競争した結果の創造的破壊は、資本主義の新たなダイナミズムの原動力になり得る。一方、破綻した国家では、軍閥の割拠や殺人、核兵器の密輸などが横行するため、事情はまったく異なる。これら破綻のケースで唯一共通するのは、「競争」という言葉である。あなたも私と同様、機能する市場における競争は素晴らしいものになると考えているとしても、国同士ではそうはならない。

それに留まらず、ティボーのモデルは、「効率的な選別」をするための現実離れした前提を必要とし、彼自身がその前提を明示している。

その前提の1つは、大勢の市民、消費者が、税率が変更されれば、州または郡の間を、さほどのコストをかけることなく家を売買して移住し、子供も無理やりに転校させるというものだ。もう1つは、タックスヘイブンは存在せず、企業がその利益を世界中のどこにも移転させない、または移すぞ、と脅して政治家から不当な税控除その他のうまみのある利得を得ることもしない、という前提だ。

ティボーのモデルでは、富裕層は税逃れや公共サービスのタダ乗りをしない。犯罪、公害その他の不都合な問題は、国境を越えてその悪影響が広がることはない。また、そこには唯一の税、すなわち固定資産税しか存在せず、すべての人は配当所得のみに頼って生活し、また、賢明な地域社会のリーダーは、他のあらゆる政治勢力と協力しながら賢明な市民を導いている。移転先を検討する企業の役員は、移転先視察旅行でドアの下から差し込まれた茶封筒に入った現金に惑わされることはないし、地元政治は腐敗とは無縁という前提がある。

タダ乗り問題を回避するには、すべての人は1つの地域で学校、大学に通い、そこで就職し、税金を納め、同じ地域社会の中で年齢を重ね、一生をその場所で過ごさなければならない。そうでなければ、自治体同士の間で、互いの教育や年金システムにおけるタダ乗り問題を解消できず、最終的に人々は「足による投票」ができない。

そうなると、ここにもはや英元財務大臣ナイジェル・ローソンの居場所はない。彼は現職時代、イギリスの「高額」で「競争力のない」税金を減額すべきである、と非難し続け、老後は高税率だが公共サービスが充実していることで有名なフランスに移住したのだ。[*28]

一方、ティボーの仮説では、「効率的な市場」の論理が機能するためには新たな前提の積み重ねを必要とする。それは一言で言えば、人間は合理的・理性的で賢明かつ利己的で、市場は完全無欠でなければならない、というものだ。

現在のような格差が拡大しつつある世界では、このような「競争」はつねに、そして総じて有害である。なぜなら「競争」は、利益や人間自らを簡単に越境させられる巨大多国籍企業、世界的な銀行、富裕な個人と逃げ足の速い資産を保有する者だけを利するからだ。

彼らは身軽に国境を越え、最高の条件で商品を購入し、最低の税率を選び、労働組合の影響の最も少ない労働者を雇い、経済活動を最も秘匿できる場所、または金融規制の最も緩い場所を選び、補助金を得られなければ他所へ移動すると脅すこともできるのだ。

だが、あなたの地元の洗車場、理髪店、最後まで残った青果店や一般の労働者は、地元の税制や果物の衛生関連規制が気に入らないなどの理由で、いきなりジュネーブに移住する、または移住するぞ、と脅すことすらできない。従って、大規模プレーヤーだけが補助金を受け取り、取るに足らない小規模事業者が社会的コストをすべて支払わされることになるのだが、さらに加えて、そのコストすら支払わない、国境を越えた移動に余念がない億万長者らが支払うべき追加費用まで背負わされている。

この「競争」は、富をシステマティックに貧困層から富裕層へと吸い上げる構造になっており、経済構造を歪め、地域社会の基盤を壊し、民主主義を弱体化させる。タダ乗り問題は、「経済学部1年生の1学期最初の授業で聞いて以降、二度と耳にしない話の1つである」とジョン・クリステンセンは言う。彼は私と一緒に金融の呪いの概念を考案した相棒で、こう続けた。「これは経済学における最大の暗黒大陸と考えられている分野だ」と。

政策決定者に投げかける3つの質問のうち、2番目に対する答えははっきりしている。法人税に関する州間の「競争」はまさしく、どん底まで落ちる不毛な過当競争であり、貧富の差を拡大させ、世界全体にとっても、また社会全般に対しても害悪しかもたらさない。

3つ目の質問はより重大で、おそらく経済に関するこれまでで最も重要な質問かもしれない。それは、たとえ「競争」が大局的に見て社会を害する底辺への競争を助長するものだとしても、それとは別に自らの国、または州にとって「競争」は意義あるものなのか？　というものである。シュレックは、これについては当初否定的に考えていた。少なくとも彼の地域には当てはまらないと考えていたようだが、今ではその確証がなくなってきているようだ。

「レネックサでは、これまで『ノー』と言ってきた。しかし、まずはゲームに参加しないとどうしようもない。そして、一度ゲームに参加してしまったら、離脱することが難しくなる。その議論の中心は、すべてを失うくらいならマシなものが半分でもあればいい、という考え方なのです。その州によって、特に南部の保守的な地域では、ずっと積極的で驚くほどの助成金満載の誘致策を提示しているところもある。そのような小さな渦が私たちからすべてを吸い出し、もぎ取ろうとしているのです。その渦から逃れたいと思って一生懸命泳いだとしても、果たして抜け出すことができるでしょうか？」

私たちの心のどこか奥深くに、誘致するには何らかの手土産が必要であるという固定観念が蔓延してしまっていて、相手に損をさせても自分は得をするという、近隣窮乏化政策が必要だと信じてしまっている。国家には法人税や金融の規制緩和を行い、「競争力」をつける以外の選択肢はないという考え方は、多くの人には合理的に聞こえる。それこそ、イギリスのここ数十年来の国家経済戦略の根幹を成してきた考え方だ。デヴィッド・キャメロン元首相曰く、「我々は今日、グローバルな競争に晒されている。そして、我が国に残された、考える余裕は1時間しかない。溺れるか泳ぐか。やるか、やらないか」。

しかし、この考え方は、はっきり言って完全に間違っている。ティボーの理論同様、その根拠になっているのは、初歩的な経済的推論の誤謬であり、子供じみた間違いである。一般論として、国家はこのレースから何の経済的ペナルティもなしに一方的に離脱することが可能であり、実際にはネット（正味）ベースの国家利益までおまけで付いてくる。近隣窮乏化政策の実態とは、実のところ自分を窮乏に追い込んでいるに等しいのだ。ゲームは他の人たちだけで続けてもらえばいい。

どうしてそうなるかを見るには、アメリカの個別の州だけに焦点を当ててきた比較的穏やかな海域から、もっとグローバルな荒海に漕ぎ出す勇気を持たねばならない。ここで見えてくるのは、世界の主要経済大国の中で、イギリスが他の国々よりずっと強硬に、速く、情け容赦なくゲームに積極的に参加し、第二次世界大戦で失った過去の帝国植民地の埋め合わせをしようとしたことだ。この過程で、イギリスは世界経済に計り知れないほどの破壊的ダメージを与えながら、自らも零落《れいらく》することになったのだ。

第2章

年	この章で扱った出来事の流れ（[●]＝参考として日本での主な出来事）
1936	『雇用、利子および貨幣の一般理論』（ジョン・メイナード・ケインズ著）が出版される
1938	ポール・サミュエルソンが顕示選好理論を提唱する
1939	第二次世界大戦勃発
1941	[●] 真珠湾攻撃により日米開戦
1944	『隷属への道』（フリードリヒ・ハイエク著）が出版される
	「ブレトンウッズ体制」が構築される
1945	第二次世界大戦終結
	[●] 終戦
1946	イングランド銀行が国有化される
	『企業とは何か』（ピーター・ドラッカー著）が出版される
1947	新自由主義の団体、モン・ペルラン協会が誕生する
1949	小説『1984年』（ジョージ・オーウェル著）がヒットする
	中国共産党によって中華人民共和国が成立
1950	朝鮮戦争勃発
1951	[●] サンフランシスコ平和条約調印
1956	『地元消費に関する純粋理論』（チャールズ・ティボー著）が出版される

第3章

第二の大英帝国誕生

イギリスのシティ・オブ・ロンドン（以下シティ[訳注★1]）は、大英帝国で何世紀にもわたってカネを吸い上げる装置の中核を成し、最大級の富の収奪システムを構築した。

これまで英海軍の戦艦は、シティを拠点に活動する東インド会社などの略奪的行為を長い間支援してきた。東インド会社は、もともと1600年に公的に認可された貿易会社として発足したが、徐々に残忍で無法無秩序な軍事行動に関わるようになり、18世紀には私的傭兵からなる軍隊を擁してインドで略奪行為の限りを尽くした。1757年のプラッシーの戦いでは、東インド会社はベンガルの太守《ナワーブ》を破ると、金銀財宝を100隻以上の船に積み込み、持ち去った。

このような帝国の冒険的野心を支えるシティの中核的価値観とは、「自由」だった。中でも、特に金融の自由と、貿易における物品の通行が妨害されずに自由に国境を越えて移動できることを望んでいた。この価値観へのシティの傾倒はあまりにも強く、徐々にその思いが帝国の非公認宗教のようになってしまった。

訳注1　シティ・オブ・ロンドン　通称シティ。現在の首都ロンドンの起源となった歴史的な金融地区。イングランド銀行をはじめとする大銀行、保険会社、証券取引所が集中している。

その代表格が「自由貿易はイエス・キリスト、そしてイエス・キリストは自由貿易」と宣言したシティの元トレーダーで、のちに香港総督に就任したジョン・ボウリング卿である。当時イギリスは、自国の商品やサービスを売り込むために巨大な中国（清国）市場を無理やりこじ開けようとしていた。そのためにイギリスは、清国が大量のアヘンの流入を阻止しようとすると、1839年に第一次アヘン戦争を仕掛けて勝利し、再度1856年に清国が抵抗すると、ボウリングは英国海軍に広東を砲撃するよう命じて、第二次アヘン戦争を仕掛けた。これによって清国市場は無理やり開放され、イギリスをはじめ他の欧州列強は、自分たちに都合の良い自由貿易システムを強制することに成功したのだ。

金融に関するすべてに共通することだが、シティの帝国における役割は、単に善悪で判断できるものではなかった。武力による略奪と並行して、シティは世界中で、鉄道をはじめ道路その他多くの生活のあり方を大きく変える事業に投融資してきた。また、大英帝国の植民地だけでなく、フランス、ロシア、プロシア、ギリシャ、新興の南アメリカの共和国にも融資を行った。

金融資本家のネイサン・ロスチャイルドの言葉を借りれば、ロンドンはまさしく「世界のための銀行」だったのだ。その冷徹な国際感覚が、比較的寛容なイギリスの多文化主義の基礎を構築し、それがこれまで何世紀にもわたって、ロンドンを地球上で最も多様でエキサイティングな都市の1つに押し上げたゆえんであろう。1733年にヴォルテールは、「そこではあたかも皆が同じ宗教を信奉しているかのように、ユダヤ人もイスラム教徒も、キリスト教徒も互いに取引を行い、異教徒と名指しされたのは破産者だけであった」と述べている。

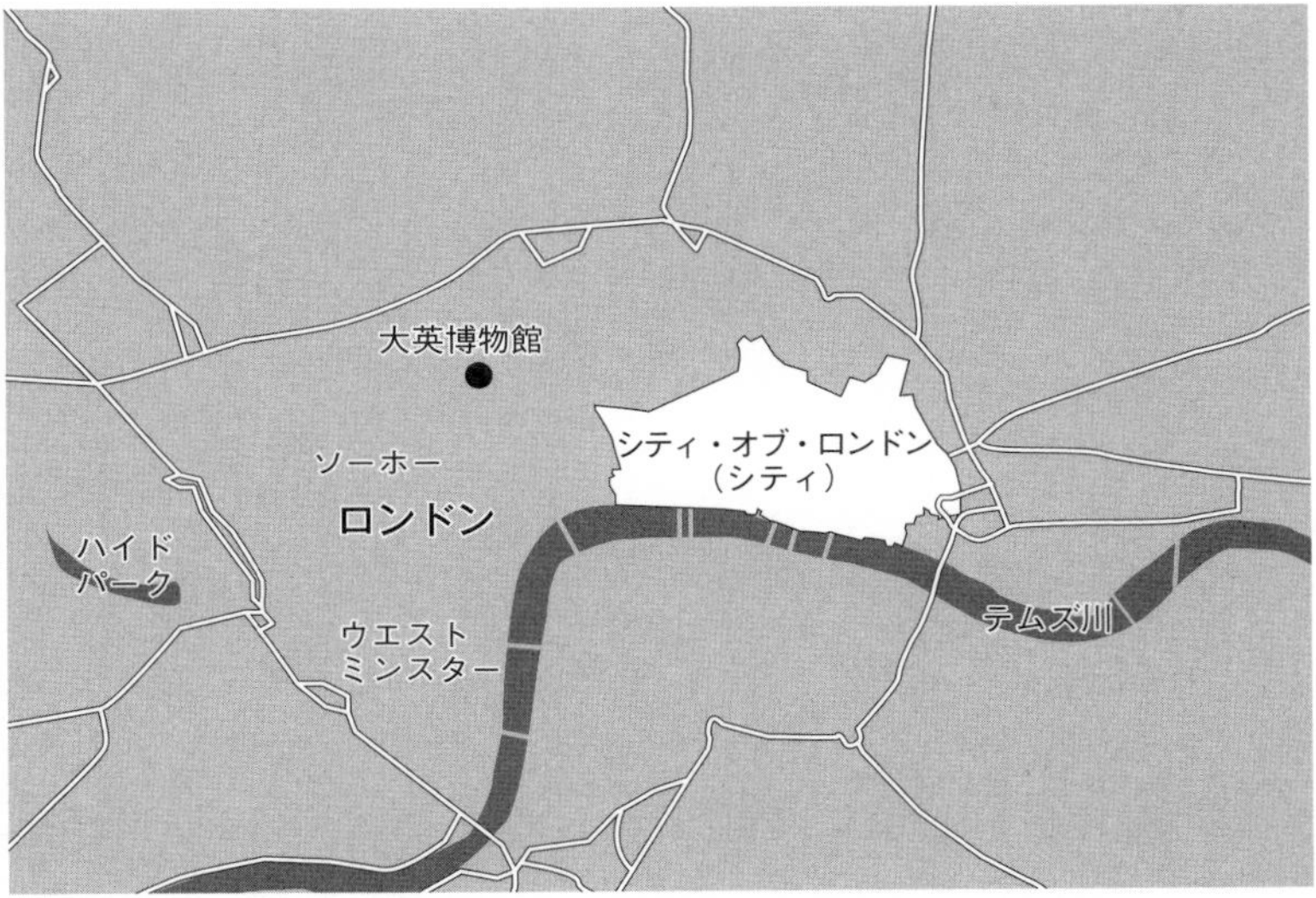
大英博物館
シティ・オブ・ロンドン
（シティ）
ソーホー
ロンドン
ハイド
パーク
ウエスト
ミンスター
テムズ川

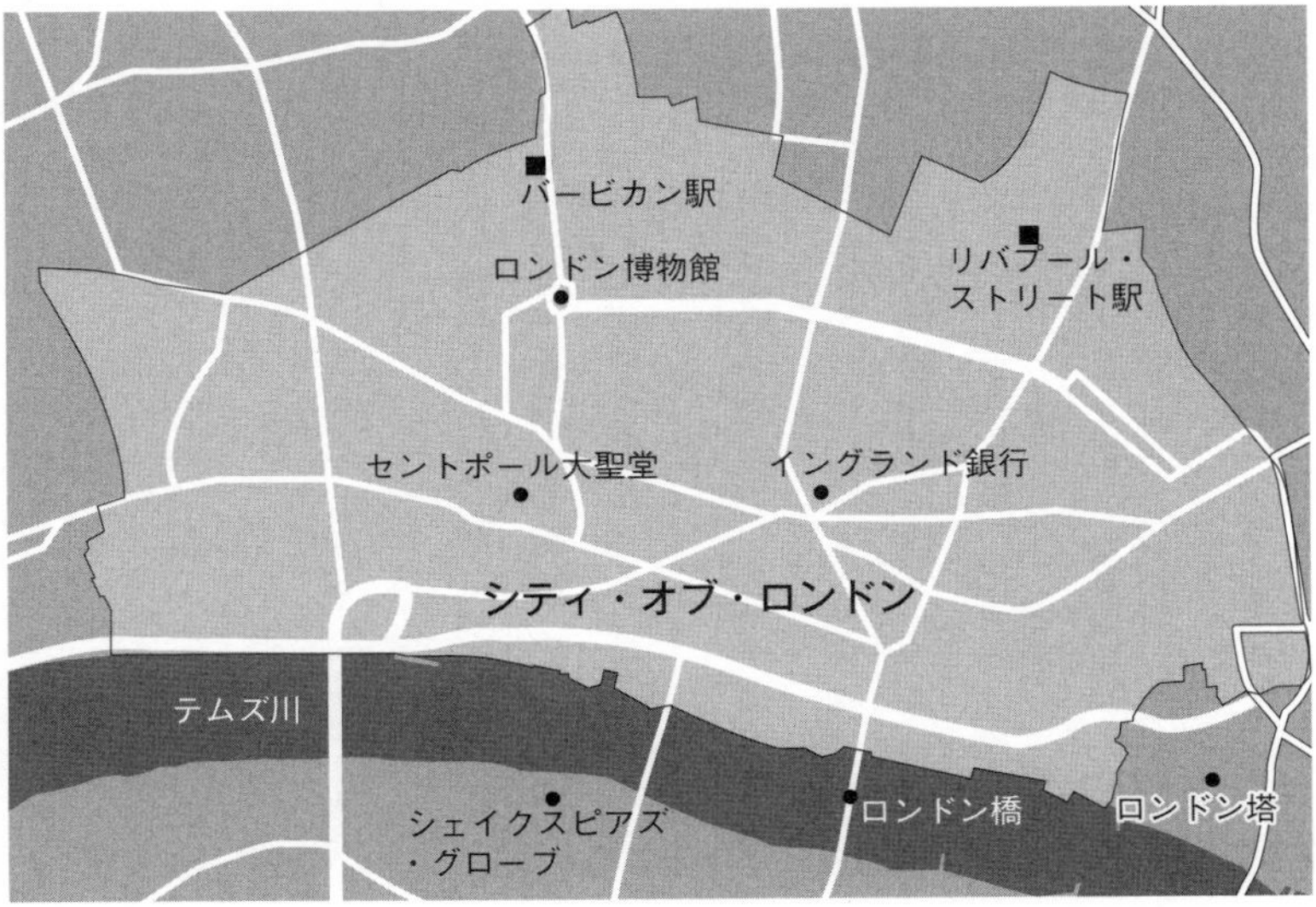
バービカン駅
ロンドン博物館
リバプール・
ストリート駅
セントポール大聖堂
イングランド銀行
シティ・オブ・ロンドン
テムズ川
シェイクスピアズ
・グローブ
ロンドン橋
ロンドン塔

しかし、シティに多くの富が流れ込んできても、イギリス全体に恩恵を与えることはなかった。イギリスの特定の利害関係者を利することはあっても、たいていは他者の損失の上にであった。金融と他の経済分野との衝突や緊張は、数世紀にわたって数え切れないほど起こった。

例えば、海外からの多額の外貨流入は、国内通貨の価値を押し上げ、国内製造業の製品価格を国際比較で割高にし、イギリスの輸出産業（大半はロンドンから離れた場所にある）および彼らの雇用創出に打撃を与えることになる。また、自由貿易という観点からは、輸出入双方にサービスを提供して利益を得るシティ一派には利益をもたらすが、逆に海外からの安価な輸入品に対する保護障壁から利益を得ている地方産業には打撃である。自由貿易という美辞麗句を並べても、イギリス、アメリカ、日本、韓国および多くの国々の工業化成功の戦略の目玉は、保護貿易主義であった。[*1]

さらに驚くべきことは、海外にばかり目を向けてきたシティは、長期にわたってイギリス国内の製造業者やビジネスに、それも特にロンドン以外で展開する企業には、ほとんど投融資をしてこなかった。イギリスの地方の企業は、地元の、あるいは地方の金融機関などのチャネルを活用するか、自社で稼いだ利益を原資に投資を行ってきた。しかし、シティの醸《かも》し出す存在感および、シティを誇りに思う優越感が、その実態を国民の意識から覆い隠してしまった、と歴史家のピーター・ケインは指摘する。地方の工業地帯選出の国会議員が議会で地元の話をすると、彼は地元の有権者の意見のみを代弁していると見られるが、「もし、シティ選出の国会議員が下院で発言すれば、たいていは彼が国を代表して話している、と当然のように思われる。この手の思考が切れ目なく続き、ここから抜け出すのは容易ではない」と締めくくった。[*2]

帝国の原動力——イギリス式の老練さ、外交手腕、資金、暴力的威圧——は、ナチスドイツから国を守るために国家の体力と資金をつぎ込んだものの、第二次世界大戦で最後は崩れ去った。そして、大戦末期に世界の主要国が新たにブレトンウッズ体制を構築したときには、すでに支配力は大西洋の反対側のワシントンに移ってしまっていた。ケインズおよびイギリスの主流派権威層による、イギリスの世界経済の中心的地位を取り戻す試みは失敗した。抜け殻状態の帝国は、その後の数年は何とか持ちこたえたが、崩壊寸前の状態だった。

イギリス経済の最盛期は、シティの衰退期

意外に思うかもしれないが、イギリスの広範囲に及ぶ繁栄と経済成長の最盛期は、まさしくシティの衰退期だった。これは何も偶然ではなく、以前から存在した古い時代の金融分野と他の経済分野との確執と衝突を反映したものだ。ブレトンウッズ体制の規制は、投機的な金融資本の越境を認めなかったため、これまでの確執や衝突をこれ以上ないほど浮き彫りにした。

1950年代には、シティのメンバーらは、ブレトンウッズ体制の制御装置によって、分断されて小さくなったとはいえ、成長著しい巨大なグローバル市場に対し手出しできない体制になったため、それらを指をくわえて眺めるしかなかった。シティの活動を戦争で疲弊した国内経済に閉じ込め、スターリング・ポンドを使う英領とその他地域に活動の場を限定したことは、シティの利益に大きな打撃を与えていた。しかし、ブレトンウッズ体制は、英政府に富裕層への高率の

課税権と強力な金融規制を実施する自由を与えていた。

大幅に自由を奪われたシティは、無気力状態に陥った。あるイギリスの官僚は1947年に、「昔から続くさまざまな伝統あるロンドンのビジネスは、実質的に終焉を迎えたと思う。いや、それは今後仮に残ったとしても、幻のようなものだ」と書き残した。[*3] ロイズ銀行の会長オリバー・フランクスは、毎日の仕事を「眠っている象を両手で引きずって、何とか立たせようとするようなものだ」と嘆いた。

この無気力状態の最中の1951年、シティを往年の輝かしい栄光と地位に返り咲かせようと、3人の英高官がブレトンウッズ体制の拘束から解き放つ極秘の策略を企てた。この極秘計画は、立案者である英財務省のレズリー・ローワン、イングランド銀行のジョージ・ボルトン、そして同じく英財務省のオットー・クラークの3人の名前から「オペレーション・ロボット」（以下「ロボット」）と名づけられた。

彼らの構想は、当時1ポンド当たり4ドル近辺で固定されていた為替相場を突然、変動制にし、他の通貨に対しても自由なレートで交換できるようにするものだった。もし、これが実現していたならば、「ロボット」はブレトンウッズ体制の全体の枠組みの中に手榴弾を投げ込み、その後の経済史の流れを大きく変えてしまったかもしれない。「ロボット」は金融界と産業界との間の昔ながらの小競り合いの1つであり、近代において金融界が敗北した最後の事件である。「ロボット」の立案者らも、この計画が実現していれば、高金利と急激な食品価格の高騰、大量の失業を引き起こし、イギリス経済を大混乱に陥れていただろう、と認めている。

これがいかに受け入れがたい計画であるかを理解していたものの、彼らはすでにイングランド銀行に加え、「直感的に」それを正しいことだと信じて疑わなかった保守党の経済音痴、ウィンストン・チャーチル首相を口説き落として味方につけ、概要を把握していない内閣に脅し同然に計画の実行を急《せ》かした。ボルトンは、「ロボット」は「国の生き残りを価値ある形で保証する唯一の国際的施策」である、と書き記した。

しかし、まもなく計画の概要が漏れ始め、この計画によって引き起こされるであろう結果が明らかにされ、理解され始めると、人々の間に戦慄が走った。それは「銀行家の企んだ謀略的な詐欺」として糾弾されたが、まさしくその通りだった。主計長官チャーウェル卿は、パンの価格高騰や２００万人もの失業者増を予測し、あまりの悲惨な状況に保守党は一世代ほど政権の座を追われるのではないか、と恐れた。そして経済は「本来対処すべき政治家と政策立案者の手から奪われ、経済のことを唯一理解している銀行家と資本家の手に移されるだろう」と皮肉たっぷりに付け加えた。

この策謀は１９５２年半ば頃までには立ち消えとなった。ブレトンウッズ体制は持ちこたえ、シティとスターリング・ポンドは、世界におけるリーダーシップをニューヨークとドルに明け渡した。その後およそ20年間、イギリスとブレトンウッズ体制に参画していた国々は揃って、最も力強く、最も広範な分野で、危機を最小限に押さえ込み、史上初の平穏な経済的繁栄を謳歌《おうか》した。その間、先進諸国の成長率は４％近く、発展途上国でも３％あり、過去１０００年の歴史と比較すれば、およそ2倍以上の成長率を達成した。[*4]

しかし、国中に行きわたった繁栄にもかかわらず、シティとその支持者たちは、このシステムを覆す企みをあきらめていなかった。1951年、保守党員で当時の住宅大臣ハロルド・マクミランから同党のジョージ・ボルトンに宛てた手紙から、その当時の状況が読み取れる。

1951年3月にイランがイギリスの石油資産を国有化、これが「イギリスの信用力に打撃を与えた」と書き記し、この信用力失墜だけでも失った石油の損失に匹敵したかもしれない、と述べている。断固とした軍事行動を通じて、イギリスの石油利権と帝国を守り、スターリング・ポンドの信用力を回復して、往時の世界の最前線での輝かしい地位に戻さなければならないと力説し、「これが取るべき選択肢だ」と書いた。「ごまかしの、ばかげた社会主義に向けて滑り落ちるか、第三の大英帝国を目指すかである」[*5]と。

マクミランは、すでにかつての大英帝国の栄光は消え失せ、崩壊が避けられないことを理解できていなかったようだ。インドは1947年に独立を勝ち取り、まもなく他の植民地もこれに続くこととなった。

崩壊間際の大英帝国にとって決定打となったのが、エジプトの攻撃的な大統領ガマル・アブデル・ナセルによる1956年のスエズ運河の乗っ取りである。

英仏両国はイスラエルと共に運河地帯への侵攻を開始したが、欧州の帝国主義的行動に苛立ちを感じて我慢の限界に達したアメリカは、この常軌を逸した行動がアラブ諸国に親ソ連意識を燃え上がらせてしまうことを恐れ、撤退を強要した。これを機に、戦争で疲弊していたイギリスの脆弱さが露呈し、各植民地が次々と、イギリスの支配から自由になれると確信したのだ。

植民地の独立運動は、初めはゆっくりと始まったが、その後雪崩を打って起こった。１９５７年にガーナ、１９６０年にはナイジェリア、その後ウガンダ、ケニア、南北ローデシア、[訳注★2] ベチュアナランド[訳注★3]、ニヤサランド、バストランド、そしてその他数ヶ国も１９６０年代中頃には独立を勝ち取ったのである。[*6]

シティを重要視していたイギリスの支配層《エスタブリッシュメント》にとって、これは悲惨な精神的打撃となり、帝国軍隊の力によって植民地から吸い上げ、安易にもたらされてきた利益が永遠に干上がってしまい、過去の栄光の破滅的最後かと思われた。

しかし、実際にはそうではなかった。１９５６年に大英帝国がナセルによる最大の屈辱を味わったのと同じ年、ロンドンでは新しい金融市場が産声をあげた。その金融市場でシティは自由主義信条を育み、さまざまな新手の精巧な手段を装備した世界的金融市場となるべく再投資され、世界中の富を搾取し、イギリスの他の部門からも富を吸い上げる市場となった。当時は誰も想像だにしなかったが、この市場は劇的に成長し、帝国が失った富の源泉と名声に匹敵する、いや、それを上回るものをシティの支配層にもたらすまでになった。

新しい市場が初めてイングランド銀行当局の目に留まったのは、スエズ危機の数ヶ月前だ。シティの中ではかなり冒険的で危ない橋を渡ることで有名な当時のミッドランド銀行（現ＨＳＢＣホールディングスの一部）が、商業・貿易取引に裏打ちされない米ドル預金を受け入れていたこ

訳注2　南北ローデシア　南ローデシアは現在のジンバブエ、北ローデシアは現在のザンビア。
訳注3　ベチュアナランド　現在のボツワナ共和国。

とが見つかった。ブレトンウッズ体制下では、このような行為は投機的活動に分類されるため、認められていなかった。

当時のシティは、オールド・ボーイズ・ネットワーク訳注★4で運営されていて、凝った儀式や取り決め・合意・承諾・協定などは男性の握手ひとつで決まっていた。

多くの場合、金融規制の遵守は、イングランド銀行総裁が当該金融界の重鎮らをお茶に招き、そこでの慎重で目立たない、部外者にはわからない方法で規制を逸脱していることを知らせるという方法で達成されていた。ミッドランド銀行の国際部長が呼ばれ、注意の咳払いをされたかどうかは不明だが、その後のイングランド銀行のメモには、ミッドランド銀行が「警告灯点灯のお知らせをありがたく思う、と言った」と書かれていた。しかし、ミッドランド銀行は、その新たな越境ビジネスが異常に儲かっていたため、その後も黙って取引を継続したのである。

どの国の中央銀行にとっても、ブレトンウッズ体制の要件を満たすために直面する重要課題は、固定相場制の下で自国通貨を防衛するために十分な外貨準備金または金《ゴールド》を手元に準備することだ。イングランド銀行は、いざというときに海外からの必需品の調達に支障をきたす外貨準備の枯渇をつねに心配していた。ミッドランド銀行の危ない活動は、表向き健全なドルの手数料を稼いでおり、イギリスの保有するドルの外貨準備の下支えとなっていたので、イングランド銀行は見て見ぬ振りをすることにした。

次から次へとドル建て利益が転がり込むにつれ、この一時的な放任は永遠の寛容へと昇華した。イングランド銀行は、事実上ロンドンでドルの新たな市場は新設するが、規制することはしない、との方針を打ち出した。一方、この新ビジネスはアメリカで規制されることも、課税されることもなかった。では、誰が規制や課税を行うのか？　答えは「誰もしない」だ。

皮肉にも、この超金持ちのための市場の最初のユーザーらの一部は、ソ連と中国の銀行で、冷戦時代に西側諸国の政府に取引の中身を把握されたくないそれらの銀行の経営陣らを喜ばせた。しかし、間もなく彼らの資金も、はるかに大きな波に呑み込まれることとなる。すなわち、米本国では禁止されている取引がロンドンではできることを嗅ぎつけたアメリカの銀行が、今やブレトンウッズ体制のがんじがらめの金融規制だけでなく、本国における厳しいニューディールの金融規制を回避するため、ロンドンに集まり始めたのだ。[*7]

要するに、これら銀行家は、本国の規制や法律が気に食わなければ、どこへでもビジネスを移転して規制を回避することができたのだ。大英帝国の栄光喪失の不安をよそに、シティの支配層はイギリスを、密かに税のオフショアおよび金融天国に変質させた。

その後噂が広がり、さらに多くの銀行、中でも特にアメリカの銀行がこぞって仲間に加わり、欧州のタックスヘイブンとして長きにわたる活動歴を持つスイスとルクセンブルクも加わった。アメリカ人はこのビジネスにふさわしい名前として、この市場をユーロドル市場またはユーロマーケット（以下ユーロ市場）と命名した。ただし、これは今日の通貨、ユーロとは何の関わりもない。ユーロドルとは、単にブレトンウッズ体制の規制下にない、主に欧州にある新興自由主

訳注4　オールド・ボーイズ・ネットワーク　男性中心社会の中で暗黙のうちに共有される排他的かつ非公式な人間関係や価値観を持つ組織。

義者によって運営される市場で取引されているものだった。

ユーロドルは、国家によって管理されない新しい形態のカネであり、ロンドンのある銀行家の言葉を借りれば、イギリスの外にあって、国の「通貨という集団から完全に切り離されたもの」だという。ロンドンの銀行は2冊の帳簿を用意し、1冊には外貨としての、主に米ドルを借りて再度世界中に貸し出されるオフショアのユーロドル取引を記載し、もう1冊には、イギリス経済に連結したスターリング・ポンド建ての取引を記録した。

従って、ユーロドルはある意味、他のドルと同じと言ってよいが、別の意味では政府の管理下にない市場で自由に移動する通貨、という側面をも併せ持っている。これは例えば、郊外の家から家族のうちの誰か一人を繁華街に連れ出して、ウィスキーやコカインを提供するのと似ているだろう。同一人物ではあるが、違った人間性を見せる——もっと面白い人にも、またもっと無責任な人にもなり得る。

イングランド銀行には、初期の頃のユーロ市場の魅力について書かれたものがある。それらは、過剰なリスク回避を求める金融規制に基づいた、地域行政からの監督免除や、マクロ経済の観点から設定された外国為替規制の回避や、当事者とその顧客に対する減税やゼロ税制、守秘義務および「法人に対する大変寛大な法制度」等である。

ユーロ市場は、経済の本流からほぼ切り離されていたものの、無規制下の新興市場との相互連携は密で、根無し草のようなどこにも属さない——各国のさまざまな規制から除外されて自由に取引できる金融市場を作り出すには効果的だった。それは、あたかもクラウドコンピューティングのように誰にも監督されずに急激に成長していく、無責任で、儲かる、垣根のないグローバル金融の冒険的な遊園地だった。[*8]

ユーロ市場が急速に成長した主な理由は、監督機関の不在であり、それが脱税者、詐欺師、犯罪者にとって天国となってしまったことだ。もう1つの理由は、銀行に何ら公的な制限を課すこともなく、無からカネを生み出すのを許したことだ。いかなる国の金融システムでも、銀行が顧客に新たにローンを提供するときには、つねに新しくカネを生み出している。

米経済学者J・K・ガルブレイスによれば、「カネが生み出される過程はあまりにも単純すぎて嫌悪感すら覚える」という。政府は、銀行が自制心を失い手に負えなくなるのを防ぐために、カネの創造に限度額を設け、準備高の確保を義務づけ、預金残高に応じて貸出額を限定できるようにしている。しかし、ユーロ市場にはいずれのブレーキもなかった。

ユーロドルの貸し出しについては、イングランド銀行のあるメモによれば、「金額も内容も期間も管理の対象外である。信用は貸し手側の商慣習上の慎重さにかかっている」。慎重な銀行家は、いかなる規制環境であろうとも、見境のない過度の貸し出しに熱中するわけがなく、イングランド銀行は「ユーロ市場の参加者は、全員が慎重である」と見なしていた。

当初、米当局者は、大西洋の向こう側のざわめきなど気に留めていないようだった。当時、ニューヨークのFRB（連邦準備銀行）に勤務していたベンジャミン・J・コーエンは、1962年にユーロドルについて調査するよう次のように要請されたことを回想している。

「『ロンドンではこのような新たな動きがあるようなので、よりよく理解したいと思っている』『そこで現地に行って調べてみてくれ』というような依頼だった」

しかし、ほどなくして米当局も、この複雑に絡み合った相互連結システムが、ユーロ市場を通じて世界を自由に駆け巡り、増え続ける金融資本によって引き起こされるグローバルな金融危機の増幅装置の役割を果たしていることに気がついた。

状況を心配した米政府高官は、すぐさまこれらの市場を「混乱を引き起こす一団」と呼び、そのどこにも属さないカネを、危険な「国境を超えた貯水池」と呼んだ。1963年までには、ユーロ市場での金利上昇が、ロンドンやその他の地域に向けて、ドルを米本国からどんどん吸い上げる事態を招き、その対処のためにワシントンとニューヨークの間の議論が白熱した。当時のメモは、「ニューヨークの金融センターとしての価値の低下」を嘆くとともに、ユーロ市場は1929年に始まった世界恐慌を引き起こしたのと類似のリスクを作り出している、と酷評した。

ニューヨークのFRBと米財務省は、ユーロ市場が「それぞれの国の独立した金融政策の遂行をとてつもなく難しくしている」とし、「世界の決済システムの不均衡」を悪化させていると抗議した。米財務次官ロバート・ルーサは、これらの市場を活用しているアメリカの銀行業界に、「自分たちの業務が国益に適《かな》うものかを自問すべきである」と指摘した。[*9]

1960年代初頭におけるユーロ市場の預金残高は10億ドルに達し、今日の価値でおよそ500億ドル相当にまで膨らんでいた。それから急に狂ったような現象が起き始めた。1963〜69年の間に、アメリカの銀行のロンドンにおける預金額は20倍に増えた。

1960年代後半に、ルーサは世界を自由に動き回る投機的資本の流れに警告を発し、「それはかつてないほど巨額であり、動きも大規模である」と指摘した。その後の1970〜80年にかけて、その額はさらに10倍に増えたのだ。[*10]

1970年代初頭に激化したベトナム戦争が、火に油を注ぐことになった。アメリカは海外における軍の支出のために、海外投資からの収入を超えるドルを海外に流出せざるを得なくなった。その結果、グローバル・システム内のドルの過剰が突出し、ユーロ市場をさらに伸長させていったのである。

1970年代に立て続けに起きた2度の石油ショックは、その流れを加速させ、オイルダラーの新たな巨大なうねりを生み出した。いや、もっと正確に言えば、オイル・ユーロダラーを生み出し、大銀行は産油国からそれを吸い上げてシティの巨大なターンテーブルに乗せ、次に破滅的な犯罪の温床である第三世界への貸出に還流させた。それら貸出は、たいていはニセの開発計画か、その国のエリートたちに公然と略奪され、そのカネの出所について誰からも問われないユーロ市場に再び戻され、再度略奪行為の横行する国々に貸し出される。この回転木馬の回転ごとに、銀行家はうまみのある分け前にあずかった。

ハーバード大学で学んだミゲル・デ・ラ・マドリ・ウルタードが1982年にメキシコ大統領に就任すると、彼は市民に「緊縮政策」を呼びかけた。しかし、その一方で海外の銀行口座に数千万ドルもの大金を貯め始め、米諜報機関によると、その額は1983年単年だけで1億6200万ドルに上ったという。その大半は、当初ユーロ市場経由で受けたメキシコの公的借入金のうちから素早くくすねたもので、ほとんどはその後、オフショアのジュネーブ、ロンドン、その他の場所にユーロ市場経由で隠された。

「ここには多くのあなたの友人がいます。特にシティには」と、マーガレット・サッチャーは1985年に彼を招待したロンドンでの昼食会で夢中になってしゃべった。「私たちは、これからもあなた方に幅広い取引の機会を提供し続けましょう」と。

ハイチの残忍なジャン＝クロード・デュヴァリエやフィリピンの貪欲なフェルディナンド・マルコスといったリーダーは公金横領で有名になったが、同様の現象はこれら具体例よりずっと広範囲に広がっていた。推定では、メキシコ、ベネズエラ、アルゼンチンの1970年代後半から80年代前半にかけての借入額の半分以上が、「約束を違えて実際には裏口からそのまま流出、それも入ってきたのと同年、酷いときには同月に流出した」のである。

ベネズエラでは、ほぼ同額が流出したともいわれている。ユーロ市場では誰も止めようとしなかった。[*11] 気づいた人もいたが、当時はそのカネがどこに消えたのか、ほとんどの人は問うこともなかった。その間に、それらの国々の一般国民は、巨額の借金を背負わされることになった。彼らから見れば、大英帝国の略奪的な罠からすでに解放されていたにもかかわらず、再びシティから巨大な略奪機械が蘇ったことにほかならなかった。さらに、この略奪機械はイギリス兵も不要で、厳格な秘密を前提にしており、その存在すら確認できないものだった。

不正な資金の流入でユーロ市場は成長を続けた。イングランド銀行は、この種の問題への対処法についてアイデアを求めたアメリカ側の要請をすげなく断った。

「いくらホット・マネーが嫌いでも、国際的な銀行家である以上、カネを受け入れないわけにはいかない」とイングランド銀行のメモには書かれている。そして「我々は、受け入れ続けるだろう」とも。[12] アメリカ側がさらに圧力をかけてくると、対するイギリス側の、ふざけるな、という態度はより明白になってきた。「我々にとって、シティバンクがアメリカの規制を回避しているかどうかは問題ではないし、知りたくもない」とある大手銀行の役員ジェームズ・キーオは言った。[13]

ユーロ市場は金融のグローバリゼーションに新たな息を吹き込み始めた。それはがんのように転移してイギリスを超え、ドルをも超え、誰のコントロールも利かない狂った金融のピストンのように変貌し、ハイエクやフリードマンの主張していた政府介入に反対するイデオロギー反撃戦と結びつき、為替コントロールや国際的協調体制構想に穴を開けて骨抜きにした。

1973年頃にはそのプレッシャーはさらに大きくなり、主要な通貨は互いに変動制を許容し始め、ブレトンウッズ体制は瓦解《がかい》した。この崩壊は、急激な石油価格の上昇と、世界規模の新たな低成長の始まり、貧富の差の拡大、そして、西側諸国におけるこれまでより頻繁な経済危機勃発の始まりと重なった。[14] これこそまさに、ケインズが警鐘を鳴らしたことであった。

この大混乱が世界に広がる中、シティとユーロ市場に密接に繋がっている別の暗黒の事態の進行がさらに加速していった。

イングランド銀行職員の極秘メモ

英国立公文書館に、イングランド銀行の職員から財務省の同僚に宛てた長いメモが保管されている。1969年4月11日付で「極秘」とあり、カリブ海の英領の島々を訪れたイングランド銀行の特命監視団が発見した、とてつもなく酷い案件が報告されていた。
海外の英領は、過去も現在も、大英帝国の最後の名残である。14の領土のうち7つは重要なタックスヘイブンで、アンギラ、バミューダ、英領ヴァージン諸島、ケイマン諸島、ジブラルタル、モンセラット、タークス・カイコス諸島である。イギリス本土周辺のタックスヘイブン、ジャージー島とガーンジー島（チャネル諸島）、マン島は、英王室属領で、これらは帝国崩壊の際にイギリスとの関係を完全に絶ち切らなかった。多くは海賊からの避難所として、また近隣の大陸の法的管轄権の及ばない、不正行為の隠れ家としての長い歴史を持っていた。[*15]
これらの地域は、それぞれスターリング・ポンドを使用するスターリング通貨圏の一部であったか、ポンドに価値を固定された通貨を使用していた。ブレトンウッズ体制下では、スターリング・ポンドは比較的容易に英領内に送金することができたが、スターリング・ポンド圏外に送金する場合には越境ファイナンスの規制に引っかかった。これはかなり微妙で、なぜならケイマンや英領ヴァージン諸島などいくつかの地域は、現地通貨または米ドルを使用していたため、これら域内での銀行取引は日常的にドルとポンドに加え、他国の通貨の扱いもあり、銀行はそれぞれの通貨について帳簿をつけ、各通貨間における為替管理を行う必要があった。これ自体簡単な作業ではなかったが、それ以上に利益率が高くて儲かるユーロ市場に首を突っ込んでからは、さらなる誘惑にかられることになった。
1969年のイングランド銀行のメモの主であるスタンリー・ペイトンは、これらの英属領がブレトンウッズ体制が築いた壁に穴を開け、その穴を通って、さまざまな得体の知れない生き物が走り回っていることに気づいた。

　その最も有名な初期の例がビートルズだ。彼らの映画「ヘルプ！　４人はアイドル」は１９６５年に当時英領だったバハマ諸島で撮影されたが、税を逃れるため、彼らはバハマにしばらく居住しなければならなかった。当時、税の回避は、造反的でクールと思われていた。他にも有名人では、ローリング・ストーンズも加わり、その後、リチャード・ブランソンも続いたが、ブランソンはだいぶ後になってから、もしオフショアに会社を移していなければ、会社の規模は今の「半分」であったろう、と認めた（今では英領ヴァージン諸島からイギリス国旗を懸命に振っている）。

　ペイトンのメモには懸念が綴《つづ》られていた。

「事態はかなり急速に動いているようだ。外国為替管理の潜在的な抜け穴は、ときたま訪問するだけではもはや抑止できない。この小さく純

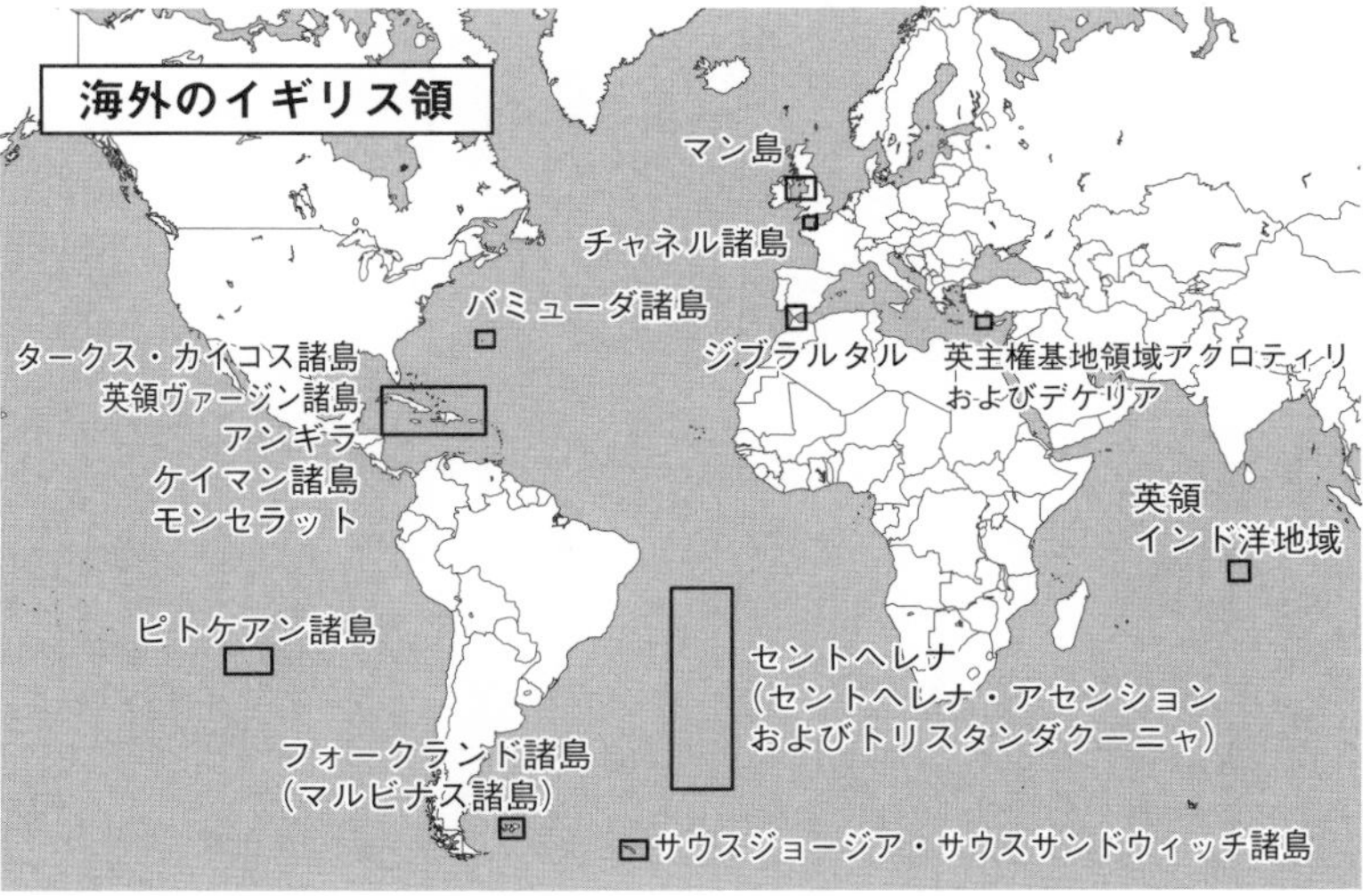

真な辺境の島々は、国外の敏腕家からつねに注目を浴び、媚《こび》を売られ、彼らに都合のいい世界に取り込まれようとしている。これらの地域の管理者には、裏で何がどう関わり絡んでいるのか理解するのが難しく、また誘惑を断るのも難しい……。アメリカに居住する者たちがタックスヘイブンに対して行う提案は、島の連中に、そもそも為替管理の必要性すらあるのか、との疑念を抱かせている。早急にこの地域に誰か派遣して常駐させたほうがよいだろう[*16]」

これは、素っ気ないイギリス公務員の基準からすれば、驚くほどの強い表現である。このメモは、ユーロ市場の副産物として生じた穴をモグラ叩きのように塞いでいくようなもので、穴のできるスピードはどんどん速くなり、外国の犯罪者やいかがわしい人物が主な受益者であることを物語っている。しかし、イギリスのどの利益団体が恩恵を受け、誰が敗者なのだろうか？　ペイトンのメモが議論に拍車をかけたのは疑いの余地がないが、ロンドンの各政府機関は、各々が代表する利害関係の立場から、何をどうすべきかについてつまらぬ議論に終始していた。その中で、海外開発省の職員レッドノールは、秘密銀行業務と怪しげなペーパーカンパニー設立の熱心な推進派で、これらが「起業家や資本家を惹きつけ」、さらにカリブ海の極小国家群の経済的自立の素晴らしい助けとなる、と主張した。

しかし、彼は、自分の主張するところが、南米、北米、アフリカその他の地域の何億人もの人々から彼らの国富を奪い取り、耐えがたい大金を支払わせて、各国のエリートや麻薬組織、悪徳政治家を助けているとは微塵も考えていないようだった。

一方、伝統的にシティの肩を持つことで知られるイングランド銀行は次のような考えだった[*17]。

イングランド銀行の対応を記した往復書簡には、為替管理体制の維持、梃子《てこ》入れや、海外領の提起するリスクなどについて悩んではいるものの、当該領での外国籍の人々による財産隠しにより外国為替の取り扱い手数料等が稼げることについては密かに喜ばしく思っていた、とある。あるメモには、「そこで我々は、ほとんどが島外にある資産を扱うペーパーカンパニーと思われる信託会社や銀行などの乱立に備えて、適切に管理し、手に負えなくなる事態だけは避けなければならない」とあった。スターリングがスターリング圏外へ漏れ出ない限り、「非居住者に大きな逃避所を提供することには異存がない」ということだ。もちろん、最後の一文は、「怪しいカネも歓迎する」という意味の行内隠語による遠回しな表現である。

しかし、イングランド銀行はつねにシティの支持者だったわけではない。イングランド銀行が保管する資料を読み解けば、シティとの対立と迷いが窺える。他の資料によれば、ヴァージン諸島を「金融海賊の巣窟《そうくつ》」として利用する案は、麻薬や銃の密輸入に使われる恐れがあるとして反対していた。また、タークス・カイコス諸島に対して、アメリカ人のクロヴィス・マカルピンの、「毎年の納税（貢ぎ物）と引き換えに排他的独占権を求め――自分が事実上、島々の無冠の王となる」との提案に対してショックが表明されていた（このスキームは実現しなかったが）。そしてケイマン諸島が「文字通り、国外の税務委員会の急襲を受けて乗っ取られ、よそでもこれまで施行されたことのない信託法を一夜のうちに制定するよう説得された」ことを懸念していたのだ。この税務委員会は今も健在で、ケイマン諸島のタックスヘイブンの条文を書き上げる中心的役割を担っている。*18

英税務当局である歳入税関庁（ＨＭＲＣ）は、もっと異なる視点を明確に有していた。彼らの記録には、１９６７年のケイマンの信託法は「かなり野蛮なもので……いまだにイギリスからの多額の援助で成り立っている領域で、このような現実を見なければならないのは大変嘆かわしいことである」と記されていた。

ＨＭＲＣによると、これら実体のない、表札だけの会社は、ほとんどの活動が島外で行われているので、地元への収入は控えめな弁護士費用を除けばないに等しい。そして、当局の試算によれば、島の公庫収入は「失った20ポンドに対して、たった1ポンドしか受け取っていない状態だ。これでは経済援助と呼ぶにはほど遠いと言うしかない」。

また、ＨＭＲＣとしては、英領ヴァージン諸島の法律が積極的に保護している秘密のペーパーカンパニーの利用者が「最低20年間はどこからの問い合わせに対しても応じる義務はない」とする条項にアメリカが激怒するのではないかと心配していた。イングランド銀行とＨＭＲＣは、会計事務所のプライス・ウォーターハウス（現ＰｗＣ）が近隣のモンセラットに対し、「いかがわしい」ペーパーカンパニー設立ビジネスを行うよう説得していたことを挙げ、この会計事務所が主導的役割を果たしていることに遺憾の意を表明していた。

論争が続く中、徐々にオフショア・タックスヘイブン・モデルを押す側が優勢に転じ始めた。イングランド銀行のペイトンは、海外開発省のレッドノールをそれまで以上に支持するようになり、この資金が島々の発展に寄与すると考えていた。議論は当初の取り締まり方針から、財政支援を梃子に海外領が少しでも襟を正して振る舞うよう誘導していく方向へと軌道修正されていった。[19] それでも何ら対策は講じられず、ユーロ市場との関わりを加速させた。さらに、この市場に金融以外の関係者も多数参加し始め、もっと邪悪で巧妙かつ詐欺的な犯罪者に寛容な秘密保持機能や、信託法や金融規制の抜け穴を設けるよう積極的に働きかけながら、各地域間での競争を煽っていった。

1950年代半ば頃から80年代初頭までが、タックスヘイブンのグローバル・システムの2つの大きな流れの分岐点であった。スイスがこれまで支配していた、時間をかけ慎重に設計された秘密のオフショア・バンキングが次第に地歩を失い、アングロサクソン的な異常に活発で攻撃的な流れに道を譲った時期だった。その動きは、ロンドンを中心としたユーロ市場から始まり、その後は規制のない、犯罪の横行する現存の英領オフショアのネットワークへと、さざ波のごとく波及していったのである。

このネットワーク構造は、シティを中核に、衛星諸島のケイマンやジブラルタルが、あたかもクモの巣の一部であるかのごとく機能している。[20] 例えば、先に挙げた英領タックスヘイブンの近隣地域で徴収された手数料や資産は、そのままシティに吸い上げられていく構造となっている。

例えば、コロンビアの犯罪者がケイマン諸島にペーパーカンパニーまたは銀行を設立したり、フランスの銀行やエネルギー会社がジャージーに特別目的事業体を設立して株主や規制当局から資産を隠そうとしたり、ロシアの新興財閥がジブラルタルに怪しい銀行を設立しようとすることもあろう。時には違法行為が含まれたり、含まれなかったりする。各段階では弁護士、会計士、金融サービスが必要で、イギリスのネットワークはそれを喜んで提供する。最も儲かり、難しく手間のかかる作業のほとんどはロンドンで行われるが、たいていは最初にそのビジネスを獲得したヘイブンが利益を得ることが多い。

先見の明のあるイギリスの税専門の弁護士によれば、全体として「イギリスは、ケイマン諸島やそれと似た管轄地域を活用して非課税領域を作り、世界中のあらゆるところから富豪の金を集め、それらの資産をイギリスに運用拠点のある資産運用会社に預けるよう仕向けている」。

もちろん、イギリスは外国人本人や、海外から集めた外国人の資産に直接課税することはしなかったが、そのオフショアに鎮座する「膨れ上がったほとんど課税されていない資産」の運用管理はロンドンを拠点に活動する多くの資産運用者に任されている。その彼らの得る多額の手数料収入に課税することは可能で、別の場所で回避された税金の分け前を取ることができるのだ。

英領にとって、このロンドンとの繋がりは極めて重要で、他の極小ヘイブンが提供できない法的基盤の提供をロンドンが保証している。例えばケイマン諸島で設立された組織について論争が起きれば、その案件はイギリスの裁判所と裁判官が審議し、最終判断を下す。ケイマン諸島でイギリスの法制度の保護を受けられるとわかっているのに、一体誰がバナナ共和国[訳注★5]の銀行に隠し財産を預けるだろうか?

要は、タックスヘイブンは世界に2つの顔を見せているということだ。1つは、危険なカネだと感じさせないために、清廉で信頼でき、効率的であることを示す必要がある。その一方で、できるだけ多くの不正なカネも集めたい。この明白に矛盾する2つの顔を1つにするために、世界中の国籍のないホット・マネーに対して次のような明快な提案をしている。

「あなた方の資金を盗むことはありませんので、どうぞご安心ください。しかし、他人のカネを盗みたいなら、それについては見て見ぬ振りをしますので、どうぞご安心ください」

イギリス人は世界中からそのフェアプレー精神を、またイギリスの裁判官はその清廉公正さを賞賛されているが、その一方で、イタリアの最も著名な反マフィアジャーナリストのロベルト・サヴィアーノからは、シティの不正で汚れたカネのせいでイギリスは「地球上で最も堕落腐敗した場所」と呼ばれている。この高潔な役人と不正資金との明白な対比は偶然の一致ではない。これこそが、オフショア・モデルの核心そのものなのだから。

2つの顔を持つオフショア・ビジネスモデル

大英帝国の崩壊が始まった20世紀中頃から、シティはもはや砲艦外交や政府要人を利用して外国から富を搾取することはできなくなったが、ユーロ市場と繋がった海外の英領タックスヘイブンが、シティに富の搾取のための魔力を与えることになった。シティ大学のロナン・パラン教授は、学術界で初めてタックスヘイブンを真剣に研究した学者の一人で、このクモの巣を「今日のグローバル金融市場の中核に位置する第二の大英帝国」と表現している。

地球規模で拡大する自由なカネの中心であるロンドンを基盤とした第二の金融帝国は、イギリスが失った植民地帝国と多くの共通点がある。まず、数々の逃げ道を有している自由主義的な特

訳注5　バナナ共和国　バナナなど第一次産品の輸出に頼り、外国資本によってコントロールされる経済・政情不安定な小国を指す。

徴は、かつての帝国の自由への狂信に通じるものがある。かつても今も、この自由とは監視監督からの自由を意味するため、これらオフショアが不正行為の温床になっているのだ。

犯罪者は、金融取引を行う際には、制限なく自由に振る舞える場所を選んで集まってくる。たとえるなら、夏のピクニックでイチゴジャムの瓶の蓋を開けると、どこからともなく蜂が現れるのに似ている。法律の条文は、秘密が最大限守られるよう慎重に書き上げられ、また麻薬関連のカネが詰まった木箱がケイマンやパナマに飛行機で到着すると、空港から現地の銀行まで安全に届けられるよう警察がエスコートした。

英領タックスヘイブンのカネに対する自由放任主義的アプローチは、今や麻薬取引や組織犯罪からの収入に留まらず、大型融資にまで及ぶ。これら英領は銀行業務にも大きな自由を与えており、そこでの活動はユーロ市場を基にした派生商品を数多く生み出した。その派生商品が、英米のような主要国経済の金融の安定を損なう、新たな突然変異的なリスクをもたらし始める。

アメリカの犯罪取り締まりのベテラン弁護士ジャック・ブラムは、1980年代にケイマンを訪問して初めて、犯罪と金融規制緩和との関係について理解したと回想している。「私には、麻薬が関係するのはごく一部でしかないことが見えてきた。それとは別に、犯罪マネーも存在した。それから脱税のカネ。それで腑に落ちた。驚くべきことに、すべては帳簿外の話で、貸借対照表(バランスシート)から外したものだ」と私に語った。

1989年には、ケイマン諸島の住民は2万5000人しかいなかったが、机上では世界で5番目に大きな金融センターとしての地位を獲得し、今もほぼ変わらない。

クモの巣は、シティと繋がる特定の人々には、不法行為や非倫理的な活動から巨額の利益を得る手段を提供しながら、海外の英領を船棹のように活用して、胡散《うさん》くさいものとは一定の距離を保つことを可能にしてきた。そして、このゲームの中で英政府は、自発的な共犯者として行動してきた。悪い噂が立つと、政府高官はこぞって新聞に「よく考えてみよ、これらの場所は我々からはほぼ独立しているので、我々にできることは少ない」と主張するが、この無力感漂う言葉はまったくの嘘である。海外の英領の総督は女王陛下が任命し、英領の法律の施行にはすべてロンドンの認可が必要で、イギリスはつねにこれらの法律を無効にする完全な権限を有してきた。しかし、今まで無効にしたことはほとんどない。[*21]

2つの顔を持つヤヌス神[訳注★6]のごときオフショア・ビジネスモデルを提供し奨励するイギリスは、国全体の経済、民主主義、社会を、汚い犯罪行為から安全に守り切れると思い込んでいるが、この思い込みは不可能というほかない。なぜなら大金持ちや社会的権力を有する人々こそタックスヘイブンの最大の利用者なのであり、犯罪者と出会うべくして出会い、深く関わり合うからだ。この点がイギリスの政治システムの最も危険な部分なのである。

諺《ことわざ》通り、魚は頭から腐る。オフショア・ファイナンスに頼る国家の経済戦略の構築は、必然的な悪弊を生み出し、イギリスの優秀なエリートを主に4つの形で犯罪に染めてきた。

まず、大金持ちと権力と影響力のある人々を、犯罪者の至近距離に近づける。次に、エリート

訳注6　ヤヌス神　古代ローマの神で、前向きと後ろ向きの顔を持つ。出入口と扉の守護神。

につねに犯罪行為への誘惑を提供し続ける。第三に、犯罪者を金持ちにし、彼らをエリートと同階級に押し上げる。最後は、規則や法律を簡単にかいくぐる方策を身につけさせることで刑事責任を問われないことが文化として定着し、本当の意味で法律より上位に立っているという意識と感覚を生み出す。そして、巡り巡ってこれらが、タックスヘイブンに対して多くの人が抱く次のような疑問への答えを導き出すきっかけになる。そもそも、なぜ政府はこれら金融の売春宿を閉鎖しないのか？

アメリカの一流の税の専門家リー・シェパードは、この疑問に対する回答を次のようにとてもうまく述べている。

「我々はタックスヘイブンについて大騒ぎし、違法だと喚《わめ》く。しかし、閉鎖しない理由は、そこに街の長老や有力者がいて、彼らは足首までパンツを下ろしているからだ」

次は、２つ目の大きなオフショア領域の特徴についてだ。それらの領域はすべて「借りものの立法府」でしかない、とはイギリスのタックスヘイブンに詳しいプレム・シッカの言葉である。昔の植民地と同様、彼らの政治的・経済的発展は、地元の民主主義によってではなく、主に海外の利害関係者によって主導されている。タックスヘイブンの場合、不安定で根無し草的な海外のカネを指す。英国立公文書館に保管されている１９６９年のメモに、この特有の現象がいかに速く英領に浸透したかについて、次のように説明されている。

「民間開発業者によって毎日立て続けに、王室属領を含むさまざまな開発提案が地元政府に対してなされてきた。これらの提案は、親切で温かな雰囲気を漂わせ、厚遇と寛容を暗示し、並行して緊急性を煽るものだった。提案書はたいていは体裁よく装丁され、コンサルタントを自称するさまざまな関係者に支持されたビジネスマン連中が熱弁を振るって支援した。そして、提案の可否を検討するには不可能と思われるほど厳しい期限が切られ、今日ならジャムがもらえるが明日ならない、など暗黙の脅迫に晒された。相対するテーブルの反対側には、行政長官とその部下の役人が出席している。しかし、そこにはビジネスに精通した専門家はおろかコンサルタント、経済学者、統計学者他、いずれの重要分野の専門家もいない。この紳士対プロのプレーヤーのゲームで、紳士側はゲームのやり方もルールも知らない。プロがいとも簡単に勝つのは当然で、驚くことでもない」[*22]

特に小さな島のタックスヘイブンでは、行政の構成員が元漁師や民宿のオーナー、または従業員であり、そんな彼らに複雑な法律やSPV（特別目的事業体）やオフショア信託について精査するよう求めるのがお決まりのパターンであった。稀《まれ》に例外的に、行政官がそれら専門的な法律を理解する知識を持ち合わせていても、どのような提案にも反対しないよう圧力をかける圧倒的なカネの壁が立ちはだかる。

ケイマン諸島登録の銀行が保有する資産は1兆ドルで、その極小国家のGDPの1000倍に相当、従って権力がどこにあるかは自明である。結果として地元政府としては、世界のホット・マネーの所有者に最も有利に作成された法律を、形式的に承認する以外に取れる方策などほとんどないのが現状だ。

例えば、2015年に暴露されたパナマ文書[訳注★7]では、スキャンダルの中心にあったパナマの法律事務所モサック・フォンセカがいかに巧妙に、太平洋に浮かぶ人口1500人のタックスヘイブンの極小島ニウエで法律を起草したかが明らかにされた。モサック・フォンセカは、当該地でオフショア企業を登記する独占的契約を得て、まもなくこの事業だけでこの地方政府の収入の8割を生み出すまでになった。この事務所の共同創業者ラモン・フォンセカの理屈は、「もしこの領域の支配管轄権を、たとえ小さくとも最初から手に入れておけば、人々に安定した環境と対価、価値を提供できるだろう」というものだった。彼らは間違いなく、ニウエを手中に収めていた。[*23]

実は、これらの地域に共通するビジネスモデルは、あえて非民主的な構造になっている。タックスヘイブンの意図的に構築された逃げ道は、地元民のためにあるのではなく、外国人が他の場所、すなわちオフショアで法律や規則から免れられるようにするためのものである。もし何らかの損害が発生した場合には、最終的にそれがタックスヘイブンにまで及ばないよう、巧妙精緻に法律を起草して防波堤を築いているのだ。

この「オフショア」の特徴は、タックスヘイブンの法律を起草する人々はつねに、その法律の適用を受ける人々からは隔離されているということだ。従って、タックスヘイブンの法律の起草者と、その法律の影響を受ける人々との間に一切の民主的議論は存在しない。それこそが、オフショアの核心なのだ。オフショアとは、いわば煙の充満した秘密会議室に相当し、そこでのビジネスはつねに民主主義のプロセスの範囲外、いや、民主主義に反する立場で行われている。彼らは黄金の法則に則って行動しているのだ。すなわち、カネを持つ者だけがルールを作れる。

このような地域では、オフショア金融業界に対する従属は、継続的にカネを生み出すために皆が正しいことをしているという強力な社会的コンセンサスにより増幅される。金持ち上級市民が統治しているこれらの地域では、オフショア金融に反対する者を投獄するような粗雑で手荒なマネはしない。その脅威はもっと目に見えないメカニズムに潜んでいる。例えば波風を立てれば雇用機会が失われたり、村八分にあったりする。金魚鉢の中のような小さな島の生活では、問題を解決するための方策は乏しく、超過激派をも黙らせるには十分すぎるのだ。

ジョン・クリステンセンも、かつてタックスヘイブンのジャージー島で経済アドバイザーとして勤務していたときに受けたこの種のプレッシャーをよく覚えている。会合の最中に、オフショア金融が島に求める要望に従わなければならないという強大なプレッシャーを感じて、怒りで喉を詰まらせたことを思い出していた。「自分から立ち上がって『悪いが、これには同意できない』と主張するには、本当に強靭な勇気が必要だった」と振り返り、「そのときの気持ちは、教会で幼い男の子がオナラをするような感じだった」と語る。その後、ジャージー島を離れてから、タックスヘイブンと闘い、対抗するためにタックス・ジャスティス・ネットワークを立ち上げたが、それから何年も経つにもかかわらず、ジャージーの金融サークル内では憎悪の対象だという。

このような島などでは、オフショア金融によるタックスヘイブンの支配権――いわば金融支配権は、私生活にまで及ぶ。数年前にある極小タックスヘイブンで、公の場で自国の金融制度に反

訳注7　パナマ文書　パナマの法律事務所モサック・フォンセカから流出した膨大な内部文書。ドイツの南ドイツ新聞が入手し、国際調査報道ジャーナリスト連合と共に分析して2016年4月に報道、5月にはウェブサイトに公開された。

対の意思を表明した女性に出会った。反対の表明以降、実の妹でさえ街で出くわしても話すこともなく、道の反対側に渡って彼女を避けて通るようになったとのことだった。

金融の支配権は伝染病のごとく広がる。１９９０年代に会計事務所のプライス・ウォーターハウスとロンドンの法律事務所スローター・アンド・メイは、ジャージー島に拠点を置く法律事務所ムラン・デュ・フ&ジュンヌとともに、ジャージー島の支配階級を説得して、新たにＬＬＰ（有限責任事業組合）のパートナー（共同経営者）らの監査失敗の責任を低減する法律を起草、制定することにした。新法に異議を唱えた人は、「国家の敵」「売国奴」として公然と非難され、法案は可決された。次にこれら大手会計事務所は、イギリスが似たようなＬＬＰ法を制定しなければジャージーに鞍替えすると、イギリスに脅しをかけてきたのである。はったりだったが、当時のフィナンシャル・タイムズ紙は「彼らはつねに作戦として、『オフショア』に移転するぞ、と政府を脅し続けた」と分析していた。

いずれにしても、イギリスは自ら「競争力」のあるＬＬＰ法を制定した。その結果生じた長期的な悪影響は、不適切な監査および銀行の過ちによって損害を被ったイギリスの納税者から吸い上げた巨額の富を、ビッグフォーと呼ばれる四大会計事務所のパートナーらにそっくり移転したことだ。

オフショア慣行は、その支配力とあまりにも強い伝染力のため、ユーロ市場の誕生以来、オンショア経済にも徐々に広がりを見せ、特にイギリスのような国は、「競争」して世界のホット・マネーを惹きつける必要があるという前提で活動した。ユーロ市場ほど、このゲームを大々的に展開するにふさわしい場はないだろう。ある分析によれば、ユーロ市場は大規模な「規制緩和の相互増幅作用を大西洋の両岸で実現する役割を果たした。……それにより、イギリスでは戦後のケインジアン構想に基づいた規制の構造を蝕《むしば》み、損ない、さらにアメリカのニューディール規制の地盤を根底から揺るがしたのだ[*24]」。

このユーロ市場とタックスヘイブンを通じて行われた地球規模の大がかりな規制緩和は、金融化《ファイナンシャライゼーション》と名づけられた新たな時代の始まりとして特徴づけられており、金融の呪いのもう1つの大きなテーマである。

金融化とは、資本主義構造の中で、徐々に規模およびパワーを増す肥大化した金融セクターのニーズを満たす方向に軸足を移す動きを含んでいる。巨大化する世界規模の「カネの壁」は、つねに我々の経済や政治システムの目立たない隅《すみ》や割れ目をくまなく調べ、入り込む新しい手法を探し求めている。そして、イギリスの企業と不動産市場に資金を注入し、その過程でさまざまな金融テクニックや手段を搭載した商品を多々登場させ、これまで我々が大切にしてきた商慣習や住宅・行政サービス、文化的価値に対する考え方までも変質させてしまった[*25]。この世界規模の変質は、イデオロギー的にも近い新自由主義に影響され、これまで長らく政府の管轄下にあった公共セクターと目されてきた分野の大部分を、政府の管轄からもぎ取り、高度に金融化された民間セクターに向けて投げ与えたのだ。

一方、アメリカでは、「資本主義の黄金時代」を通して幅広い繁栄をもたらした先進的・進歩的改革を白紙に戻すという、ユーロ市場に引けを取らない大きな動きが進行中だった。この動きは、ブレトンウッズ体制に対してではなく、それより古いが十分にパワフルで影響力のある民主主義的伝統に大打撃を与えるものだった。その伝統が反トラスト法である。そしてこれらの変化は、史上類を見なかった最も富裕な悪徳資本家・泥棒男爵を生み出す結果となったのだ。

第4章 見えざるゲンコツ

メディア関連企業スカイの会長ジェームズ・マードックは、2017年9月に奇妙な発言をした。21世紀フォックスのオーナーであるマードック家は、117億ポンドに上る買収でスカイの完全支配を実現しようとかねてより動いていた。しかし、英当局は、独占を規制する競争・市場庁[訳注★1]にこの案件の調査を依頼した。マードックは、ブレグジットの不安が渦巻く中でのこの決定は、世界の投資家に対して、とてつもなくまずいシグナルを送ることになるとして次のように抗議した。

「もし、イギリスが本当にブレグジット後のビジネスのために市場を開放する気なら、この規制審査手続きを無難に通過させることを期待する」

大物ビジネスマンがいかにも言いそうなことで、誰も特に気に留めはしなかった。しかし、よく考えてみれば、これは奇妙な発言だったと気づくだろう。これは私が競争力政策と名づけたものの1例で、例えばジュネーブやシンガポール等に逃げられたくなければ、多国籍企業やグローバル投資家の前につねにニンジンやおまけをぶら下げておかなければならない、という考え方だ。

訳注1　競争・市場庁　(Competition and Markets Authority) 2013年に公正取引庁と競争委員会を統合して設置された政府機関。日本の公正取引委員会に相当する。

マードックの〝市場の開放〟発言の真意は、この競争力政策の専門家なら即わかるはずだ。すなわち、大手銀行や多国籍企業が欲するものを、必要とあらば国内経済の他の分野を犠牲にしてでも実施するということだ。彼が言うには、「イギリスは、すでに十分に独占的な企業をさらに強化するための取引を認可して、それによって市場の競争を制限し、国として競争力強化の努力をするべきである」。要は、イギリスがもっと「競争力」を獲得するには、もっと競争を制限しなければならないということだ。これはどう聞いてもおかしな議論だが、それでも大企業はつねにそう主張する。

フォックスによるスカイ買収に対しては強大な抵抗があった。中でも特に問題視されたのが、まずマードック家がイギリスでメディア帝国を運営するだけの「能力と品格」を有するのか、そしてスカイが悪意に満ちたイギリス版フォックス・ニュースを作るために「フォックス化」してしまうのではないか、という点だった。しかし驚くべきことに、この買収に関しては、独占や競争、市場支配の観点からの目立った抵抗は一切なかったのだ。本件は、最終的には保守党のデジタル・文化・メディア・スポーツ大臣カレン・ブラッドリーに一任され、彼女の判断でこの案件を規制当局に委ねることになったのだが、イギリス市民社会およびメディアの中の左派、右派のいずれからの抗議もほとんどなかった。おそらく、競争を制限することで「競争力」を高めるという概念の奇妙さに、誰も疑問を抱くことすらなかったのだろう。

ではなぜ、このような目くらましが可能だったのか？

ロックフェラーがスタンダード・オイルを設立するはるか以前から独占の危険性は認識されて

いたし、アメリカで1929年の株価大暴落をきっかけに導入されたニューディール政策には反トラスト政策が盛り込まれており、その中核を成すのが、強大な経済力の過度な集中を広範かつ多様な形で抑制する独占禁止法だった。しかし、大西洋の両側で静かに起こった革命的な動きにより、これらは完全に無力化されてしまった。

では、誰が反独占を抹殺したのだろうか？

この問いには、はっきりとした答えがある。1960年代から70年代にかけて、世界の市場独占に対する既存の考え方を革命的と言えるほど根本から変質させた動きに、その起源を遡ることができる。

この革命的動きを主導したのがシカゴ大学の経済学者のグループで、手品師がお得意のトリックで観客の視線を逸らすがごとく、極めて重要な問題であるはずの、企業に経済的・政治的パワーが集中しすぎてはいないかという大局的な視点から人々の注意を逸らし、価格が適正かどうかという、目先の偏狭な興味に問題をすり替えてしまったのだ。今では、例えば大企業2社が合併しても、価格が上がらないのなら問題ない、という議論になってしまっている。フェイスブックとグーグルの提供するサービスは無料のようなので、議論する必要はない、だから次の案件に移ろう、となるのだ。このように我々の興味や問題意識を狭い範囲に限定し、重要な課題から目を逸らさせるのは、経済の金融化および金融の呪いの最大の推進力にほかならない。

この革命的考え方の誕生は、1960年のある夜、米経済学者アーロン・ディレクターのシカゴの自宅での夕食会に端を発する。ちょびヒゲに、べっこう縁のメガネ、ボクサーのように強靭な体形のディレクターは、何にでも反対する喧嘩っ早い熱狂的な反政府主義者で、元極左労働組合の組織委員を務めた人物だが、その後転向して、かつての彼のイデオロギーを支えた考え方を徹底的に破壊しようとしていた。

ディレクターの政治的主張は「完全に純粋な自由市場」であると説明するのは、ウォーリック大学の政治経済学教授マシュー・ワトソンだ。そして、アメリカのリバタリアン自由市場経済の名づけ親で、ディレクターの妹ローズと結婚したミルトン・フリードマンよりも、ディレクターのほうがさらに右寄りだった。ディレクターは、かつて政府職員だったフリードマンをいつも茶化していたので、「フリードマン家で家族が集まる夕食は、笑いに包まれていたに違いない」とワトソンは続けた。「おそらく、ミルトンが政府寄りで、しかも左に寄りすぎているなどと責める客は、それほどいなかったと思われる」

この夜、ディレクターは20人の客を招待していた。大半は保守の論客で、フリードマンの他に、その後政府の規制を批判して名を上げたジョージ・スティグラー、イギリス人経済学者ロナルド・コースと攻撃的な保守派弁護士ロバート・ボークらがいた。[*1]

当時のシカゴ大学は、真剣でマッチョな知的議論の展開される場で、学者らは互いに自ら考案した効率的な市場に関する理論で、つねに相手を出し抜こうと白熱した議論を繰り広げていた。これらの理論は型破りで、時には反社会的な立場をとり、ひどく当惑させられるような仮定に基づいており、たいていは大企業を支持し、大きな政府を攻撃するものだった。

数学的で論理的な美しい表現が、複雑怪奇に入り組んだ人々の実生活と世の中の慣習、常識を打ち砕いた。ディレクター自身も新自由主義の真の信奉者の一人で、「効率性」のために価値のあるもののほとんどを価格設定メカニズムに押し込むことが可能であり、押し込むべきである、と考えていた。彼の救世主的な情熱は多くの弟子を魅了し、その一人がロバート・ボークだった。彼は当時を回想して、「ディレクターは私の社会主義の夢を価格理論で徐々に破壊し」、加えて多くの同僚も「改宗としか表現できない体験をした」と語った。*2

その夜の招待客は、ロナルド・コースの草案「社会費用の問題」についての発表を聞くために集まっていた。初めにコースが要旨を説明した後、賛否を問うた。その場にいた20人は全員、彼の意見に反対し、スティグラーは「なぜこのような立派な経済学者が、こんな明らかなミスを犯すのだろう」と不思議に思ったという。

コースの斬新な議論は次のようなものであった。当時の企業は法律に従うものと考えられていた――少なくとも法律が最優先された。もし、企業が違法に汚染物質を川に垂れ流していたなら、人々は現場のパイプを捜したり、有罪を証明できる書類などを揃えて法の裁きを求めるだろう。汚染は外部に被害を及ぼし、無関係の第三者に影響を及ぼす。市場は外部への影響を解決できない。こうした市場メカニズムで解決できない問題への対処には、政府や法律が介入しなければならない、と長らく考えられてきたが、コースはこれに異を唱えた。

想像してみよ、と彼は語りかけた。ある農場の牛が隣人の麦畑を踏み荒らして台無しにしたと仮定しよう。法律によって畜産農家がその責任をとることになれば、塀の代金の支払いか、何らかの損失補塡について隣人と協議をしなければならなくなる。もし法律によって彼に責任がないことになれば、塀の代金は麦農家が支払うことになる。しかし、全体の経済的効果の観点からは、塀の代金は変わらないので、どちらが支払っても経済的な影響は生じないことになる。従って、そのような法律自体あまり意味がない、と主張したのだ。

コースによれば、法律は費用対効果分析の原則に従うべきで、汚染物質を発生させて他者に迷惑をかけた者、不注意な農家、脱税等によって発生した損害は、それによって利益を享受する者たちの利得と天秤にかけて判断する必要があり、全体の「幸福」が最大化されたかどうかを示すだけで十分である、という（これはティボーの提唱した、「効率性の高い」社会を実現するために自治体同士が「競争」して社会福祉を最大化するモデルと大して変わらなかった）。

この論理を他の分野に応用することも可能だった。例えば、銀行の大規模独占があったと仮定して、消費者や労働者が被る損失は、銀行とその株主が得る利得とほぼ同額で均衡し、全体としては損失自体生じていない、ということになるかもしれない。さらに、大企業による規模の経済から得られた純益も勘案すると、大規模独占は良きことと なり得る。独占は、市場が望んだ自然の成り行きであり、司法の立場から裁判官が口を挟むことではない。独占企業群を規制するための管理監督費用等をも勘案すれば、当該企業に対するいかなる規制も正当化しにくくなるのだ。

招待客は、衝撃を受けていた。それまでは、反トラスト法——独占は有害で、政府はそれらを規制すべきだとして整備された膨大な法律と理論の集大成——は政治的信条の左右の別なく、支持されていた。左派からは、労働者や一般顧客を抑圧する強大な権力を築いた銀行家や実業家に対する懸念、右派からは、完全な競争市場を守り、促進する立場からの支持をそれぞれ得ていたのだが、コースはこの反トラスト法全体に、さらに他の法規制等にも爆弾を投げ入れたのだ。夕食は進み、議論も白熱し、佳境を迎えた。スティグラーは「もちろん、いつも通り、ミルトン（フリードマン）がほとんどしゃべっていた」と回想する。

「私の記憶によれば、ロナルド（コース）は我々を説得しようとはしなかったが、我々の誤った議論に屈することはなかった。ミルトンは彼を一方から批判し、もう一方からも、そしてさらに別の方向からも批判した」

しかし、そのうち、映画「十二人の怒れる男」のように、その場の空気が変わり始めた。スティグラーは次のように続けた。

「恐ろしいことに、ミルトンはコースの術中にはまり、我々を批判したのだ」

夜も更《ふ》けた頃、再度賛否を問うと、皆コースの側についていた。スティグラー自身、「テープレコーダーを準備していなかったアーロン（ディレクター）は許せない。人生における知的交流のうちで、おそらく最もエキサイティングな夕べだったと思う」と回想している。[*3]

法律は経済的損得の計算に従うべきで、その計算に合格しなければ否認されるべきとする法的権限の基盤に対する激しい攻撃は、古典的経済帝国主義の一例であり、社会や政治のあらゆる分野に直接関与して、それらを植民地的に掌握しようとする野望に満ちた経済学者らの考え方であった。また、これらの主張は、勇ましい新自由主義の延長線上にあり、法律家や法律は経済学者や経済学に対して頭を下げなければならず、またすべてのものには値段がつくという立場であった。

この反乱の規模拡大と成功は、その後1983年にシカゴ大学の経済学者らが、この権力掌握劇について勝ち誇ったように回顧していたときに明らかになった。以下、ロバート・ボークと、独占賛成派で影響力のある法学者・経済学者のリチャード・ポズナー、そして、影響力を有し企業の支援を受けている経済学者ヘンリー・マンの3人の間で交わされた短い会話がその独特の雰囲気を伝えている。

マンは、自由主義論者のジェームズ・ブキャナンと保守の重鎮チャールズ・コークと一緒にシンクタンクを設立し、反政府的思想を学術界に広めるために協働した。彼らは反ヴェブレンで、富裕な不動産所有者などが「富の創出者」であると主張し、貧困層と中間層が「搾取者」であるという立場を支持することで人々を騙したのだ。ある記録によれば、「至高の目標は憲法だった。これを改正すれば、どんな政治家も異を唱えられないほど富の力を増し、その権力基盤を強固にできる」と述べている。この考え方が以下の会話から見えてくる。

ボーク「私の知る限り、経済学者らはまだ憲法改正（ダメージ）に着手できていない」

ポズナー「今（法学者兼経済学者として）その仕事を進めているところだ」

マン「それができれば、君もお役御免だね（笑）」[*4]

改竄《かいざん》しやすいデータや数字の恣意的操作や誇張が簡単に行われ、超法規的扱いを受けるならば、あらゆる分野で法律違反が頻発するようになることは子供でもわかることで、とりわけ金融セクターにおいてその傾向が顕著だった。

このような革新的アイデアは、最初の頃はゆっくりと浸透していったが、応援団や資金提供企業を探すのに苦労はしなかった。最も初期の熱心な後援者の一人は、ウォール街のコンサルティング会社のパートナーで、反政府主義の小説家で自由主義の教祖的指導者アイン・ランドの熱列な支持者であった。その人こそ、アラン・グリーンスパンであり、のちにアメリカの連邦準備制度理事会（ＦＲＢ）の議長になるのである。

彼は、１９６１年に「我が国における反トラスト法の構造全体が、経済的非合理性と無知……混乱、矛盾と枝葉末節の法律尊重主義などで混乱を極めている」と激しく非難した。そして「反トラスト法の世界は、『不思議の国のアリス』を想起させる」として、問題は大企業ではなく、広範で強大な反トラスト法と大きな政府だ、と強調した。[*5]

反独占の精神

アメリカこそが、歴史的に見て反独占の本家本元であり、アメリカの動向が世界のあり方をリードしてきた。建国以来、反独占の精神はアメリカ人の精神的支柱として深く根づき、徹底した個人主義は、適正規模を超えた政府に対してだけでなく、圧倒的なビジネスや金融パワーに対しても防波堤の役割を果たすために誕生した経緯がある。当初から金融と商業権力の集中は、単なる経済的な問題に留まらず、より根本的な問題である自由と民主主義を脅かすものだと認識されていた。イギリスからの独立の引き金となった１７７３年のボストン茶会事件の本質は、独占を続ける東インド会社への抗議活動だった。反独占政策は多くの場合、金融のあり方よりも、政治的・民主主義的目標の達成を優先してきた。

さらに、20世紀前半の最も著名な反トラスト法の法律家ルイス・ブランダイスは、なぜ経済的効率性が重要な目標でなかったかを解説してくれている。曰く、反トラスト法の要諦は「摩擦を避けることではなく、政府の権力をあえて3つの分野に分散することによって、それらの間に必然的に生じる軋轢《あつれき》を利用して人民を独裁政治から守ることなのだ」。

アメリカにおける反独占への熱意と法整備は、揺れ動く政治の潮目とともに数世紀にわたる盛衰を繰り返してきた。ジャクソン大統領は、名づけて「ヒュドラのごとき腐敗」[訳注★2]に対して1829〜37年にかけて、大きな闘争を仕掛けた。第二合衆国銀行を中心に網の目のように複雑に絡み合った独占に対する彼の勝利は、略奪的ビジネスから身を守る強力な防御手段を与え、かつてない素晴らしい経済的ダイナミズムをもたらした。

「よそ者は、いわば金持ちがいないこの国の行う巨額の公共事業に、つねに驚嘆せずにはおれない」とはフランス人作家のアレクシス・ド・トクヴィルの1840年の言葉である。「私を驚かせるのは、いくつかの素晴らしく壮大な事業よりはむしろ、数え切れないほど多くの小さな事業の存在である」

その後、1865年に南北戦争が終結すると、アメリカは、産業をより「効率的」に「合理化」するには自分たちの権力と支配力が必要であると正当化するロックフェラーやカーネギー、モルガンらの闊歩《かっぽ》する「帝国主義時代」へと移行していった。[*6]

これら経済および政治権力の集中に対抗するために起きた民主主義的抵抗は、今我々が目にしている現状との間に強い地政学的共通性が見られ、気味が悪いほど酷似しているように感じる。

アメリカの地域社会は、これら複合企業を、自分たちの地域から富と支配権を吸い上げ、ニューヨークなどの沿岸都市部に集中しているエリートのみを利するものと見ていた。

1890年制定のシャーマン反トラスト法が政府に企業分割の権限を与えたことで、1911年にようやくスタンダード・オイルが分割されたが、そうさせた要因の1つが地政学的な搾取、不正行為だった。

「もし皇帝にも服従しないのであれば、商業の独裁者に服従する必要などない」[*7]とは、この法律の起草者であり、その名を冠したジョン・シャーマン上院議員の言葉である。

シャーマン法は抜け穴が多かったが、1914年に制定された新法で切れ味よく修正され、さらには1930年代にフランクリン・D・ルーズベルトのニューディール政策が、第一次世界大戦と1929年の株式市場の大暴落によって生じた問題点を進歩的な包括的政策で解決し、経済および政治権力は金融分野や大企業から引き剝がされ、一般庶民に手渡された。ニューディーラーたちは、一般社会と国家との間、および地域レベルと国家レベルでの競合を、政府による抑制と均衡機能を活用して慎重に仲裁調整する体制を構築し、権力の集中を見つけ次第、介入して分割したのだ。

その最も重要な基本法となったのが、1933年のグラス・スティーガル法で、銀行の投機的投資活動を商業銀行業務から切り離すことを規定し、実質的に巨大銀行を分割した。

訳注2　ヒュドラ　ギリシャ神話に登場する9つの頭を持った大蛇。強力な再生能力を有する。

いずれのケースでも、これらは経済の問題ではなく、むしろ政治権力の集中を避け、民主主義を守るという観点から理解されていた。ハイエクと新自由主義者が政府を専制政治の代行者と見なし、ソ連を最も厄介な悩みの種と見ていたように、反独占派の改革活動家にとっては、民間の巨大権力の集中こそが脅威で、それがファシズムに代表される専制的な政府の誕生に繋がると警戒していた。彼らにとってナチスドイツの動向は最も警戒すべきものであった。

「民主的国家そのものを私的勢力が凌駕し、その勢力の伸長を国民が許容する場合には、民主主義における自由は脅かされてしまう」

欧州で戦争の影が不気味に迫っていた頃、ルーズベルトが1938年に下院で行った歴史的な演説がある。「個人またはグループ、あるいは民間勢力が政府を意のままに操る、それこそがファシズムである」と。ナチス帝国、ファシズム・イタリア帝国、そして大日本帝国の経済システムはすべて、がんじがらめにカルテル化されていた。実はナチスはすでに1933年にトップダウンの支配で権力を掌握するために、大規模な産業カルテルの形成を積極的に推進し、外国の競合企業を排除しながら、戦争遂行を支える大企業の利益の増進を加速させていた。

独占禁止法取締官の米下院議員エマニュエル・セラーが言うように、「独占派はまもなくドイツを支配下に置くことに成功し、ヒトラーを政権に据え、世界のほとんどを事実上戦争に巻き込んだのである」[*8]。

戦争が終わり勝利を収めたアメリカは、その後の世界に彼らの教義である民衆のための反トラスト法を民主化の余波のごとく地球規模で広めた。敗戦国の憲法に反独占主義を謳わせ、4Dを戦後統治政策の柱の1つに据えた。非ナチス化（Denazification）、分権化（Deconcentration）、民主化（Democratisation）、非カルテル化（Decartelisation）だ。

しばらくの間、イギリスはこれをどちらかといえば真面目に受け止めていたが、あくまで独自の解釈に基づいていた。オールド・ボーイズ・ネットワークを中心に運営されてきた英金融セクターは、大英帝国時代の利益で焼け太りし、国際競争からも守られてきたため、アメリカのようなJPモルガンやスタンダード・オイルなど巨大企業による独占の動きよりも、紳士協定による縄張り調整や競争制限、生じた利益の配分のほうが重要であった。[*9]

しかし、血みどろの戦いを経験したイギリス人労働者たちのほうは妥協する意向はなく、クレメント・アトリー率いる労働党は、1945年の選挙では「労働党は社会主義政党で、それを誇りとする」とマニフェストに掲げて選挙戦に突入した。途方もない大勝利で過半数を獲得、国会開会の日に、新国会議員たちは労働者の大好きな「赤旗の歌」を高らかに歌った。

労働党の目標は、大企業の分割ではなく完全な国有化で、エネルギー産業、鉄道、炭鉱、製鉄鋼業を完全に政府の統制下に置くことだった。欧州大陸では、アメリカの反トラスト法の精神が大きな影響を与え、EECの基礎を築いた1957年のローマ条約にも、シャーマン反トラスト法を見習った強い独占禁止の条文が盛り込まれた。[*10]

しかし、ユーロ市場とイギリスのオフショア帝国が拡大し始めた頃、イギリスでは1951年からビジネス界と親しい長期の保守政権の時代に入り、彼らを優遇して、振り子を戻してしまった。まもなく、米規制当局は、イギリスが非協力姿勢に転じたのに気づき始めた。

「国境を越えて、いつも多くの問題が発生した」と当時を振り返るのは、1960年代から活躍していた米反トラスト法のベテラン弁護士ジャック・ブラムだ。この分野ではアメリカの法律が国際的にも適用されるはずだったが、「イギリスはその提案に対して、あらゆる手段を尽くして必死に戦いを挑んできた」という。「それも、継続的に。イギリスが弁護し、守ろうとしたカルテルは多岐にわたり、それに対してアメリカは戦い抜いた。苛烈な戦いだった。イギリスは、アメリカが調査できないようにする法整備を急いだ」とブラムは振り返る。そして、大企業は本国アメリカで反トラスト法を攻撃していた、と言い、「起訴を免れるためだけに、純粋に政治権力が行使された」と指摘する。[*11]

しかし、このイギリスの敵愾《てきがい》心さえも、米国内から湧き起こる壊滅的な大打撃、それもアーロン・ディレクターの弟子や夕食会に参加した面々、そして誰よりもロバート・ボークからの打撃に比べれば、大した問題ではなかったのである。

骨抜きにされる反トラスト法

ボークは、旧来の道徳観念を崩壊させてしまいそうな現状に危機感を持つ好戦的な法律家だった。

彼はフェミニストや多文化主義者、同性愛者、ポルノ製作者、そして何よりも左派の教授たちを非難した。あるときには、「同性愛者、先住民、黒人、ヒスパニック、女性やそれに類する者たちが抑圧の対象にされたというが、真偽のほどは不明だ」と主張したこともあった。そして彼は、最近の道徳的頽廃に対する解決策は検閲による抑圧であり、アメリカ合衆国憲法も、現在支配的な民主精神に則って解釈されるべきではなく、時代が変わっても建国の父らが元々意図した文字通りに解釈すべきだ、と言った。

片方の目は半眼、もう一方は出目、そして時々両目とも半眼だったり、出目だったりの、筋骨たくましく、堂々としたボークの姿が思い浮かぶだろうか。彼は反対意見を述べる者を怯えさせた。あるテレビ評論家は、彼の「外見と話しぶりからは相手を、いや国全体を厳しく糾弾するかのように見えた」と回想した。ボークはアメリカの訟務長官[訳注★3]として、ニクソン大統領を1974年に辞任に追い込んだウォーターゲート事件を担当した、かの勇敢な特別検察官を解任したことでも知られるが、その後の裁判でこの罷免は違法との判決が下った。それから何年もの後、エドワード・ケネディ上院議員は次のように彼を告発した。

「ロバート・ボークの言うアメリカは、女性は闇中絶を余儀なくされ、黒人は隔離カウンターで昼食をとらされ、凶暴な警察は真夜中の手入れで市民の玄関ドアを叩き壊し、子供たちは学校で進化論を教えられず、作家や芸術家は政府の気まぐれで検閲され、連邦裁判所は我が民主主義の中核を成す市民の権利を保障する唯一の守護者であるにもかかわらず、その目の前で扉を閉ざすだろう」[*12]

ボークはこれらの非難について否定しているし、彼のさまざまな履歴からはケネディの暗示し

訳注3　訟務長官　アメリカの連邦最高裁判所で連邦政府が当事者となっている訴訟に関し、政府のために弁論を行う官職。

た内容とは異なるニュアンスも感じられるが、いずれにせよ1つだけ確かなことは、ロバート・ボークはとんでもなく恐ろしい人間だった、ということだ。

この直近の論争の中で、ボークの唯一かつ並外れた貢献は、1978年に出版され、世の中に小さな一石を投じた本、『The Antitrust Paradox（反トラスト法の矛盾）』である。この本はリチャード・ポズナーの考え方を基にしつつ、コースよりさらに踏み込んだもので、反トラスト法の焦点を、コースが注目する「効率性」から消費者の支払う価格へと、より単純で理解しやすい論理にシフトさせた。

「アメリカの反トラスト法における唯一の合理的な目標は、消費者の福利厚生を最大化することである」とし、彼の師であるアーロン・ディレクターの言葉を引用して、市場は効率的に機能するという仮説の下、驚くべき主張を展開した。曰く、市場参加者が談合して競争を制限し、利益を略奪するという略奪的価格設定は「おそらく起こりえない現象である」。なぜなら独占者たちの得ていた膨大な利益は「空を埋め尽くすほどの新規の競合相手の参入」により直ちに切り崩されるからだ、と。略奪者が競合他社を買収して市場を独占することは「ほとんど不可能」なのだ（これについて今日のアマゾンを相手に直接対決的な競争に挑んだ経験のある人に聞いてみてはどうだろう）。

そして、もし独占企業が生き残ったならば、それは単にそのほうが効率的だったからであり、独占者たちが値上げするなら、それはそれで良いことではないか！　彼らもまた消費者なのだから、とボークは主張した。[*13] また、伝統的な反トラスト法が懸念する事象は「まったくナンセンスで、……法曹界が証拠もなく生み出した妄想のメカニズム」にすぎず、危険な左翼の陰謀である、と一蹴した。

ボークにとって大切なことは、現実に起きていることそのものではなく、理想とする現実のひな型であり、結局すべては価格の問題で、法律や権利や権力などによるくだらない介入を無視すれば、自ずと効率性が実現できる、と主張する。この本は、アメリカの反トラスト法の専門家ジェラルド・バークによれば「激烈な反立憲民主主義」の立場をとっていた。[*14] 市場をチェックして前もって規制したり、市場参加者が各市場で過剰な支配力を行使していないかを規制したりするのではなく、独占状態が構築されたと疑われ、その影響の善し悪しが評価されてから規制を行うべきだ、という立場だ。

我々が議論している独占企業は存在し得ないのだから、その存在を無視してもいいし、万が一にも存在し得たならば、それはそれで素晴らしいかもしれない、という。ボークの本はあまりにも影響力が大きかったため、「一世代以上にわたり政策立案者や執行者の主要な指南書となっている」とアメリカの反独占を主導する団体、オープン・マーケッツ・インスティチュートは言う。

これらのアイデアは、大きな追い風を得て広まった。1970年代から80年代初頭にかけての高インフレは、価格低下をいかに実現するかという世界規模の世論形成の促進に寄与することになった。大企業も大銀行も、ボークが大好きだった。その後どんどん味方が現れ、ボーク流の考え方が拡散していった。ボークやポズナーのアイデアが反トラスト法を変質させたのではなく、裁判官らが反トラスト法を独自に新しい方法で解釈し始め、ビジネス界に法律を回避する道筋を与えた。

1980年に共和党のロナルド・レーガンが大統領に当選すると、ボーク派のロビイストらが別の奇妙な主張を多用し始めた。それは——その何年も後に似た主張でジェームズ・マードックが言葉巧みにイギリスを騙し惑わすことになるのだが——「アメリカの国際競争力」を守るためには、米国内で経済優等生を作り出す必要があるとの大義名分のもとで、反トラスト法の適用に手心を加えなければならない、というものだった。*15

彼らの主張は、アメリカの企業群が世界の舞台でより有利に競争できるように、国内の消費者と労働者から搾取して利益を稼いでもいいではないか、というものだ。1960年代より回復基調にあった欧州市場で、アメリカのハイテク多国籍企業が見境なく自由に活動する事態が政策責任者らを悩ませていたこともあり、似たような主張が欧州でも出始めていた。

当時の多くのアメリカ企業は、フォーディズムに代表される垂直統合型の企業構造になっていた。つまり、ワンストップ購入の生産モデルで、フォード・モーターが石炭・鉄鉱石や他の原料を巨大なリバー・ルージュ工場の一方に投じると、反対側から完成車が出てくる仕組みだ。アメリカの反トラスト法を担当する当局者たちは、自動車産業などでは大規模な運用が必要だと認識していたため、これらの巨大企業の存在を容認していたが、同時にいずれの市場においても、ある程度の数の会社が互いに競争するよう仕向けていた。

欧州はアメリカに対抗する自分たちの優等生を望んでおり、今日の巨大企業のエアバスやアリアン・ロケット・プログラムなどのプロジェクトの立ち上げに着手していた。そして目論見では、統合された欧州の金融および経済市場は、これら越境型の欧州チャンピオンが、世界の市場で日米の大企業を相手に引けをとらない活躍ができるような幅広い裾野を提供できるはずであった。

1970年代から80年代へと時代は下り、アメリカの反トラスト法の焦点が、権力に対する懸念から単なる価格問題に移ったことで、規制当局は監督すべき各業界と市場を詳細に分析した報告書の作成をやめたため、市場がどのように機能するのか、また何が経済を刺激し動かすのか、ということについての理解が乏しくなっていった。

反トラスト法に反対する学者連中は増え続け、彼らは大企業にコンサルティング・サービスを提供することで莫大な金を稼げることがわかり、ますます「雇われて、金持ち企業の利害の代弁をするように見えた」と、ベテランの反トラスト法の専門家で元規制官のケネス・デイヴィッドソンは言う。学者たちが設立したコンサルティング会社は、1980年代に、反トラスト法に反対する革命的な動きに助けられたウォール街主導の市場独占を推進する合併買収（M&A）によって何百万ドルも稼いだ。1981〜97年の間に、アメリカ一国だけで7000件を超える銀行の合併が実現し、今日の経済学者は、メガ合併を擁護するだけで時給1000ドル以上稼げるのである。[*16]

ここからいかにして物事が悪い方向に展開していったのか、また今の私たちにとってどれほどの影響を及ぼしているかを理解するためにも、現実世界に渦巻く狂気の奥深くにまで足を踏み入れ、独占がどのように機能しているのかを見ていこう。

合併買収は最も儲かるゲーム

今日、ショッピング・モールに行けば、ボークと彼の同志諸氏が生み出した商品群に囲まれていることがわかるだろう。スーパーの棚一面に並ぶ「まやかしの豊かさ」ともいえる色とりどりの豊富な商品は、多種多様で数え切れないほど無数のブランド名で飾られているが、大部分がユニリーバやクラフト・ハインツなどの巨大企業数社が作った商品だ（後者の2つの名前を繋げた巨大企業に注目しよう。これは超巨大企業の合併によって生まれ、さらにこれがユニリーバと合併するかもしれないという話まで持ち上がっている）。[*17] チョコレートを買い、携帯電話を使い、サングラスをかけ、靴を履いて、水を飲み、飛行機や問題だらけの鉄道を利用し、種々のソーシャルメディアに依存する状態は、それらを通じて私たちが知らぬ間に、隠された「独占税」を財布を開けるたびに支払っていることを意味する。

ボークは言ったはずだ、略奪的価格設定など起こらない――いや、起こり得ない、と。しかし私たちは、レバレッジを効かせて市場支配力を増強するビジネス界に見えない形で絡め取られ、隷属させられてしまっている。

以下のように、数え切れないほどの独占形態や策略が挙げられる。例えば、独占（一社供給）、寡占（少数の売り手）、買い手独占（単一買主）、買い手寡占（少数の買い手）、略奪的価格設定と賃金決定、特許、とまだまだ続く。これらの構造は、多種多様な市場、ニッチ市場、極小ニッチ市場、地方、全国、そして世界規模で存在している。余計な混乱を防ぐため、少し不正確ではあるが、あえてこれらの状態をまとめて独占状態と呼ぶことにし、その特徴として、天文学的な利益を搾取するために、市場に対して誰かが権力を行使している状態と定義しておくこととする。

最も単純で有名なものが水平型独占で、これは企業が自社の事業と似た業態の競合他社を買収するか、優越的で潤沢な金融資本を活用して製造原価以下で商品を売り、競合相手を潰すものだ(商店街の家族経営の小さな店舗のほとんどが大規模なスーパーのせいで廃業に追い込まれたり、最近ではアマゾンに追い詰められたりする事例がそうである)。もう少し複雑なものが垂直型独占で、大規模製造業者が卸売業者や小売業者の商品を買い占め、その後ライバル社の商品の販売を拒否するものだ。

イタリアの巨大メガネ企業ルックスオティカを例にとれば、メガネビジネスをファッション業界と統合させることで、オーナーに莫大な富をもたらしている。ルックスオティカは、メガネのデザイン、製品開発から製造、物流、流通、小売に至るまでメガネ産業の大半を支配している。伝統ブランドのレイバンをはじめ、オークリー、ヴォーグアイウェアなどのブランドを所有する他、ジョルジオ アルマーニ、エンポリオ アルマーニ、ブルガリ、シャネル、ドルチェ&ガッバーナ、プラダ・アイウェア、ポール・スミス、ポロ ラルフ ローレン、ヴァレンティノ、ヴェルサーチェ他、数多くの有名ブランドとの排他的独占契約を締結している。同時に、イギリスの小売アウトレットのサングラス・ハットとデヴィッド・クルーローに加え、世界各地にある9000店もの小売店も所有している。2000年初頭、ルックスオティカは自社の店舗でオークリー製品の販売を中止し、同社の株価を暴落させ、その後安く買い叩いた。

ルックスオティカはフレームに特化しているが、フランスの多国籍企業エシロールは処方箋に基づく世界のレンズ市場の半分近くを支配しており、世界中で30万〜40万の小売店に商品を供給しているそうだ。私が直近で買ったメガネは500ポンド以上したが、もっと競争相手のある市場だったなら、もっと安かっただろう。[*18]

本書執筆の数週間前、アメリカと欧州の規制当局は、エシロールとルックスオティカの合併を認めた。長きにわたりメガネ業界で活躍してきた起業家曰く、「残念ながら、これは自由競争を排除して業界をコントロールする目的以外には考えられない」。私が次に作るメガネは、もっと高額になることが確実だ。また、この巨大企業に商品を卸している会社は、今後懸命に働いても報酬が減ることを覚悟すべきだろう。

似て非なるものとして、大きすぎて潰せない独占もある。大企業、特に銀行は、いろいろなシステム上大変重要なので、潰れるととてつもない大混乱を引き起こす原因となる。その最たる例が2007〜08年に起こった世界的な金融危機だ。

彼らは高リスクのビジネスから利益を得ることで市場からカネを搾り取り、リスクが危機として具体化すると、納税者のカネを使って救済してもらう。実はこのような怪物の公的リストが、スイスに本部を置く国際機関、金融安定理事会（FSB）から出版されており、2017年の直近のリストでは、大きすぎて潰せない銀行は30行、大きすぎて潰せない保険会社は9社、これらにはバークレイズ、HSBC、ドイツ銀行、プルデンシャル生命保険、JPモルガン・チェース、シティグループが含まれている。[*19] これは単に金融規制当局の問題ではなく、実は反トラスト法の問題なのだが、イギリス、欧州、アメリカの反トラスト法の規制当局者は眠ったままなのだ。

もう1つの似て非なるものは、本拠地での独占である。例えばウォルマートはあえて、スーパー2店舗は維持できないほどの小さな町に絞って出店し、その小さな町の消費者から超多額の利益を搾取し、現地の卸売業者に無茶な条件を押し付けてさらに儲け、その利益を他の町での開店資金や、他の独占戦略の資金に充てることで成長してきた。この種の地方市場の独占は、銀行の間でも人気があり、アーチ型独占で知られるウォーレン・バフェットは、この手の独占手法で地方のメディア組織と交渉、巨額の利益を上げてきた。そして、「そこそこ軌道に乗ったビジネスがあり、独占的新聞社かテレビのネットワーク局をもっていれば、ばかな甥でも経営できる」とバフェットは言う。

馬跳び（リープフロッグ型）独占の場合には、イノベーションのスピードがとてつもなく速く、また古いビジネスを新たな技術であまりにも巧妙に作り直すため、機敏さに欠ける頑迷な反トラスト法の規制当局者は追いつけない。多くの技術系企業やプライベート・エクイティは、この種の独占業務に特化している。

独占には伝染力もある。防衛的独占では、自社がより大きな企業によって市場から締め出されそうな場合に他社と合併したり、押し戻せるだけの影響力を身につけようとしたりする。例えば、2018年4月に発表されたセインズベリーのアズダとの合併は、「アマゾン潰し」のための戦略だとアナリストたちは発表、宣伝した。スタンダード・ライフ・アバディーン（資産運用会社のスタンダード・ライフとアバディーン・アセット・マネジメント両社による2017年の合併によって誕生）の共同経営責任者のマーティン・ギルバートによれば、アセット・マネジメント企業間競争は規模拡大の競争であり、「今では規模の大きさが重視される」という。

他にも銀行やヘッジファンド、プライベート・エクイティが運営する多くの金融独占が存在し、彼らは特定の市場で競合相手に影響力を行使したり、コントロールしたり、競合相手を買収したりすることを目指している。1世紀前にモルガンが達成した超独占状態は、最もわかりやすいケースで、多種多様な産業をコントロールしていた。今日の金融資本家は、各国経済に横断的に資本を投入している。金融機関3社、ブラックロック、ステート・ストリート、キャピタル・グループだけで、競合を含む主要な米企業の株式の10～20％を所有しているし、イギリスの多くの企業の株式も所有している。

シティやウォール街の巨大金融機関は、単に市場で戦略的投資を行い、市場への影響力を増強増大させているだけではない。合併をお膳立てし、増やし、独占状態を作り出すための金融を提供する役割も果たしている。合併買収案件はシティとウォール街における最も儲かるゲームの1つとなっている。[*20] フィナンシャル・タイムズ紙をいつ手にしても、一面の見出しはメガ級の合併劇である可能性が高いのだ。

誕生当初からの独占には、いわゆるネットワーク効果で競合他社を永遠に寄せ付けないものもあり、その1例がフェイスブックだ。例えば異なる5つのプラットフォームで友人探しをするより、友人と同じプラットフォームで探したほうが楽なのだ。4つの銀行によって独占されているイギリスの金融支払いシステムも同様である。

次に、ヒュドラ・モノポリー（独占）がある。これはサプライチェーンの1ヶ所を押さえれば、産業全体を人質に取れるものだ。かつて日本の新潟沖で起きた地震により、独占的にピストン・リングを製造する自動車部品メーカーが被災し、日本の自動車産業全体が一時操業停止に追い込まれたことがある。その後の数週間で、トヨタだけで12万台の減産に見舞われた。これら独占化は、1つの小さな独占企業の限定的な機能停止によってすら、市場全体を不安定にしてしまう。[*21]

では、オフショアの秘密の独占を見てみよう。共同所有、または緊密に協力し合っている金融企業群は、表向きは競争をしているように見せかけながら、タックスヘイブンに設立した秘密のペーパーカンパニーを盾に彼らの所有実態を隠し、実のところすべてをコントロールしている。

この戦略の優れたところは、成功の暁には、規制当局者に秘密裏に個人的利益を提供できるということだ。果たして誰が、このメカニズムを使って、誰かが我々の経済を乗っ取るために金融パワーを蓄積している、と想像できるだろうか？

独占は権力そのものなのだ。胡散くさい海外の利害関係者に、経済の一部分に対してでも独占化を許す鍵を与えてしまうことは、国家安全保障上の脅威となり得、これらの利害関係はやがて表面化する。ロシアのガスプロムと中国の国営企業群は、エネルギーとテクノロジー市場のボトルネックを支配することの優位性を十二分に認識している。それゆえに欧州委員会は現在、ガス供給をめぐり、「反トラスト法に絡むこの10年間の衝突」を招き、ガスプロムと真っ向から対立しているのだ。[*22]

他に不道徳な独占もある。ロンドンのとある大手米銀のトレーダー兼マネジャーだった人物が、銀行がどのように顧客を買収するかを教えてくれた。彼はタックスヘイブンのシンガポールで仕事中に、原油トレーダーが顧客のために「大勢の売春婦」をカネで調達するのを見たという。「オーチャード・ショッピング・センターを彼らは『売春婦のいる4階』と呼んでいたが、そこで200ドルも払えばロシア人でも中国人でも欲しいものは何でも手に入った」

また、市場での協調は信用に基づくが、それは泥棒同士の約束の類いだという。「誰かに信用してもらいたければ、少なくとも売春婦と寝たほうがいい。最低でも彼らと同じ深みにはまったことを証明するためにも」

カネは、事前に入った情報をもとに、顧客に先んじて動くことで獲得できる。例えば、ブリティッシュ・エアウェイズやKLM、イージージェットがヨロヨロと市場に入ってくる前に航空機用の燃料を買うなどすれば、価格を押し上げることができる。要は「できるだけ多くの人と話す、すべての情報を取る、だから誰よりも早く動ける。規模があればボロ儲けだ」。

もっと大規模な話は、有名なLIBOR（ロンドン銀行間取引金利）スキャンダルだ。これは数兆ドル相当の金融取引が絡む、ある意味カルテルにも似た協定であった。[*23] では、誰がこの超特大利益のコストを支払わされるのか？　究極的には、あなたなのだ。それも飛行機のチケットを買うたびに、または次の金融危機が襲ったときに。

もう1つの大きな市場権力の源泉は、特許権、商標権、著作権の所有である。これらの権利の当初の設定趣旨は、反トラスト法における限られた例外を設定することで、企業の投資収益をある一定期間保証し、イノベーションを奨励するものだ。しかし、今やこれらの権利は不当利得者のための包括許可と化しており、しばしばイノベーションを抑圧するものと成り果てている。「ハッピー・バースデー」の歌はもともと1893年にアメリカの幼稚園の先生により作詞作曲され、著作権により保護されていたが、長い法廷闘争の末、2016年に司法判断が覆った。それまでは、公共の場でこの歌を歌うたびに著作権者に使用料を支払う必要があったのだ。[*24] そして多くの場合、特許は他の富の搾取手段と組み合わせて活用される。第1章で説明した利益移動に関する移転価格設定方法というゲームで、バナナ会社がすべての利益をエクアドルとウェールズからタックスヘイブンに移した話を思い出してほしい。多国籍企業は大量の特許をタックスヘイブンにあるペーパーカンパニーに移し替えることで、税金逃れだけでなく、高価格維持を図っている。

例えば、アメリカのバイオ医薬品会社ギリアド・サイエンシズの製造するC型肝炎用の治療薬ソバルディは、製造コストはたった68ドルなのに、12週間の治療に必要な金額は、アメリカでは8万4000ドル、イギリスでは3万5000ポンドとなり、会社の登記場所はタックスヘイブンのアイルランドだ。

ソバルディおよび関連する薬品ハルボニの売り上げが2015年に急増したにもかかわらず、ギリアドは「アメリカで稼いだ巨額の利益をオフショアに移すこと」[訳注★4]で逆に納税額が急落したことが、アメリカンズ・フォー・タックス・フェアネスという組織の調査で判明した。そして、

訳注4 アメリカンズ・フォー・タックス・フェアネス（Americans for Tax Fairness） 1994年設立。420以上の全米・州レベルの団体から成る連合組織で、税制の公平性を提唱し、調査研究を行う。

2015年末には、ギリアドはオフショアで稼いだ総額285億ドルの利益の上に鎮座していた。2016年になって、NHS（英国民保健サービス）はこの薬をC型肝炎患者に処方することを決定したが、命に関わるこの病の患者がイギリスに20万人以上いるにもかかわらず、価格の高さゆえ、処方対象者は1万人に限定されることになった。

このような独占を打破することができれば、劇的な結果を得られる。南アフリカは特許の軛《くびき》を解くことに成功し、エイズ患者に処方する抗レトロウイルス薬のコストを患者一人当たり年1万5000ドルからほぼ100分の1にまで圧縮することに成功すると、国内平均寿命が2004年の53・4歳から2015年には62・5歳まで急伸した。南アフリカの統計局長パリ・レホーラは、この劇的変化の最大の要因は、まさにこの薬が入手しやすくなったことだと考えている。[*25] アメリカの独占の専門家マット・ストーラーは、特許に守られた1000ドルもする薬は、「もはや健康への対価ではなく、ヨット購入代金だ」と言った。まさしく殺人ヨットへの支払いなのだ。

この複雑な実態に鑑みると、独占を止めるためにカルテルや大企業を分割するという原則論だけでは不十分であることが明らかだ。独占化に対処するには、多様な手法を用いながら、包括的で経済横断的な戦略を立てる必要がある。例えば労働組合の活性化、銀行法の改正、億万長者や金融資本によるメディアのコントロールに関するオープンな議論、大規模な監査法人同士の利益相反問題の焦点の絞り込み、中小企業より銀行や巨大多国籍企業を優遇するタックスヘイブンの厳重な取り締まりなど、やらねばならないことは多い。企業分割は、1つの選択肢でしかないのだ。

ブレーキを外したレーガン大統領

ボークの蛮行とも言える思想破壊的行動の後、反トラスト法の緩和効果の潜在的可能性をいち早く正しく理解したのは、米複合企業ゼネラル・エレクトリック（GE）のCEO、ジャック・ウェルチだった。

1980年代の初頭は、GEのような大企業では、全社的な利益には貢献するが、各々が関連性のない多様な分野に展開するという業態が一般的だった。GEの場合、例えばテレビ、電車、照明器具、発電機、レントゲン、洗濯機、医療器機、飛行機など社名通りの幅広い商品を手がけていた。しかし、ボークの本が出版された3年後の1981年に、ウェルチは新たな企業戦略を打ち出した。それは、GEの各事業部門すべてを、業界1位もしくは2位にするというものだった。

彼はGEの改革に乗り出し、その過程で可能な限り市場影響力を増強していった。各関連分野の競合相手を買収し、獲得した規模の経済を活用して新規参入を困難にした。目標に達しない事業部門は売却するか閉じた。ボーク時代以前ならば、反トラスト法がこれらのやり方のほとんどを認めないが、もはや独占化の流れは止められなかった。

ウェルチの戦略は大きな支持を集め、1980年代のウォール街の大規模な買収ブームに火をつけた。そして、ボークの力強いメッセージに刺激を受けたロナルド・レーガン政権が、ブレーキを外した。[*26]

「その一般的なやり方は、1950年代から60年代にかけて作り上げられた古い複合型企業を分割し、その後改めて取捨選択して同種・同業態同士を再統合……目標は、できるだけ競争を排除することであった」と回想するのは、米反トラスト法の専門家バリー・リンである。

これだけでも十分儲かったのだが、この変革にはさらに第二幕があった。それがアウトソーシングで、特に労働集約型の生産設備を、労働力の安い中国やバングラデシュに移すことだった。

この動きは特に金融資本家と物言う株主によって強行され、それと同時期に金融資本家に後押しされた大企業が税負担軽減のため、積極的にタックスヘイブンの活用へと傾斜していった。これら関連する2つのオフショア化、すなわちカネの海外への持ち出しと、工場移転による本国での支出回避が可能となった大企業は、国内を基盤とする中小企業に対して、価格競争面で圧倒的優位に立ち、さらなる市場獲得に拍車をかけた。

これまで技能や技術の養成所でもあった企業は、圧倒的なカネの力で破壊され、大企業はもはや地元に根ざした工場ではなく、商社のような企業構造となった。企業内の強みと専門性を積み上げるのではなく、金融リターンを追い求める、越境型（クロスボーダー）の独占企業と準独占企業の緩い集合体のように変質してしまったのだ。

このように市場のさまざまなプレーヤーを繫ぎ合わせ、重要な地点に陣取る企業を、独占ブローカーと名づけてもいいだろう。巨大スーパーが生産者と消費者の間に自らを据え、そのポジションを活用して両者からさらに搾取しているのが好例である。こうした巨大スーパーなどに商品を提供する中小の生産者にとって、この動きは他に代替できる提供先がないため、死活問題になる。

例えばアメリカで家族経営の農場を営む人々の団体ファーム・エイドの代表アリシア・ハーヴィは、2017年に「私たちが連絡を受ける養鶏業者や農業組合の人々の感じる恐怖の度合いは大げさではなく、とてつもなく大きいのです。もし彼らが自身の主張を率直に話したなら、彼らはすべてを――契約も土地も自分の家すらも、危険に晒してしまうのです」と語った。[*27]

似た話で、イギリス人ジャーナリスト、ジェームズ・ブラッドワースは、2016年にスタッフォードシャーのラジェリーにあったアマゾンの倉庫に潜入して働いたときに見た労働環境の劣悪さを、まるで「監獄のようだ」と表現した。[*28]

こうした経済パワーの変化は、たいてい投資ファンドと物言う株主やその他の金融利害関係者らに主導され、企業は増えた余剰利益を研究開発のためではなく、目いっぱい配当に回すよう強要されてきた。

バリー・リンは、「金融資本家からの利益の積み増しを求める圧力は、我々の依拠する産業構造にかつてない加速度的な独占化をもたらした」と言い、反トラスト法の新たなモデルは「破壊行為の容認をシステムそのものに組み込んでしまった」と指摘した。このプロセスは、多くの国に次々と見られるようになった大企業の金融化の一環である。

しかし、これらの変遷は産業構造の転換という話で済ませられるものではなく、つねに企業権力は民主主義および社会との関係性の中で捉えるべきものである。報道の独占化は特に危険で、イデオロギー的競争を排除し、「あらゆる市場で安っぽい、いい加減な自由主義」をはびこらせた、と過去に指摘したのは、米経済史家のブルース・バートレットであった。

ロンドンやニューヨークに本拠を置く大手報道機関は、高慢で、大衆から乖離しており、郊外住民や貧困層に対しフェイク・ニュースとしか思えないような報道をしばしば垂れ流す。フェイスブック、グーグル他の独占的インターネットの巨人が新聞の広告収入を奪い取る中、最強の巨人新聞社のみが繁栄する。彼らはこの危険な偏向報道をますます続け、世界を震撼させる新しい政治的な動きを煽り続けている。

トランプ政権は2017年と2018年に、地方の報道機関に対する独占防止の政策を後退させ、多数の放送局が超保守派で親トランプ派のシンクレア・ブロードキャスト・グループの支配下に入るのを許可した。これらの放送局はすぐさま中央で流された話をそのままおうむ返しのように流し始め、いくつもの地方局の番組のビデオをまとめて同時に再生すれば、どのニュースキャスターもまったく同じことを話し、主要メディアとトランプ批判者を批判する報道を流しているのがわかる。このことはネット上でもあっという間に拡散した。[*29]

集積された権力は、今や驚くべき規模である。「よろず屋」のアマゾンは、その利便性と低価格で消費者を感動させている。アマゾンは本をはじめ、おもちゃや特許、クラウドコンピューティングの容量に至るまで数え切れないほどの商品を提供するが、これらの販売に必要なインフラのほとんどを自前で所有している。これはたとえれば、国で唯一のトラック会社が、イギリスのほとんどの道路を所有し、それを利用するドライバーに通行料を請求するような世界だが、想像できるだろうか？　これが垂直、水平、全部独占である。「チーターは弱ったガゼルが好きだ」とはアマゾンのCEO、ジェフ・ベゾスの言葉だが、同社にはかつて競合相手に近づいて買収する

「ガゼル・プロジェクト」と呼ばれるものがあった。

アマゾンの方針は、競合相手を買収するというよりは、丸呑みする。新しい市場に容赦なくどんどん進出していく過程で、質のいい仕事を、質が悪くて退屈な、窓のない倉庫の棚に積み上げる程度の仕事に置き換え、しかも人数を減らして、競合する書店を駆逐していく。値段は安く感じるかもしれないが、その低価格戦略は競合相手の価格設定に影響を与え、その過程で競合相手を弱らせ、彼らを狙い撃ちするのである。[*30]

しかし、価格が本当の致命傷なのではない。核心部分は見えない水面下で進行している。アマゾンは自らの市場支配力が大きくなるにつれ、その精巧で複雑な市場コントロールを通じて、出版社、書店、アマゾンの従業員、税務当局、そして究極的には消費者からも独占的価格のうまみを抽出しているのだ。

巨大企業は、これまで規模の経済で効率を上げてきた。しかし、その得られた収益を消費者に還元したのか、あるいは自分たちだけで独り占めしたのかは別の問題である。

大規模なスーパーが町に進出すると、消費者はその利便性と目の前の安さを評価するが、それは全体の一部でしかない。そのスーパーでは、町の精肉店よりソーセージが安いかもしれない。いや、地元のソーセージ市場を独占する力を得たなら、安くは売らないかもしれない。

より安いソーセージと破産した精肉店という組み合わせの結果は、それが地元の目抜き通りの商店街の他のビジネスを支えるに十分なカネを地元の消費者の財布に残してくれるなら、総体的に見れば正当化されるかもしれない。しかし、独占企業から生み出される富のほとんどは、地元から抜き取られて、ロンドンやニューヨーク、ジュネーブに住む金持ち株主に送金される。一方、精肉店の従業員と地元の卸業者や配送業者は失職していく。これはある意味、誰かの財布を盗み、財布を開けて数ドルを返しながら、笑みを浮かべて、さも、良い条件でしょう？　と言うようなものである。

独占化の流れは、世界中の労働者に大打撃を与えた。1970年代以降、労働者の賃金は先進国でも国民所得の10～15％という驚異的な低下に見舞われている。結果として経済は、総体的には成長したかもしれないが、労働者の中でも非熟練労働者たちは、成長の果実を体感していない。(他のすべてを同条件として）アメリカの賃金がこれほど低下していなければ、企業純益は現在の3分の1にとどまっていただろうと推定される。別の見方をすれば、もし前述と同様、他のすべてを同条件としてイギリスの国民所得に占める労働賃金の割合が1975年と同水準であったならば、平均的なイギリスの労働者は、毎年6000～9000ポンド分、暮らし向きが良くなったはずだ。[*31]

このような変化の背景には、例えば技術革新、外注、億万長者に対する減税、弱体化した労働組合、経済の搾取的な金融化、そして世界金融危機からの長期にわたる停滞も理由として挙げられるが、これら全要素と重なった独占化が中核的役割を果たしたとする研究もある。

大企業が引き起こした今日の不平等の原因は、うなぎ上りのCEOの報酬もさることながら、競合相手を絞め殺して放置する、超富裕な独占企業の台頭である。[*32]また、最近途上国では、予期し得なかったことが明らかになりつつある。これまで貿易理論家たちは、先進国の企業からそれほど高い技術を必要としない仕事を途上国に外注すれば、当該国の労働者の購買力が上がる、と予想していたが、これは実現していない。

このパズルは、オフショアに拠点を置いて独占化を進める国際的な「一流企業」が増え、彼らが商品やサービスの広範な国際供給網の要衝に陣取ってグローバル市場の支配権を活用しながら利益を搾取し、労働者を可能な限りロボットで代替し、先進国か途上国かを問わず、すべての国で労働者の賃金を低く抑えている現状から説明できるかもしれない。

問題の本質は、すべての国々で、ビッグ・プレーヤーがパイのより大きな一切れを取るというゲームではない。労働者が購買力を失ったため、購買力の低下に直面し、パイ自体が縮小した。その結果、企業の生産意欲を削いでしまっていることだ。これによって、より利益を上げるために、経営者の関心と注目は、設備投資からさらなる金融エンジニアリング、そしてさらに今以上に独占化の方向に再度向いてしまった。

この過程で私たちは、これまでのバランスのとれた経済、そして安定した高水準の給料が保証された仕事と繁栄する地域社会を、不調和でいびつな経済、何の保証もないゼロ時間契約や分断された地域社会、そして実際は安くはなかった安物のテレビなどと交換してしまったのだが、結果としてその代償は大きかったかもしれない。また、アダム・スミスの「見えざる手」によってうまく機能する市場を、「見えざるゲンコツ」のような独占的な権力と取引してしまったのである。

これらの変化は、例えば金融分野の規制緩和や中央銀行の独立性の確保、ユーロ市場の隆盛など、同時進行で進展する他の出来事とともに、台風のような強風で大銀行や多国籍企業の大きな帆を孕ませる。その一方でほとんどの場合、いやつねにと言っていいくらい、国内の中小競合相手と納税者に負担を強い、損害を与えるのだ。

繁栄を謳歌した資本主義の黄金時代を支えた制度に対するさまざまな破壊工作は、左派政党に先例のない好機を生み出すことになった。これら新しい思想を吹き込まれた彼らは、金融界と大企業に敵対することなく、柔軟で適度な距離感を保った新たな道を模索し始めた。

1970年代にイェール大学法科大学院のボークのもとで、のちに妻となるヒラリーと共に学んだ米大統領ビル・クリントンは、「政府は敵であるという立場と、政府こそが解であるという立場の間の不毛な論争はとうに終わった」として、「我が同胞よ、我々は第三の道を見つけた」と述べた。

年	この章で扱った出来事の流れ（●＝参考として日本での主な出来事）
1929	米ウォール街の株価が大暴落。世界恐慌が始まる(～ 1930年代後半頃)
1933～	米ルーズベルト大統領によるニューディール政策
1933	グラス・スティーガル法が制定
1945	イギリス議会の総選挙で労働党が大勝利する
	第二次世界大戦終結
1957	ローマ条約調印
1974	ウォーターゲート事件により米ニクソン大統領が辞任
1981	ロナルド・レーガンが米大統領に就任
1991	湾岸戦争勃発
	ソ連崩壊
	● バブル経済崩壊。
1993	ビル・クリントンが米大統領に就任
1995	● 阪神・淡路大震災
1997	● 総会屋事件が相次ぐ
2007	● 新潟県中越沖地震で国内の自動車関連産業が一時的に操業停止状態に陥る
2008	リーマン・ブラザーズが経営破綻、ニューヨーク市場で株価が大暴落し、世界的金融危機に
2011	● 東日本大震災
2012	イギリスで巨額詐欺事件、LIBOR スキャンダル発覚
	英 FCA（金融行動監視機構）設立
	● 安倍晋三が首相に就任
2013	● 日本銀行総裁の黒田東彦により金融緩和政策導入
2015	● 日経平均株価が２万円を超える
2016	「Happy Birthday to You」著作権訴訟が和解成立
	パナマ文書報道
	テリーザ・メイが英首相に就任
2017	ドナルド・トランプが米大統領に就任

第5章

第三の道

黄金時代が終焉を迎える頃の1972年、お洒落に着飾ったパキスタン人銀行家アガ・ハサン・アベディは、数人の同僚に自分の夢は「世界銀行――発展途上国のためのグローバルな銀行」を設立することだと打ち明けた。そして、今後10年以内には「我々皆が億万長者になるから見ててごらん」と大見得を切った。

早速その年、アベディはアラブ首長国連邦の大統領から設立資金を調達し、欧州のタックスヘイブン、ルクセンブルクに新たな銀行を設立した。そして、バンク・オブ・アメリカとの国際的アライアンスを組んで、世界中に支店を開設しながら預金を集めていった。5年も経たずしてこの国際商業信用銀行（ＢＣＣＩ）は世界32ヶ国に146の支店を有するまでに成長し、シティのイングランド銀行から徒歩数分の場所にピカピカの本部を構えた。

ＢＣＣＩは、いかなる手段を使ってでも、誰に対してでも、どこででも、何でもする銀行だった。売買したものは、核物質や極秘情報から、中国製の対艦ミサイルまでさまざまであった。彼らは多国間にわたるコカインとヘロインの取引に金融面で関わったり、またその密輸取引を共同で行い、加えて顧客には売春婦の斡旋から傭兵や暗殺者の手配までした。また、海外居住者から集めた通常の預金の他、サダム・フセイン、マヌエル・ノリエガら独裁者たち、コロンビアのメデジンやカリのコカイン密売組織、ヒズボラをはじめ中東のさまざまな武装組織、北朝鮮とも取引した。

ビジネスを行えば必ず賄賂がシャンパンのように湧き出た。元従業員が当時を振り返った。「私が（シティにある）レデンホール・ストリートに赴き、ある男に会うと、彼は私に『この紙に署名して』とにこやかに言った。私が『ミッキーマウス』とサインすると、その紙はすぐにゴミ箱に捨てられた。そして、袋いっぱいの現金を渡され、持ち帰って配った」（しかし、誰に配ったかについては、彼は明らかにしなかった）

BCCIは、アメリカの政治にまで介入し寄生した。この銀行を最終的に閉鎖に追い込んだ弁護士の一人ジャック・ブラムが調査を始めると、すぐにCIAだけでなく、「ワシントンのさまざまな分野で働く大勢の集団」に行き当たった。BCCIは単に殺人と犯罪のグローバル組織であっただけでなく、預金者と投資家を身ぐるみ剝いでしまう巨大な詐欺のスキーム（ポンジ・スキーム）[訳注★1]そのものであり、20世紀最大の銀行詐欺となった。[*1]ロンドンの本部に加え、ルクセンブルクとケイマンにそれぞれ別の持株会社を作り、主要なオペレーションを3つに分けることで、人々を騙したのだ。

ここまで本書を読み進めてくださった読者には、アベディがなぜケイマンとロンドンを選んだのかがおわかりだろう。しかし、ルクセンブルクについてはどうだろうか？　欧州の中央部に位

訳注1　ポンジ・スキーム　運用益を配当金として支払う、とうたって出資を募るものの、後からの出資者のカネを配当に当てる詐欺の手法。アメリカの天才詐欺師チャールズ・ポンジがその名の由来とされている。

置し、フランス、ドイツ、ベルギーに囲まれた小さなタックスヘイブン、ルクセンブルクの役割については十分な理解がなされていないかもしれない。時には小さなタックスヘイブンの視点からグローバル化について見ていくことも有用である。なぜなら、民主主義大国によくある権力の抑制均衡とか、くだらない厄介な議論などの攪乱《かくらん》要因に惑わされることなく、焦点が絞られた形でさまざまなプロセスが明らかになるからだ。

ルクセンブルクには、カネの出所についてほとんど詮索することもなければ、いったん国内に入れれば自国の法律に基づいた規制は滅多にかけないという姿勢を貫いて、犯罪と繋がる世界中のカネを歓迎してきた長い歴史がある。BCCIの事件は、ルクセンブルク大公国が関わったいくつもの世界的スキャンダルの1つにすぎない。

実際、1960年代に、ルクセンブルクとスイスで、あごひげを生やしたアメリカ人詐欺師バーニー・コーンフェルドが、今では悪名高いインベスターズ・オーヴァーシーズ・サービス（IOS）を立ち上げた。コーンフェルドは、喉をゴロゴロと鳴らすチーターや革の服を着たお抱え女性運転手、女優のヴィクトリア・プリンシパルや「ハリウッドマダム」とあだ名されるハイディ・フライスらの美女をはべらせていた。彼はナポレオンが建てたジュネーブの城からIOSを指揮していたが、BCCI同様、IOSも運用スキャンダルを起こして倒産し、1971年に暴力的なギャングの手に渡った。しかし、それまでに先進国と途上国から吸い上げたいかがわしいカネを、ユーロドル市場経由でアメリカの証券市場につぎ込んでいた。

また、ルクセンブルクは、アンブロシアーノ銀行の中核子会社である、腐敗し切ったバンコ・

アンブロシアーノ・ホールディングスSAの本拠地であった。この一大スキャンダルにはイタリアのマフィア、バチカン、フリーメイソンの支部、そして有名なロンドンのブラックフライアーズ橋で首を吊って死んでいた「教皇の銀行家」ロベルト・カルヴィも関係していた。

第二次世界大戦以降、欧州最大級の汚職スキャンダルとして有名なエルフ事件[訳注★2]にも、ルクセンブルクは大きな役割を果たしていた。この事件は、フランスの国有石油会社エルフ・アキテーヌが巨大なオフショアの不正資金を使って、極秘のファイナンスをフランスの主要政党すべてと諜報機関に提供していただけでなく、フランスの企業のためにベネズエラからドイツ、台湾に至るまで、世界中のありとあらゆるところに賄賂を提供していたのである。

世界的に有名な詐欺師バーニー・マドフも最大級の詐欺行為をルクセンブルクから指揮していたし、1960年代以降の欧州における経済・政治に関わる大規模スキャンダルには、ルクセンブルクがさまざまな形で絡んでいた。2017年のフィナンシャル・タイムズ紙の分析によれば、今もそれほど変化は見られず、「ルクセンブルクは時に国そのものが犯罪集団に見える」と指摘している。[*2]

あえて現在のタックスヘイブンとしてのルクセンブルクの設計者と呼べる人がいるとするなら、ジャン・クロード・ユンケルだろう。彼は1989年から財務大臣を、その後1995〜2013年まで首相を務め、2014〜19年まで欧州委員会の委員長を務めた。製鋼所勤めの労

訳注2　エルフ事件　仏石油大手エルフ・アキテーヌ（トタルフィナと合併後、2003年にトタルと改名）による斡旋収賄事件。

働組合員だった父を持つユンケルは、カリスマ性を備え、チェーンスモーカーで、大柄で存在感のある、人を操る名人である。2015年5月にラトビアで行われた欧州首脳会談での短いビデオには、大衆受けする彼の姿がうまく捉えられている。各国の元首や政府要人が、立っている彼の前を通り過ぎる際に、笑顔で体を左右に揺らす姿が映し出されている。彼は挨拶をする要人の頰を軽く叩いたり、ネクタイを引っ張ったり、時にはハゲ頭にキスをする。ハンガリーの極右の首相ヴィクトール・オルバンが近づいてくると、挙手の礼で迎え、大袈裟な握手をして「独裁者！」と声をかけた。そして陽気な笑顔を振りまき、無表情のオルバンの頰を軽く叩いていた。

ユンケルは自身がアルコール依存症であるという噂を否定しており、2016年に仏紙に語ったところによれば、ときどきふらついたりするのは1989年に交通事故で足を負傷した後遺症だと弁明していた（そのインタビューの最中に、彼はシャンパンを4杯も一気飲みしていた）。彼が突発的にとる非合理で率直な行動は伝説になっている。「深刻になったときにこそ嘘をつく必要がある」と肩をすくめながら、2011年のあるテレビの生放送で語ったことがある。

ユンケルは中道右派のキリスト教社会人民党（CSV）でキャリアを積んできたが、つねに少し左寄りであった。魅力的な年金や失業給付など、国の補助金を派手に幅広くばらまき、雇用を守るための厳格な法律の制定や進歩的な賃金政策の導入に加え、労働者と資本家と国家の代表からなる欧州らしい三者協議会を持つことで、グローバル化の厳しい現実を少しでもやわらげようと努力した。この政策は、ルクセンブルクでの彼の人気を驚くほど高め、彼の首相在任中の支持率は80％を超えることもあった。*3

ユンケルの監理監督のもと、ルクセンブルクはタックスヘイブンとしてのサービス提供を劇的に増やしていった。1980年代以降はスイスと組み（時にはイギリスやオーストリアとも）、タックスヘイブン、秘密銀行取引、ペーパーカンパニーその他の秘密のサービスなどを撲滅しようとする欧州の努力を妨害するキャンペーンを張って大成功を収めた。ユンケルは多国籍企業の租税回避を手助けする役割を担うルクセンブルクの最盛期を指揮したのだ。

これらの行動は最終的に、2014年に発覚したルクスリークスで白日の下に晒された。この事件は、二人の内部告発者が漏らしたもので、2万8000ページに及ぶ極秘文書の中で、ルクセンブルクがPwCの作成したスキームに判を押しまくり、巨大な世界的多国籍企業群の税逃れを助けたことを暴露するものだった。それら巨大企業は、ウォルト・ディズニー・カンパニー、コーク兄弟、ペプシコ、イケア、フェデックス、ドイツ銀行、ブラックストーン、JPモルガン・チェースを含む300社以上に上った。[*4]

ルクセンブルクのある税務署の署長マリウス・コールは、税の裁定のための申請書を30〜40件、毎週水曜日にUSBメモリで受け取っていた。そのうち、申請書をなくしたりパスワードを忘れるなどしたときには、PwCは彼が自社システムに直接アクセスできるよう便宜を図り、さらには彼が作成すべき許諾通知書の下書きを自分たちで作れるよう、彼の税務署のレターヘッド入りの用紙までPwCのオフィスに準備していたのだ。あるときジャーナリストが、コールに複雑なスキームの合法性をどのように判断するのか尋ねると、奴らの思惑次第だよ、と言わんばかりに親指を舐《な》めて頭上にかざした。

ルクスリークス事件を報じたジャーナリストの一人で、英元国税官リチャード・ブルックスによれば、これらの税スキームで、おそらく巨大な世界的多国籍企業による「巨額の脱税犯罪」が行われていたにもかかわらず、起訴されたのは二人の内部告発者だけだった。[*5] ユンケルはこれらの企みについてまったく知らなかったとシラを切ったが、暴露された外交公電によれば、彼が正式な捜査を妨害するためにブリュッセルでどれほど頑強に抵抗し、結果として成功したかがわかる。[*6]

ルクセンブルクで金融界の合意に異を唱えるのは難しい。これまで私が訪問し、調査したすべてのタックスヘイブンに特徴的な考え方がここでも蔓延している。それは、船を揺らすな、余計な質問をするな、オフショアの金融セクターを脅かすいかなる行為もするな、である。全力を尽くして法律を都合よく解釈し、見て見ぬ振りをして、「競争力のある」金融センターを維持するためにあらゆることをする、という立場である。その一方で部外者には、クリーンで信頼が置け、きちんと規制されている——そしてタックスヘイブンではないことを宣伝するのだ。この総意がルクセンブルクに行き渡っており、すべての主要紙もそれに追随し、ほとんどのルクセンブルク人もそう信じているのである。[*7]

タックスヘイブンにおいて金融に反対する者をコントロールするメカニズムは、つねに陰険である。例えば、見えない形での就業機会の喪失・消失、裁判における偏った判断、家族の反対、社会的な非難・冷笑などだ。ルクセンブルクで表立ってオフショア金融に反対すれば、〝巣を汚すもの〟と呼ばれ、売国奴と指弾された。

2011年10月、ルクセンブルクへの旅を前にした私に、ルクセンブルクの銀行と揉めていた地元のビジネスマンから電子メールが届き、次のように助言してくれた。すなわち、ルクセンブルクの法律と裁判官の判断の間には「大スキャンダルとも言える不一致」が存在することを十分に認識しなければならない、とした上で、「関係者は、公にすることでルクセンブルク当局から報復されると恐れている。報復が招く結果がどれほど酷いか個人的な経験から知っている。この国では、現在の国のシステムに対して絶対の忠誠を誓わなければ、成功しない。それには、少なくとも背任行為を受け入れ、容認することも含まれている。また、ルクセンブルクの果たすマフィアのような機能を、外国人が十分に把握することがいかに難しいかも、個人的な経験から承知している。外国人には、状況がどれほど酷いのか、はっきり言って想像すらできないだろう。しかし、本当にその実像を見定め、見極める意志があるのなら、驚きはまだこれからだ。心の準備はできているかい?」。

ルクセンブルクは、アメリカに次いで世界で2番目の規模を誇る投資信託を擁している。しかし、その裁判所の規模は、ある弁護士の言葉を借りれば、「地方の小さな田舎町の規模」しかない。この国を通り抜ける怒濤のような金融の流れを取り締まることはとてもできない。いや、取り締まろうとも思っていない。競争力を維持できる金融政策こそが、本来の目的だからだ。[*8]

欧州の投資家の資金をバーニー・マドフの巨大な詐欺行為(ポンジ・スキーム)に横流しした多くのファンドは、ルクセンブルクを舞台に活動しており、この「計画自体がEU法に違反していた」と指摘するのは、マドフの投資詐欺の被害者３０００人を代表する投資回収会社、ディミノールのパートナー、エリック・ボーマンスだ。「規制メカニズムもなければ、毎年のデューディリジェンス[訳注★3]もなく、ないない尽くしだった」とボーマンスは教えてくれた。「マドフは基本的にやりたい放題だった」。四大会計事務所は異議など唱えず、また、利益相反行為にまみれて逮捕された規制官は、マドフの無法な陰謀に目をつぶった。

そして、被害者らが対象の銀行からお金を取り返そうとするたびに、ルクセンブルクはつねに銀行の肩を持った。「信じられないスキャンダルだ」とボーマンスは続けた。「司法へのアクセスは、ルクセンブルクの司法制度によって妨害されている」[*9]。ルクセンブルクこそ古典的なタックスヘイブンで、オフショア金融によって法律も何もかもすべて牛耳られている。

一方でユンケルは、オフショア金融を欧州独自の魅力として拡充し、新自由主義による規制緩和、経済犯取り締まりの緩和、国の「競争力」の強化等の種々の施策を推進しながら、他方でこのような手法で得た富を、ルクセンブルク国内向けの先進的な投資や社会政策に当てた。この一見矛盾する行動は、多くの人たちに馴染みがあるのではないか。それはある一時代の西側の政治家たちを狂喜させ、四半世紀以上にわたって多くの国々の経済政策の中心を成すものだったからだ。

１９９０年代からこの秘法を多くの政治家が採用した。その秘法により、１９９３年には新生民主党のビル・クリントンが、１９９７年には新生労働党のトニー・ブレアが政権を獲得し、他にもオーストラリア、フランス、ドイツ、イタリア、オランダ、ポルトガル、スウェーデンなど多くの国で同じ現象が起きた。この秘法を採用した連中は選挙で大勝し、シティでは巨額の富を生み出した。彼らはこれを「第三の道」と名づけた。

左派政治家の「救命ボート」

「第三の道」は単純な発想だった。それは、左派による政治の新たな中道を生み出すことだった。「第三の道」擁護派は、グローバル化はもはや不可避で、国々はそれを受け入れ順応し、成長するグローバル金融市場に乗るべきだとした。そして、不公平などの副作用については、進歩的な社会政策や古くさい富の再分配政策を導入して調整すべきだと主張した。トニー・ブレアとドイツのゲアハルト・シュレーダー首相が1999年に出した共同宣言によれば、「第三の道」とは、「単に社会正義を代表するだけでなく、経済のダイナミズムを生み出し、創造性とイノベーションを目指すものである」という。

しかし、「第三の道」とは、つねにオフショアの模型であり、グローバル化の荒波のごとき環境で繁栄するために、国を丸ごとタックスヘイブンに変えてしまう妙案だった。一方でこのモデルは、各国が巨大な多国籍企業や銀行、グローバルに動き回る無国籍のカネに対して、つねに魅力的なニンジン――減税、金融の規制緩和、犯罪に対して見て見ぬ振りをするなど――をぶら下げ、彼らがもっと快適で「競争力のある」ドバイ、シンガポール、ジュネーブなどへ移転しないように「市場を開放」しなければならないという競争力政策に突き動かされていた。[*10]

訳注3　デューディリジェンス　企業等の資産・債権などの価値やリスクを適正に評価する手続き。

この競争力政策とその延長線上にある「第三の道」は、特にイギリスのようにこれを採用した国にとって、国家繁栄のための解決策ではなく、むしろ事実はまったく逆であったと言わざるを得ない。

「第三の道」へと導いた特筆すべき旗振り役や、反対運動などは存在しない。いや、むしろ起こるべくして起こったとも言えよう。金融のグローバル化に火がつくと、左寄りの政治家は沈みゆく船の乗客のように感じ、出口を探し始めた。すると、白手袋をはめた男性客室乗務員が魅惑的な出口と、その先の救命ボートに手招きしている姿が見え、喜び勇んでそこを目指したのだ。ルクセンブルクはすでに幸せそうに救命ボートに乗り、シャンパンで乾杯をしていた。

だが、歴史を辿ってみれば、「第三の道」の背景にある思考の源泉を見出すことができる。1799年にウィリアム・ピットが10%の所得税を導入したとき、シティはそれを「腹立たしく、不当で憎むべき決定」と呼び、「競争原理の議論」を持ち出して、この税金が富裕層に忌避され、「移住する気」に拍車をかけてしまう、と主張して争点化した（実際にはそのような動きは起こらなかった）。

今から振り返ってみれば、この競争力政策の輪郭が、すでに現欧州連合（EU）を形作った初期のプロジェクトにはっきりと存在していたことが見えてくる。欧州統合の理念は、血みどろの戦いをした国同士が経済的結びつきを強めれば、再び戦争をすることはなくなるだろう、との崇高かつ進歩的なものだった。しかし、欧州経済共同体を生み出した1957年のローマ条約を見れば、国際競争力に対する不安と、アメリカの巨大企業と渡り合える汎欧州型の巨大企業を作りたいという願いが垣間見える。条約には、「強い競争力」を謳う一方、「高度な雇用と社会保障」も明記されている。この時点ですでに、「第三の道」の萌芽が見えていたことがわかる。

同じ頃、米シカゴ大学で提唱されていた効率的な市場構想は、民主党など伝統的左派政党に浸透し始めていた。1970年代半ばには、ウォーターゲート事件後のワシントンを浄化すると誓った北部リベラル民主党と呼ばれる人々が党内で頭角を現し始めた。世界恐慌の頃に顕著だった反銀行感情は薄れ、記憶の彼方に消えつつあった。大銀行や独占企業に闘いを挑んだ活動家、中でもポピュリスト強硬派の古きテキサスの民主党員ライト・パットマンなどは、第二次世界大戦前には銀行泣かせとして名を馳せていたが、急速に支持を失った。

若手で頭角を現したのが、ポルトガル系アメリカ人のトニー・コエーリョだった。資金集めの才に恵まれ、大企業びいきだった彼は、小規模農家に対抗する大規模なアグリビジネス最大の利権擁護者となり、ボークの『反トラスト法の矛盾』が書かれたのと同じ1978年に、米連邦議会議員に当選した。民主党の毎年恒例のディナー・パーティでは、通常の額の50倍の資金を集め、その結果を受けてまもなく、民主党下院議員選挙運動委員会（DCCC）の委員長に選出された。そして、民主党のための資金調達を担う機関の立ち上げに際して「カネは政治の一部であり、そうあり続けるだろう」と宣言した。

コエーリョは、大企業と富裕層が、低税率と自由市場の理念だけで共和党を支持していたわけではないことを見抜き、彼ら金持ち連中の本当の狙いに焦点を当てた。つまり彼らが欲しいのは特別なえこひいき、税の優遇や減税措置の抜け穴、合併承認に関する暗黙の了解と政府とのおいしい契約の数々であり、言い換えれば彼らが操作支配できる市場を欲していたのだ。そして、共和党同様、民主党も彼らの欲するこれらのものを提供することができた。

コエーリョは、民主党に新たにカネの流れ込む門戸を開いた。カネはさまざまな方面から集まり、一部にはM&A仕掛人として名を馳せたドン・ディクソンからの資金も含まれていた。彼はのちに詐欺罪で刑務所送りとなったが、6週間に及ぶその裁判の過程で暴露された証言はあまりにも生々しく、その中には売春婦にジェットバス、ヨット、そして教皇への拝謁を可能にしたバチカンに献上された4万ドルの絵画もあった。民主党がロナルド・レーガンに大敗を喫した1980年以降、コエーリョは政権への道として以前にも増して一心不乱に資金集めに奔走し、その過程で党を腐敗まみれにしたのだ。[*11]

この時期の民主党は、その関心を白人の労働者階級および労働問題から、公民権と社会的寛容へと移した。そして1982年、民主党全国委員会（DNC）は新たに7つの幹部会を公式に設置した。女性、アフリカ系、ヒスパニック系、アジア系、同性愛者、リベラル、ビジネス専門部会である。この動きの背景には、あまり健全とはいえない打算があった。それは、これらのグループの人たちの相当数の支持を得られれば、党の伝統的施策である、労働者を大銀行や独占巨大企業から守る任務を止めることができるという打算である。同時に、党内で影響力を持つ野心的で意欲的な人々が本当にやりたいこと、つまり大企業に擦り寄ることができると考えたのだ。この手法は、しばらくはうまくいった。中西部と中西部の北部地域を中心とした民主党が支持基盤とする比較的安定した「青い壁」は、グローバル金融危機までは何とか結束して持ちこたえたのである。[12]

この革新的経済政策からアイデンティティ政治[訳注★4]への大転換は、結果として矛盾を生み出した、と説明するのは、2016年に「アトランティック」誌に「民主党はいかに自らのポピュリスト魂を殺したか」という記事を寄稿したオープン・マーケッツ・インスティチュートのマット・ストーラーだ。「アメリカ史上、国としておそらく最も文化的寛容性を達成したのと同じ頃に、民主党の反独占・反銀行の伝統の破壊は、今世紀で最も経済力が権力の中枢を握ることを可能にする道を開いてしまった」。これは「長い話の一部だが、民主党が、いかに今日の状態に幻滅し、不満に満ちた大衆を生み出してしまったか。そして今やその大半がドナルド・トランプへの支持を表明しているのだ」と指摘している。[13] これこそが「第三の道」への道筋をつけたのだ。さらに、ヒラリー・クリントンが2016年の選挙決起大会のスピーチで、この方向へのシフトを具体化させてしまった。

「もし明日にでも大銀行を分割したとしましょう。それが人種差別を終わらせますか?」

「いいえ!」と観衆は答えた。

「それなら、性差別はなくなりますか?」

「いいえ!」

この調子で彼女は演説を続け、大銀行化推進のメッセージをまったく別物にすり替えて大衆を

訳注4　アイデンティティ政治　主に社会的不公正の犠牲になっているジェンダー、人種、性的指向、障害など特定のアイデンティティに基づく集団の利益を代弁して行う政治活動。

冷笑したのである。

欧州では、巨額のカネが他の分野でも影響力を増しつつあった。中でも最も影響力があるといわれていたのが、1983年に設立された欧州実業家円卓会議（ERT）で、その目的は欧州の「競争力をアップグレード」することと宣言していた。当時も今もこの団体は欧州の大企業のトップだけが集う場で、各企業の上部機関として、長年にわたり欧州の最高位の意思決定を下す機能を果たしてきた歴史がある。ERTは、巨大で国際的な銀行や多国籍企業の要望に沿って、シームレスに規制緩和され、非関税化された欧州域内の単一市場を実現すべく動いている。

元欧州委員会委員長のジャック・ドロールは、その強大な影響力が「欧州単一市場の実現のための主要な原動力であった」と表現している。ERTは競争力政策を強力に推し進め、ボークの反トラストに対する革命的理論を利用して欧州における独占阻止のための防衛条項を骨抜きにした。結果、この分野の手引書は、巨大な独占企業に対する寛大な思想と、ボーク流の消費者の幸福と価格へのこだわりに満ちている。[*14]

それゆえ、新聞などで報じられる、欧州の課す巨額の罰金に騙されてはならない。ちょっとした嫌がらせ程度だ。[*15] その証拠に、2017年までの5年間で欧州のカルテル関連案件の全体に課された総額100億ユーロの罰金は巨額に聞こえるかもしれないが、年間20億ユーロは、同時期に欧州企業の上げた利益の0・03%にすぎないのだ。現代の経済に幅広く浸透している企業独占の実態からすれば、この額は驚くほど少ない。

巨額のカネを偏愛するすべての動きは、学界からも後押しされた。最も有名なのがハーバード・

ビジネススクールの顔ともなったマイケル・ポーターで、企業戦略に関して大きな影響力を持つ著作や論文を数多く書いている。中でも、1979年に「ハーバード・ビジネス・レビュー」誌に掲載された記事では、最良のビジネス戦略とは、他者が競合できない独占的でニッチな市場を探し当て、競争を回避することだ、との持論を展開した。[*16]

ポーターは自身の企業に関する洞察を国家レベルにまで当てはめ、それを1990年に850ページに及ぶ『国の競争優位』というベストセラー著作にまとめた。この本の内容はあからさまに新自由主義的なわけではなかった。ポーターは、国々はその実力に応じた役割を果たすべきで、知識とイノベーションの集積を図り、政策の短期主義とその他多くの聞こえのいい政策は避けるべきだ、としていた。しかし、その軸足は、「競争力」のある国々と大都市はビジネス、特に大企業が繁栄するよう対策を打つ必要がある、という考え方に依拠している。

例えば、バランス感覚のある、穏やかで、知識があり、社会的・政治的に貢献する正直な人を創る教育に重きを置くのではなく、教育の中でもビジネスに必要なスキルを学ばせることを重要視していた。[*17]そして公共政策戦略を企業戦略のごとく組み直すことで、ポーターは、左派の政治リーダーが大銀行や多国籍企業と共通言語を話し、共感部分を増やす手助けをすると同時に、左派が大企業にとって恐れるべき存在ではなく、より親和性を持つよう橋渡し役を果たした。

この世界的な広がりを見せる準左派的な「ラブイン」[訳注★5]の考え方は、スイスのダボスで毎年開催

訳注5　ラブイン　ヒッピーの集会で、すべてのものを愛することをテーマにすること。

される世界経済フォーラム（WEF）主催のにぎやかなパーティで幅広い支持を得続けた。WEFは1971年に、世界最大規模の多国籍企業の意見交換の場として始まり、その後毎年規模が拡大している。世界のリーダーにとって、1990年代を通じてダボスに集まり、金融界・実業界の経営者やシンクタンクの有名人、著名ジャーナリストらと世界の現状について議論することはますます重要になった。その結果、スイスの銀行家にとっては、脱税幇助や犯罪的な財産の運用サービスとオフショアの考え方を、集まったグローバル・エリートへ売り込むための絶好の機会となったのだ。

間もなく、ポーターの助けを借りたWEFは、毎年国々の競争力の順位とその点数を発表するようになり、それが政策責任者の間で自国がグローバル競争で後れを取っていないかという不安を煽るようになった。仮に上位の国々であっても、不安がないかと言えば、その答えはつねに否である。なぜならつねに団子のようにまとまった集団が、足下から隙をうかがう状態が続いていたからだ。そして火に油を注ぐかのように、クリントン大統領は1993年に、各国は「巨大企業のように市場で互いに競争している」との余計な発言で物議を醸したのだ。

イギリスではつねに、我々は今「分岐点」に差し掛かっている、というシティの声に踊らされ、すぐに何らかの行動に移さなければ資本はイギリスに対する信頼を失い、外国へ逃げ、職は排水溝に流れ込むように失われるだろう、という声が聞こえてきた。グローバルな経済競争はすでに始まっており、今では全員が自覚していた。「国家の命運は、企業の命運と一心同体となり、逆も真なりであった」とダボスの新時代の英政治経済学者ウィル・デイビーズは書いた。また、彼は「政治的権限の新しい姿が創案されたことで、国家や都市や地域が企業と同等の扱いとなり、政治のリーダーがCEOに、そして市民が従業員に相当するようになった」と述べている。*18

1990年代に入ると、世界のリーダーは徐々に競争力政策に巻き込まれ、「第三の道」的な考え方に同調していった。すなわちグローバル化を受け入れ、「競争して」再配分できるものだけを分配するという考え方である。ユンケルに張り合った者にオーストラリアの首相ボブ・ホークがいた。ホークはかつて1ヤードグラス（約1・4リットル）のビールを飲む世界最速の記録保持者だった。他に、イタリアのロマーノ・プローディ、スウェーデンのヨーラン・ペーション、オランダのウィム・コックそして新中間層計画を立案したドイツのゲアハルト・シュレーダー首相らがいた。政治哲学者のフランシス・フクヤマは、1989年にこれらの動きが勢いを増していた頃、その変化を次のような有名な言葉でまとめている。すなわち、市場資本主義の勝利は、「人類のイデオロギー進化の最終到達点であり、西洋リベラル民主主義の普遍化は、人類政府の最終形である」と。

新生労働党の勘違い

これが時勢だろうか、1997年にイギリスは、保守党の18年の長きにわたる無策で干上がった時代から抜け出し、新たに生まれ変わった労働党の党首を選ぶチャンスに恵まれた。トニー・ブレアは、潤沢な富のバラマキに加え、従来の労働者階級の支持基盤から離れ、支持層を多様化させた米民主党を真似た新しい社会理論を掲げ、改革、一新、近代化、挑戦、イノベーションを公約とし、選挙に勝利した。政権をとると、彼の支持率は急上昇し、1997年のダイアナ妃の死後、一時はユンケルのような93％の支持を獲得した。ブレアはしばらくの間、私の目も惑わせた。

彼は首相になる前から、競争、競合という言葉を驚くほど多用し、それはこれまでの保守党の政治家以上であった。[*19]「海外のビジネスマンやジャーナリストを前に、彼はグローバル化のあらゆる機会について語った。それは、イギリスの手本となる外国企業を誘致し、経済の競争力を高めてもらうためだった。彼は聴衆の期待を高めることに成功し、『イギリスに投資してほしい、イギリスに進出してもらいたい』」と喧伝した、とウォーリック大学のマシュー・ワトソンは解説する。

しかし、国内向けに発信していたメッセージは違った。それは、機会の提供ではなく、喫緊の課題への対応および緊縮的な政策だった。すなわち再配分をいかに制限するか、税収に見合う支出に限定し、加えてこれまで労働党が伝統的に実施してきた政策を遂行することであった。そして国内大衆に対しては、「過大な期待を抱かせないようにする一方、事業利益を優先する必要から、企業を優遇した。これが好機となるか、あるいは脅威となるか。国家再生の機会となるか、あるいは従属的立場に甘んじるか」。

本件に関するブレアの断固とした決意を示したスピーチの1つが、2005年の労働党委員会での基調講演だった。変わりゆく世界で「伝統は重要ではない。そして、弱さは許されない……この変わりゆく世界は機会に満ちているが、それは変化に素早く順応し、文句を言わない人にだけ微笑む。人々は、立ち止まってグローバル化について議論しなければならない、と口々に言うが、それなら、夏の次に秋が来るべきか議論すればいい」と述べた。

ロンドン・レビュー・オブ・ブックスの記事の見出しは、ブレアの考え方を「敗北主義、敗北主義、敗北主義」とまとめた。そして、ロス・マッキビンは「新生労働党は降伏した。それは、時々発するたわごとのようなもので、それ以外にほとんど打つ手がないと考えているからだ」と書いた。海外のホット・マネーに頭を下げ、税率を下げ、法律も監督も緩めればカネは流れ込む、というメッセージだったのだ。ブレアの「第三の道」は、ジャン・クロード・ユンケルのタックスヘイブンを模したものでしかなかった。それは、食うか食われるかの国益がぶつかり合う自己中心的な理論でしかなく、新自由主義の拳を社会の連帯というクッションで覆ったボクシング・グローブのようなもので、これこそが金融の呪いの醜い真実を覆い隠す手法なのだ。

ブレアとその取り巻きたちは、これを降伏とは見なしていなかった。それは、現代的な輝かしいプライベート・エクイティの巨人や、利潤を噴出させる世界的な銀行や、民間資金の活用（PFI）[訳注★6]などの新たな勢力に自分たちの馬車を繋いで引かせていると勘違いしていたからだ。新生労働党の新人議員は、保守的な「重工業」に飽き飽きし、骨の折れる地方の産業開発の推進については距離を置き、他の先進諸国に比べて退潮著しい英産業の衰退を漫然と眺めるだけだった。代わりに、U2[訳注★7]などアイルランドの魅力的な歌手らが、アフリカの村々でポーズをとって写真に

訳注6　PFI　(Private Finance Initiative) 公共事業を民間の資金、経営能力、技術力などを活用して実施する手法のこと。
訳注7　U2　アイルランドのロック・バンド。グループでのグラミー賞受賞最多記録を有し、世界的な人気がある。ギターとボーカルを担当するのがボノ。

収まるのに付き合い、もっと海外援助をすべきと納税者に勧める一方で、自分たちの納税は巧みに回避し、イギリスのタックスへイブンという闇商売でアフリカから略奪された富が、増水する川のように流れ込んでくるのは無視し続けたのだ。

ブレアは自身の経済政策の処方薬としての自己責任原則の復活という競争力政策を、心地良い音色のU2、オアシス、スパイス・ガールズ、クール・ブリタニアおよびメイフェアのヘッジファンドをセットにして、砂糖でくるんで飲みやすくした。そして、労働組合を潰し、シティで金融規制緩和のビッグバンを主導し、その後のユーロドル市場の大混乱の原因を作ったあのマーガレット・サッチャーでさえ、もはや労働党の許し難い永遠の敵ではなくなっていた。むしろ、彼女を近代化の推進者として不承不承ながら敬意を払う存在と見なし始めた。[20]

この新しい考え方は、多国籍企業の課税を担当する英税務当局の大企業課で回覧されていた怪文書で表面化した。イラク侵攻を正当化するための根拠とされ、2002年に偽情報との疑惑が持ち上がった最中に、その文書は国連武器査察団委員長ハンス・ブリックスから出された手紙のように偽装されていた。「サダム氏へ」との書き出しで、「我々は、大企業の課税に対する内国歳入庁(IRS)の検査手法を参考に、新たな武器査察の手法を検討中です。お願いしたいのは、何もない、と言ってくださることです。そうすれば邪魔はしません。親愛なるハンス・ブリックスより[21]」。

その後、600以上もの税務署が入居する政府の建物が、「効率化」の名の下に、タックスへイブンのバミューダに本部を置く企業に売却されるという喜劇のような皮肉な事件が起こった。

これは一連の屈辱的な出来事の最終章で、幾人かの税務官からプロとしての誇りを奪い、苦痛を与えた。加えて「顧客担当マネジャー」という新たな肩書きを付与し、絶望の淵に追いやってしまったのだ。

消耗し切ったある税務官は、私に次のように打ち明けた。例えば自分が熱心に仕事に打ち込みすぎたとき、当時の上司が「普段なら立場上絶対に関わるべきでない案件にまで介入してきた。これまでの私たちには、税を徴収するという大切な役割があった。しかし、今では相手と良好な関係を築くことが最優先の課題になっているのだ」と。これはジャン・クロード・ユンケルが自慢したであろう多国籍企業に対する課税優遇手法そのものだった。

さらに、ロンドンに本拠を置く大銀行が、自らの顧客に対して散々詐欺を働いたり、納税者の血税で数兆ドル規模のリスクをとっていたのと同じ頃、ブレアは英金融規制当局を非難し始めた。ブレア曰く、金融監督庁の対応は「これまで誰も騙したことのない尊敬に値する企業から見れば、効率的なビジネスを大きく阻害しているようにしか見えないだろう」。そして、規制当局者のリスク排除のための規制行為を「可能性を広げるのではなく、逆に制限するものだ。我々がこのような行動を取り続けるならば、代償を支払うことになるだろう。このままでは、リスクを負う覚悟のあるインドや中国などにビジネスで負けてしまう」と非難した。これが労働党リーダーの発言であり、イギリスの法律を曲げ、さらには労働者の扱いすらも発展途上国の搾取工場並みのレベルにまで落とそうとしたのだ。[*22]

公平を期して言うならば、以前から「第三の道」を主張していた連中もいた。「『第三の道』は『新しい政治手法』として誇大に宣伝された」と、スチュアート・ホールは1998年に出版された「マルキシズム・トゥディ」誌の中で批判している。

「その主張の中核は、現在あるすべての極論の問題点に対し、謎に満ちた中道の解決策を発見した、というものである。しかし、メディアを通じて詳しく見れば見るほど、それは問題の解決法の提示ではなく、問題を回避するばかな方法に見えてしまう」

「エコノミスト」誌は同様に右派の立場から、問題の本質を指摘する辛口の記事を掲載した。批判の対象とした本は、ブレアの学術面での指導者とも言えるロンドン・スクール・オブ・エコノミクスのアンソニー・ギデンズの著作『第三の道』であった。「エコノミスト」誌は、「本著作は、市民の道徳観に訴えかける陳腐なアピールの一覧であり、すべての賭けに対するヘッジがなされ、難しい選択への回答はすべて回避されている」と批判した。

しかし、これらの分析は、「第三の道」や競争力政策の根本を成す論理の誤りと、非常識な現状認識を見落としていたので、うわべだけの批判に終わってしまった。

「国家の競争力」という欺瞞

1994年にブレアが労働党党首に就任したのと同じ頃、米経済学者ポール・クルーグマンは「競争力という危険な幻想」と題した論文を発表した。その中で彼は、「先進国のほとんどに蔓延し始めた国家の競争力の強化という脅迫観念は、十分な根拠に基づいたものではなく、抵抗し難いほどの反証に直面した結果生まれた観念として捉えるべきであろう。そして、この観念は人々の圧倒的支持を得るだろう」と表明した。

クルーグマンは「国家の競争力」の意味するところを探るために、さまざまなものを検証した。例えば貿易黒字、交易条件、労働コスト、(かなりアプローチの異なる)デヴィッド・リカードの比較優位論、または単なる国力およびグローバル経済への影響力などだ。そしてこれらの検証は、紆余曲折はあるものの、ほとんど生産性の議論に集約される、と結論づけた。他国との比較は意味がなく、単なる生産性の問題なのだ。

「もし誰かが『競争力』について話すたびに、大学生にしかめっ面をするよう教え込めたら、我々は国民に対して多大な貢献ができたと言えるだろう。天地創造思想に傾倒した政府立案の科学政策がうまくいかないのと同じように、競争原理のイデオロギーと強力に結びついた政府の経済政策はうまくいくはずがない[*23]」

競争力政策の核心部分の混乱は、時を追うごとに積み上がっていく。企業とは異なり、一国の経済や税制をはじめ、地方自治体である市などは、競争などしない。「競争」という言葉の意味が一番しっくりくるのは軍事用語で、ある国が相手国を征服するほど強くなって相手を打ち負かすときの用語である。

しかし、経済面から見た競争は異なる。企業は利益を追求し、その利益に応じて課税される。では、国における企業の利益に相当するものとは何だろうか? 国家収支の黒字? それとも貿易黒字? これらは不必要な緊縮政策または消費減退などを生む病んだ経済政策の表れともいえよう(国家収支の黒字に対してはどのように課税するのだろうか?)。一国にとって最も簡単に輸出を増やすには、自国通貨を切り下げればいい。企業は切り下げる独自の通貨を持っていない。もし、企業の業績が良くなり、生産性も改善され、お洒落な製品を生み出せれば、競合他社を廃業させられるだろう。しかし、イギリスが自国の技術産業や教育を改善したからといって、ドイツを市場から排除できるわけではない。もしかすると、今まで以上にドイツ人を金持ちにしてしまうかもしれない。教育の充実とは、イギリス人の生産性を高め、より公平で裕福な社会にし、その他諸々の良いことを実現するためであって、ドイツと競争することではない。

「単に聞こえがいいから、『イギリスを競争力のある国にしよう！』と言っているだけなのだ」とは、内閣府の元主席エコノミスト、ジョナサン・ポルテスの言葉だ。そして、次のように続けた。「私に言わせれば、これは無意味なたわごとで、……今起きている本質的な事柄から目を逸らさせるためのものでしかない」[*24]

しかし、状況は疑いなく際どい領域に入っている。どんな言葉でもいいが、ここでは「国家の競争力」という言葉を選んで、どのように定義づけてもいいとしよう。例えば、あなたは「国家の競争力」を支える柱として、教育の改善、充実した社会保障政策の構築、海外からの危険な資本の流入のコントロールを挙げるかもしれない。もしくは保護主義を採用し、さらに生産性を高める国内の環境配慮型経済を育む産業政策実現のための戦略的検討を主張するかもしれない。または、「国家の競争力」とは生産性、やりがいのある仕事、幅広い生活の質の向上を満たすものと主張するかもしれない。これらの考え方に関しては、気迫に満ちた議論ができるだろう。[*25]

しかし、ブレアはこれらの議論を一切しなかった。彼がやったことは、単に競争理論をごり押

し し、グローバル化した世界で無国籍の資金を追いかけ回すことだけだった。要は、大銀行と多国籍企業には欲しいものをくれてやり、態度が悪ければ見ぬふりをしながら、富が湧き出て末端まで行き渡るのを見届けよう、ということだ。

この理論のもう1つの核心的混乱要素は、グローバル化は天気のごとく止められず、執念深く容赦ないため、最大限できることといえば、大銀行や大企業と世界中を自由に動き回る金持ちのニーズと気まぐれに我々の社会を適応させ、負け組にはできる限り補償することだ、という考え方である。すなわち、私たちがグローバル市場に降伏し、底辺への競争に全力疾走しなければならないという自己卑下的信念は、右派にも左派にも幅広く浸透している。右派は、奇特なグローバル市場が無能な政府を制御、訓練してくれると期待し、左派は、卑劣な外敵から我々を守るには力不足の無力な政府に危惧を抱いている。

「両派とも、無能な政治家は今や全能の市場に服従しなければならない、との意見の一致を見ている」と説明するのは、フィナンシャル・タイムズ紙のチーフ経済コメンテーター、マーティン・ウルフだ。「これが現代の陳腐な決まり文句になってしまった。しかし、ほとんどナンセンスだけどね[*26]」

他の混乱材料も相俟って、人々はこのナンセンスな考え方を信じ込んでしまう。人々が見落としている点は、グローバル化とともに起こった金融偏重への変化は、往々にして政府の積極的介入または意図的不介入を必要としていたことだ。中央銀行は、直接民主主義的管理・責任から解放され、彼らの最終目的は、これまでの完全雇用の実現からインフレ目標の設定に意図的に変更させられている。金融規制緩和には、業界を守るための法律を積極的に骨抜きにする手法が含まれた。貿易や投資関連の条約は、あえて政府の手を縛り、政府が国内の産業保護に介入できないよう、意図的に交渉、締結された。政府は故意に多くの公共資産を民営化し、それらを注意深く競争的かつ金融化された構造の中にぶち込んだ。金融資本に対する税金をあえて割り引き、労働者の権利を削いだ。

金融のグローバル化とは、単に国家の拘束を離れて勝手に移動する資本のみを意味するのではなく、債権者への払い戻しの保証と、資本の流れの障害を取り除くための無数の政府間合意を要求するものだ。これらはすべて国家による確たる政策の選択であり、しかも取り消し可能である[*27]。しかし、それよりもさらに根深い混乱が競争力理論の中核に存在する。これは「合成の誤謬[訳注★8]」という概念に繋がるもので、大企業や大銀行の命運は一国の経済全体の命運と同じである、という考え方だ。もし政府の政策がHSBCをよりグローバルな競争力を持つ企業にできるなら、イギリス全体が「競争力」を持つことになる、と主張する。この単純な騙しの構造を見抜ける人はあまりいない。HSBCの業績が改善したからといってイギリス全体が良くなるわけではない。特にHSBCの利益の大部分が英経済の金融以外の分野から搾取されていればなおさらである。

この理論の最大の受益者である大銀行、多国籍企業、ヘッジファンドは、グローバル市場での競合のみならず国内でも競合し、彼らより小さな国内の競合相手を、流通市場や労働市場で排除している。能力のある教育を受けた人々が、シティの高給につられて実質的にもっと生産性の高い分野から引き抜かれている。国家の最も優秀な頭脳が、マラリアの治療法を研究する代わりに、

ITを駆使した高頻度取引の高給取りのトレーダーとして金持ちになっている。ここでまた金融の呪いの概念が登場する。もし過剰な金融が経済成長を阻害し、国に対して他にも損害をもたらすなら、この競争力概念に沿う政策のもとでさらなる金融拡大を目指すことは、事態をもっと深刻化させる可能性が高い。

言葉は、人々を騙し、煙に巻く素晴らしい手段であることが証明された。1つ目は、企業の市場競争力と国家の「競争力」というまったく異質なものを一緒に論じた初歩的な混乱である。別の見方をする人は、19世紀の経済学者デヴィッド・リカードの提唱した、似ているようで、まったく別概念の「比較優位論」、すなわち国は自国の最も生産性のある強みを育成することに注力し、他国とは自国の相対的に弱い部分を補う形で貿易を行うべきであるとする概念と混同している。

また、イギリスそのものを「英国株式会社」とするイギリス的考え方もあり、国の経済全体をビジネスと捉えている。これは大袈裟かつ巧みな物言いで、「我々」の巨大企業が世界市場で競争できるようにするには、「厳しい選択」ではあるが、保健衛生、教育、障害者福祉を切り詰めてでも企業を優遇するための財源を確保する「必要性」に迫られている、と言っているのだ。しかし、同じような援助を地元の便利屋や印刷所にしようとは思っていない。

政治家の大半は、グローバル競争という幽霊を、仲間である大企業やウォール街やシティを利する大企業優遇政策を大衆が受け入れるよう脅すために必要としている。2017年にドナルド・

訳注8　合成の誤謬　ミクロの視点では合理的で正しいことでも、それが合成されたマクロの世界では、意図しない好ましくない結果が生じてしまうこと。

トランプはこの戦術を最大限活用し、中国および「競争力の高い」国々を「信じられないほどの低税率」であると賞賛し、彼らによって「我々は有り金を残らず巻き上げられている、だから我々には選択肢がない、我々の税率を下げなければならない」と言って、米多国籍企業群と億万長者らに世界史上最大規模の減税を実施した。

「国家の競争力」の意味するところは、この「第三の道」および競争力政策を前提とする限りにおいては、一国の経済の中の貧しく、小規模で機動性の低い分野から富を搾取し、それをより大規模で機動性の高いグローバルな企業に与え、彼らが世界の舞台で競争できるようにすることだ。その原理は、初めから不平等を生み出す構造なのだ。また、犯罪や悪弊を助長する構造ともなっている。現代の大規模な経済スキャンダルの裏を探ってみれば、そのほとんど（例えばLIBOR事件、ルクスリークス、パナマ文書、アップルのオフショアにおける2500億ドル余りの巨額脱税、グローバル金融危機、その他山ほどあるが）に競争力政策がうごめいており、それらはすなわちグローバル金融市場の規制緩和、非取り締まりと非課税化の動きの結果である。これこそが、世界中の政府や市民を脅かす、グローバル化の最大の破壊力を持つ武器なのだ。

EUも「競争力政策」に洗脳されている

その他にも虚偽に満ちた「競争力」という概念を、これまで以上に人々の思考の奥深くに埋め込んで、新たなリスクを助長するものがある。現在進行中の件について言えば、イギリス政治のすべてに影を落とし、主要政党を麻痺させ、民衆を二極化させて分断に導く「ブレグジット」だ。

追い詰められたEU残留派の多くは、進歩的で社会民主的な欧州が、イギリスのシティを中心とした寡頭政治の防波堤になってくれると信じている。それについてはさまざま言われていて、欧州各国における格差は、イギリスやアメリカほどではなく、多くの国は世界が羨む社会保障も整っている。ブレグジットを支持する人々は、欧州のものすべてを批判し、中でもEUの無秩序で非民主的な官僚組織に加えて、EUの一部が企業や金融機関の利害におもねっている、と主張する。[*28] もちろん、的を射た説得力のある議論もある。

その一方、残留派は欧州のプロジェクトがどれほど徹底的に「第三の道」思考と競争力政策に洗脳されているか、それゆえ前述の知的誤謬が蔓延している、という事実をしっかりと理解しなければならない。すなわち、EUは、現状では不安定で崩れやすいプロジェクトであるということだ。欧州の存在意義が革命的とも言える再評価を受けない限り、このプロジェクト自体、将来的に崩壊する運命にあると言えるだろう。

EUの壮大なリスボン戦略は2000年に発表され、その中で欧州を「2010年までに世界で最もダイナミックで競争力のある知的経済を目指し、……世界中で最もビジネスがしやすい場所にする」と宣言した。これは何を意味するのだろうか？　詳細を見ると、おおむね競争力政策そのものであるが、欧州連合結束基金（確かに多額だが）他の格差是正策もちりばめられている。そして、その中には注目に値する欧州の混乱も見えてくる。

混乱の中身を理解するために、まず、2007年に当時の欧州委員会で競争担当委員だったネリー・クルースのスピーチを見ていこう。

「合併の津波現象は良い兆候で、合併企業は不当で過度な政治的干渉を受けることなく、自分たちで事業を進めることができなければならない」と述べている。彼女は「合併の津波現象」を歓迎し、「国境を跨《また》ぐ合併に対して不当な障害を設置する」ことを酷評し、価格至上主義のシカゴ学派のアプローチを採用することを公言して憚《はばか》らなかった。これが、独占への介入と規制が本業である委員の言葉なのだ。

ウォール・ストリート・ジャーナル紙は、(クルースが委員候補だった当時に)取材したEU高官が、彼ら自身も「これまで、これほど企業に幅広く結びついた候補、ましてやクルースのように潜在的な利害関係を有する候補は見たことがない」と発言していたと報道した。

彼女は何も合併について誇張していたわけではない。ある統計によれば、20世紀末までに、世界中の計測可能な海外直接投資の8割以上が、生産性の高い新たな分野(「グリーンフィールド」)への投資ではなく、合併に注ぎ込まれていた。旧ソ連から吐き出された宝の山のような新たな資産も、独占強化、労働環境の破壊、脱税を目論む巨大企業と投資ファンドに取り込まれていった。豊かな国家では、投資のほぼ100%が合併を通じて流れ込んできた。[*29]

クルースの2度目の発言はより短かったが、もっと奇妙だった。「競争は、競争力を促進する主たる推進力である」と言ったのだ。彼女の理屈は、もし欧州の1つの市場を多国籍企業に開放したならば、金融、貿易、投資は、国境のない域内をより自由に移動でき、それによって欧州企業間の競争が促進されることで効率性が生まれ、ひいては企業がグローバルに戦う上で効果的に競争できるようになるということだろう。この考え方は、いわゆる市場競争力の概念と、欧州の

「国際的な競争力強化」という概念を、欧州式の壊れかけの橋で無理やり結びつけたようなものだ。

これが新たな疑問や混乱を提起することになる。では、企業はグローバル競争で生き残るための効率性をどのように生み出すのか？　その1つは、独占化を甘受し、時には推進することである。つまり、欧州の大企業が自分の顧客から搾取して米中の企業と直接対決できるようにすることだ。もう1つは、欧州域内における競争を制限し、欧州そのものに「競争力」をつけることだ。

このような考え方は単に混乱を招くだけでなく、歴史を遡れば危険でさえある。2004年に、ドイツ国内に銀行チャンピオン（ドイツ銀行のこと）を育てようとの動きが出た。そのとき、ドイツの独占委員会が、これは「大きすぎて潰せない」銀行と金融危機を生み出す恐れがあり、1931年当時に似た政策が導入されたことでナチスの誕生に寄与する状況が生まれたと警告すると、政府からは、「失せろ！」と門前払いされた。そして銀行規制は完璧だと彼らは主張した。[*30]しかし、ドイツ銀行の不安定な財務内容は、未だにドイツと欧州経済の不安定要素となっている。

企業が効率的な経営を行い、グローバル市場でさらなる競争力を確保するには、コストを削減すればいい。だが、この場合のコストとは、賃金、年金、法人税、金融規制、環境保護等々のことであり、欧州の民主主義と社会の活力そのものなのだ。コスト削減とは、富と資本を再び労働者や納税者から吸い上げ、大企業の手に移し替えようとする動きそのものである。

独占が専門のオランダの政治経済学者アンジェラ・ウィガーは、この欧州版競争力アプローチ全体を「労働政策と民主主義に対する大規模な攻撃であり、……目を疑うほど信じられないことが起きている」とまとめた。

リスボン戦略はもはや失敗だったと広く認識されている。それは微々たる経済成長しか達成できなかっただけでなく、欧州産業復活の兆しすら見えなかったからだ。[*31] これに対してEUのリーダーたちは、域内の市場をさらに統合しようと努力する一方、「連帯の仕組み」で痛みをやわらげながら競争を激化させる賭けを続けた。そして彼らは「集中と競争力強化のための手段」という拷問の道具にしか聞こえない、いや、拷問そのものの考え方を打ち出した。

ジャン・クロード・ユンケルが2014年に欧州委員会の委員長に就任すると、各国に対して、それぞれの「競争委員会」を活用して、EUの通常手続きを回避して反対派を抑え込み、「各国競争委員会のユーロ圏システム」の設置を強力に推進した。[*32]

ユンケルはもちろん、ルクセンブルク出身という背景もあって、競争力政策の熱烈な支持者である。そこで本章冒頭で少し触れたが、なぜイギリスがルクセンブルクを見習えないか、に戻ることにしよう。もしルクセンブルクがそれほど豊かなら、なぜそのモデルを真似るべきでないのか？　ルクセンブルクの富は、一人当たりGDPが欧州平均比260％で、金融の呪いの考え方の完全な反証に見えるだろう。では、なぜイギリスのような国々が彼の国に倣うべきでないのかを説明することが肝要になる。

ブレグジットの主流派の中には、豊かで自由貿易が可能なルクセンブルク・モデル、「テムズ川に浮かぶシンガポール」のようなタックスヘイブンを欧州域外に作ることを夢見る者がいる。

2017年に英財務大臣フィリップ・ハモンドがこのファンタジーを脅迫手段にした。彼はE

Uの高官に対し、もしイギリスがブレグジット交渉で不利な条件を提示されたなら、「我々は競争力を取り戻すために設計図を変えなければならないだろう……その頃には、我々は復活し、競争力を高めているだろう」と述べた。要するに、EUよ、我々に欲しいものを与えろ、さもなくば我々のオフショア・タックスヘイブン・モデルに賭けて、あなた方の競争力を削ぎますよ、と言いたかったのだ。

この脅しは、脅しになっていなかった。いわば、「我々の欲しいものをくれ、さもなくば我々の墓穴を掘るぞ」と言っているに等しい。

まず理解しておかなければならないのは、ルクセンブルクで働く人の3分の2以上が外国籍であり、フランス、ドイツ、ベルギーなどから越境通勤している外国人、もしくは外国人居住者であるという事実だ。ルクセンブルクは、他国で教育を受けた彼らを最も生産性の高い時期に労働者として受け入れ、そのメリットを享受している。そして、彼らが退職するか病気になればたいていは自国に戻り、その国の健康保険や福祉制度の世話になる。イギリスには到底真似できることではない。[*33]

ルクセンブルクはさらに、他国には太刀打ちできないゲームをする。例えば、ユーロ紙幣を山のように刷り、燃料税を大幅に下げて、国境近くまで来た車やトラックの運転手に、ルクセンブルクでガソリンを満タンにするよう仕向け、結果として国家の税収に貢献させている。[*34] さらに、GDPの数字はタックスヘイブンの実態をまったく反映していない。なぜなら、その数字にはルクセンブルクのペーパーカンパニーの利益が含まれ、それらは地元経済には何の貢献もしないからだ。国民総所得（ＧＮＩ）はこれらの要素を排除するので、より実態を反映し、ルクセンブルクの数値を２３０％から１７０％へと引き下げている。

しかし、それ以上にイギリスがルクセンブルクの真似をするのにふさわしくない理由は、ルクセンブルクのような欧州最大規模の金融センターからの富を50万人ほどの国民に分配する手法は、国の規模が違いすぎてイギリスには到底当てはめられないからだ。似たようなことを、人口６５００万人のイギリスで成功させるには、地球全体をカバーする金融センターに加え、経済的に成功している他の惑星数個分が必要になる計算だ。そうなれば、市民はその富が人々に再分配されるよう、巨大すぎるほど肥大化した金融ロビーの権力と戦っていかなければならなくなる。

それにも増して、ホット・マネーを惹きつける、「競争力」のある秘密裏の計略や税の抜け穴を準備したとしても、そこには抜け目のない小国ルクセンブルクが欧州列国の権力を操って妨害しようと待ち構えている。さらに、金融界にとってルクセンブルクのもう１つの魅力は、欧州大陸の中心に位置する地政学的な好条件で、他のタックスヘイブンにはない巨大な欧州資本市場への好アクセスであろう。ブレグジットは、このアクセス権を放棄することになるかもしれない。「テムズ川に浮かぶシンガポール」に、ルクセンブルクの真似はできない。

法人税率を引き下げ続けた英政府

インターネット上では、イントルーダーズ（侵入者）と呼ばれるグループが作成した短いビデオを検索することができる。彼らは２０１２年に、オックスフォードのニュー・カレッジで開催されていた税務会議で、歳入税関庁（HMRC）長官デイヴ・ハートネットの退任を祝う夕食会に押し入った。それに先立ち、「プライベート・アイ」誌は、ハートネットがどのようにしてボーダフォンの60億ポンドの徴税令状に関する裁判事件を、HMRCの弁護士や税の専門家にも相談せずに止めたのかについて報じた。[*35] ハートネットは、彼の部下である税務官らが多国籍企業に「厳しすぎる」と言い、「我々は、法律に関して時々白黒をつけすぎる」と公にたしなめたこともある。

ユーチューブの動画によると、イントルーダーズの面々はハートネットに、企業節税対策に対する終身特別功労賞なるものを皮肉たっぷりに贈呈した。お偉方は拍手し始めたが、そこで租税室長のロバート・ヴェナブルズが立ち上がって「こいつらは不法侵入者だ！」と叫んだ。そして彼は連中を出口まで連行し、「すぐに出ていけ、さもなくば犬をけしかけるぞ」と脅した。活動家たちが「彼はいいヤツだぜ。だってゴールドマン・サックスがそう言ったのさ！」と歌いながら退出すると、ヴェナブルズも「お前らは不法侵入のカスだ！　失せろ！」と彼らの背中に捨て台詞を吐いた。

しかし、ライチョウ猟を楽しむシティの税理士らは驚くだろうが、この「不法侵入のカス」は、私も一緒に活動したタックス・ジャスティス・ネットワークなどのグループとともに、国民を啓発し、政治的信条の左右を問わず税の公平性を求めるキャンペーンへの支持を集めてきた。2010年には、新聞などの人気メディアの見出しを飾った言葉で「税」が第2位となった。右派のデイリー・メール紙でさえも、生活保護の不正受給に対する非難の矛《ほこ》を収め、大企業への巨額の〝給付〟についてシリーズを組んで怒りを表明した。

例えば、米巨大食品会社がキャドバリーを買収し、本社をチューリッヒにある持株会社に移したとき、デイリー・メール紙は「税金を払わないなら、我々はあなたのチーズを食べない、クラフト!」とキャンペーンを張ったのだ。

しかし、同紙は自社の株主、ロザミア卿のオフショア税回避には触れなかった。

活動家らは議論の焦点を、企業の脱税が合法か否か、という争点の多い難題から、より根本的な経済、民主主義、公正な競争市場と市場の健全性に置き換えて民衆を味方につけた。重要なのは、メディアや一般大衆は、多くの税理士が思っていた以上に税について理解していたことだ。

しかしそれでも、世界金融危機後の一般大衆の怒りとその後の余波にもかかわらず、意味のある変化は起こらなかった。実は正反対のことが起こったのである。2010年以降の政権はいずれも、グローバル多国籍企業と不透明な特別パートナーシップを組んで、彼らにイギリスの企業税務の政策立案を主導させた。彼らは法人税率を繰り返し引き下げ、これまでボーダフォンをはじめとする多国籍企業が脱税に利用していた抜け穴手法の多くを事実上合法化した。それによって彼らが新たなイギリス法人の設立に動くことを期待し、彼らのイギリス法人の利益をタックスへイブンに移すことを積極的・計画的に推奨した。

KPMGの取締役は、「プライベート・アイ」誌の潜入取材に対して、新しい法律の下では、取引形態によっては「実質的にマイナス15%の税率に相当する額が手元に残った」と言った。数社の多国籍企業が、イギリスでの利益を完全にゼロにすることができたという。政府の統計によると、イギリスに拠点を置く多国籍企業の子会社にタックスへイブンの利用を促す政策を実施するため、年間およそ10億ポンドを費やしているが、２０１０年以降に導入された法人税の減税額は、その10〜15倍にもなる。[*36] いずれの「競争力」政策も、イギリスの「最大の生産性の謎」に目立った変化を起こした形跡はなく、事実イギリス人労働者の生産性は、フランス・アメリカ・オランダ・スウェーデン・ドイツのいずれの国に比しても25〜30％低く、その差はさらに広がり続けている。[*37]

政府とその協調勢力は、多国籍企業に寄り添った動きを推進するために、「競争力」という概念を社会に投げ込んで注目を集め、世界中のタックスヘイブンを下支えする思想を醸成していった。「第三の道」を発明したのは、トニー・ブレアでもビル・クリントンでもない。そのずっと昔に先鞭をつけたのはジャン・クロード・ユンケルだ。

しかし、彼と似た外見の、英語を話し同じ考え方をする政治家が存在したことも忘れてはならない。それは、成長著しい企業の集まるタックスヘイブンのアイルランドで活躍していた、疲れ知らずのチャールズ・ホーヒーだ。彼も「経済競争力」を活用して「自由な富の創造」と、その富の惜しみない活用の必要性について説く伝道者だった。だが、その手法が一味違っていた。ブレアとクリントンが、職を辞するまでは儲かるコンサルタント業に就くことを控えたのとは対照的に、ホーヒーは首相在任中から財力を蓄えることを良しとした。そして、彼が主導した「ケルトの虎」経済は、彼ら全員にとって輝かしい広告塔に成長したのだ。

第5章

年	この章で扱った出来事の流れ（[●]＝参考として日本での主な出来事）
1955	バーニー・コーンフェルドがインベスターズ・オーヴァーシーズ・サービス（IOS）設立
1957	ローマ条約調印
1962	IOS がファンド・オブ・ファンズ（FOF）を設立
1971	世界経済フォーラムが発足、ダボス会議が開催 IOS が犯罪集団の手に落ちる
1972	ルクセンブルクに国際商業信用銀行（BCCI）設立
	[●] 沖縄返還
1973	第一次オイルショック
1973頃	ブレトンウッズ体制が瓦解
1975	ベトナム戦争終結
1978	『反トラスト法の矛盾』（ロバート・ボーク著）が出版される
1979	第二次オイルショック
	英首相にマーガレット・サッチャーが就任
	ソ連のアフガニスタン侵攻
1982	フォークランド紛争勃発
	伊アンブロシアーノ銀行が破綻
1983	欧州実業家円卓会議（ERT）設立
1990	『国の競争優位』（マイケル・ポーター著）が出版される
1994	仏エルフ・アキテーヌ社の収賄事件が発覚
	「競争力という危険な幻想」（ポール・クルーグマン著）が発表される
1997	ダイアナ元妃がパリで事故死
1998	『第三の道』（アンソニー・ギデンズ著）が出版される
1999	英ブレア首相と独シュレーダー首相が「第三の道」を共同宣言
2000	リスボン戦略発表
2003	イラク戦争勃発
2008	バーニー・マドフがポンジ・スキームによる詐欺罪で FBI に逮捕される
2014	ジャン・クロード・ユンケルが欧州委員会委員長に就任
	ルクスリークス（ルクセンブルク・リークス）事件

第6章

ケルトの虎

「ケルトの虎」とは、1990年代から2000年代初頭にかけて奇跡的な成長を遂げたアイルランド経済のことで、今や現代経済史の中の有名な教訓として知られている。

このアイルランド版低法人税率モデルは、最高のタダ飯の提供だった。その中味は、痛みを伴わない減税措置がその後の経済成長を生み、最終的にはその減税措置によって新たに流入した巨額投資が税収増をもたらす、というものだ。「アイルランド方式が、経済・社会、そしてその発展のための世界共通の新たな信念、理想となった」と書いたのは、アイリッシュ・タイムズ紙のコメンテーターで、ケルトの虎に関する著書『Ship of Fools』で注目を集めたフィンタン・オトゥールだった。「歴史や場所を超越し、時間も空間も選ばず機能した」[*1]。

このバブルのようなブームが、世界金融危機によってアイルランドに他国よりも深刻な被害をもたらしたことも事実だが、一方で虎が幻想でなかったことは確かで、この猛獣は今日でも生き残っている。海外からの投資も底堅く、クレーンが空に聳《そび》え、カフェは銀行家のおしゃべりで溢れ、首都ダブリンでは生き生きとした生活を実感できる。そのようなケルトの虎の物語は、本書の中心テーマの1つにまさしく雷が直撃した証のように見える。すなわち、開放的で繁栄した経済を構築したいのなら、法人税を減税し金融規制を緩和するような「競争」などしなくてもよい、ということだ。

この「競争すべき」という広く浸透した概念がなぜ間違っているのかを理解するには、別の話から始めなければならない。1940年代まで遡るが、当時のDC－3Sをはじめとしたプロペラ機が大西洋を横断するには、欧州大陸の最西端、アイルランド西岸にあるシャノン空港で燃料を補給しなければならなかった。シャノンでは航空会社におもねる形で、1947年にアイルランドの租税制度から独立した世界初の免税店を設立した。しかし、その後5年も経たないうちに、航空機はジェット機に置き換わり、シャノンに立ち寄らなくても、ロンドンやパリから直接ニューヨークまで飛べるようになった。

地元の威勢のいい起業家、ブレンダン・オレガンは、シャノンは「飛行機を空から引きずり下ろさ」なければ、何もない緑の草原へと戻るしかないだろうと警鐘を鳴らした。そこで彼は、急速に成長し始めたプエルトリコの特区の例にならって、空港のすぐ外に、海外投資家がアイルランドの通常の税規制を受けない新たな免税域を設定することを提案したのだ。1959年に設定されたこのシャノン・フリーゾーンは、急速に成長を遂げた（オレガンは、幸運にも空港のケータリングと施設管理の検査官としての優越的立場を利用して、自身が実質的に支配する会社との間に主要な契約を結べるよう斡旋できたのだ）。

シャノンの資料館には、1980年に撮影された、中国からアイルランド式実験の視察に訪れた訪問団の写真が飾られている。当時、新たに党中央軍事委員会主席に就任予定の鄧小平が、中国を大きな近代化構想の軌道に乗せ始めた頃だ。写真に並んで写っているのは、若手の中国人税務官で、厚い黒縁メガネをかけている。フリーゾーンのツアーを終えると、一行はダーティ・ネリーズ・パブのカラオケでもてなされた。

おそらくこのときの接待が、1998年にアイルランド首相バーティ・アハーンが北京を訪問した際、同じメガネをかけた高官に温かく迎えられた理由だろう。このメガネの高官、江沢民は出世し、国家主席に就任していた。

シャノンでの視察は中国に、経済特区を設置することがその後の奇跡的な経済成長を推進するための鍵となることを気づかせた。[*2] そのことが今では歴史的に崇敬すべき象徴的な出来事として認識されているため、習近平をはじめ歴代の中国高官も、シャノンを聖地として詣でてきたのだ。「ロンドンの中国大使館は、ひっきりなしにシャノンへ人々を送り込み、彼らにとってはあたかもルルド[訳注★1]のようだった」とシャノン・フリーゾーンのベテランのコンサルタント、ト

訳注1　ルルド　フランス南西部、スペイン国境近くにあるカトリック教徒の聖地。19世紀、この地の泉に聖母が出現したとされ、ルルドの泉で病が癒やされる、と巡礼者が絶えない。

ム・ケレハーは振り返る。「シャノンに行けば、最高の気分が味わえる」。

そもそもこの物語の背景を探る主旨は、アイルランドが発見したとする魔法のようなトリックに光を当て、解明することにある。それは、経済成長実現のための魔法の妙薬とされた法人税減税と金融規制緩和についてだ。しかし、この幸せいっぱいのおとぎ話には1つ引っかかる問題があり、それもかなり大きな問題なのだ。ケルトの虎時代のアイルランドの経済成長は、これまで長年にわたり企業にとってのタックスヘイブンであったこととはまったく関連がないのである。実は、アイルランドの人々は、自らの提供した法人税減税と西部開拓時代を思い起こさせる金融街の設置がなければ、もっと豊かだったかもしれない。ケルトの虎の真実は、別のところにある。

アイルランドのタックスヘイブンとしての戦略は、他のタックスヘイブンと違って、秘匿性ではなく法人税減税が主眼だった。この戦略は1956年に「輸出利益の免税措置」として発足し運用され始めたが、当時の積極的なタックスヘイブン戦略の基準では、その措置を少し手直しして運用すれば、製品の輸出販売の税率は実質ゼロを意味した。その後しばらくは、輸出と経済成長に多少の改善が見られ、それをもって法人税減税の効果が出た、と多くの人が結論づけた。

しかし、これらの成長率は実のところ、黄金時代を迎えていた欧州大陸西側の成長率とほぼ変わらなかった。アイルランドにおける製造業の雇用は、しばらくの間は年1%の増加で推移し、1970年代初頭には同国の労働者の3%弱が外国資本の企業に雇われ、たいていは低賃金労働に甘んじていた。*3

その後、奇妙な現象が起きた。海外直接投資（FDI）が一挙にアイルランドに流れ込み始め、

1971年の2500万ドルから1978年の3億7500万ドルにまで、約7年で15倍に跳ね上がったのである。[*4] 多くの経済学者は、成長を目指す発展途上国にとってFDIは万能薬になると見ており、それは海外投資家が工場を建設し、税金を支払い、雇用を生み出すだけでなく、多くのノウハウと技術を受け入れ国に提供するからだという。

アイルランドの法人税政策は、この間に多少の修正は加えられたものの、この突然のFDI投資の爆発的増加を説明できる事象は1つしかなかった。それは、1973年に実現したアイルランドの欧州経済共同体（EEC）への加盟である。

それまでは、アイルランドに本社を置く企業にとっての市場は、ごく小さなアイルランドのそれと、ある程度は自由に販売できたイギリスの市場だけで、それより先への販売には、関税や諸々の難題があった。イギリスの国民投票を含む正式加盟の2年前に実現したアイルランドのEECへの加盟は、投資家の予想を上回る結果をもたらした。米投資家にとっても、これまで以上に便利で友好的な英語を話す最適地の出現は、特にアイルランド系の祖先を持つCEOらにとってはなおさら想像すらできないことだった。

「ここに本社を構える多国籍企業は、この国を、人口2億5000万人を擁する欧州市場への輸出拠点として活用することができる」とは、元副首相レイ・マクシャリーと元アイルランド政府産業開発庁（IDA）長官のパドレイク・ホワイトの共著『The Making of the Celtic Tiger』の中の記述である。「EECへの加盟は、何よりもアイルランドをイギリスの影響力から解き放ち、自立する契機となったのだ[*5]」

欧州がアイルランドに与えたインパクトは、市場へのアクセス以上のものをもたらした。それまで根深く残っていた社会慣習の改革を促進し、中でも特筆すべきは女性の解放だろう。今では信じられないだろうが、アイルランドでは1973年まで、国家公務員を含む公的機関に勤務する女性は、男性から職を奪っているという理由に基づき、結婚を機に退職しなければならなかった。また、「夫婦間レイプ」は違法であったにもかかわらず、アイルランドではその気になった夫が望めば、いつでも妻とセックスする権利があると考えられており、矛盾していた。女性は避妊具をほとんど手に入れられず、児童手当は父親でなければ受け取れず、また女性は公然と家を買うこともできなかった。多くのパブでは、女性は男性同伴でなければ入店も認められない。ECはアイルランドに、このような時代遅れの差別を直ちに撤廃するよう求めた。アイルランド人ジャーナリスト、ジャスティン・マッカーシーは、アイルランドがECに加盟したことで「私たちは奴隷制から解放され、救われた[*6]」と述べた。

加えてECは、アイルランドのできたての法人税タックスヘイブンの「差別的な」規定が気に入らなかった。当時、経済力が欧州平均の半分にも達しない貧困にあえぐこの国に、しばしの猶予を与えたECだったが、そうはいっても1980年までにアイルランドは製造業に対する税率0%を段階的に廃止し、「製造業ならびに国際貿易の取引サービス」に対して、その利益に10%課税しなければならなくなった。その頃までには、新規の海外投資の爆発的な増加によって7万人の雇用が生み出されてはいたが、労働人口の5%程度の雇用増にしか繋がらなかった。まだ何かが欠けていたのだ。

発展途上にある経済にとって、海外からの投資は目的達成の一手段でしかない。究極的に重要なことは、経済が全体としてどのように機能するかである。一例を挙げると、FDIを誘致し、支援するために、他の経済分野から資本や熟練労働者を引き抜かねばならないとすれば、経済全体の成長に寄与する保証はない。

我々の分析に必要なアイルランド経済の実態を測るのに最適な数字は、欧州平均と比較した一人当たりの国民総所得（GNI）である。この数字を見ていくと、アイルランドのGNIは1956年以降、欧州平均の60％と横ばいで、1970年代初頭には海外からの投資が上げ潮であったにもかかわらず、わずかながら減少した。1980年代の終わり頃でも、同国の一人当たりのGNIは、まだ欧州平均の60％を超えておらず、失業率は15％を超え、毎年100人に一人が海外へ移住していた。四半世紀以上にわたるアイルランドの積極的な企業向けのタックスヘイブン戦略は、一部の人にとって成功したかもしれないが、国全体として見れば成功したとは言いがたい。[*7] そして、1992年になって突然、まったく予想だにしなかった新しい出来事が起きたのだ。経済が爆発的に成長し、ケルトの虎が生まれたのである。

金権政治家、ホーヒー

解き放たれた獣の性質を理解するためには、それ以前の10年以上にわたってアイルランドの政治を牛耳っていた人物、チャールズ・ホーヒーという男について知っておかなければならない。

ホーヒーは、バチカンに負けない詐欺師で、2006年に死去したときには、ダブリン近郊に大邸宅と280エーカー（約34万坪）もある土地を有し、多くの競走馬、ヨット、南岸沖に浮かぶ島の別荘、サウジアラビアの王子たちからの贅沢な贈り物や、複雑な網の目のようにいくつものタックスヘイブンに分散された金融口座や資産を大量に保有していた。パリにある特権階級御用達の超有名店シャルベで、特注の絹のワイシャツやナイトガウンに大金を支払ったホーヒーを、店のスタッフは「閣下」と呼んでいたが、近しい関係の人にとって彼は単に「ザ・ボス」でしかなかった。

１９２５年にメイヨー州の田舎町で、アイルランド自由国軍の指揮官の子として生まれたホーヒーは、会計士の資格を取り、弁護士としての研修を受けたが、つねに関心は政治に向いていた。１９５１年には主要政党フィアナ・フォイル党の重鎮の娘と結婚した。このフィアナ・フォイル党は中道で、ポピュリストでありながら保守的な党で、極右派のフィナ・ゲール党とともに半世紀にわたりアイルランドの政治を牛耳ってきた。

ホーヒーの権勢への渇望は注目に値する。「友人も敵も同様に、彼の情け容赦のない権力への執念に魅了された」と、ジョー・ジョイスとピーター・マータは１９８３年に出版したホーヒーの伝記『The Boss』の中で解説している。

彼は「政治の世界では絶対に辞任してはならない」という格言通りに生きた。[*8] １９６１年には36歳の若さで法務大臣、その5年後には財務大臣となり、最終的にはアイルランドの首相になり、１９７９年、１９８２年、１９８７年の3回にわたって政権の座についた。

彼の政策の中でもとりわけ１９６８年のファイナンス法は、彼と大勢の友人の富を実質的に生涯にわたって課税対象から外すことができるようにした。公金で行った1億独マルクの一か八かの大きな賭けが発覚した1年後の1970年には、北アイルランドで英軍相手に闘争を繰り広げていたアイルランド共和軍の武器密輸入者を援助していたことがばれ、最終的に政府から職を解かれた（彼自身も逮捕され、裁判にかけられたが有罪にはならなかった）[*9]。

1970年代のアイルランド経済は、まだロンドンに従属した構造で、教会や大きな農業利権、緩く繋がった上流階級気取りの銀行家や会計士に支配され、労働の果実の大半を集めてイギリスへ輸出する富裕中間層に優しく、地方の貧困層には厳しかった。ホーヒーは、自身の労働者階級の出自を利用して、それを名誉ある勲章のように装い、あたかも自身が反体制派を代表する候補者であるかのように位置づけていた。しかし、悪い噂の絶えないこの強引な出しゃばり屋は、アイルランドの不動産に関わる不正行為で儲けているとの噂がつねに絶えず、体制派にとっては、満員のエレベーター内のオナラのような迷惑者であった。

体制派の面々は、ホーヒーとその同僚らを「モヘアのスーツを着た男たち」または「カネの亡者」と呼んでいたが、英語の表現として最もしっくりくるのが「詐欺師」だろう、とは政治歴史家のコナー・マケイブの言葉である。

「あのカネの亡者のクソ野郎のこと、知ってるだろ？　悪党さ[*10]」

このように呼ばれることはホーヒーに相当な不安を感じさせたようだ。そのために自身の出自を偽り、古代アイルランド王の直系子孫であると主張したいがために、わざわざ紋章までデザインして作らせた。1982年にワシントンで開かれた昼食会に拍手で迎えられたホーヒーは、アイルランドのジャーナリストに向かって哀れっぽく、「聞いたか？ 彼らは私のことが大好きなのだ」と言った。この不安感は「生涯、彼を蝕み続けるだろう」とコルム・キーナは自著『Haughey's Millions』に書いた。「そして、周囲に受け入れられることは永遠にないだろう」とも。

１９９２年を最後に政権を離れ、その後だいぶ経ってから開かれた公開法廷で明らかになったのは、ホーヒーの個人口座に出所不明の怪しいカネが最も多く流れ込んだのは、たいてい彼が大臣職に就任して数日以内だったことだ。このパターンは彼の政治人生の中で長らく続いていた。キーナは「ホーヒーが権力の座にあったときにカネが流れ込む傾向にあった」と指摘する。「彼が下野すると、たいていカネは干上がっていった」と言う。１９７０年に政府の要職をクビになっても、彼はそのまま借り越した。政権に復帰すれば銀行がその債務を帳消しにしてくれる、という確たる予測に基づいての判断だ。[*11]

ホーヒーは政治的な繋がりや活動で富を築くことに罪悪感を感じるタイプではなかったようだ。「おそらくホーヒーは、自分には当然そのカネを受け取る権利がある、と考えていたのではないか」とフィンタン・オトゥールは指摘した上で、「きっと彼は、『私には飛び回るためのヘリコプターと種馬飼育場が必要だろう。私が国を代表しているなら、金持ち連中と同じレベルにいなければならないのだから』と思っていたに違いない」と述べた。そして、この考え方が、ホーヒーの腐敗体質とアイルランドが目指そうとした法人タックスヘイブンのあり方、および「第三の道」としての法人税率低減措置と金融セクターの搾取を認め、入念な検証なしに利益を再配分する姿勢との間の根深い繋がりを読み解く手がかりを与えてくれる。[*12]

オトゥールによれば、この基本にあるイデオロギー的前提は、富の配分からあえて富の創造を切り離していることだ。「生み出された富の生い立ちについて、例えばその本質部分に腐敗はないのか、いちいち問いただささなくていい。倫理的側面は配分の問題である」と説明する。この分析は、ユンケル、ブレア、クリントンなど「第三の道」の推進論者やその取り巻き連中など、関連するすべての人に当てはまる。ボノは、U2がそのビジネスの大半を、さらなる節税を目的に低税率のアイルランドからさらに低いタックスヘイブン、オランダに移すことの正当性を問われたとき、この決断を賢いビジネスのやり方だと表現して、母国がタックスヘイブンとして企業を誘致して豊かになったことを「理解しようとしない」アイルランド人以外の人の批判だ、と酷評した。[*13]

面白いことに、時には汚職という汚点が政治家を助けることもある。パブで飲む男たちにとって、ホーヒーは詐欺師にも、労働者の救済者にも見えていた。何世紀にもわたるイギリスの支配によって、人々の意識の中でアイルランドという国はどこか異質でイギリス的なものになってしまった、と説明するのは、『Political Corruption in Ireland 1922-2010』を書いたイレーヌ・バーンである。「首都ダブリンは違う国だという感覚がある。ホーヒーがカネを持ち出していた頃、人々は『それは私のカネだ』ということに気づかなかった」

これはもっと広い意味で言えば、多くの国々で倫理的に問題視される政治家、例えばシルヴィオ・ベルルスコーニやドナルド・トランプのような候補者を支持する国民の熱狂を説明することにもなる。オトゥールによれば「相手が誰であれ、その姿、形が見えない大きな力に運命づけられることへの反動として、極端なまでの地元愛や個人的な親近感を優先するよう刺激される。せめて最後になすべきことを実行する、ということが、無力感への最後の抵抗なのかもしれない……本当に不可解だったのは、詐欺師が選挙で選ばれたことではなく、多くの政治家が、選挙で勝つために自らを詐欺師だと言わなかったことだ」[14]。

全国民の犠牲の上に、地元や家族、個人を優先することが、腐敗を醸成する原理原則であることは世界共通である。英雄たちの腐敗と呼んでもいいだろう。この腐敗はグローバルに拡散している。ホーヒーとその後継者たちにとっては、アイルランドのタックスヘイブン政策に対する支持を取り付け、アイルランドの利権――厳密には、アイルランドの一部の利権を最優先するために、外国の多国籍企業がアイルランドを金融の売春宿として活用し、企業が本社を置く国の多くの納税者の犠牲の上に減税効果を得て諸規制をも免れようとすることは、許容範囲であった。

最終的にホーヒーは１９９２年２月、アイルランドが驚異的な経済成長と海外からの投資増を享受し始めた頃、政界から引退した。アイルランドの一人当たりの国民総所得（ＧＮＩ）は、１９９０年における欧州平均の60%から２０００年には同水準に追いつき、２００７年には１３０%にまで増えた。

「ケルトの虎」経済として知られるようになったこの爆発的成長は、２つのブームで構成された。１つ目のブームは、実体のある雇用創出に繋がった海外からの投資で、１９９０年にはＧＤＰの２・２%だったのが、２０００年には25%にまで急拡大した[15]。しかしその後、海外投資推進策は、２００１年に世界経済の景気後退に直面し、グローバルＦＤＩの流入が急落した際、金融サービスと、オトゥールの表現を借りれば、「グローバル・イデオロギーにアイルランドの慣習を混ぜた致命的なカクテル」を飲まされた「狂った不動産熱」に先導された実体のない2つ目のブームに取って代わられた。

この2つ目のブームが、重大な危機と一緒になって暴走する虎を復活させてしまったのだが、これらを割り引いても、アイルランドの経済成長が世界経済史の中でも特筆に値するものであったことは間違いない。ここで大きな疑問が湧いてくる。この突然の大きな成長力を生み出した真の要因とは何だったのか?

法人税減税だけでは十分な説明がつかない。1956年以来、35年にわたってタックスヘイブンの利便性を提供し続けてきたアイルランドだったが、欧州のペースについていくのが精いっぱいで、経済成長のエンジンに点火することはできなかった。1970年代初頭に実現した初の海外からの投資の急増は、単純にアイルランドのEECへの加盟の結果だった。

アイルランドの象徴的な12・5%の法人税率が最初に適用されたのは、実は2003年だ。これは爆発的成長が起きてだいぶ経ってからだっただけでなく、さらに言えば以前の10%からの増税であり、輸出企業にとってはそれまでの0%からの増税であった。一方、1990年代の比較可能な英仏の法人税率は30~35%の間で推移していた。とはいえ、多国籍企業にとっての魅力は法人税率ではなく、税の抜け穴であり、アイルランドで支払う税額が実質ほぼ0に近い金額となることだった。例えば、アップルのアイルランドの子会社の1つは、通常0・1%以下しか支払っておらず、多国籍企業がアイルランドの税に関する抜け穴を活用する道は、実に1950年代から存在していた。[*16]

では法人税率やその抜け穴がこの虎を生み出したのでなければ、一体何が？　と思うだろう。この大きな疑問に対する最短の答えは、アイルランドの幸運ということに尽きる。７〜８の要素から成る特殊かつ最適な嵐がすべて同時に訪れ、アイルランドの爆発的な成長に貢献した。のちに明らかにしていくが、世界中のどの国もこれを一部でも再現することは不可能だ。アイルランドの成長は、いずれの国にとっても手本にはなり得ない。

最大の要因は、１９９２年に実現したアイルランドの欧州単一市場へのアクセスだ。ＥＥＣはすでにアイルランドへの海外投資の急拡大をもたらしていたが、当時はまだ多数の国が国内ビジネスを保護するさまざまな障壁を設けていた。[*17]しかし、市場統合がそれらをすべて除去してしまったのだ。「ユーロマネー」誌の当時の編集長パドレイク・ファロンは、アイルランドの単一市場へのアクセスを「グデーリアンの戦車がマジノ線を突破[訳注★2]したのに似ている」と表現した。アイルランドの元ＷＴＯ事務局長で、同国が単一市場への参加前にＥＵ競争政策委員を務めたピーター・サザーランドは、市場へのアクセスの重要性を「単一市場の完成は、我々にとって極めて重要な転機となる瞬間だった。突如、アイルランドは、フランス同様にフランス市場へのアクセス権が得られ、立地として遜色なくなったのだ」とまとめた。

この出来事は、注目に値する素晴らしい動きに重なった。それはグローバルに展開し始めた途方もない巨額投資の波だ。海外の富裕国からの直接投資が１９９１年から99年にかけて約5倍となり、２３００億ドルから1兆ドルに達した。アイルランドへの圧倒的最大規模の投資国であるアメリカからの投資は、7倍近くに達していた。[*18] この爆発的な投資は、ある組織の支援を受けてアイルランドに流れ込んだ。それこそが有名な産業開発庁（IDA）で、おそらく世界で最も外資の誘致に成功した組織ではないだろうか。

1990年代に入る随分前から、IDAは多くの先進国に人を派遣していた。アイルランドがEECに加盟した1973年単年で見ても、IDAは2600ものプレゼンを世界中の企業に行い、それぞれに適した提言を行っていた。元IDA長官パドレイク・ホワイトは「特定の基準を満たす企業を、ライフル銃で狙い撃つように正確に選び出し、その企業に足を運んでアイルランドに業務を移転するよう説得した」と説明した。

もちろん、低い法人税率以外に、さらに多くの好条件も提案した。グローバルビジネス媒体への集中的なキャンペーン広告も出し、アイルランドの「最高」と「最良」を見聞してもらうため、全費用を負担してジャーナリストらを招待した。空港からの道順も、目障りなものや交通渋滞を避けるべく注意深く設定した。訪問客のために最高級のホテル、レストランや娯楽を組み込み、「ある意味必要に迫られて、苦労して別のアイルランドを創り出した」と言うホワイトには、切り札があったのも事実だ。「アイルランドがEECの一員として巨大な市場へのアクセス権を有していることが、アイルランドに投資する論理的根拠であった」という。

訳注2　グデーリアンの戦車がマジノ線を突破　グデーリアンはドイツの軍人で、第二次世界大戦時に戦車による電撃作戦を提唱、ポーランド侵攻やフランス侵攻で勝利した。マジノ線はフランス軍がドイツとの国境に築いた要塞。ドイツ軍はマジノ線を迂回してフランスに侵攻した。

ＩＤＡは「旗艦マーケティング」という手法を用いて、世界の巨人を相手に照準を定め、積極的攻勢をかけ、それらの信任を得たことが、他の企業を誘致する際に有利に働いた。１９８０年にアップルの誘致に成功したのを皮切りに、その影響力を使って次はインテル、その後はマイクロソフト、と次々に成功を収めていった。マイクロソフトの当時のＣＥＯスティーブ・バルマーは、「私は営業畑の人間です」と前置きしながら、ＩＤＡの驚くべき行動を振り返った。「政府が昼食会で営業攻勢をかけてくるとは、初めての経験でした！」

ＩＤＡはアイルランドの朴訥《ぼくとつ》で風変わりな国際的イメージを、魅力的で新しい形に作り直すことに成功した。アメリカ人の伝統的なアイルランドのイメージは、「ロマンチックな雰囲気漂う霞のかかった島に、映画『静かなる男』からそのまま抜け出てきたような人々が住んでおり、道はぬかるみ、ロバが歩いているような景色」だった、とホワイトは言う。

しかし、新しいメッセージはアイルランドの魅力を新たな方向へと広げた。アイルランドは、どこまでも続く自然のままの風景、澄んだ空気、家族連れが楽しめる多くのアトラクション、そして世界的に存在感を放つ歴史、文学、歌、ユーモアなど、文化的な魅力にあふれている。これらを上手に活用することで、移転のメリットをアピールした。ロンドンの高コストの通勤と出世競争、ヤシの木の茂るケイマン諸島の税率ゼロだが魂の抜け殻のような世界、英語を話さない無味乾燥なルクセンブルクやジュネーブとは違うヘイブンであることを大きな売りにしたのだ。ここには世界中の企業のトップ経営者への心のこもった新提案があった。

企業に対するアンケート調査から判明したのは、彼らにとって最も魅力的な要素は、高等教育を受けた有能な社員だった。そこで、さらに投資を引き込むために、１９６０年代には大掛かりな教育改革に着手し、教育投資にも力を入れた。１９８０年代に入ると、その効果が出始め、十分な教育を受けた優秀なアイルランドの高校・大学の卒業生たちが人材の宝庫となり、労働市場の担い手として活躍するようになった。同じ頃、ＥＣ主導で行われたアイルランドの女性差別撤廃が女性の労働参加を促し、それが生産性と成長の加速に寄与した。１９９４年時点では経済成長の数字に含まれていなかった専業主婦という女性の4分の1以上が、１９９９年までに家庭外の仕事に就いていた。それによる経済的利益はとてつもなく大きかった。[19]

その労働力にさらに厚みを持たせたのが、かつて経済状態が悪かった頃に国を離れ、他国で学校教育やトレーニングを受けた人々だ。仕事を母国に求め、ブームに乗ろうと大勢が故郷に戻りつつあった。これらすべてが相俟って、経済は変化を遂げ、１９８６年時点では労働者10人で22人の若年者と老人・病人を支えていたが、２００５年までには労働者10人で5人を支える構図に大きく改善した。これは革命的とも言える人口構造の改善だった。[20]

ＩＤＡはこの変化を最大限に利用して、「アイルランド――我々こそが若い欧州人」というスローガンで大々的に宣伝し、立て続けに「エコノミスト」誌、ウォール・ストリート・ジャーナル紙、「ビジネス・ウィーク」誌に派手な広告を載せた。

「アイルランドの人材は、テキサスの石油と同じ」と銘打った広告には、大学のキャンパスで笑顔を見せる男女学生の写真が掲載された。また別の写真には、ダブリンのトリニティ・カレッジの活気あふれる学生たちが、アイルランドの若さを象徴する花のように大学の階段に立ち並び、

「彼らを雇おう——彼らがあなたを雇う前に」[*21]というキャッチコピーが添えられていた。米トップ企業の役員らは、未だにこのキャンペーンを覚えている。アイルランドの広告会社代表のジョン・ファニングは、「広告は上空からの援護射撃だ。一方、IDA部隊は地上戦を戦い、投資を勝ち取る役目だ」と言った。

IDAのアプローチは、単に純粋な自由放任主義の市場理念を取り入れ、減税をして投資家を待つ、という受け身なものではなかった。むしろ、外聞を憚らず積極的に政府を巻き込み、業種・業務内容別の特定分野にターゲットを絞り、それらを追跡し、仕留める戦略を遂行した。[*22]彼らが選択した分野、特に製薬と情報、医薬テクノロジーの分野は徹底的に調査され、完璧に時宜を得ていた。ケルトの虎は、1980年代~90年代に大手製薬会社が生産性向上を目指した黄金期と、90年代のドット・コム・ブームにうまく重なった。そこに、アイルランド政府の最新の通信インフラへの派手な公共投資が花を添えた。

しかし、これですべてではない。

北アイルランドとの和平交渉も徐々に実り始め、1994年にはアイルランド共和軍（IRA）[訳注★3]との停戦がついに実現した。著名なアイルランドの政治評論家オリビア・オリアリーは、「ちょうどIDAがアメリカの投資を呼び込もうとしていたときに、ここ数十年で初めてアイルランドが良いニュースの象徴として報道され始めた……これがIDAの大きな助けになったことは間違いなく、同じ頃、アイルランド系アメリカ人の実業家もアメリカのビジネス界で注目され始めていた」と語る。皆、魅力を増したアイルランドに関わりたがった。

また、1987年から始まった労働組合や農業従事者との交渉で誕生したソーシャル・パートナーシップ合意[訳注★4]の結果、産業界でも平和が実現した。この先進的な動きは、あまりにも大きな成功を収めたと思われたため、社会的パートナーシップの草分けであるスウェーデン政府が、のちにアイルランドに助言を求めたほどだ。元副首相のレイ・マクシャリーは、これらの成功が「1990年代のアイルランドの奇跡的な経済の……磐石な基礎を築いたのだ」と言う。

この完璧な成り行きには、さらに他の要素が寄与していた。アイルランドは欧州市場参入の入り口になったのみならず、1980年代後半にはECから多額の農業移転関連費と、数十億ドル規模の経済開発のための構造基金関連費を受け取っていた。その額は1988年に倍増し、1993年にさらに倍増した。「これらの基金は、巨額の資金を要するインフラ構築推進のための主要な投資を金融面で支える役割を果たし、ひいては急速な経済成長を促進した。アイルランドがEUの一員となったことで得られた海外からの投資効果は計り知れず、永続的である」とホワイトは解説する。1972年には二車線道路が一本しかなかった国が、縦横に走る真新しい道路網と鉄道網、そして港と空港の整備された現代版投資基地に瞬く間に生まれ変わったのだ。[*23]

これらすべてが数年のうちにうまく相互作用し、落ち着くべきところに落ち着く中で、法人税

訳注3　アイルランド共和軍（IRA）　20世紀初めに設立された反英武装組織アイルランド義勇軍を前身とし、アイルランド独立後もイギリスの一部に留まった北アイルランドを分離し、全アイルランドを統一することを目指して武力闘争を行ってきた。2005年7月に武装闘争の終結を宣言。

訳注4　ソーシャル・パートナーシップ　アイルランドにおいて3年ごとに見直される、高インフレと経済停滞を打開すべく締結された政労使の三者間合意。

優遇のいかんにかかわらず、たとえダブリン空港でビル・ゲイツとスティーブ・ジョブズが晒し首になろうとも、米多国籍企業による投資の大きなうねりを止めるものはなかっただろう。しかし、それでもまだ疑問が湧いてくる。多国籍企業のトップも大手会計事務所のトップも、その他多くの関係者らも、口を揃えてアイルランドの法人税率低減策が秘密の妙薬だったと言う。が、果たしてそうだろうか？　答えは単純だ。アイルランドの税の抜け穴のようにストック・オプションやパートナーの収入を吊り上げるおいしい制度は他にないのだから、聞かれればそう答えるだけのこと。言うだけならカネはかからない。

一方、世界中で繰り返し行われたさまざまな調査によれば、正真正銘の投資家の優先順位の中で、法人税率は5位またはせいぜい6位だ。それ以上に彼らがつねに求めているのは、法の支配、健康で教養のある労働力、市場へのアクセス、整ったインフラ、そして理想を言えば英語が通じる環境である。

米アルミの巨人アルコアの会長で、のちにジョージ・W・ブッシュ政権の財務長官を務めたポール・オニールは、「これまで税法を根拠に投資判断を行ったことは一度もない」と言う。「しかし、もしカネを配っているなら、それは頂く。どのみち私が行うことに対して、誘致策を提供するというなら、それは受け取る。だが、仕事ができる人々は、誘致策があるからといってそれに沿って行動するわけではない」[*24]

従って、これは法人税優遇ゆえではなく、他のすべての要素に加えて、起こるべくして起こった、成長を後押しする力強い追い風が吹いたと見るべきで、これこそが「ケルトの虎」の本質なのだ。

法人税減税は、間違いなくアイルランドの投資ブームに貢献したが、それが経済ブームを加速させたかについては、別問題だ。通常の法人税制を採用していたとしても、これらの投資は間違いなく実現していたであろうし、おそらくこの投資の大きなうねりによって、もっと多くの税収が得られたであろうこと、そしてその税収を活用して他の経済分野、例えばもっと高度な教育を受けた労働者の育成やインフラの整備に回していたならば、ブームをさらに大きいものにして、より強固な税基盤を築き、さらに持続可能な経済を達成できたであろうことは想像に難くない。

しかし、これでさえも、話のすべてではない。この法人税の話と並行して、虎に餌を与え続けたと評される、より金融的で不健全な話がある。

アイルランドのオフショア化

ダブリンのリフィー川北岸、カスタム・ハウスには、黄色く錆《さ》びかけた銅像群が建ち並んでいる。これらは1845~49年にかけて起きたアイルランドのジャガイモ大飢饉の痛ましい記憶を刻んだもので、当時ここを出航した船団を見送った証言者である。

当時のアイルランドはイギリスの一部で、ロンドン経済に従属していた。アイルランドの小作農民が、極小の農地から得られる不安定な収入でなんとか生計を立てていた一方で、代々アングロ・アイリッシュ系プロテスタントの支配層である地主と中間層は、小作農の農産物をかき集めては、加工のためにイギリスへ送っていた。

農産物に虫害（胴枯れ病）が発生したとき、その対処はアイルランドが自ら行い、あとは自由市場に任せるべきだとして、ロンドンはほとんど手を差し伸べなかった。不作は農地放棄とその後の大飢餓を引き起こし、アイルランドの総人口の実に8分の1にあたる100万人以上が死亡、100万人以上が国を棄て、移民となった。[*25]

この銅像群のすぐ隣に聳えるのが、ガラス張りの巨大な現代風7階建て、IFSC（国際金融サービスセンター）ハウスである。[*26] 同国の歴史的悲劇を象徴する像と隣り合うことで際立つその落差に驚くばかりだ。これは、アイルランドの低税率と、規制の緩いオフショア金融業界を象徴する建物で、その斬新な建造物群がリフィー川の両岸を挟んで上下流に建ち並び、カスタム・ハウス一帯に広がっている。IFSCは、ある意味シャドー・バンキング・センターのような存在とも言える。その中身は、伝統的に規制されてきた銀行業務の枠外の行為で、ヘッジファンドや特殊な金融商品とその取引、例えば世界金融危機を経験した専門家なら知っている、トンネル会社、特別目的事業体、証券化、クレジット・デフォルト・スワップ（CDS）などを指す。

IFSCそのものは第二のケルトの虎の小型版だ。しかし、今回は法人税率の軽減ではなく、金融規制の緩和とすでに進出している企業への監視・監督の軽減案だった。やり方は変わったが、考え方はまったく変わらなかった。アイルランドは金融規制に関する法律を緩和し、グローバルな金融機関を誘致し、衰退した重工業地帯の荒れ地にピカピカの金融センターを作った。その過程で数万人規模の雇用を生み出した。もしダブリンを訪れることがあれば、きっと金融センターの建造物の規模と雰囲気に圧倒されるだろう。

IFSCの原点は、1985年に経済界と官僚が、ダブリンにあるアイルランド議会のすぐ近く、由緒あるシェルボーン・ホテルで開催した会合にまで遡る。

当時、生活水準は下がり続け、失業とインフレ率は高く、若年層は海外移住していた。財務省事務総長モーリス・ドイルは、ロンドンのタイムズ紙の記事、「国際的な銀行家らはアイルランドを締め出そうとしている」に対して、挑戦的な反論を書き送ったことを苦々しく思い出していた。[*27] シェルボーン・ホテルでの会合では、皆新しいアイデアを模索していた。元シティバンクでプライス・ウォーターハウス役員のダーモット・デズモンドが提案したのが、新しい金融センターを立ち上げてはどうか？　というものだった。

デズモンドは世界を知っていた。一時は世界銀行の駐在員としてアフガニスタンのカブールにおり、1979年のソ連軍侵攻とともに退去した。蒸気機関車のような熱意で人を魅了する彼は、人々の記憶に残る限りでは、閉鎖的なアイルランドの株式市場に部外者として初めて入り込むことに成功し、31歳の若さでナショナル・シティ・ブローカーズ（NCB）を設立した。[*28]

ダブリンに金融街を作るという話は、別に新しくはなかった。1970年代にウォール街の弁護士でオフショア・バンキングの専門家ボブ・スレイターは、IDAに対し、秘密厳守のヘイブンのバミューダをモデルにしたオフショア・バンキング・センターをアイルランドに設立すべきであるとの趣意書を提出した。ウォール街の銀行数社が興味を示したが、アイルランド中央銀行がそれを却下した経緯がある。「このプロジェクトはバナナ共和国の匂いがプンプンする」[*29] とは、IDAのパドレイク・ホワイトの言葉である。似たようなオフショア提案は1984年にも持ち上がったが、実現しなかった。

しかし、今回のシェルボーンでの会合で、デズモンドは出席者の示したかすかな関心を見逃さなかった。彼はすぐに簡単な概要書を作成して政府に提出した。そして、その事業計画を検討することになったプライス・ウォーターハウスの見積もり費用、15万ポンドの半額を彼の証券会社が負担することで、政府と合意したのだ。少し時間はかかったものの、１９８７年までには大物政治家、特にホーヒーからの支持を取り付けていた。この頃には、ホーヒーも武器の密輸入に関わったという汚名を返上し、今回は野党代表として選挙に臨んでいた。

ホーヒーは、自身のマニフェストに入れるための要点を48時間以内に作成するようデズモンドに指示した。デズモンドは同僚と数人がかりで、アイルランド独自の金融センター創設案を一晩で書き上げたのだ。この作成者の一人は、選挙直前の記者会見で発表された党のマニフェストに、ホーヒーがこの「壮大で危険な構想」を一字一句、そのまま挿入したと証言する。そして、これこそが他国との「競争」にアイルランドが参加するということだ、とホーヒーは宣言した。「さあ、ゲームを始めよう、そして最強の馬を勝たせよう」

提案の直接的な刺激となったのは、タックスヘイブンのルクセンブルク、シンガポール、香港だったことは論を俟たないが、皆の脳裏にあったのは間違いなくロンドンだった。

「我々はつねにロンドンからビジネスを引き剝がす方法を模索している」と言ったホワイトだが、「しかし、それはあくまで一定の距離をとった衛星的な関係を築くことを目指すもので、ロンドンを敵に回して真正面から勝算のない喧嘩を売るつもりはない」とも語っていた。ロンドンの銀行家たちは、ダブリンの廃《すた》れた河岸地区から成功物語の誕生を夢見る構想を嘲笑したに違いないが、ホーヒーはプロジェクトを前進させる断固たる決意に満ちていた。彼は1987年3月に3度目の首相に選出されるや、就任初日に、政界の黒幕でブルドッグのようにがむしゃらな男、パドレイク・オウジンを本件担当に任命した。

二人の間で、カスタム・ハウス地区に法的に守られた特区をたちまち作り出し、そこでは認可を受けた金融機関は通常のアイルランドの法規制に服することを免除された。さらに10％の法人税率の軽減も受けられるようにした。そしてこれを推進するために、金融関連業者と官僚で構成する委員会に全権を委任して、プロジェクトを強引に推し進めた。

その委員会の創立総会で、ホーヒーは「誰も我々を止めることはできない」と宣言した。反対意見や利害の衝突があると、オウジンは皆を当初の目標に沿うよう強引に軌道修正させた。

この委員会はのちにクリアリング・ハウス・グループとして知られるようになるが、金融に支配されたオフショア国家が往々にして陥る、恐ろしく無責任で秘密主義の組織に徐々に変質していった。公的検査を免除された世界のシャドー・バンカーたちは、アイルランドの立法者らと同席し、地元の反対運動などの騒音に邪魔されることなく、自分たちが規制緩和して欲しい一覧を提示した。

国会議員ネッサ・チルダースは、世界金融危機を受けてクリアリング・ハウス・グループの議事録を入手し、ロビー活動が「密室で行われていた……銀行とヘッジファンド業界は、要求したものはすべて手に入れたが、国民は多岐にわたる緊縮政策の煽りを受けた」と述べた。[*30]そして、このプロジェクトの批判者は国益に対する裏切り者としての汚名を着せられ、全アイルランド人が、愛国の象徴である〝緑のジャージー計画〟に従うべし、とされた。

ＩＦＳＣ導入のきっかけとなった１９８７年の金融法は、明らかにグローバル金融マネジャー、外為ディーラー、先物、オプション、債券、株式、保険、決済、情報管理およびその他の不特定取引を幅広く規制対象としていた。その理由は、将来的にどのような取引が発生するか予見できなかったからである。ＩＤＡ高官のブレンダン・ローグによれば、「我々はダイナミック・リサーチに従事した。言い換えれば、前進しながらその都度作り出していった、ということだ」。

ＩＦＳＣに拠点を置く企業にとって、提示された特別な法人税率は魅力的だったが、一番のうまみは緩い金融規制だった。ペーパーカンパニーと同等の扱いではないものの、新規の市場参入者に求められる何らかの実体を伴う条件、例えば地元雇用などが義務ではなかった。

この金融法に関しては2つのテーマが際立っており、オフショアに詳しい人なら、これが正真正銘のタックスヘイブンだとすぐに理解できる。

まず、同法によれば、ＩＦＳＣへの参加資格は「非居住者であること」とされ、それはすなわち、他のタックスヘイブンと何ら違わないことを暗に主張するものだった。このような機能を自国民にも許して火遊びをさせれば、自国が害を被ることを知っていたので、利用を制限したかったのだ（ＩＦＳＣが他国の税制や法制度を蝕んだとしても、それはそれで構わなかった）。

２つ目は、規制当局は、ＩＦＳＣの機能を売り込むよう法律で義務づけられていた。これは典型的なオフショアのやり方である。なぜなら非居住者ビジネスを対象とした金融セクターへの勧誘と推進は、通常、法の抜け穴を作り、規制を緩和し、ビジネスに対する通常の民主的管理を排除の上行うからだ。言い換えれば、非居住者の作った特区内の店は規制するな、ということである。それこそが古典的なタックスヘイブンの戦略なのである。[*31]

アイルランドのメディアの中の応援団は、特定の人にしか理解できない表現、例えば「面倒な規制でビジネスを窒息死させる」「官僚主義の焼却」「税の効率化」「実業優先」（そして殺し文句の「国際的競争優位」）のための規制環境といった言葉を多用しては、企業側にとって有利な環境を整える役割を果たした。そして、この邪悪な傘の下に、世界中の銀行、シャドー・バンクに加え、会計事務所も集まり、最初はチョロチョロとした小さな流れだったものが、次第に大きなうねりに変わっていった。

ＩＦＳＣは１９９３年までに１０００人程度の雇用を生み出していたが、外国の規制当局は懸念を示し始めていた。スウェーデンが調査に乗り出し、ドイツの高官は、自国の銀行がＩＦＳＣを活用して東西統合のコスト支払いを免れている、と怒りを露わにした。[*32] しかし、大銀行に逃げ道を提供し、それが他国の怒りを招くのは当初から織り込み済みであり、またそれこそがつねにタックスヘイブンの真髄なので、何の対策も講じられなかった。

しかし、アイルランドにとっての総合収支は不明のままだ。魅惑的なＩＦＳＣ域内に吸い寄せられてくる企業の半数強は、単純に享受できる特別手当を目当てに、非居住者オペレーションをＩＦＳＣに移管しているだけであった。

「道路を挟んで立つアイルランド生命は、書類の入ったキャビネを50ヤード（約47メートル）離れた当該区域に移すために準備し始めていた」とある労働党幹部は不満を漏らし、「それも法人税50%を10%へ減らすためにだ」と言った。すでにアイルランドに進出していた多国籍企業にとって、IFSCの提示した規制緩和策や、見て見ぬふり、かつ低税率の提案は、グローバルなキャッシュフロー運営のためには最適だったので、なだれ込んできた。

数十億ドル、その後数兆ドルもの資金が、周辺地域にほとんど影響を与えることなくダブリンの内外だけを出入りし始めた。このオフショアのターンテーブルは、胡散くさい経営者だけでなく、多くの有名企業の誘致にも成功したことで、アイルランドも手数料や税金などの形で多少は潤った。2001年頃までには、IFSC域内で行われた「投資」は、公式にはアイルランドの経済規模の6倍に膨れ上がっていた。そして2005年までには、同国内の銀行資産はさらにほぼ3倍になっていた。[*33]

アイルランドの元欧州委員会委員チャーリー・マクリービーは「法制度の『緩い規制』が、これほど大きな起業家精神のエネルギーを爆発させ得るのか」と勢いよくまくしたてた。だが、恐ろしいほどの金額が取引されていたにもかかわらず、雇用増も税収増も微々たるものに留まり、国内労働力の1%未満しか雇用されていなかった。

欧州市場へのアクセスは、アイルランドに資金の流入を誘発し、これまで海外からの直接投資ブームが届いていなかったところにまで続々と恩恵をもたらし始めた。不動産価格の上昇を招き、中間層を豊かな気分にさせ、消費、借り入れ、消費、借り入れ、そして住宅建設の促進に繋がっていった。2000年代初期は、不動産の活況を中心としたバブルが膨れ続けた。このような状況下、2006年には当時の首相バーティ・アハーンが「好景気がさらなる好景気を呼んでいる」

と歓喜の声をあげた。その翌年には、イギリスの人口の14分の1しかないアイルランドが、不動産投資に狂ったイギリスの半分程度の住宅を建設していたのだ。

非常識な都市部の建設ブームに浮かれる中、実際には製造業が縮小に転じていたことに気づいた人はほとんどいなかった。これこそが典型的な金融の呪いのクラウディングアウト効果[訳注★5]の兆候である。[*34] 信用増幅が先走り、物価を吊り上げ、企業がアイルランドに魅力を感じた価格競争力の利点を削ぎ、今や万人の足下で火山噴火の地鳴りが轟き始めている状況だった。

「どこにも存在しない」幽霊会社

世界金融危機が直撃したとき、実はＩＦＳＣがこの世界的な害悪の主要な結節点だったことが判明した。ドイツの四大銀行の破綻——ザクセン州立銀行、ドイツ産業銀行（ＩＫＢ）、ウエストＬＢ銀行、ヒポ・フェラインス銀行——はすべて、ＩＦＳＣでの活動に行き着く。

ダブリンに拠点を置くヒポの子会社デプファ銀行は、アイルランド規制当局の緩い監視の下、80：1という非常識な高リスクのレバレッジを効かせて、順調に収益を上げていた。しかし、これは言い換えれば、資産価値の数％の下落で、オペレーション自体が破綻することを意味している。金融危機の発生は、すぐに同社を破産状態に追い込んだ。ドイツ政府は緊急救済措置のために１３４０億ユーロを投入する羽目になり、ドイツの主要経済新聞ハンデルスブラット紙は、デ

訳注5　クラウディングアウト効果　大量の国債発行など、財政政策の拡大が民間の資金調達を圧迫すること。

プファを「諸悪の根源」と呼んだ。
またザクセン州立銀行についても、ＩＦＳＣに拠点を置いていた自社特別子会社、オーモンド・キー（この社名は、カスタム・ハウス地区のリフィー川北岸の一部に由来する）が米サブプライムローンに手を染めた後、倒産した。アイルランド規制当局者は、好景気時には、「オーモンド・キーのような特別子会社の活動の監視監督は要求されていない……すなわち国際的に見て、こうした特別子会社の活動についての詳細な監視監督は必要とされていないという立場である」と述べていた。例えば、数百ページにも及ぶファンドの目論見書を午後3時に提出すれば、翌日からの営業開始許可を得られる。見たところアイルランドでは、誰も、何も、チェックしていなかったようだ。
アメリカの巨大投資銀行ベア・スターンズが２００８年に破綻したときに判明したのは、ベア・スターンズが、アイルランド証券取引所に上場した数社の怪しい投資子会社に加えて、ＩＦＳＣに拠点を置くアイルランドの持株会社、ベア・スターンズ・アイルランドの所有する3つの子会社を保有していたことだった。ダブリンのトリニティ・カレッジ教授ジム・スチュワートは、ＩＦＳＣの虚構を暴いたアイルランドでは数少ない人物だ。彼の調査によると、２００７年時点ですでにベア・スターンズ・アイルランドは、巨額のレバレッジを効かせて経営されており、1ドルの資本で１１９ドルの資産を支えていた。この資産価値の劣化が1％以下に留まったとしても、すべてのエクイティが消える。それが実際に起こった。[*35]
ベア・スターンズの破綻で、オフショアの底辺への競争を助長する金融の実態と、その規制の奥深い闇が露見した。そのやり方は、企業をいくつもの裁判管轄権に跨るように配置し、それぞれの場所で「これは別のところで規制されている」と主張することだ。米側の会社の説明によれば、ベア・スターンズ・アイルランドとその子会社群はアイルランド規制当局の監督を受けているとされていたが、同規制当局は、自身に付託された権限の範囲は、アイルランドに本社を置く銀行にのみ及ぶ、と言ったのだ。従って、この超高リスクの組織は、他国で監督されていたことになっていた——すなわちそれは事実上、どこにも監督されていなかったことを意味していた。[*36]

そしてこの「どこかで、どこでもない」概念は、税の面においても類似性があった。ITの巨人アップルの子会社で、アップルのオフショア子会社のほとんどを所有しているアップル・オペレーションズ・インターナショナル（AOI）も、このゲームに参加していた。

アメリカ法のもとでは、AOIはアイルランドで設立されているため、アメリカで課税される居住者には該当しない。しかし、アイルランドは納税する居住者については別の基準を設けており、それは企業がどこの国で「実質的に経営され、支配されているか」であり、AOIの場合、それはアメリカとなる。

これが米上院議員カール・レビンの言う「幽霊会社……魔法がかかったように、どこにも存在しない」会社だ。従って、AOIはどこからも課税されず、アップルが2017年末までに2150億ドルもの巨額の富を生み出したにもかかわらず、それは誰の手も届かないオフショアに隠したと推定され、どこにも存在しないことになった。[*37]

では、IFSCはアイルランドに利益をもたらしたのだろうか？

表面上の答えはイエスだろう。ダブリンを訪れる観光客は、一帯に立ち並ぶクロームメッキとコンクリートを飾るガラス張りのビル群、高級コート店やカフェ、贅沢なビール祭りやIFSCの企業群が占拠するリフィー河畔の賑わいに驚くだろう。公式の統計によれば、世界金融危機以降、IFSCに入っている企業は総額で年間5億ユーロ超を納税しており、3万8000人超の雇用を生み出してきた。アイルランドは規制緩和を行い、形式主義を打ち破り、その結果、新たな経済発展のためのエンジンが生まれた、と巷《ちまた》ではいわれている。

しかし、この単純な話だけでは説明し切れないものがある。生み出されたとされる3万8000人分の雇用はアイルランド国内全体の2%以下で、税収も、国民総所得の0.2%にすぎない。大したことがないわけではないが、大袈裟に喧伝するほどのものでもない。そして、政府がIFSCが生み出したとする雇用の詳細な内訳を発表しないために、これらの雇用に関する数字が正確であるかどうか検証の術すらない。

私がアイルランドで話を聞くことができた二人によると、実際の数字は発表されているよりもかなり少ないだろう、とのことだった。もちろん、毎年数兆単位で大量に引き込まれるドルやユーロを考えれば、IFSCは間違いなく数人分の雇用は生み出しているだろう。

2013年にジム・スチュワートが82の特別目的事業体――アイルランドで設立されていたが、他の巨大金融センターで所有、支配されている企業をサンプル調査した。これら得体の知れない無規制の子会社は、平均4万ドルそこそこの極小資本の上に、各々平均3億5000万ドルの資産を保有、言い換えれば、1ドルの資本が8200ドルの資産を持つという驚異的なレバレッジを効かせた状態である。スチュワートによれば、企業の納税額の平均は今までゼロだったので、「特別目的事業体は納税額よりずっと多額のコンサル料を節税対策として支払っている」という。大銀行もさほど変わらない。例えば、アイルランド最大手の銀行アライド・アイリッシュ銀行は、世界金融危機で被った税務上の繰り延べ損失によって、向こう20年は法人税を納めない見通しとなっている。[*38]

では、全体としてIFSCはアイルランドに雇用を生み出したのだろうか？　前記のすべての要素——欧州単一市場、ECからの補助金、IDAの努力、教育改革によって実現した質の高い高学歴労働力の継続的な投入、女性の解放、ソーシャル・パートナーシップ、和平交渉の進展やその他諸々がIFSCの成長を助けた。このような黄金期の環境の中で、IFSCに就職した高学歴のアイルランド人は、IFSCが存在していなければ、おそらくもっと社会的に有用で生産性の高い産業分野の職業に就き、活躍していたに違いない。

しかし、無謀な金融制度を強力に推進した結果、IFSCは国に想像以上の大きなダメージを負わせる結果となった。欧州委員会は、2012年に世界金融危機について実施した公式調査をリーカネン・レポートにまとめ、その中で各国が危機の最中にそれぞれの金融制度にどれほどの公的資金を投入したかを明らかにした。加盟国のうち8ヶ国は一切支援せず、フランスは自国のGDPの4％相当を投入、ドイツは同10％、イギリスは20％近くに上ったが、アイルランドに至ってはは、269％だった。それら経済的・政治的・社会的コストは、いかなる税収・雇用の恩恵をも大幅に上回っている。こう見ていくと、IFSCがアイルランドに雇用増と税収増をもたらしたとは到底言い難く、実は正反対のことが起きていたと見るべきだろう。

アイルランドが被った損害に加え、他国の税制や法規制を根底から破壊し、金融危機の最中に巨大なリスクと恐怖の連鎖の波を国際市場に伝播させ、国内でも、倒産の嵐に襲われたアイルランドの銀行の悲惨な状況を見るに、ＩＦＳＣが世界に与えた計り知れないダメージは、十分に検証の必要があろう。

そして次に検証すべき問題は、アイルランドの法人税制が招いた国際的な税収減という損害である。税逃れに関するゲームは複数の国を巻き込むので、具体的数字で示すのは困難だが、あえて提示するならば、その金額は毎年数百億ドルに上るであろう。[*39] 世界金融危機とその後の余波に対してアイルランドの演じた役割を振り返れば、そこには身の毛もよだつ欲望、汚職、傲慢、無知、尊大、耐乏、秘密主義と競争力への妄信に満ちている。いわゆる金融の呪いを最も見事に忌むべき不快な形で体現したものだろう。

死後、明らかになったホーヒーの金融帝国

ホーヒーは２００６年に他界するまで、他の裕福なアイルランド人同様、名誉毀損訴訟を活用して自身のスキャンダルまみれの行為を隠蔽し続けた。しかし、彼の死の半年後、２００６年12月に、モリアーティ審問裁判所[訳注★6]が設置され、政府主導でアイルランドにおける政治腐敗を追及する厳密な調査を実施したところ、彼のさまざまな悪事を裏づける事実関係が明らかにされた。

ホーヒーはプロ顔負けの税回避に長けており、彼とその取り巻き連中も、オフショアに巨大な

金融帝国を築いていたことがわかった。モリアーティ・レポートには、ケイマン諸島の名称が400回以上も登場し、マン島は130回以上、他にもジャージー、チューリッヒ、ジュネーブなど、いくつものよく知られた地名が挙がっていた。*40

例えば、アンスバッハー詐欺事件は、ホーヒーの友人で取り立て屋のデニス・トレイナーがケイマンで設立した銀行の秘密口座が関わっていた事件である。アイルランド中央銀行は、事情をすべて知りながら何もせずに放置した。そして「慎重な扱いを要するため、この件はそれ以上深く追及しなかった」とその銀行の備忘録には書かれていた。また「もし税務当局がこの件に関して把握することがあれば、銀行は非常に厄介な立場に立たされるであろう」とも。中央銀行の取締役がアンスバッハーから多額の借金をし、ホーヒーの秘密委員会の委員長を務めていたのだ。さらに中央銀行側は、自身の記録も改竄し、違法な「脱税」という表現を、違法でない「租税回避」と書き換えていたのである。

DIRT（預金利息源泉税）、と呼ばれるスキームがあった。非居住者にはこの税の納税義務はなく、誰でも銀行の窓口で、自分は非居住者であると申請できた。それゆえ最も地元密着のアイルランドの農家でさえも、非居住者申請をした。「非居住者の口座の半数は、虚偽申告だと考えられている」との公式メモも残されていた。そして、「悪いことだということに誰も異論はなく……皆、知っていた。『頼むから、余計な波風を立てないでくれ』……これが当時の雰囲気、文化だっ

訳注6　モリアーティ審問裁判所　政治家および、その関係者、機関への特定のカネの流れを調査する組織で、1997年設立。

た。この文化こそが我々全員を駆り立てた」[*41]。

モリアーティの調査では、ホーヒーは2006年当時の価値で少なくとも4500万ユーロ、すなわち彼の1979〜96年の税込給与額の171倍に相当する額を着服した、と推計していた。しかも、親友の肝臓移植のための募金を、自分の個人的消費のために流用した。彼の豪華な生活ぶりは、豊富な政治献金で賄われていた。彼の構築した幅広い、政治思想に無関係な、排他的で共謀的なネットワークおよび諜報的情報収集活動は、アイルランドの政治家やビジネス界の多くの連中を恐喝、中傷するためのゴシップ材料を彼に提供した。イレーヌ・バーンの表現を借りれば、そこには「アイルランド規制当局の、同国の銀行制度に対する極端なまでの恭順の意が見られ、同様に、銀行監督局の政治家への完全なる服従も存在した」。

アイルランドの2つのタブー

アイルランドを訪れて公人や著名人と話すとき、特にアイルランドの金融の仕掛けや罠に話題を振ると、人によっては恐怖という言葉がしっくりくるほど神経質な態度をとることに驚かされる。特筆すべきは2つのタブーである。

1つ目は、自国をタックスヘイブンと呼ぶことであり、2つ目が、同国の成功に寄与した法人税率の重要性を疑うことである。

アイルランドも、どこのタックスヘイブンも示すお決まりの廉潔さを演じ、「我々はタックスヘイブンではなく、クリーンで規制の行き届いた、透明で協力的な司法制度を有している」とのメッセージを繰り返し発信し続けながら、自らに都合のいい統計数値だけを選《よ》り出し、IMFのような権威ある国際機関から引用した、意味をなさない声明でピカピカに飾り立てている。

ここにPwCの出した滑稽なレポートがある。それによると、アイルランドの実効法人税率は、12・3%でフランスの8・3%よりも高く、この事実がアイルランド中のメディアのいたるところで取り上げられ宣伝されている。しかし、これらの記事があえて書かなかった数字の根拠とされたのは、実はPwCがモデルとして選んだ、アイルランドに本拠を置くセラミック製植木鉢を作る会社で、海外資本も入っておらず海外貿易もしていない企業のものなのだ。[*42] 誰であれ、税制について口を挟もうものなら、アイルランドの政治、社会、メディア各界からの大合唱で黙らされてしまう。

2010年にアイルランド救済策の条件として、IMFと欧州委員会、欧州中央銀行の3機関が、厳しい支出抑制策や、無理難題を突きつけたときでさえ、アイルランドは法人税についての議論は、俎上に載せることすら頑なに拒み、その後の交渉過程で多大な犠牲を払うことになった。

シェフィールド大学のアンドリュー・ベイカーは、長年にわたり北アイルランドで仕事をし、南北の税政策を詳細に分析してきたが、アイルランドが法人税についての議論を拒む様子を「彼らはあたかも、宗教的なトーテムポールにしがみついているように見えた。今やそれが彼らの国民的思考に深く根を下ろし、その一部となってしまっている」と当時を振り返った。

国境を挟んだ北側では、特定の徴税権を北アイルランド議会に委譲する動きがある。また、アイルランドの法人税率12・5%(名目税率、前出の12・3%は実効税率)に合わせる形での減税を要求する声も高まってきており、ベイカーによれば、それは統一アイルランドを求めるナショナリスト的政治家の熱望とも一致するという。しかし、もう少し注意深く観察すると、背後に潜む利害関係者たちがうごめいているのが見えてくる。

およそ200ページにも及ぶイギリスの北アイルランドへの地方分権委譲法を掘り下げてみると、ベイカーは地雷原に辿り着いた。それは「難解な法律専門用語に加え、資格要件や細かい論点が散見され、誰が税率12・5％の有資格者か、その資格に該当するには何をすべきか」など多岐にわたる。では、この複雑怪奇な構造で誰が最も得をするのだろうか？　それこそ、大企業相手の大手の法律事務所や会計事務所であり、彼らこそ自らアイルランドの法人税制を声高に宣伝し、褒めそやしている張本人なのである。[*43]

ケルトの虎の実像は、成長のための妙薬として喧伝されてきた法人税減税でも金融規制緩和でもない。それらは、短期的なバブルを引き起こし、酷い後遺症を招いたにすぎない。米経済学者でアイルランドの軌跡を幅広く研究してきたケネス・トーマスは、「アイルランドの経済を前進させたのは、低税率ではない」[*44]と言い切る。アイルランドの法人税率が仮に12・5％の倍であったとしても、大きな投資ブームが訪れたであろう。その上昇率は恐らく少し緩やかで、かつ持続可能で、富の搾取割合はより少なく、労働者に対する保障も今より充実し、富と権力の不平等もこれほどまでには広がらなかったと思われる。

時に人々は、アイルランド（またはルクセンブルクなど）の代わりに他の低税率国を、法人税減税の長所を体現するイメージ・キャラクターとして持ち出す。例えば香港、そしてソ連の衛星国から解放されて高成長率を謳歌した東欧諸国、またシャノンをモデルにした中国の経済特区などである。しかし、それらはアイルランド同様、各国特有の事情でそうなったのであり、他国が真似をするのは不可能であるばかりか、そもそも低法人税率ゆえの成長物語ではない。*45

かつてのアイルランドは、皆が心の底から親愛を感じた数少ない国の1つだった。何代も前の先祖からの故郷に住み、汚れたズボンをはいた貧しいわんぱく小僧が、音楽やウィスキー、手つかずの緑の草原、伝説の妖精レプラコーン訳注★7や面白い噂話で世界を元気づけ、そして誰も傷つけない国だった。

しかし今や、そのアイルランドが、世界中の国々の税制や法規制に向けて破壊力のある鋼球を振り回すようになり、その古き良きイメージはもろくも崩れ去った。アイルランドにとっても、これらはすべて不要だったのだ。鋭い洞察力で知られるフィンタン・オトゥールは、今のアイルランドの苦境を次のように総括している。

「彼らはすべてを台無しにした。アイルランドのエリートらは、王侯貴族のような生活に興じ、窮乏と子供の貧困の連鎖を断ち切る機会をみすみす無駄にしたのだ。彼らはまったく愚かなやり方で経済を運営し、十分に管理されていた経済成長の爆発的発展が狂った炎に変わるのをただ眺め、ガソリンが充填された耐圧ホースを燃えさかる炎に向けて、狙いを定めたのである。自信を傲慢に変え、楽観を高慢に、熱望を妄想に変質させてしまった」

訳注7　レプラコーン　帽子をかぶった小さな靴屋の老人として描かれ、捕まえると隠された宝のありかを教えてくれる。

そして不幸なことに、アイルランドの自己陶酔的な妄想は世界制覇に向かった。世界金融危機は、アイルランドに悲惨で重大な結果をもたらし、アイルランドはその悪影響を世界中に拡散した。しかし、結局のところ、アイルランド海峡の東、300マイルを隔てたロンドンにいた猛獣と比べれば、アイルランドは小さなプレーヤーでしかなかった。そこにこそ、この危機の、まだ語られていない大きな秘密が横たわっている。

年	この章で扱った出来事の流れ（[●]＝参考として日本での主な出来事）
1845	ジャガイモ大飢饉(～ 1849)
1947	アイルランドのシャノンに世界初の免税店設立
1959	経済自由区域としてシャノン・フリーゾーンが設定される
	[●] 安保闘争
1973	アイルランドが欧州経済共同体（EEC）に加盟
1979	（～ 1981）チャールズ・ホーヒーがアイルランド首相に就任（1 期）
	国連で女子差別撤廃条約が採択される
	ソ連のアフガニスタン侵攻
1982	ホーヒーがアイルランド首相に就任（2 期）
1987	（～ 1992）ホーヒーがアイルランド首相に就任（3 期）
1992	ホーヒーが政界を引退する
1994	「ケルトの虎」と呼ばれる経済成長が始まる（～ 2000）
	イギリスとアイルランド共和軍（IRA）との停戦が実現する
2007	サブプライムローン危機
2008	米投資銀行リーマン・ブラザーズとベア・スターンズが経営破綻
2010	ギリシャ経済危機
	EU と IMF による財政危機のアイルランドへの金融支援が決定

第7章

ロンドンという抜け穴

2012年と翌13年に、米金融規制当局の高官ゲーリー・ゲンスラーが世界金融危機の残した教訓を分析したいくつかのスピーチがある。その中で彼は、この危機の原因は、金融機関が複雑な手法を用いて「アメリカ経済を転覆させかねないビジネスを、オフショア組織を通じて行った」ことにあったと指摘した。そして、この金融危機が引き起こした数々の有名な大惨事をよどみなく列挙しながら、それに手を貸したと思われる一連のオフショアの法的管轄地域数ヶ所が忘れられない、と述べた。

その大惨事の1つに挙げたのが、アメリカの金融と保険の巨人アメリカン・インターナショナル・グループ（AIG）の経営危機だ。ロンドンのメイフェアに拠点を置く無統制かつ無責任な子会社、AIGフィナンシャル・プロダクツ（AIGFP）によって公的資金援助を仰ぐ羽目に追い込まれたのだ。2008年にAIG救済のために投じられた1800億ドルもの資金は、私企業としてはアメリカ史上最高額となった。

ゲンスラーは、ケイマンで設立された2社の投資ファンド会社を通じて失敗したベア・スターンズにも言及した。リーマン・ブラザーズと同社のロンドン法人を拠点とするデリバティブ（派生商品）取引[訳注★1]は、当該企業を終焉に導く中心的役割を果たした。シティグループは、特別目的事業体としてストラクチャード・インベストメント・ビークル（ＳＩＶ）[訳注★2]を設立して、資産とリスクを自身の貸借対照表から外し、投資家と規制当局の監督・監視外に移した。そのＳＩＶの倒産による打撃でアメリカの納税者に２度にわたる数十億ドル規模の救済措置を背負わせることになった。「で、そのＳＩＶはどこで作り出されたのか？」とゲンスラーは問いかけた。「ロンドンだ。どこで法人化されたのか？　ケイマン諸島だ」

　それより遡ること10年、アメリカではロングターム・キャピタル・マネジメント（ＬＴＣＭ）という、コネティカット州に拠点を置くヘッジファンドが保有する1・2兆ドル分のデリバティブ契約が履行されず、巨額の救済劇を引き起こしそうになった事例があった。

「当時、我々の金融制度の中で、それがどこに、どこまで悪影響を及ぼすことになるのか、見当もつかなかった。それは、これらの契約がケイマン諸島で結ばれていたからだ」とゲンスラーは言い、「とても嫌な予感がした」と続けた。

　また、ＪＰモルガン・チェースのイギリスの支店では、ロンドンの鯨とあだ名されたトレーダーが執行したクレジット・デフォルト・スワップ（ＣＤＳ）による取引で、数十億ドルにも上る損

訳注1　デリバティブ取引　投資の償還価格が、契約した商品以外の金《ゴールド》の価値や政府債など他の商品の値段等で確定する金融取引。

訳注2　ＳＩＶ　（Structured Investment Vehicle）ハイリスクの証券化商品などを運用する目的で設立された特別目的事業体。

失が発生した。
ゲンスラーは、エンロンの件について言及しようと思えばできたはずだが、これには触れなかった。エンロンは金融に傾斜した米エネルギー会社で、２００1年当時は、世界最大規模の破綻劇だったが、間もなくして、いずれも英領のケイマン諸島にある数百もの金融子会社や、さらに不透明で怪しいタークス・カイコス諸島に、隠然と資産を移転させていたことがわかった。ゲンスラーはＢＣＣＩについて指摘してもよかっただろうし、金融の安定化リスクの問題点を示す他のスキャンダルに言及してもよかった。いずれもイギリスのクモの巣にたとえられるタックスヘイブンを活用していたのだ。
いずれの場合も、イギリスおよびその衛星へイブンが、市場環境が良好なときには取引の上前をはね、リスクが具体化して惨事に変わり始めると「私たち国民の側に一気に跳ね返ってくる」とゲンスラーは言い、こう続けた。「もしアメリカ人納税者がＪＰモルガンを救済するなら、同時にロンドンそのものも救済してしまうことになるのだ」。米民主党議員のキャロリン・マロニーは、「不安な気持ちにさせられた。それは、ロンドンが文字通り金融取引の危機的惨事を引き起こす中心になりつつあり、その惨事が繰り返されようとしていた」と述べた。[*1]
イギリスではさほど注目されなかったが、シティのアナリストたちは、前記のような非難を浴びたことに猛烈に反発した。ロンドンに拠点を置くある資産運用会社の代表は、米金融業界もロンドンに負けず劣らずどうしようもない連中であふれていると言い、「アメリカ人はクソ野郎ばかりだ」[*2]と吐き捨てた。しかし、当のアメリカの評論家は、ウォール街からとめどなく繰り出される恐怖に満ちたトンデモ話の数々には慣れていたが、イギリスというビートルズやダイアナ妃、女王同席の名誉なお茶会を生み出した国が、これほどまでに酷く救いようがないほど堕ちてしまっていることを呑み込めずにいた。これは想定外だった。そして、非難の論調は影を潜めてしまった。

しかし、ゲンスラーの指摘は、以下の大切な視点を提供してくれている。果たしてイギリスとシティは、ウォール街より「もっと杜撰《ずさん》な」金融規制を敷いていたがゆえに、世界的金融崩壊の責めを負うべき張本人なのだろうか？　その答えがイエスならば、この危機を取り巻く最もタブー視され黙殺されてきた核心部分と言えるかもしれない。

そして、その答えは間違いなくイエスである。

ここまで読み進めてくれた読者なら、ロンドンとそのオフショア衛星地域が中心となって、グローバル市場を、組織犯罪、腐敗、脱税、そして略奪された富を他国に持ち出す手助けをする温床にしてきたことがわかるだろう。1970年代の、適正に管理された金融市場を目指したブレトンウッズ体制の崩壊後、ロンドンが作り出したユーロ市場はグローバルに展開し始め、1980年代に入る頃には誰も話題にしなくなった。なぜなら、いったん資本が国境を越えて自由に移動できるようになると、ユーロ市場と国内市場をあえて違うものとして区別する意味がなくなるからだ。それをテコに、ロンドンとイギリスのクモの巣状のネットワークは、無規制のオフショアへの魅力的な逃避ルートを金融資本に売り込む道を見つけてしまった。

グローバル金融の成長は、グローバル犯罪の増加にイギリスが寄与することを助長しただけでなく、その後の世界金融危機に連なるいくつもの変化の中心に同国を据えることになった。両分野において、ロンドンとそれを取り巻くクモの巣状のオフショアは、主に2つの形で他国の経済システムに悪影響を及ぼしていった。

1つは、逃避ルートを提供したこと、そして2つ目が「競争力」という破壊槌《はかいづち》を与えたことだ。特に後者については、ウォール街のロビイストらに、アメリカのさらなる規制緩和を正当化する口実を与え、「規制緩和をしろ、さもなくばロンドンへ移転するぞ」と脅す悪しき前例を作ってしまった。イギリスを中心とした網の目は、ニューヨークをグローバルな規制緩和レースに巻き込み、一方、チューリッヒ、ルクセンブルク他いくつものオフショア金融センターもそれを支える役割を果たした。アメリカがウォール街に支配されるよりも、イギリスがはるかに奥深くまでシティに「支配される」ことのほうが避け難い。

2つのグローバル金融センターは規模こそ似ているが、ウォール街は、民主的運営によってその支配力が弱められている。加えて、シティとその関連組織が享受してきた英支配層との数世紀に及ぶ蜜月関係もない。

金融犯罪学者で米金融規制に携わってきたビル・ブラックは、危機を生み出した3つの「D」について話してくれた。それらは規制緩和（deregulation）、管理監督者不在（desupervision）、金融関連会社による事実上の犯罪（de facto criminalisation）で、詐欺的貸し出し行為の他、数多くの不正に繋がる。米国内でのオンショア規制緩和自体、賢明な措置とは言い難いものだったが、それ以上に、彼がロンドンの「規制反対派」と呼ぶ人々に主導された規制緩和による底辺への競争は、もっと大きな破壊力を持っていた。ブラックは2012年にこう教えてくれた。「何ということだろう、ロンドンはアメリカとの規制緩和競争に勝ったのだ。だからこそ、世界の金融の汚水槽になってしまった[*3]」

ブラックが指摘したのは、住宅ローン詐欺やそれに関連する犯罪だったが、私はもっと悪質なものがあると指摘しておきたい。リスクの高い金融デリバティブが席巻する世界とシャドー・バンキングを手がける企業およびその活動が、より荒っぽい犯罪行為と相俟って危機を醸成したのだ。それこそが、オフショアのBCCIの世界であり、コロンビアの麻薬マネーと世界的組織犯罪である。金融危機と犯罪は、イギリスのエリートがカネをロンドンに集めるために、見ざる、聞かざる、言わざる、のオフショア・イデオロギーの下で、「競争力」のための規制緩和を行った結果だった。一見何の共通点もなく同時発生したこれらの動向については、全体として関連づけて理解しておかなければならない。

大西洋を渡る金融詐欺師たち

世界金融危機の歴史を遡ると、注目すべき危機の始まりは、1980年頃から米英を直撃した金融規制緩和の波であろう。1つの波が次の波を起こす波状攻撃のような変化が起こったが、いずれの国でも変化は実体経済の要請に応じたものではなかった。規制緩和後、顧客サービスが顕著に良くなったようには見えない。あえて言うなら、サービスは劣化した。

ブレトンウッズ体制崩壊後のイギリスにおける最大の出来事は、1986年のマーガレット・

サッチャーによる突然の大規模な金融緩和、ビッグバンだ。サッチャーのアドバイザーらは、これを実施すれば「道徳に反する行動」を引き起こすと言い、「にわか景気とその崩壊」を招くことになると事前に警告したが、一蹴された。彼女の政策責任者ジョン・レッドウッドは、「イギリス国民の基本的資質として、『一攫千金株式会社』に誘惑されることはないだろう」と保証した。[*4] 成熟した金融プレーヤーと教養ある顧客は、自分で判断できる、との理屈だ。

しかし、1980年代後半以降、米巨大投資銀行が大手を振って多額のドルを携え、突然ロンドンに乗り込んできた。すると、閉鎖的なオールド・ボーイズ・ネットワークの慣習に満足していたイギリスのプレーヤーは、油断して格好の餌食となった。アメリカ人はカネだけでなく、危険な新手法も一緒に持ち込んだ。それまでのシティのビジネスはパートナーシップを基礎に運営されており、その構成員は、物事がうまく運べば金持ちになれたが、誰かが大失敗をすれば、皆揃ってあっという間に無一文になるリスクを負っていた。個人の破産という現実的な可能性に、彼らは気を引き締め、慎重さと警戒心を抱いていた。

それとは対照的に、米銀の大半は株式市場に上場していたので、銀行のマネジャーは、成功すれば大金持ちになれる一方、失敗の責任を個人的に負う必要はなく、その損失を銀行の株主や社会全体に負わせることができた。この「どちらに転んでもオレの勝ち」という方程式のもと、プレーヤーは自分たちのカネをつぎ込むのではなく、市場関係者らの言う、他人のカネ（OPM：other people's money）でさらにギャンブルをするようになっていった。OPMは今日の金融市場の紛れもなく最大の問題であり、途方もなく無謀で危険な行為を助長しかねない。

規制当局は、銀行にリスクおよびコンプライアンス担当者を置いて、金融トレーダーらが危険なものに手を出さないよう監督・抑止することを要求したが、企業文化を見れば、誰が支配権を有しているかは明らかだった。トレーダーはたとえるなら狼や虎であり、世界で最も賢い「ロック・スター、魔術師、裏工作師、有力者、凄腕野郎[訳注★3]」だった、とシティを人類学的視点から分析したレポートがある。

そして、コンプライアンス担当者のことを、「ビジネスの妨害者、取引の邪魔者、視野の狭いマルバツ思考の人間」と呼んだ。あるコンプライアンス担当者は、自分を「蹴られることに快感を覚える犬」と表現し、別の人は自分と同僚を地味な脇役のサッカーの線審にたとえ、「オフサイドの判定を下すために、ある線を行ったり来たりしながら、花形プレーヤーが点を入れたり素晴らしいプレーをしたりするのを妨害するのが仕事」だったと言った。[*5]

ビッグバンは、ロンドンにアメリカからさらに別のものまで輸入しようとしていた。金融犯罪学者で警察の企業詐欺捜査班元刑事のローワン・ボスワース-デイヴィーズは、彼の捜査担当区域に、ウォール街の文化とともにさまざまな犯罪者が流入してきたと言い、「津波のように詐欺師が襲来し、ペテン師、怪しげな金融商品関連の営業員など、全員が『金融アドバイザー』の仮面を被《かぶ》って活動していた」と表現している。

訳注3　凄腕野郎　BSD（Big Swinging Dicks）とも略称される。電話だけで数百万ドルを稼ぐようなトレーダーを指す呼称。1980年代のトレーダーの経験を描いた本『ライアーズ・ポーカー』でこの表現が広まった。

シティは彼らの活動に一切干渉しなかった。そして「午前10時にヒースローで飛行機を降りたら、午後3時には仕事を始められる」といわれていた、と回想する。「まもなく、これまで見たこともないような詐欺に関する訴えが増え始めた。デリバティブ市場、先物、オプションの類いだ。また、シティに、米マフィアの大御所たちにより設立・運営される金融会社が目立ち始めた。重量級の組織犯罪者たちだ」と、アーノルド・キムズ、トミー・クインなどの名前を挙げた。「彼らは、新たに金融緩和された環境を利用するために海を渡ってきた。ニューヨークのマンハッタン地区連邦検察局の友人と話していると、彼らは『そうか、とうとうそこに現れたのか？実はどこに消えたのかと思っていたんだ』と言った」

この件を担当することになったボスワース-デイヴィーズは、自らを鉄砲水のように流れる大河に抗って溯上する鮭のように感じたそうだ。彼の労働者階級特有の訛りと、刑事という肩書きが不利に働いた。彼によれば、シティの仲間内で「いけ好かないチビおまわり」とあだ名され、軽蔑された。また法と秩序はシティの特権階級の下に置かれていた。彼がアメリカに出張した折、当局の高官は友好的だったが、イギリスの金融犯罪に対する姿勢に関しては酷評した。ある取締官に個人的に呼ばれ、「彼から、『あんたらイギリス人の問題点は、他人のカネを扱う者はすべて紳士と見なしていることだ。そして、真実が真逆であると知ってショックを受けている。ここアメリカでは、他人のカネを扱う者は、すべて犯罪者になり得ると見なしている。その可能性に対処するため、法整備しているのだ』と言われた」[*6]。

ボスワース-デイヴィーズと同僚らが犯罪の急増に直面していた頃、イギリスではＢＣＣＩスキャンダルが爆発した。第5章ですでに述べたが、ＢＣＣＩはそのグローバル拠点を置くロンドンから、金融安定化を脅かす高リスクのメカニズムに組織犯罪と殺人を組み込んだポンジ・スキーム（投資詐欺）のパッケージ商品を販売していたのだ。これこそ間違いなく、単一銀行による20世紀最大の詐欺事件である。

１９９０年代初頭にスキャンダルが明るみに出ると、イギリスとイングランド銀行（ＢＯＥ）は、この凶暴なならず者銀行の業務閉鎖に動く米側の努力を妨げるべく積極的に動いた。ロバート・モーゲンソウは、マンハッタン地区連邦検察局でＢＣＣＩ閉鎖に向けた動きを指揮した。彼はケイマンの司法長官を、一切協力しない「気まぐれで偏屈なイギリス男」として記憶しているそうだ。そこで米側はロンドンを頼り、違う対応を期待した。しかし、「イングランド銀行から協力は得られなかった」とモーゲンソウは回想する。「金融取引履歴をロンドンから取り寄せようとしたが、情報提供は一切なかった」

実は、イングランド銀行は、このならず者銀行を是が非でも守ろうと画策していた。１９９０年4月、イングランド銀行は、ＢＣＣＩの本部、幹部、取引履歴をイギリスからアブダビに移転する手助けをした。また、米上院外交委員会から正式要請のあった、本件スキャンダルに関する英政府の内部調査報告書サンドストーム・レポート全文書のコピーの提供について、「提供を許可したら、イギリスの機密保持および守秘義務法に違反することになる」としてすげなく拒絶した。[*7]

米議会のレポートでは、ＢＣＣＩがテロ支援と麻薬資金のマネーロンダリングを行っていることを知った後のイングランド銀行の対応は、「BCCIを閉鎖するのではなく、何とか下支えして立て直し、倒産を防ごうとした。他のことも含めてこれが意味するところは、BCCIの抱える深刻な問題点の核心部分を、その債権者および100万人を超える預金者から秘匿することにあった」と報告している。イングランド銀行総裁ロビン・リー‐ペンバートンは、イギリスのこの行動の背景を、「詐欺行為が発覚するたびにいちいち銀行を閉鎖していたら、銀行数は激減してしまうだろう」と漏らした。

ボスワース‐デイヴィーズはBCCI事件の後、シティでマネーロンダリングについて講演したときのことを覚えている。話し終えて、ハイストリートにある銀行役員の隣に座ったときにかけられた言葉だ。「あなたの講演、非常に興味深く聞かせていただきましたよ。しかし、もし女王陛下の政府が我々を起訴すると思っているなら、あなたは完全に間違っている。我々は守られた種族ですから」[*8]

1990年代初頭のロンドンにおけるこの問題への取り組み方や考え方の姿勢を、1929年以来、アメリカで最大規模の銀行倒産劇を次々に引き起こし、1000以上の貯蓄銀行をなぎ倒した、レーガン時代の規制緩和の結果である1989年の貯蓄貸付組合危機への取り組み方と比較してみるといい。危機後6年以内に、3700人以上の要人と倒産した貯蓄銀行のオーナーたちは詐欺罪で投獄された。米司法省は、起訴された金融機関の最高責任者や代表取締役、頭取のうち、95%以上に有罪判決を確定させた。刑期は積み上がり数千年にも達した。[*9] イギリスとの衝撃的な落差には唖然とするばかりだ。

銀行の自己資本比率引き下げへの誘惑

1994年夏、これら多くの米銀元首脳らが刑務所から出所し始めたのと同じ頃、JPモルガンのトレーダーの一群がロンドン、東京、ニューヨークからフロリダの高級ホテル、ボカ・ラトン・リゾート&クラブに集まっていた。いつもの飲み会が始まり、ケラケラ笑いながらゴルフカートを芝生の上で全速力で走らせていた。集まっていたトレーダーの中で一番上席の真面目なドイツ人ピーター・ヴォイクは、皆を落ち着かせようとしたが、押されてプールに落ちた。彼の次席もプールに落とされ、鼻を折ってしまった。

当時のことを『Fool's Gold』に詳述しているフィナンシャル・タイムズ紙のジャーナリスト、ジリアン・テットによれば、インタビューした参加者は皆「泥酔していて、ぼんやりした記憶しかなかった」ため、全容がわからなかったそうだ。しかし、この週末の会合で飲み騒いだ彼らは新たな金融デリバティブを思いつき、作り出したのである。これが世界の金融市場に爆発的に広まり、この後に起こった危機を煽った最も重要なものの1つとなった。

デリバティブとは、最も単純化すれば、二人のプレーヤー間の契約で、その価値は背後にある資産から派生する。背後にある資産は、例えば1バレルの石油や国債、小麦1ブッシェル（約35ℓ）である。現代のデリバティブは、1850年頃に当時穀物の主要取引市場だったシカゴで誕生した。小麦農家は収穫の前に相場師と契約を結び、実質的に小麦の値段を確定する。これは農家にとって保険のようなもので、相場師にとっては賭けのようなものだった。この考え方は人気を博し、市場が順調に拡大した。
1970年代までには、小麦に留まらず、卵やバター、さらには外国為替や金利、他の市場の価格をベースとした金融デリバティブなども広まった。1990年代に入ると、金融上の債権債務を交換できる、スワップと呼ばれるデリバティブが市場を席巻した。

例えば、あなたが5年固定金利の住宅ローンを抱え、あなたの友人には5年変動金利の住宅ローンがあるとする。あなたは金利が下がると予測し、友人は上がると予測する。スワップを使えば、互いに合意して金利支払いを交換できる。あなたは変動金利を5年間支払い、友人は固定金利を支払う。これは純粋に金融上の合意であるから、住宅ローン自体は交換しない。このようなものをシンセティック・デリバティブと呼ぶ。さらにギャンブルしたければ、元の住宅ローンを一切所有することなく、スワップ（この場合、金利）の支払いだけを交換することもできる。

JPモルガンのチームがボカ・ラトンで思いついたデリバティブは、その後クレジット・デフォルト・スワップ（CDS）として知られるようになった。この商品は、市場参加者に、何かの価格の動きに対してではなく、債券やローンが不履行になる可能性に賭ける（または保険をかける）ことを可能とする手法を提供した。

この実験の中心地は、ロンドンに設定された。その理由は、アメリカには投資銀行部門を商業銀行部門から分離し、リスクが高く、異常に儲かる事象が起こることを禁止する1933年のグラス・スティーガル法が存在したからだ。[*10] また1993年に開始された欧州単一市場ルールでは、銀行がロンドンで金融商品を作り、欧州各国の規制当局の介入を受けることなくEU全土で販売できるようになった。1994年にJPモルガンのチームがボカ・ラトンに集っていた頃には、すでに推定12兆ドル相当のスワップ残高があり、その額は米GDPの規模に匹敵していた。これは深刻な事態であった。この2年前に、ベテラン銀行家は、デリバティブを「金融水素爆弾」だと警告していたのである。

次に起こったことを理解するには、銀行がどのように利益を上げているかを把握しておくことが重要だ。何世紀にもわたり銀行は、企業や住宅購入者にお金を貸し付け、預金者からお金を借り入れていた。かつて銀行家は「3-6-3バンキング」という表現を用いた。これは預金に3%の利息をつけ、6%の金利で貸し出し、午後3時までにゴルフコースに出る、という意味だ。3支払って6で貸し付ければ、その差額3%を稼げる。

しかし、話はそう単純でもない。まず行員の給料を支払い、銀行の建物の費用や諸経費を支払う。加えて借入人が時には倒産して支払い不能に陥る可能性も考慮しなければならない。後者のリスクを理解し適切に管理するには、伝統的で趣のあるやり方、例えばゴルフ場で一緒に回っている貸付企業のCEOの目を見て誠実さを見極めたり、その企業の貸借対照表を精査したり、その企業の置かれた市場の競争環境を調べたりする費用も含まれる。これらの経費を考慮すれば、3%で借り入れ6%で貸し出しても、最終的な利益は3%でなく、1%に減っているかもしれない。1%は大した額には聞こえないかもしれないが、資産100億ポンドの1%はかなりの額だ。

貸付はリスクを伴うので、政府は銀行に衝撃をやわらげるクッションを用意するよう要請した。理論上は、負債よりも資産をより多く保有し、クッションはおよそ両者の差、すなわち資産マイナス負債である。[*11]

銀行の資産には、現金、株式、不動産、コンピュータ関連機器、そしてもしかするとあなたの住宅ローンも含まれており、それは銀行があなたから長期にわたりローン返済を受ける権利だ。住宅ローン同様、債券も資産であり、一定期間を通じて利息の支払いを債権者に約束するものだが、債券の場合は、満期時にその元金を受け取れる。

負債には、預金や、銀行が他者から借りているものがある。例えば、あなたが自分名義の銀行口座に50ポンド入金すれば、銀行は物理的に50ポンド所有しているが、それはあなたのものなので、銀行がその50ポンドを借りていることになり、あなたが要求すれば返済しなければならない。従って、銀行に預金されたお金は銀行の負債として計上される。銀行の貸借対照表は、資産と負債を列記した単純な書類であり、両者がつり合う。

クッションとは、銀行の資本であり、資本、すなわち資産マイナス負債はほぼ、銀行のオーナーや株主が銀行の価値として理解している額のはずだ。銀行から借り入れている企業が倒産し、その借入金が損金処理された場合、銀行の資産はその額だけ減少することになる。資産と負債の差額は減少し、その減少分を銀行の株主が負担することになるのだ。銀行の株価は下落するが、株主以外には被害がない――少なくとも今のところは。

問題が起き始めるのは、銀行の資本がゼロにまで落ち込むか、さらに酷い場合、返済できる以上の負債を抱える場合だ。このような銀行は倒産の可能性があり、金融システムを破壊し、甚大な被害を引き起こしかねない。そんな結果は誰も望まないので、金融規制当局は銀行に十二分な金額のクッションを、総資産の一定割合確保することを要請し、このような惨事を未然に防ごうとしている。問題は、多くの資産、例えばデリバティブはその価値の把握が難しく、市場がパニックに陥ると、突然、大幅に減価する可能性があるだけでなく、ゼロにもなりかねない。だからこそ、健全に機能する経済では、クッションはかなり大きくなければならない。

しかし、現代の銀行家はたいてい、このようなクッションを嫌う。自分たちのボーナスに影響する短期的利益の計上を邪魔するからだ。例えば、あなたの銀行が100億ポンドの貸出（資産）を行い、そこから1%の純益、すなわち今年1年間で1億ポンド稼いでいるとしよう。もし、銀行が強制的にその資産10%相当のクッション（自己資本）10億ポンドを積み立てなければならない場合でも、株主はその10億ポンドについて1億ポンドという、年間10%の悪くないリターンを稼いでいることになる。

今度はもっと法規制の緩い地域にある別の銀行を想像してみよう。ここでも同様に100億ポンドの資産を保有し、1%を稼いでいるが、要求される自己資本はたったの5%、5億ポンドでしかない。100億ポンドに対する1%のリターンは、1億ポンドと同じだが、今や株主の5億ポンドの株式に対する年間のリターンは、ずっと魅力的な20%になる。自己資本比率を2%にまで下げれば、リターンは一気に50%にまで跳ね上がる。1%の資産に対するリターン（ROA）が、株主にとっては年間50%のリターンに大化けするのだ！　これがレバレッジの銀行版で、それが孕む危険性を看過できないのは、銀行の自己資本がその資産の2%しかなければ、当該資産の3%の下落が銀行を一気に倒産に追い込んでしまいかねないからだ。これこそが金融危機のときに世

銀行の自己資本モデル

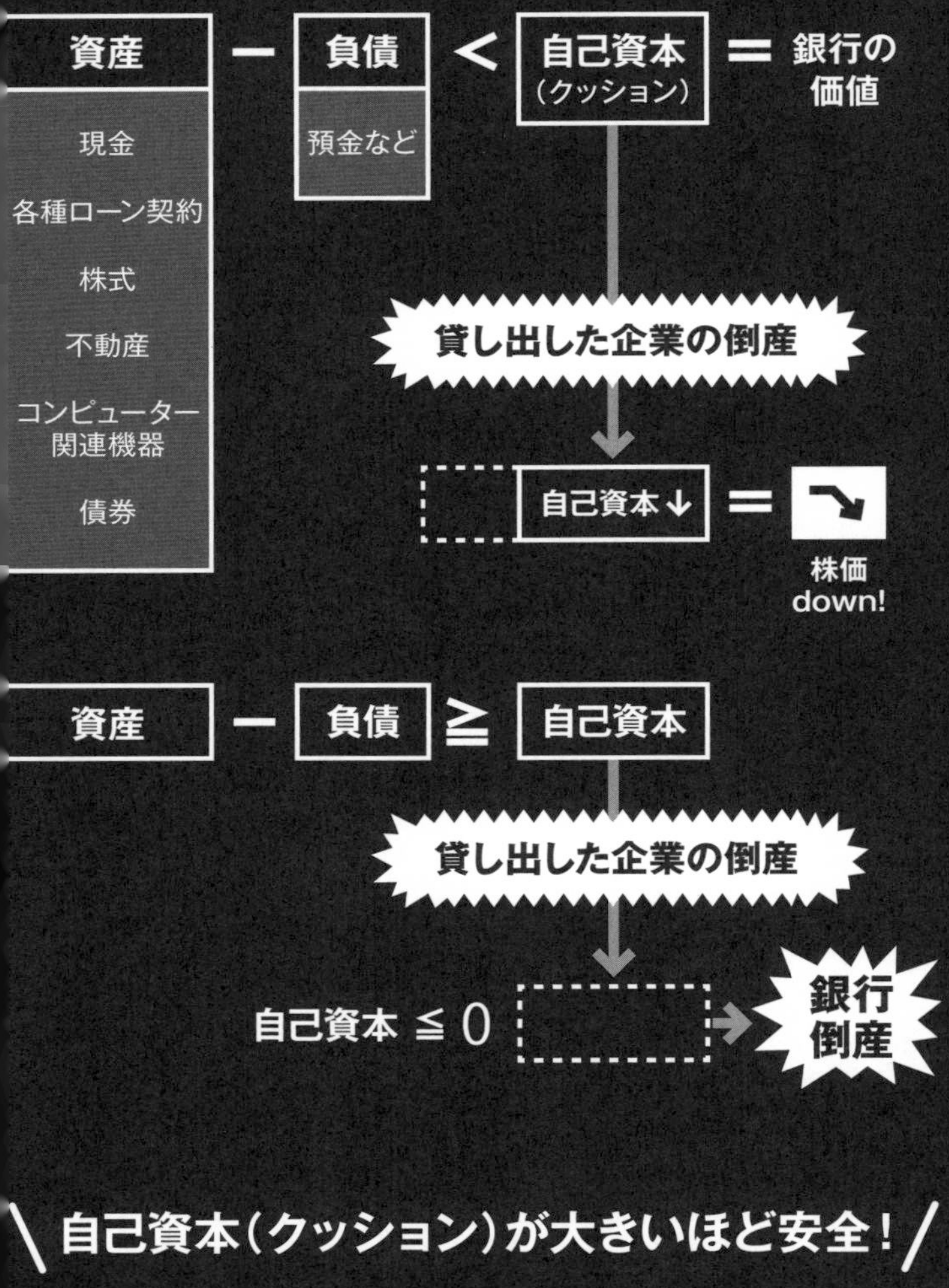
資産
現金
各種ローン契約
株式
不動産
コンピューター関連機器
債券
－
負債
預金など
＜
自己資本
（クッション）
＝
銀行の価値
貸し出した企業の倒産
自己資本↓
＝
株価
down!
資産
－
負債
≧
自己資本
貸し出した企業の倒産
自己資本 ≦ 0
銀行倒産
自己資本（クッション）が大きいほど安全！

界規模で起こったことなのである。

ここで重要なのは、規制当局の求める資本額が小さければ小さいほど、あなたの利益は増え、ボーナスも同じく増える。自己資本比率を10％から2％に削減することは、理論的には利益をいきなり5倍に増やせることを意味する。当然のことながら、これは大きな誘惑となる。銀行は要求される自己資本比率を必死に引き下げようとし、ロビー活動に注力する。国によってはさらに「競争力のある」自国の自己資本比率の基準を提示して、欲張り銀行家をおびき寄せようとするだろう。また別の国々では、その規制の緩さを競い、それが結果として底辺への競争に発展し、安全基準をどんどん引き下げていく。[*12]

この危険性を認識している各国政府は、国際統一基準の設定を目指す努力を重ねてきた。ここに、ロンドンを拠点とする回転木馬のようなペテンの数々が登場する。英規制当局の金融リスクに対する認識は、ケイマンのようなタックスヘイブンのリバタリアン的[訳注★4]考え方に似た、集団思考[訳注★5]にとらわれたものだった。この考え方は、「効率的市場仮説」に依拠し、市場は問題が起こるより前に危険を嗅ぎ分け見極めることができるのだから、無礼な規制官は、紳士的で賢い銀行家が本当は何をしようとしているのかについていろいろ勘繰り、とやかく言うべきではない、というものだ。その代わり、規制官は単に何が善い行動なのか「原理原則」を公表し、十二分に距離をとって事の推移を見守ればいいのである、と。

訳注4　リバタリアン　個人的な自由と経済的な自由の双方を重視する。

訳注5　集団思考　集団で協議する際に、不合理、危険な意思決定が容認されること。

自己資本とリターンの関係

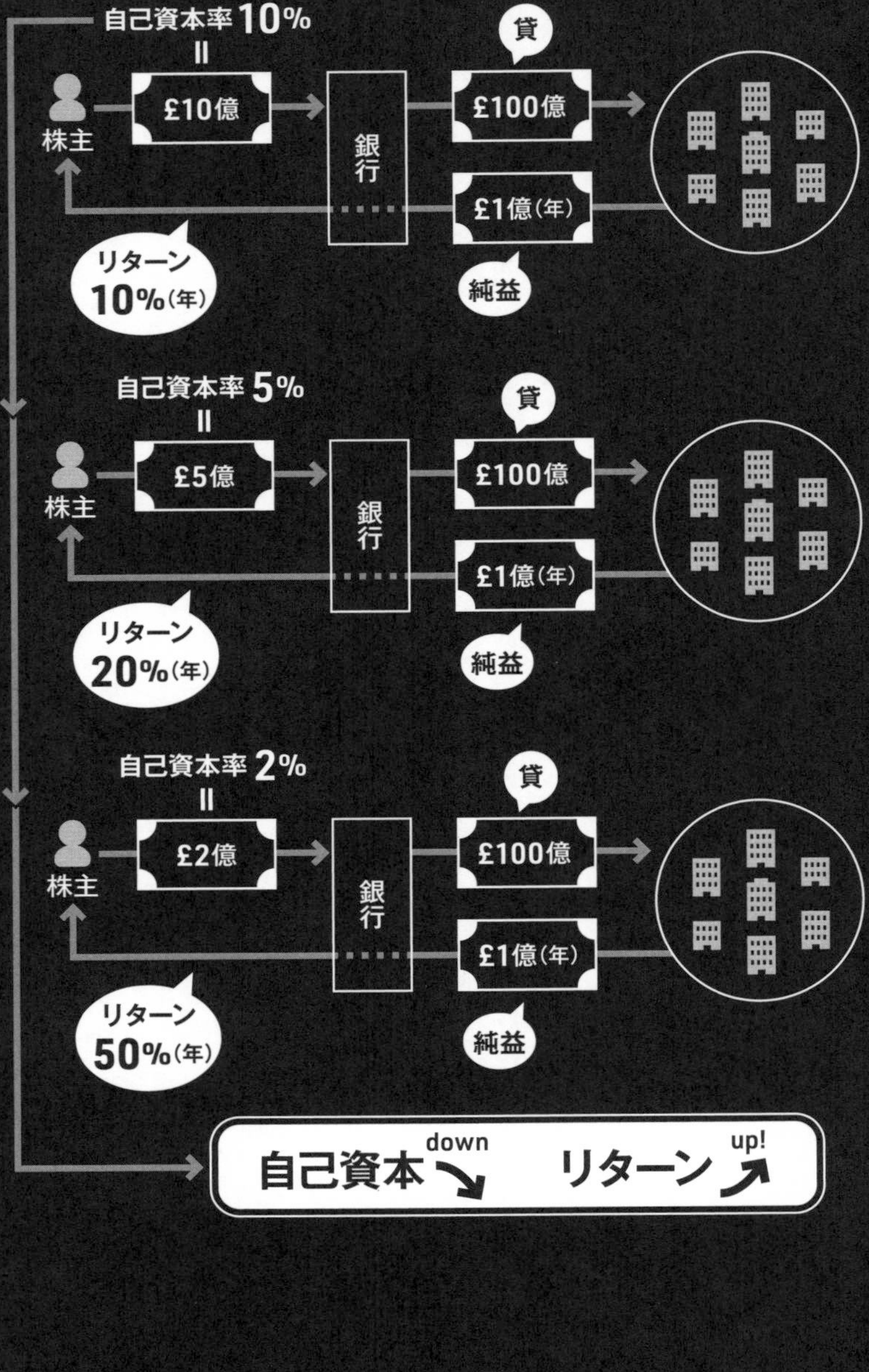

対照的にアメリカは、規則や法律にもっと重点を置いていた。イギリスの原則主義に基づいた規制のあり方は、自国をより自由で積極的な、グローバルに展開される底辺への競争に参加させてしまった。

もともと銀行資本に関する国際的な合意は、バーゼル合意と呼ばれ、1988年に初めて策定され、国際業務を行う銀行は資産の8％を自己資本として準備することを求められた。この数値基準は、押しが強く決意の固い米規制官ポール・ボルカーが提唱したもので、それまでも銀行は理論上、自己資本総額の12・5倍以上を貸し出すことはできなかった。

ところが、ボルカーが他の中央銀行関係者らと合意事項に関して議論しようとバーゼルに乗り込んだ際、彼は欧州の規制当局者らがリスク・アセットという新たな概念を生み出していたことを知り、驚愕した。[*13] この議論の要点は、銀行資産の中でも現金や米国債などは比較的安全なので、それらについてはリスク評価を8％以下に設定することも可能だ、というものだった。

バーゼルでの議論では、企業向け貸出はリスク評価が100％だが、住宅ローンに関しては50％、すなわち100ドルの住宅ローンに対し、積み増し要求される資本は満額の8ドルではなく、半額の4ドルで済むということで合意された。さらに、他国の銀行への貸出は、相手国の規制当局が素晴らしい仕事をしているという紳士的・性善説的想定の下、より安全だとされたため、25％のリスク評価とされ、100ドルの貸出につき、わずか2ドルの資本で済むことになった。一般原則としては合理的だったが、より複雑になり、悪事を働く余地も残した。

さらに問題視すべきは、銀行は金融機関以外への貸出——金融システムの最も基本的機能——

を減らし、資本積み増しが少額で済むという観点から、持ち家の所有者や他の金融機関への貸し出しを優先したことだ（持ち家すら買えなくなっている主な理由の1つは、バーゼルが住宅市場に巨額の信用を供与したため、不動産価格を吊り上げてしまった結果だと言える）。

こうした動きの末、利益優先で銀行の自己資本はさらに小さくなったが、それでも銀行はさらなる規制緩和を求めた。ここで二大金融イノベーション、デリバティブと証券化商品が登場し、すべてが制御能力を失い始めた。この過程で、金融商品開発者らは都合の悪い規制や障害物を発見したが、その都度イギリスの「クモの巣」を活用し、それらを回避する道を見出していった。

膨張していく証券化商品

証券化というのは古い概念で、1970年代のアメリカで現代的な形で再登場した。銀行は収入を生む住宅ローンや国債などの資産を1つにまとめて、特別目的事業体（SPV）――この場合には、これらの資産を保有することが目的――に売却する。通常SPVはケイマン諸島などオフショアに拠点を置いている。

例えばあなたのSPVが、各々が平均30万ポンドの価値を有する住宅ローン1000件を保有し、それぞれが毎月平均1500ポンドのローン返済、すなわち月額150万ポンドまたは年換算で1800万ポンドを返済していると仮定しよう。これらローンを購入するために、SPVは債券を発行して資金調達を行い、その債券をまとめて外部の投資家たちに販売して利益を得る。ただ、銀行はSPVの一部、例えば10%程度を手元に残して保有する。*14

重要なのは、これらローンはもはや銀行には帰属せず、ケイマン諸島のSPVの所有だということだ。それらはもう銀行の資産ではないので、銀行の貸借対照表（BS）から外れる。だが、銀行が古いやり方で、満額の3億ポンド相当の住宅ローンを自己保有することに固執したなら、自己資本比率4％の基準に従い、貴重な資本1200万ポンドを積み増さなければならなかった。しかし、今流のやり方では、銀行のBSに記載されるのは、SPVに対して保有する10％だけなので、積み増すべき額は120万ポンドに縮減される。銀行は住宅ローンをまとめてSPVに売るだけですでに利益を上げており、さらに住宅ローンを自身で保有していた場合と比べて、ほんの少しの資本の積み増しで済むことになる。

この手法で自由になった資本を活用して、銀行は同じやり方を繰り返し、取っ手を回すように次から次へと継続的に行う。そして、「やったー、うまくいった！」と皆にさらに多額のボーナスが出る。しかし、金融システムはより大きなリスクを孕むことになる。

銀行はこのような証券化手法を用いて、銀行資本の規制をうまく回避することができ、実際に活用していった。証券化の活用は住宅ローンに留まらず、債券、クレジットカードの支払い、自動車ローン、学生ローンなど、幅広い商品に及んだ。

また、これらSPVへの投資家は苦もなく探せた。金融緩和は、カネと信用を世界中の市場に奔流のごとく放出し、それによって多額の現金を持った多くの投資家がそれを投じる先を探していた。オフショアSPVは多くの魅力を備えていた。

その1つに、例えば投資家に住宅ローンへの投資機会を提供し、しかも不動産所有者との面倒

タックスヘイブンを利用した証券化の仕組み

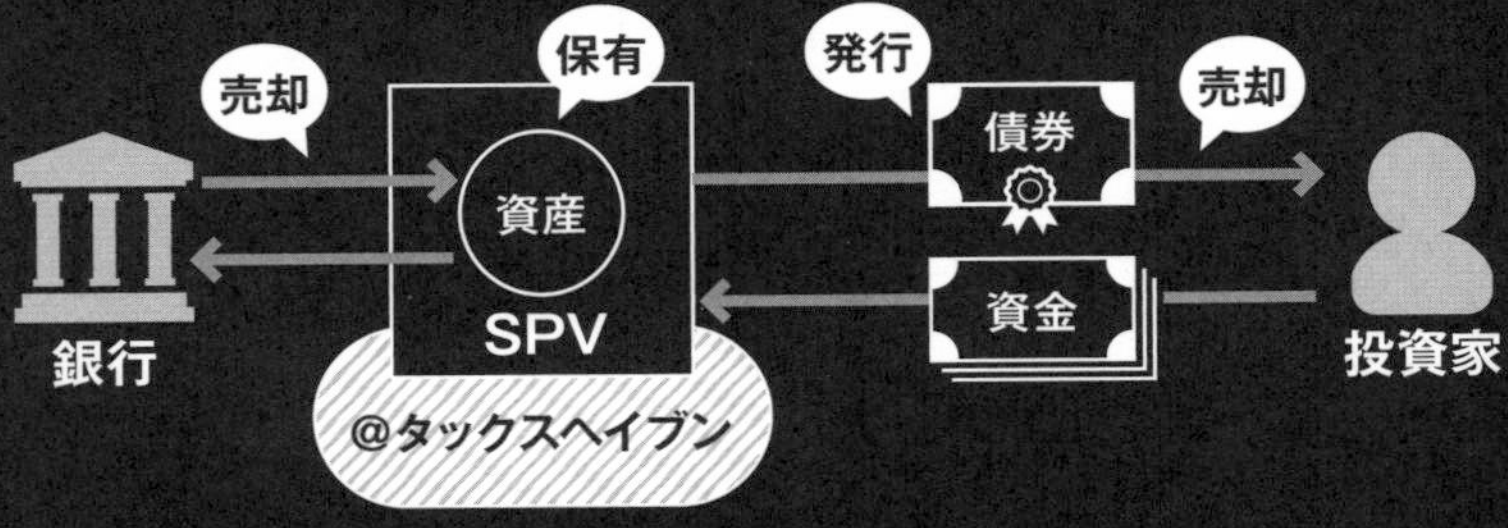

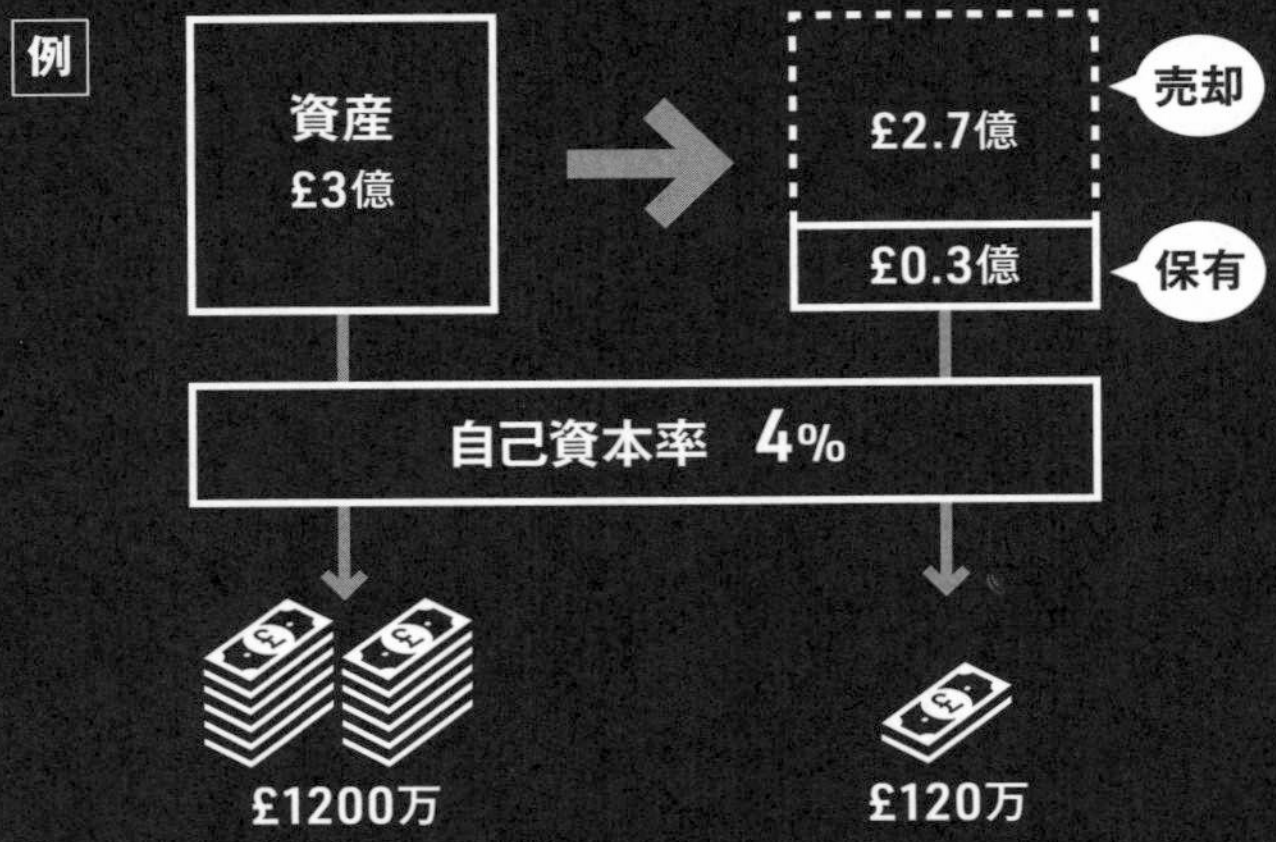

証券化の活用	・住宅ローン ・債券 ・クレジットカードの支払い ・自動車ローン ・学生ローン …など

な交渉に直接関わらずに済むように、銀行が下準備をもすべて済ませてくれていた商品もある。前述の例で言えば、投資家に年間1800万ポンド返済される住宅ローンの一部に投資する機会を与えることによって、SPVをさらに魅力的な投資先に見せることができた。最もリスクの高い、返済順位が最下位の資本部分への投資は、順調なときには非常に高いリターンを得られるが、逆にローン返済が滞るようなときには、誰よりも先に投資したカネを失うことになる。加えて、商品の安全性に応じた順位も設定されていた。リスクの大きいものから順に列挙すると、ジュニア債、メザニン債、シニア債、そして最上部にはスーパー・シニア債という、超安全だが配当は微々たるものがくる。

これを理解するには、タワーのように積み上げられたシャンパングラスを想像してもらうとわかりやすい。我々のSPVが、毎年1800万ポンド分相当のシャンパンを一番上のグラスに定期的に注ぎ入れているとしよう。すべてのグラスを満たすのに十分な量のシャンパンが注がれれば、一番下のグラスにまで流れ落ちていくことになり、そこには最も多くの数のグラスが満たされるのを待っている。しかし、住宅ローンが焦げつき始めると、次第に注がれるシャンパンの量が減り、結果一番下のグラスは満たされなくなり、枯渇する恐れが出てくるものの、上のほうのグラスはまだ問題ない。

SPVはこれらの支払いを自動的に行っている。シャンパンがどのように流れるべきかをきっちりと決める精密機械のように、誰がいつ、いくらを、どんな順番で受け取れるかをしっかりと決めている。一般企業の取締役会、株主総会、コーポレート・ガバナンス・コードやマネジャー

SPV の支払い方

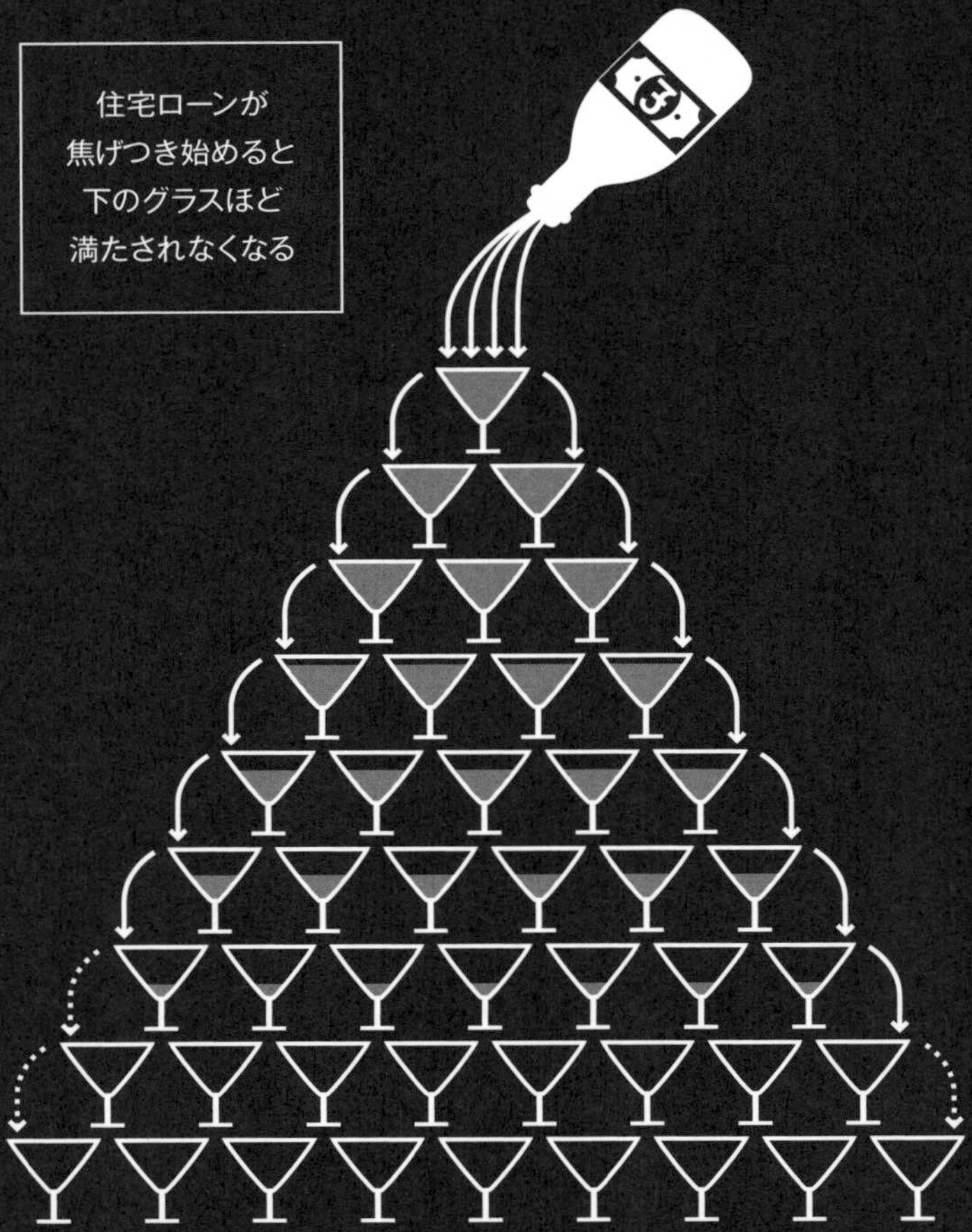
住宅ローンが
焦げつき始めると
下のグラスほど
満たされなくなる

の失敗や些細な弱点をSPVと比較してみると、SPVはロボットのような企業だ、と金融ジャーナリストのニコラス・ダンバーは説明する。

「証券化に舵を切った新しい世界では、人間的要素は金融工学化された機械または構造に置き換えられ、それゆえストラクチャード・ファイナンスと呼ばれている。資産や配当、ローンの支払いなど、すべてに生身の人間が介在し、尽きない議論が続く企業と違い、SPVドッペルゲンガー（分身）は、弁護士が作成したルールに従って動くようプログラムされたアンドロイドであり、ケイマン諸島の私書箱間の現金移動を機械的に行っている。このような世界では、徴税官は行動が予測できない債権者の一人ゆえ、タックスヘイブンを使ってできるだけ関わりたくない対象となる」[*15]

このアンドロイドの中では、入念に計算されたリスクと報償が、実においしそうに組み合わされたバイキング料理のように提示され、投資家はそこから自分の好みのものを選び取る。しかし、どのようにしてこれらに価値を設定するのだろうか？

とても長い話を短くまとめると、金融の魔法使いが水をワインに変換するような数式を考案し、さまざまな格付け会社を脅し、威圧し、買収して、これらの複雑な証券に高格付けを付与させ、低リスクの投資のように見せかけ、外部投資家への支払いを削減し、結果、これを生み出した人々の利益をさらに増幅させた。

評価については、安全性を数値化することで、いくつかのローンが債務不履行に陥ったとしても、不履行にならないローンもある、という考え方に基づいている。ウォール街の投資会社のトップは、金融ジャーナリストのジョン・キャシディに次のように説明した。
「町を歩く数百人の酔っ払いに、互いの肩に腕を回して手も握らせる。そして、彼らが皆立っていられるようにするために、すべて違う方向に倒れるようにする、という前提に立たせている。これをトリプルA証券（AAA）と呼ぶんだよ」[*16]

もちろん、路上のちょっとした凹凸でも、この幸せな連中すべてが倒れ込むであろうことは容易に想像でき、SPVも例外なく、市場の本当の下降局面では生き残れないだろう。

SPVをケイマン諸島などのオフショアに置くことは、多額の現金を保有する投資家にはより魅惑的なものとなった。もちろん、税金は極めて重要な要素を占めていた。SPVの段階でそれに課される税金でさえ、利益のすべてを吹き飛ばすレベルであるから、ケイマンの税率ゼロ政策は大きなプラス要因だった。また、例えば犯罪マネーの投資場所を探すなら、ケイマンなら誰も野暮な質問はしないので都合がいい。

さらに、オフショアを選択するもう1つの根本的な理由があった。それは大半が金融規制に縛られないということだ。ケイマン諸島の金融法制度のモデルそのものが、つねにできる限り多くのホット・マネーを集めながら、関連するリスクを排除することにあった。断固とした反政府主義のイギリス人リバタリアンで、ケイマン諸島の現代金融センターの構築を助けたアンソニー・トラヴァースによれば、「ケイマン政府は、健全性規制（プルデンシャル規制）を行わない原則を貫いていた」という。[*17]

最終的に、ケイマン諸島のシャドー・バンキング部門が保有していた資産は5兆8000億ドルに上った。これはケイマンのGDPの17万%に相当し、またイギリスのGDPの2倍以上に膨らんでいた。[*18]そして、この汚い裏金を扱う機械と化したケイマンの役割――証券化ビジネスにとって重要な商品供給装置――を批判する誰もが、金融に完全に支配されたこの国では、とてつもなく恐ろしい行政管理のメカニズムに直面することになるのだ。私は2009年に、ケイマンの名士の自宅をインタビューで訪れたときに、この管理メカニズムを知ることとなった。

インタビューの最中にドアがノックされ、がっしりとした体格の日焼けした男が、サングラスにポロシャツ姿で入ってきた。彼は自分を「悪魔」と自己紹介したが、本名は教えてくれなかったので、今でも知らない。彼はインターポール（国際刑事警察機構）に所属経験があり、その偽名の理由は、彼が触れてはいけない金融のパンドラの箱を開けたためであり、地元でどう見られているかを反映していると言う。続けて彼は、武器商人、国際テロリスト、ケイマンを拠点とするヘッジファンド、投資信託会社とSPVなどについても語ってくれた。これらすべてのセクターが、犯罪と汚い裏金にまみれていたという。詳細については教えてくれなかったが、身の危険について警告してくれた。

「このことをあなたと議論すれば、サルマン・ラシュディ[訳注★6]のようになるだろう。ここで話すべきではないこともある。本当だ。ここは非常に恐ろしく危険な場所なのだ」

訳注6　サルマン・ラシュディ　インド出身のイギリスの作家。1988年に発表した小説『悪魔の詩』が、イスラム教の預言者ムハンマドを題材にしていたことから、当時のイランの最高指導者ホメイニ師によって死刑を宣告され、イスラム教徒の激しい反発・攻撃を受けた。現在はアメリカ・ニューヨーク在住。

もし、ケイマンの不文律に違反すれば、「経済的に孤立させられる。あなたの信用力も人間としての品位も破壊され、尊厳も剝ぎ取られる。ここでは沈黙の掟《おきて》の下、行動するしかないのだ。マフィアの血の掟だ」。彼が地元で横行する海外の金融関連の秘密結社について語り始めたところで、家の主人が口を挟み、この秘密結社は「幽霊のようなものだ」と言った。[*19]

いかがわしいカネやさまざまなルートの預金の流入に加え、タックスヘイブンの反規制的な規制に守られ、1990年代に証券化商品は大きく膨張していった。しかし、問題もいろいろ抱えていた。

1つは、この貪欲な証券化機械に継続的に大きな利益を生み出させるためには、銀行がつねに新しい住宅ローンを供給し続けなければならなかった。そこで、新たな住宅ローン顧客獲得のために、貸出基準を徐々に下げていった。ハリウッド映画「マネー・ショート 華麗なる大逆転」では、スティーヴ・カレルの演じる役柄は、出会った若いストリッパーが5つの家とコンドミニアムを所有していることを知り、ショックを受ける。これは現実社会で起きていたことが描かれている。

銀行家らは、ひどく収入の不安定な人々への融資をも可能にしていた。現実世界では、米銀の内部告発者マイケル・ウィンストンが同僚に、彼の上司の車になぜ「FUND - EM (Fund Them：融資すべし)」という特別仕様のナンバープレートが付いているのか尋ねたときの話を回想してくれた。

「すべてのローンを引き受けるからさ」と同僚は説明した。

「では、借り手に仕事がなければ？」とウィンストンは聞き返した。

「融資する」

「では資産がなければ？」

「それでも融資する」

「無収入なら？」

「鏡を曇らせることができるなら、審査を通すよ」[20]

さらに、もう1つ問題があった。銀行の長年の顧客は保守的で、自分たちの借入金がタックスヘイブンにある不透明なSPVに売却されることを歓迎しない。そこで銀行は、これらのローンを自行の貸借対照表上に残す方法を模索し、顧客には「私たちは、あなたの銀行です。あなたの借入金は社内に残しています。ですから次のM&Aもぜひうちでお願いします」と依頼した。その上で、資本増強の要請をかいくぐる方法、すなわち、二股をかける方法を模索していたのである。

ここで改めて、デリバティブ、クレジット・デフォルト・スワップ（CDS）、ボカ・ラトン、そしてロンドンの野蛮な世界に戻ろう。

フロリダでの乱痴気騒ぎの週末に銀行家らが生み出したカラクリは、CDSを中心に構築されており、それはプレーヤーが、債券やローンが債務不履行になる可能性に逆張りの賭けをする、もしくは保険をかけることだった。そして、銀行はローンを自身の貸借対照表上に残しながら、CDSを用いてそれらの焦げつきに対する保険をかける。そして、規制当局には、これらのローンには保険がかけられているので、リスクは除去されている、従ってもっと寛大な自己資本規制が適用されるべきだ、と言っていた。

1994年のボカ・ラトンでは、当時のJPモルガンの魔法使いたちがこれを実施するために、彼らの間で「ビストロ」[訳注★7]と呼ばれる、証券化手法は引き続き用いるが資産を貸借対照表から外さないスキームを編み出した。加えて今回は、オフショアのアンドロイドを活用してプロセスを機械化し、グローバル投資家各々の趣味嗜好や要望に細部にまでこだわり、それに沿った形でCDSをもっと魅力的で細分化された商品に作り変えていた。投資家らは、収入が確保できるそれらの小口商品を購入することにより、まだJPモルガンの貸借対照表上に残されているローンに対して、実質的に保険を掛ける行為を引き受けることになったのだ。

これこそが従来の証券化テクニックが、シンセティックな（合成された）証券化というものに変質し始めた瞬間だった。「ビストロ」のSPVを購入した投資家は、従来の証券化のように住宅ローンや企業債券に裏打ちされた商品を購入していたのではなく、「シンセティック」な商品に変質した、CDSというリスク満載のおまとめ商品を買わされていたのだ。結果的に銀行は、自ら保有する巨額の企業借入を投資家に保証させ、その過程で自らの貸借対照表上から厄介な債務不履行リスクを除去し、何よりも大切な資本を、新たな収益性の高い貸付に充当する道を見つけたのである。

住宅ローンを前提とした伝統的な証券化と違い、これらのシンセティックな賭けは、際限なく複製することができた（例えば競馬で、あるレースの特定の馬に賭けたからといって、同じレースの同じ馬にもう1つ賭けることを妨げないのと同じである。別の馬や別のレースを探す必要はない）。そして、これが実際に起き始めた。銀行家らは、「ビストロ」で「BISを完全に骨抜きにした」

とバーゼル規制を監督する国際決済銀行（ＢＩＳ）を揶揄《やゆ》し始めた。そして、この中核をなすＣＤＳの概念こそが、史上最も収益性が高く、危険な金融イノベーションとなったのだ。

しかし、その破壊力が全開となる前に、乗り越えなければならないハードルがいくつかあった。１つ目は、規制当局者らはこの概念をまだ正式に認めていなかった。そしてまたしても銀行は、助け舟を出してくれるところを見つけた。それが監督規制の緩いロンドンだった。

崩壊する金融規制

次に起きたことを理解するために、少し回り道をして、数年前に書かれたイギリスの税務弁護士ジョリオン・モームのブログを見てみよう。

「私の机上には、税務弁護士会[訳注★8]公認の著名な勅選弁護士[訳注★9]からの意見書――税に関する公的アドバイスがある。この中で彼の示す考え方は、法のあるべき現実からはるかにかけ離れ、どうしてこのような考え方に至るのか、私としては心底理解に苦しむ。最大限好意的に見ても、この勅選弁護士は不適格だ。彼のしていることは最悪の場合、詐欺罪に該当する。彼は詐欺で手数料をもらっているのだ。そして、これは私が目にした最初で最後の意見書ではない。この類いを私はつねに

訳注7　**ビストロ**　Bistro：Broad Index Synthetic Trust Offering の略。
訳注8　**税務弁護士会**　（Tax Bar）税務相談に乗る超高給取りの税専門弁護士の会。
訳注9　**勅選弁護士**　10年以上の実務経験と周囲からの高評価がないとなれない。一般的にその意見は信用度が高い。

目にしている」
モームの言う実入りの良い業界とは、たいていはタックスヘイブンを巻き込みながら税制を自分たちに都合よく細工する法律・会計事務所のことで、彼らはそのアイデアを銀行や多国籍企業に強引に違法に売り込んでいた。多国籍企業がこの種の金融工学を駆使した商品を採用する場合、いかなる税務当局からの指摘をも退けるためには、この手法が合法だという準公式の証明となる法的意見書および安心感を必要とする。たった１つのアイデアでも、それを立案販売できれば、その法律・会計事務所には、うまくいけば１億ポンドもの手数料が転がり込む、とモームは続けた。「しかし、法廷弁護士の署名がなければ、何も売れない」[21]

このような状況が誘惑を生むのは、当然予想できることだ。

「頼まれたら断れない自分だと仮定しよう。そして、私の机上にあるような意見書を書くとしよう。高額な手数料を受け取り、自分が融通の利く専門家として、政府内で一定の地位を得る。将来、彼らが再び会いたいと思う人間になっていることだろう」

有効な罰則がないために、ロンドンの法律専門家の一部はこのような運用方法に毒されてしまっている。得られる利益を考えれば、さほど驚くことでもなく、またこの考え方がＣＤＳの世界にも悪影響を及ぼしてしまった。

イギリスで会社清算を専門に扱う弁護士ロビン・ポッツは、間違いなく「融通の利くタイプ」だった。彼の同僚によれば、彼は多くの時間を英領タックスヘイブンで過ごしてきた「典型的なビジネスマンのための弁護士」だった。ケイマン諸島の首席判事は、彼を「特筆すべき宣伝マン」

と呼んだ。[*22] しかし、調査機関オフショア・アラートとともにタックスヘイブンの詐欺、虚構の数々を調査しているジャーナリスト、デヴィッド・マーチャントは別の見方をする。

ポッツは1999年にバミューダで、マーチャントが過去に書いた記事の情報源を明かさなかったことを理由に、彼を法廷侮辱罪で投獄しようと試みて失敗した。マーチャントによれば、「（ポッツの）印象はイタチのようで、感じが悪く、一発殴ってやりたいタイプの男だった。ポッツをはじめとするイギリスの弁護士らの、バミューダの司法の場での尊大な態度は我慢ならないものだった。能力の問題はさることながら、鼻であしらう傲慢さと滑稽なまでの優越感に溢れていたのだ[*23]」。

ポッツは注目度の高い裁判を金持ちの顧客から請け負い、多彩な論理を展開した。ある事件では、英保守党の政治家で、寄付とタックスヘイブンの常連であるマイケル・アシュクロフトの秘密資金――彼の保有する数百万ドルにも及ぶ株式の評価に関する秘匿性の高い訴訟で代理人を務めた。この事件を担当した裁判官は、ポッツの顧客が2004年にある企業から「大金」を抜き取ろうとしていた事実について、ポッツが実質的に認めた、と述べた。その根拠としてポッツの言葉を引用すれば、すでに自分たちが「手も足も出ない状態だったから」というのだ。また別の裁判官は、このポッツ・アシュクロフト事件の訴訟を、株式の真の価値に関係なく資金を引き出すための「圧力の道具」であると称した。

「このやり方（私の理解では、これはシティでは稀な手法ではない）は、『グリーンメール[訳注★10]』と呼ばれている。しかし、私の解釈ではブラックメール（恐喝）が適当な言葉だと思う。私が思うに、このようなことがシティの評判を落としているのだ。シティの本来の役割は、企業が自らと国の健全な発展のために資金を調達する場を提供することだ。どこであれ、投機的な取引が行われ、そこから得られる利益が国に何のメリットももたらさないオフショアに集められる……私の考えでは、それは合法とは言えない」[*24]

これよりはるか前の1997年に、JPモルガンは「ビストロ」の販売をついに始めたが、その同じ年に国際スワップ・デリバティブ協会（ISDA）が、前出のロビン・ポッツにCDSに関する法的意見書を書くよう要請していた。この意見書には、重要な争点が含まれていた。CDSは果たして投機なのか、保険なのか。賭博法もしくは保険法、いずれの適用を受け、課税されるべきなのか？

普通の論理的思考の人ならば、保険と賭博の両方に該当する、と回答するであろう。なぜならば、回答者の取引の目的によるから。そして、投機的CDSは、商品によってはあまりにも危険だからだ。あるコメンテーターは「この手法を禁じることは、銀行強盗を禁止する必要性と変わらない」と述べたほどだ。[*25]

しかし、ポッツは見事に正反対の答えを導き出すことに成功した。それこそ、ISDAと貪欲な大手銀行のCDSトレーダーらの待ち望んでいた答えだった。CDSは保険でも賭けでもない、と彼らにおもねる持論を展開したポッツは、いつの間にかロンドンでCDSは規制されないという承認を得て、企業の死を意味する債務不履行を対象にした投機への門戸を、無制限かつ無規制で開いたのだ。これこそが銀行業の最も根源的なルールの1つ、銀行は「自己資金投資をすべきであり」、自身の肩に少なくとも貸金の一部がデフォルトするリスクを背負っていなければならないことを引っくり返した出来事だった。

この出来事が象徴する意味合いと影響は計り知れないほど巨大だった。それは、ＪＰモルガンのチームのトップの一人であるブライス・マスターズの満足げな言葉、「クレジット・デリバティブによってもたらされたビジネス機会には、正直、圧倒されそうなほど驚いた」に表れている。ポッツが意見書を書く前年の１９９６年には、１５００億〜２０００億ドル相当のＣＤＳが出回っており、この額はすでに巨額であった。10年後、金融危機が顕在化し始めたときには、その額は３００倍の60兆ドルを超え、これはほぼ地球全体のＧＤＰに匹敵する額に達していた。[*26]

それゆえ銀行は、これらの新たなワクワクする手法が、少なくともロンドンでは規制からの除外認定を受けている、と信じていた。そして、１９９８年に米連邦準備制度理事会（ＦＲＢ）が、ＪＰモルガンにビストロ・ディールに対する資本軽減の許可を与えたとき、次の大きなハードルが崩壊した。これが、その後の銀行の資本に関するバーゼル規制に対しても、これらディールを許容する道を開くことになる。しかし、それまでにはまだ越えなければならない障害があった。次に立ちはだかったのが、１９３３年制定のグラス・スティーガル法だった。

グラス・スティーガル法は、投機家に預金者のカネで賭けをさせないために、アメリカにおける商業銀行業務と投資銀行業務を分離した法律である。デリバティブについては同法に明確な規

訳注10　グリーンメール　標的にした企業に高値で買い取らせることを目的に、その企業の株式を買い集めること。

定はなかったため、そこに目をつけたロビー団体が、ロンドンやオフショア・センターの事例を盾に、ワシントンで堂々と総力戦を仕掛けたのだ。

その頃までには、銀行が逃げ道を探すことは比較的容易になりつつあった。それは単にデリバティブを用いたり、オフショアに移動させるというものではなく、これまでとは違った「競争力」ゲームを展開できる別の方法を見つけたからだ。アメリカの金融システムは、過去の金融危機の結果、多種の専門分野の規制官らによってパッチワークのように監督されるようになり、結果として「自分好みの規制官を選ぶ」ことが横行した。一方、規制官は、顧客を獲得するために規制水準を引き下げることを目指すようになり、それが規制官同士の「競争」を助長した。

イデオロギー的変化も進行中だった。アメリカ金融界で強硬派のポール・ボルカーは、とっくの昔に規制官トップであるFRBの議長を退任しており、後任には極端なリバタリアンのアラン・グリーンスパンが就任した。そのグリーンスパンはかつて、福祉国家とは「政府が、社会のより生産性の高い人々の富を没収するメカニズム」でしかない、と述べていた。また、イギリスのタックスヘイブンに対する考え方を取り入れて、詐欺を罰する法律は不要であると述べ、人はろくでなしとは仕事をしなくなるので、彼らは市場から駆逐されるだろう、との持論を展開した。[*27]

グリーンスパンは、ビル・クリントン大統領時代の財務長官だった元ゴールドマン・サックスのロバート・ルービンおよびルービンの部下だったローレンス・サマーズとともに規制緩和運動に参加した。そして、この第三の道っぽい3人組が、狂乱の金融イノベーションを主導し、それが今や全米のトレーディング・ルームで爆発的に増えてしまっている。

1999年11月、このアメリカの規制反対派は、グラス・スティーガル法の無効化という最大の獲物を仕留めた。このグラス・スティーガル法こそ、唯一効果的に機能していた反トラスト法で、65年もの長きにわたり、銀行に預金者らの預金でギャンブルをすることを禁じてきた最後の砦だった。1999年の法律廃止のセレモニーで、サマーズは「この歴史的法律は、アメリカ企業が新しい経済環境の中でよりたくましく競争することを可能にするだろう」と述べた。すでにその頃、サマーズは財務長官に就任し、ルービンは新たに合併したシティグループの取締役に就任していた。そのシティグループこそが、この規制緩和で最も恩恵を受けることとなるのだ。[*28]

2000年に入ると、さらに巨大な規制緩和が実現した。それが商品先物近代化法(CFMA)で、窓口販売でのデリバティブ、例えばCDS他の魅惑的な金融商品などについて米政府の監督権限を明確に除外する規定が設けられた。この動きは「大統領のワーキンググループ」の働きかけによって拍車がかかり、彼らは「米企業と市場が、他の先進諸国と比べて競争面で不利にならないようにするためには、規制緩和が必要だと主張した。そして、不作為が継続すれば、「イノベーションに水を差し、また、これら重点市場分野の成長を阻害し、取引をオフショアに奪われ、アメリカの当該分野におけるリーダーシップが損なわれる」と警告した。いつものことながら、皆の脳裏に浮かんだ特定の「競争相手」こそが、シティだったのだ。

金融犯罪学者のビル・ブラックが私に説明してくれたが、「ウォール街にとって、ロンドンは規制緩和の必要性を主張するために、なくてはならない存在だ。シティは、脅しに使えるお化けなのだ」。

また、2000年には英金融サービス機構（FSA）[訳注★11]が、ドイツ銀行とJPモルガンのロンドン支社に、米規制当局なら絶対に許可しなかったであろう危険レベルに達する借入を可能にする、挑戦的なリスクモデルの認可を与え始めた。他の米銀もこれに気づき、なだれ込んできた。その後間もなくして、ゴールドマン・サックスは係争中だった米規制当局との間で、ロンドンが提供しているのと同じ条件を認めてもらうことで合意に達した。ついに、アメリカのドミノが、シティの特別扱いによって崩壊した瞬間だった。[*29]

2000年代初頭には、グリーンスパンの方針の影響がワシントン中に広まっていたが、それでもアメリカの規制官全員が彼の手法になびいたわけではなかった。

ある規制官のグループは、銀行の資本レベルについての新たなバーゼル規制を設けるための国際的な会議に参加するため、ロンドンに飛んだ。これが2004年にようやく実施される頃には、規制の中身はスイス・チーズのように穴だらけになっていた。それは、少なくとも各国それぞれに自国の金融システムがあり、自分たち好みの有利な「競争」が反映されることを求めていたからだ。米高官は、彼らの最も懸念していたいくつかの議題が、議論の俎上にすら載っていなかったことを現地に到着してから知った。彼らは到着するやいなや、特にイギリスとスイスの代表から、これらに関しては自分たちよりも銀行のほうがよほど知識があるので、自己資本比率をどうすべきかなど、銀行に指導すべきではない、と言われた。

規制官らは、銀行規制を民間に委ねることに実質的に屈服し、同意した。すなわち、規制官は今後、リスク・ウェイト[訳注★12]の計算は行わず、銀行独自のモデルに基づいて銀行自身にその計算をさせることとなった。その結果、銀行が唯一すべきは、規制官に対して、自分たちが何をしているのかを通知することだけだった。規制当局と規制官は、銀行に何をすべきか指導するというこれまでの立場から、単に銀行が何をしているのかを照会する立場へと変わってしまった。FRBチームのメンバーの一人は、ロンドンでの会合で虚しい叫びのような抗弁をしていた自分を思い出していた。

「この資本の少なさを見よ。どんな基準を使っても、さすがに800：1のレバレッジをもって、大丈夫とは言えないだろう。もちろん、これが適正リスク判断の本当の基準でないことは自明で、これでいいはずがない」

こう必死に訴えたが、意見は受け入れられず、結果は変わらなかった。その会合で、国際規制当局者らは「壊滅的な金融危機を防止するための最後のチャンスをふいにしてしまった」と説明してくれたのは、デリバティブの専門家ニコラス・ダンバーである。

「バーゼル合意が、デリバティブを駆使する裁定取引業者からの全方位的猛攻を受け、侵食される様子は、あたかもゾウがウジ虫に襲われ食べ尽くされていくかのような、低速度撮影の映像に見え始めた[*30]」

翌2005年には、ブレアがイギリスとして規制に反対する立場を明確に表明し、金融サービ

訳注11　FSA　(Financial Services Authority) 金融業界の規制機関として設立され、2013年に金融行動監視機構（FCA）とイングランド銀行の健全性規制機構（PRA）に分割された。

訳注12　リスク・ウェイト　銀行の自己資本比率を算出する際に、資産を計算するために使用する比率で、保有する総資産の種類ごとの危険度を表す指標。

ス機構（ＦＳＡ）に対して、「これまで誰も騙したことのない、由緒正しき企業による効率的なビジネスを、とてつもなく萎縮させてしまった」と激しい非難を浴びせた。これに対するＦＳＡ長官の反論は、「我々ＦＳＡが、最大手の銀行を監督するために投入している要員は、アメリカの規制当局者らの数分の１でしかない」[*31]という萎縮したものだった。イギリスがさらに規制緩和へと傾いていく中、米規制当局は、ロンドンに後れをとるまいと「競争」を試みた。その間にも金融イノベーションは西側世界にたちまち広がり、それとともに新たな手法が生み出され、その最も高リスクのものが作られたのがロンドンだった。

リーマン・ブラザーズ倒産のメカニズム

デリバティブのプレーヤーも他の一連の障害物を乗り越えつつあった。今回のそれは規制当局ではなく、市場そのものの中にあった。

最初に問題となったのは、シンセティックＳＰＶが大量に発行していた超安全なスーパー・シニア債だった。誰も微々たるリターンしか提供できない商品など保証したくなかったのだ。しかし、その中で唯一保証すると名乗り出たのが、巨大保険会社ＡＩＧ（アメリカン・インターナショナル・グループ）で、具体的には、ロンドンのメイフェアに拠点を置くＡＩＧフィナンシャル・プロダクツ（ＡＩＧＦＰ）だった。これを主導したのが、ドレクセル・バーナム・ランバートの元社員ジョー・カッサーノだ。ドレクセルは、１９８０年代に起きた詐欺的な貯蓄貸付組合の金融危機の中心にあって倒産した米ジャンク債の専門会社だった。ＡＩＧＦＰは保証する１ドルごとに毎年0・02セントを受け取ることになり、この契約モデルは、道路をならすスチームローラーの前で小銭を拾う行為にたとえられた（カッサーノ自身は、その小銭のうち毎年30％を持ち帰り、2000～08年にかけて実収で総額2億8000万ドルを稼いだ）。

この破壊的なユニットは、大西洋を跨ぐ複雑な企業構造の一部としてロンドンに拠点を置いていた、とダンバーは解説する。「従って、各国は互いに相手国が監督をしていると思い込み、『これらを監督せずに済んでよかった』とホッとしていた」そうだ。そして、それこそがＡＩＧの思うつぼだったのだ。[*32] 世界金融危機が襲ったとき、ＡＩＧはその無謀なロンドン子会社を通して保証していた、劣化した金融商品に対するすべての支払いを実施できなかった。その後に続いた金融縮小の渦によって、親会社ごと11万5000人の雇用と130ヶ国の拠点が吹き飛び、アメリカ史上に残る、政府による最大の救済劇となった。

ＡＩＧは最大規模の救済だったかもしれないが、リーマン・ブラザーズは最大級の倒産劇となった。しかし、これに救済はなかった。そして、再度ロンドンが核心部分に大きく関わっていた。リーマンの倒産を引き起こしたメカニズムの1つに「レポ」と呼ばれるものがあるが、それは今やグローバル・ファイナンスの中核を成すものだ。本来、これは大企業が余資を運用する方法である。例えば、イギリスの銀行に個人的に2万5000ポンド預金すると、あなたの預金は実質的に安全だ。政府は8万5000ポンドまで保証し、銀行が倒産すれば、銀行に代わって弁済してくれる。しかし、7000万ポンド預金したい企業は、その保護を受けられない。

そこでレポという手法を活用することになる。それは、相手――必ずしも銀行とは限らない

――に現金を預け、それと引き換えに国債やケイマンのアンドロイドが発行する証券化商品などを担保として受け取る。それと同時に銀行（相手）が、その担保を企業から1日～1週間の金利にわずかな割増金利（プレミアム）を乗せて買い戻すレポ契約（たいていは翌日～翌週くらいまで）を銀行と結ぶ。典型的な手法としては、この手口が毎日繰り返される。企業は、標準的な預金金利で銀行に預けるよりも、レポ市場でそれより少し高い金利が得られる上に、万が一銀行が倒産した場合にも、失った預金分を担保が保証してくれる。銀行も、レポに関しては税務上の恩恵と会計上の優遇もあるので、金利面で少し上乗せできる。

レポは今やどこにでもある。レポは、数兆ドル規模の金融市場の大半を網目状に繋ぎ合わせ、政府や企業の債券市場を中央銀行の金融、証券化、税や消費に加え、他の金融市場とも連結させている。システム的にとても重要であるがゆえに、今やレポをシャドー・マネーと呼ぶ者もいる。[*33] 危機のときには、この密接に繋がったレポが、ショックを伝播する機能へと変化してしまう。世界金融危機は、一部では、「レポ市場の取付騒ぎ」とも呼ばれ、次の危機でも背後でレポが影響するだろう。

法律的には、レポに関して次のような問題が提起される。この現金と交換される担保は、実体のある販売と言えるのか？　そうであるなら、銀行がレポのオペレーションで「販売する」債券は、もはや銀行の所有ではないので、それに対応した額の資本を追加で引き当てる必要はない。一方、販売した債券と引き換えに受け取った現金は、銀行の資産に計上され、銀行の貸借対照表をよく見せるのに貢献することとなる。しかし、現実社会では、レポは買取契約において、銀行とその担保との間にへその緒のような繋がりがあり、実体の伴った販売ではないことが明白だ。金融危機前の数年間、リーマンは自身の貸借対照表から資産を隠したいという意図から、レポが真の販売の一環であるとの法的見解を得たいがために、数社のアメリカの法律事務所を訪ね歩いた。しかし、どこも応諾しなかった。

ここまで読めば、リーマンが自分の欲する意見書を書いてくれるところを探しに次にどこを訪ねたか、容易に推測できるだろう。ロンドンの法律事務所リンクレーターズは、２００１年に彼らの意向に沿って、問題の取引、通称レポ１０５は実体のある販売だった、との意見書を書いた。また、リンクレーターズは巧妙な法的手法を編み出し、リーマンが投資家の目から資産を隠しながら、ロンドンの子会社を通して取引を行い、四半期ごとのレポート発表前には貸借対照表をよく見せられるような詐欺的取引を行いつつ、その発表直後に元に戻す手法に道を開いた。[*34]

リーマンのある役員は、レポ１０５は「私たちが依存している薬物の１つにすぎない」と話していた。危機が直撃したとき、リーマンがレポを用いて５００億ドル相当の不良債権を自身の貸借対照表から外していたことが明らかになった。リーマンのロンドンの監査法人、アーンスト・アンド・ヤングは、２００１~08年までのリーマンの決算報告書を承認する監査手数料として１億５０００万ドルを得ていたが、報告書にレポについての記載はなかった。

ベンチャー・キャピタリストのジョン・モールトンは、リーマンの言い訳を次のようにまとめる。「彼らは、友好的な法的管轄地域を漁《あさ》っていた。自分たちの欲しい答えを探していた。そして、それを獲得したのだ[*35]」。それもロンドンで。

シティはグローバル金融の無法地帯

金融システムがこれまで以上のリスクを背負う中、そのリスクを隠蔽するいくつもの手法を見つけたことで、その崩壊は時間の問題となった。

それは、2007年に驚くべき取引の発覚から連鎖的に始まった。中でもリーマンは間違いなく最も危険で、あるとき、米経済に言及した当時のジョージ・W・ブッシュ大統領に「こいつは潰れてもいい」とまで言わしめたのである。そしてこの件でも、イギリスはまたもやレポ取引のリスクを増幅することになる、さらに大きな役割を果たしていたことが明らかになった。

企業がレポ取引で現金と引き換えに国債を受け取ると、その債券を次のレポ取引を通じて他者に引き渡すことができる。これを再担保と呼ぶ。その債券を受け取った人は、再度担保に供することができ、それが繰り返される。[*36] アメリカの規制では、これらの手法をかなり厳しく取り締まっていたが、リーマンその他の金融機関はロンドンではこれを無制限に実施できたので、たった1つの担保が、ヒナギクの花輪のように絡み合った繋がりの最初に戻るまで幾度も再担保され続け、各取引時点で各市場プレーヤーがスプレッドや手数料を徴収していた。その鎖が長くなればなるほどリスクも高まるのだが、どんな鎖でもその強度は、最も弱い繋ぎ目の強さしか持ち得ない。

リーマン・ブラザーズが倒産したとき、その資産の大半は無責任なロンドンの子会社に移されていた。そこでアメリカの各ファンドが目にしたのは、ロンドンの市場で幾度も再担保に供されていた資産の大半が、金融の煙と化して消滅してしまった景色であった。

これに輪をかけて状況を悪化させたのは、再担保制度の下では、どれほどの額がシャドー・バンキング・システム、すなわち、ヘッジファンド、レポトレーダーなどの秘密の金融機関が、伝統的な銀行規制の外で行う金融業務に流れていたのかを、誰も把握できていなかったことだ。IMFによれば、この再担保制度で膨れ上がった資産が作り出した死角は、金融危機の直撃によって露呈し、シャドー・バンキング・システムの規模が、実は規制当局者が想定していたよりも50%以上、額にしてほぼ5兆ドル大きかった、という。すべてが崩壊し、状況は悪化の一途を辿り、さらなる混乱とその後の危機を深刻化させた。またしても、シティに礼を言わねばなるまい。*37

ここまでくると、アメリカでの「規制の攻略」の影響はあまりにも深く広く浸透し、また強烈だったがゆえに、事情を知らない者ならば、アメリカもやっとイギリスの規制緩和競争に追いついた、と結論づけることだろう。いや、まだほど遠かった。

私の手元には、ニューヨーク市長マイケル・ブルームバーグと米上院議員チャック・シューマーが2007年1月に提出した「ニューヨークとアメリカのグローバル金融サービスのリーダーシップの維持」と題された素晴らしいロビー活動用の記録がある。この議論の核心部分は、2つの言葉に集約されるだろう。1つは、この記録の中で135回も繰り返し使われた「ロンドン」であり、2つ目は「競争力」(またはその類似語)で、こちらは200回以上使われていた。

この中で、ニューヨークはグローバルな大競争の中で、ロンドンその他の金融センターの後塵を拝しつつあると主張し、「もっと柔軟で協調的なロンドンの規制環境」に後れを取らない唯一の方法は、さらに大規模な金融規制緩和の実施である、と強く促していた。そして、この記録を補完する形で出したある論説の中で「我が国の規制当局が、街中で厳格な任務を遂行しようとする警察官たるべく切磋琢磨している間に、英規制当局は、さらに協調的かつ問題解決志向で物事を考えている」と強調した。ニューヨークはまだ規模の面で「勝って」いたが、ロンドンはアメリカよりもデリバティブその他の分野では先んじていると、その懸念を煽るように締めくくっている。

アメリカはこの「超競争グローバル市場」で「取り残される」リスクを背負っていた。その解決策は、規制を緩和し、金融市場の監視をやめ、ロンドンを真似すればいい、ということだった。ニューヨークの金融資本家らが、本国で許可されていない取引ができる、まさにグローバル金融の無法地帯とも呼べるロンドンに秋波を送っていたことに何ら驚きはない。*38

2ヶ月後、シティはグローバル・フィナンシャル・センターズ・インデックスなる指標を公表した。その中での彼らの分析によれば、ロンドンは「かろうじてニューヨークに先んじた」と。この中でアメリカについては92回、そして競争関連の言葉は200回以上使用していた。

英政府としては、「まだ『臨界点』に達していない」ことを印象づける必要があった。その答えは、ロンドンでのさらなる規制緩和の実施だ。ブレア政権の財務大臣ゴードン・ブラウンは、6月に参加した金融界の内輪の懇親会で、「シティにとって、歴史に刻まれる新たな黄金時代の始まり」に共に立ち会っていることについて、シティの金融・政治の有力者らを祝福した。そして、エンロンとワールドコムの惨事の直後に金融規制を強化すべきとする圧力に屈しなかったことを誇らしげに話し、次のように続けた。

「あなた方の成功は、イギリス全体にとって重要な意味がある。我々の競争力を維持するために我々がなすべきこと、同時に、してはならないことを共に考えていこう。この21世紀の最初の数十年については、世界経済が最も大規模に再構築される中で、おそらく産業革命よりも劇的な新世界秩序が創造されたと、未来にわたって語り継がれるだろうと信じている」

2ヶ月後の8月には、英保守党が最悪のタイミングで、ある報告書を発表した。「競争力のためにイギリスを解放する：イギリスのグローバル化に向けての準備」と題されたその報告書の中では、競争関連の言葉を226回も乱発し、金融緩和をはじめ「公的私的パートナーシップ、特別無担保ファンドやファンド・オブ・ファンズ、[訳注★13]債務担保証券、ローン担保証券、CDS、SPV」など、多くのリスクを取る商品を「大いに好ましいトレンド」として有頂天に列挙していたが、これらの商品こそが間もなく西側世界を跪《ひざまず》かせることになるのだった。それから数週間も経たないうちに、ノーザン・ロック銀行の顧客らは、銀行口座からカネを引き出すために長い列をなした。世界金融危機がとうとう訪れたのである。

「ウォール街の連中が善人に見える」

金融崩壊と、非難合戦となった責任のなすりあいの只中から、1つだけ明らかになったことがある。アメリカの司法と金融規制当局の尊厳が地に堕ちてしまっていたため、もはや世界中

訳注13　ファンド・オブ・ファンズ　複数の投資信託を投資対象とする投資信託。

を破滅に追いやった銀行家らの責任を追及して有罪にし、刑務所送りにする気力も能力も残っていなかったことだ。「大きすぎて刑務所送りにできない」という標語が流行り、多くの人が、1989年までに3000人以上が刑務所送りになった小規模な貯蓄貸付組合事件とのあまりにも大きな落差を思い知らされることになった。しかし、イギリスの状況はこれ以上にもっと酷かった。英米両国間のあまりにもかけ離れた相違点と規模を明確に理解することは不可能だが、少しでも概要がつかめるようにいくつかの統計や逸話をもとに説明してみよう。

本書執筆中、米金融規制当局は、世界全体の金融危機に関連した案件総額およそ3200億ドル超に対し、およそ1500億ドル超の罰金を課した。それと比較して、イギリスはどうだったかと言えば、金融規制当局が2007~18年にかけて金融機関に課した罰金額は、総額35億ドルである。しかも、この罰金総額には、通常の報告義務違反や小規模ブローカーによるガバナンス違反、債務返済保証詐欺、保険会社関連、LIBOR事件やそれに類するものなどがすべて含まれている。調べてみたところ、明確に世界金融危機に関連する案件に対する罰金は一切見つけることができなかった。ゼロである。もちろんイギリスの銀行が多額の罰金を課されたことは事実だが、それは米当局の積極的行動によるものだった。

アメリカでは、国の財政からの救済金の不正使用で2018年までにおよそ250人が刑務所送りになったが、イギリスではやっと、バークレイズ銀行の役員4人が、危機の最中の2008年に銀行の金融ポジションを支援したカタール関連の取引で訴追され、罪に問われようとしている。2019年に裁判にかけられ、有罪となれば、イギリスでは長年、銀行員は守られた種族であるとされてきた不文律に対する初めての例外となる。いずれにしても、彼らのこの行動は、初めから危機の招来とは何の関係もなかった。[*39]

「総じて見れば、直近で、米政府ほど、世界で最も『銀行の虜』となった存在はないだろう。言い換えれば、それは寄生虫的な金儲け主義という単一文化と結びついたスイス、ルクセンブルク、シンガポール、ドバイ、シティのようないかがわしい輩になり下がった」と説くのはアメリカのオフショアと金融犯罪の専門家ジェームズ・ヘンリーだ。「アメリカはもはや、バンクスター党[訳注★14]による一党支配国家になってしまい、その党と回転ドアを出入りする者たちによって統治されている」と。トランプ政権は積極的にアメリカの金融規制緩和を実施し、その間にイギリスは金融危機後の国民の激しい怒りの中で、分野によっては規制を強化し、場合によってはアメリカよりも厳しく規制している分野もある。

しかし、金融危機を招いた主因については、ロンドンでは説明責任は一切果たされてこなかった。英金融サービス機構（FSA）によれば、ロンドンに拠点を置くAIGFPは「管轄外に該当する」とされた。デイリー・テレグラフ紙は、「今日まで、AIGに関していずれのイギリス当局も何も言っていない。対照的にアメリカでは、複数の捜査が実施されている」と報道した。イギリスの重大不正捜査局は、2009年にAIGを捜査するよう要求されていたが、翌2010年に英メディアをはじめ、どこにも発表することなく、「証拠不十分」で静かに幕引きをした。

訳注14　バンクスター党　銀行業界で、不誠実で不当利益を得ようとしている人々を指す。

イギリスがアメリカ以上に、いかに無謀なグローバル金融に侵食され徹底的に取り込まれているか、それがゆえに英金融セクターがどれほど世界経済を、尋常でないほどの危険に晒しているかを理解する人は少ない。「グローバルな地政学的視点から見た、金融システム全体に波及する金融危機が存在し、ロンドンがその大部分を生み出している」と、ある専門家は指摘し、「将来の危機に備え、危機が拡散しないように、阻止、抑制する議論を行う必要があるのに、一切されていない」[*40]と述べている。

金融危機以来、金融の安定を損なう恐れのある金融イノベーションに対するイギリスの許容度は、殺人や違法薬物に染まったカネに対する許容と密接に絡み続けている。HSBCの事件を例にとれば、銀行はロシアのギャングからカネを受け取ったが、このギャング組織はアルカイダやヒズボラ、北朝鮮などとも繋がっており、メキシコのシナロア薬物カルテルの少なくとも8億8000万ドルの資金洗浄も助けていた。彼らのあまりの極悪人ぶりに、元ニューヨーク州司法長官エリオット・スピッツァーは、「彼らと比較するとウォール街の連中が善人に見えてしまう」と冗談交じりに言ったほどだ。[*41]

2012年に米司法省がHSBCを訴追しないと決定した判断について、米議会の調査では、英財務大臣ジョージ・オズボーンとFSAが最も高度なレベルでアメリカ政府・司法当局に積極的に働きかけ、もし「彼ら（イギリス側）の」銀行家が訴追されるようなことがあれば、「世界規模の金融危機」が起きるだろうと脅迫していた、と明らかにした。報告書によるとロンドンの介入は、「アメリカ政府の調査を妨害・阻止し、HSBCを訴追しないという司法省の判断に影響を与えた」[42]。

トランプ政権高官とロシアの富豪との関係が表面化し、取り沙汰されるにつれ、アメリカ人も徐々に、疑わしい外国のマネーを匿《かくま》うことで生じる民主主義への脅威に目覚めつつある。しかし、ロンドンはアメリカよりずっと以前からこのゲームに参加していた。

「アメリカが経験したことは、ロンドンを直撃したものと比べれば、かすかな木霊《こだま》のようなものだ」とは、共和党の政治戦略家リック・ウィルソンの言葉である。「ブルックリンのブライトン・ビーチでは、ロシアのギャングの一味がタクシー会社の免許を買収し、噂を流して株式の信用詐欺を行っていた。幾人かはトランプ・タワーのコンドミニアムを買っていた。ロンドン在住のロシア人らは、……ルネッサンス時代の美術品や、高級街ナイツブリッジの一画をブロックごと買っていたよ」

ロシア系企業の新規株式公開（IPO）に関するPwCの報告書には、2005〜14年にかけて、ニューヨーク証券取引所では2社、NASDAQに2社、モスクワに37社、そしてロンドン証券取引所には67社の上場が記載されている。これらすべてが犯罪企業というわけではない。いや、犯罪とはほど遠いと言うべきだろう。しかし、このロンドン市場選好傾向は、ロンドンの法規制に対する破格の許容性を反映した結果と言えるだろう。

組織犯罪を専門とするドイツの元警察官ベルント・フィンガーは、2017年に犯罪関連資金の追跡捜査を行った際の経験を話してくれた。ドイツの捜査機関が、他国に捜査協力を依頼した場合、どの国でも比較的協力的だったが、2ヶ国だけ顕著な例外があったという。ロシアとイギリスだ。条約では、要請があればイギリス側は必要な情報を提供する義務があると彼は言うが、「彼らは返信もしない」というのだ。[*43]

かつてフランス当局が、電話会社ライカモバイルにおける資金洗浄と税の詐欺事件の捜査でHMRCに協力を求めると、公式な返答書簡の内容は、ライカモバイルは「巨大な多国籍企業」であり、「彼らの一存で処分し得る巨額の資産を保有」しているため、「自社の立ち入り捜査に同意することはまず考えられない……特筆すべきは、彼らは保守党に対する最大の献金企業である」というものだった。英元会計委員長のマーガレット・ホッジは、イギリスを、「世界中のすべての泥棒政治家、詐欺師、独裁者が選ぶ国」と皮肉った。

「市場を規制し、市場犯罪を訴追する私たちの制度は、完全に壊れてしまっている」と指摘するのは、英検察局長ケン・マクドナルドである。人も組織も「あたかも刑事訴追されないかのごとく振る舞う。路上で他人のものを強奪して捕まれば、おそらく刑務所行きだろう。だが最近では、人の貯金や年金を奪ってヨットを買っているかもしれない[*44]」。それは一国の財産を盗み取ること、いや、世界の半分を手中に収めることに繋がるかもしれない。

第7章

年	この章で扱った出来事の流れ（[●]＝参考として日本での主な出来事）
1986	英サッチャー首相による金融ビッグバン政策
1987	（～2006）連邦準備制度理事会（FRB）議長にアラン・グリーンスパンが就任
1988	米シティグループが最初のSIVアルファ・ファイナンス・コーポレーション設立
	バーゼル合意が策定される
1991	国際商業信用銀行（BCCI）破綻
1998	ヘッジファンド、ロングターム・キャピタル・マネジメント（LTCM）が破綻
1999	米でグラス・スティーガル法が廃止される
2000	米で商品先物近代化法（CFMA）が制定される
2001	米エンロンが破綻
2002	米ワールドコムが破綻
2006	[●] 景気拡大が戦後最長となる
2007	サブプライムローン危機
	[●] 新潟県中越沖地震
2008	リーマン・ブラザーズ、ベア・スターンズが破綻
	AIGが経営危機に陥り米政府管理下におかれる
	米シティグループが米政府の支援を受ける
2011	[●] 東日本大震災
2012	JPモルガン・チェースの「ロンドンの鯨」による巨額損失事件発覚

第8章 富とその鎧

2007年9月17日、英法廷会計士でコメンテーターのリチャード・マーフィーは、自身の短いブログの中で、英住宅金融会社ノーザン・ロック銀行の帳簿に奇妙な項目が記載されていることを公表した。それを受けて、同行がすでに数日前にイングランド銀行に緊急融資を申し込んでいたことを認めるや否や、銀行の支店には長い行列ができた。

これはイギリスにおける1866年以来の取り付け騒ぎで、世界金融危機の最初の大衝撃波の1つだった。ノーザン・ロックは、最先端のSPV（特別目的事業体）を使って証券化ゲームにのめり込んでいた。SPVは短期債を発行してグローバル投資家らに販売し、住宅ローン購入の資金を調達していた。そして、投資家が不安を募らせ、投資をやめた途端、この密接に相互連係した金融装置は、突然の停止に追い込まれた。

これはノーザン・ロックの突然の心肺停止を、ある一面から説明していたにすぎず、マーフィーが探れば探るほど、奇妙なものが見え始めた。単に、これらSPVの大半が英領タックスヘイブンのジャージー島に拠点を置いていたからではなく、またノーザン・ロックが支配はするが、所有はしていないこと——すなわち、利益を計上はするが、資本規制を受けないように貸借対照表から外すことを主張するための区別が理由でもなかった。[*1]

奇妙なことにノーザン・ロックの内部資料によると、およそ400億ポンド相当の住宅ローンの保有額すべてが「1つまたは複数の慈善団体のための一任信託という条件で信託専門会社に信託され」、また「信託専門会社の裁量で選択される、他の公益目的のため」に信託されていた。そして、その受益者たる団体名は、DSNEと呼ばれるダウン症児を支援するボランティア団体で、ニューカッスル郊外の質素なセミデタッチ（二軒長屋）の住宅を拠点に運営されていた。DSNEのボランティアは、募金集めを目的とした水泳大会、「女性の昼食会」の開催、劇場チケットの販売、また協力者の男性が自転車で米大陸横断を成し遂げて調達した125ポンドなど、地道な資金集めを行っていた。

この慈善団体で働く誰もが、自分たちの活動拠点が、オフショアにある400億ポンドもの住宅ローンを抱えるアンドロイドに接続され、金融のグレーゾーンを通過しながら巨額のカネを生み出しているとは夢にも思っていなかった。2001年にノーザン・ロックの職員から受け取った寄付金を除けば、DSNEはびた一文、この銀行から受け取ったことはなかった。

このブログを読んだ人なら誰もが私と同じ疑問を持ったことだろう。一体これはどういうことか？　マーフィーは、すべてが「完全に捏造《ねつぞう》された茶番だった」と指摘する。まさにその通りだった。しかし、合理的な理由もなく、400億ポンドもの大金をこのように酷く凝った金融・法的手法を駆使した装置に流し込むことはあり得ない。この理由を理解するには、現代のグローバル金融のさまざまな手法の中でも1000年以上の歴史を持つとされる、史上最も有用で多用途、融通が利き、つかみどころがなく、パワフルかつ危険な構造と仕組みを持つ信託《トラスト》の歴史について見ていかなければならない。

信託という「要塞」

信託の考え方の発祥は中世にまで遡る。当時のイギリスの騎士や王侯貴族は十字軍に参加し、多くの場合、留守中の土地や私有財産を執事《スチュワード》に任せ、執事は彼らが遠征から戻るまで、その家族のためにそれらを管理運営することになっていた。しかし時には、騎士が戦地から帰還すると、任せておいた土地や財産を返してもらえないことや、教皇のために命をかけて戦っていた留守中に妻や娘を寝盗られることもあっただろう。*2

そこで、戦いに赴く戦士らは、あらかじめスチュワードシップ（受託者責任）に関する規定を設け、それを遵守させるために脅しも交えながら、時には神秘的な力があるとされる聖なる遺物の前で執事らに忠誠を誓わせた。教会も巻き込み、誓いを破れば永遠に悪魔に囲まれた世界で過ごす羽目になると想像させるだけでも、執事らの邪《よこしま》な心の芽生えをいくらか抑えることができたが、それでも面倒な仕事であることに変わりはなかった。そして、長い時を経て強制力のある信託法が生み出され、整備されて今の形に受け継がれている。

古典的・典型的な信託とは、3方向の関係である。まず、原資となる資産を提供する委託者――中世は騎士、今日ならおそらく億万長者の祖父――が遺言で、または死ぬ前に資産の管理を信託に委託する。次に、その資産を運用する人がいる。歴史的にはこの役割を引き受けたのは執事であり、たいていは信頼の置ける身内だったが、今日では有能な弁護士であることが多い。3つ目は、受益者――一般的には騎士（または祖父）の家族で、この信託資産の利益を受ける側である。この三者は信託証書という取り決めに縛られ、それには誰が何をいつどのように、そしてどのような条件下で受け取るか、ということまで詳細に明記されている。また、この証書は裁判所で執行可能である。信託は企業のような組織体ではなく、法的枠組みを提供する契約に近いものだ。

信託に提供される資産は何でもよい。例えばスイスの銀行口座、金の延べ棒10本、オーストリアにある城、チェルシーの高級マンション、保有株式、金銭的価値のある特許権、ジャージー島に登記された数社の特別目的事業体（SPV）、無名のポップ音楽の著作権や、さらには、これらすべてを所有する英領ヴァージン諸島のペーパーカンパニー、またはこのペーパーカンパニーを所有している別のペーパーカンパニーなど、いくらでも考えられる。要は、何でもいい。

錬金術の秘法は、委託者が資産を託すことから始まり、その所有権という概念が、次のような異なる要素に分離し始める。すなわち、法的所有権に対して、その資産を消費、利便を享受、または管理する権利、もしくはそこから収入を得る権利等である。一般的には、受託者には、信託証書に基づいて種々契約書への署名や資金の移動などが認められている。しかし、これはあくまで所有権のごく一部を示しただけだ。例えば受託者が、受託された資産を持ち逃げしたり、合意された運営費を超えて自身の私腹を肥やすことは法律上認められていない（もしこの合意に反した場合、信託に関与する他の関係者は、司法に訴え出てその資産を取り戻すことができる）。

受益者には、当該資産について別の権利が付与されている。例えば、信託が、老人の孫にその城に住む法的権利を付与したり、老人の次女が21歳になった暁にはポップ音楽の印税の半額を与えることにしたりするかもしれない。また、別居中の妻には、その老人のヨットを木曜日を除きいつでも使える法的権利を与えるのに加え、フェイスブックの株式から配当を受け取る権利を与えるが、株式そのものに対する権利は与えないなどの設定が可能だ。場合によっては、受託者は包括的なガイドラインに沿って、信託財産を分配する自由裁量権を与えられていることもある。いずれにせよ総じて見れば、祖父である老人は資産を手放し、これを他の人々が運用し、また別の人々がそれを活用するか、利益を享受するのだ。

ただ、信託に馴染みのない多くの人は、これを奇妙に感じるかもしれない。例えば祖父が、課税逃れのためだけに自分の資産を手放さなければならないというなら、やりすぎに思うだろう。香港在住のあるイギリス人資産運用マネジャーに言わせれば、「中国人の老紳士に、『あなたに提案があります。あなたの資産とその管理を私に任せてください。そして、あなたやお子さん方がそれを必要とするときまで私が管理してあげますが、返却要請があってもその時点で返すか返さないかはわかりません。その間、私には相当な額の手数料をお支払いいただきます』と言うと、その中国人老紳士は大笑いしていた[*3]」。

信託がなぜ魅力的なのかを理解するには、信託の持つ強い力や柔軟性を詳細に知ることが必要だ。前述の祖父や中国人老紳士は、自身の資産を他人に渡すように見せかけて自分と資産との間に法的な壁を作ることで、矛盾する2つのことを両立させ、一挙両得を狙うことができる。そのためには弁護士の力を借りて、秘密の法的通路や監視人、通行許可、暗号などを作るのだ。信託の中でも特にオフショアの信託は、例えば税務当局から、法と秩序の取り締まりから、離婚した元配偶者から、激怒する祖父の債権者から等々、権利を主張する可能性のあるさまざまな人から資産と収入を保護するために利用できる。

この法的分離はたいてい、資産を単にどこかに隠すよりも有力かつ効果的な手段だ。祖父がいったん信託に資産を引き渡せば、それは文字通り、そして法律上も彼のものではなくなる。彼がきちんと信託を設立すれば、それだけで不可侵の法的な壁を作り出せたことになるのだ。税務当局や債権者は怒り狂うかもしれないが、彼らは、彼の資産やそれに関連する収入に手をつけることはできない。それらは完全に消えたのだ。

そして、祖父が死んだ場合、資産に相続税はかからない。なぜならその資産は彼のものではなく、またそれを相続する相続人もいないからである。資産はそのまま存続し、邪魔されることなく、信託の中で安全に守られる。高級雑誌に掲載されたパテック・フィリップの腕時計の広告で、イケメンの父親が身だしなみのよい息子とともにブドウ畑の中やオーク張りのモーターボートの舵の前に立つのを見たことがあるだろうか？　タイトルには「パテック・フィリップを所有しているのではない。ただ次の世代に引き継げるようにするだけなのだ」とある。この腕時計が信託されたものならば、このタイトルは正しい。

しかし、話はここで終わらない。祖父の担当税務当局は、信託自体か、あるいは受託者の手にある資産への課税を試みるだろう。もし祖父の資産が税務上の課税対象となる場所と同じ場所にあれば、当局は何らかの行動をとることができるかもしれない。だが、つねに抜け穴は存在する。

これこそが、イギリスにおける年間の相続対象財産額が1000億〜1500億ポンドとされる中で、その相続税の徴収額がたったの3%、年間50億ポンドしかない理由でもある。

信託または受託者らが、祖父の課税当局者らの管轄外のオフショアに拠点を有していれば、HMRC（英歳入税関庁）の言葉を借りれば、事態は「とても複雑」になる。*4 受益者らに課税しようと試みるものの、彼らが資産を所有していない、または別のところに居住していれば、HMRCはそれらの資産を課税対象として認定するのに苦労するだろう。もちろん、信託がフェイスブック株から得られる収入を別居する妻に配分すれば、もしかするとその収入はHMRC、またはインターポールや元妻の債権者の手の届くところとなるかもしれない。しかし、その株式が巧みに構築された要塞のような信託の中に存在する限りは、手も足も出せないのだ。

そこでHMRCが試し得る最後の一手がある。例えば「孫娘は信託からまだ資産を受け取っていないかもしれないが、孫娘は最終的にはその資産に対する権利を有しているので、彼女のものと認定する。従ってそれに課税する」と主張することも考えられる。しかし、これへの対抗策として、イギリスの信託弁護士らは400年以上も前に、一任信託と呼ばれる特別な取り決めを編み出していた。この場合、信託証書には誰が何を、いつどこでどのように、そしてなぜ受け取れるのかに関する細かい規定はなく、ひとえに受託者の自由裁量権に任されている。もしかすると、孫娘は試験にすべて合格すれば一族の競争馬を譲り受けられるかもしれないし、受託者の気まぐれから、兄弟よりも彼女に渡す気になるかもしれない。また、問題児の息子が広壮な建物などの財産を譲り受ける前に、過去5年間にヘロインを使っていないことを受託者に納得させる必要がある、など。

ここで肝心なのは、受託者がその自由裁量権を行使して誰が何を受け取るのかを決定するまでは、受益者の誰もが、現在も未来も、それに対する権利を主張できない、ということだ。従って、HMRCは誰も、資産に対する権利を有する者と見なすことができない。この防衛方法はあまりにも効果的だったため、信託弁護士らはこの手法を訴訟要塞と命名した。[*5]

こう見てくると、信託がいかにつかみどころがなく、強力かがわかるだろう。普通のいわゆる所有権と定義されるものは、一般庶民のための概念でしかない。これはノーザン・ロック銀行の「1つまたは複数の慈善団体のために一任信託の定める条件に従う」とする怪しい事業構造（ストラクチャー）の説明にもなる。このストラクチャーは、信託法によって築かれた要塞によって合法的にノーザン・ロック本体から切り離されたため、これらの資産は銀行の貸借対照表からは外れると考えられた。しかし結局のところ、この構造自体は、ジャージー島のアンドロイドによる金融化を通じて、要塞の中から吐き出される利益が銀行の最終損益に貢献するようになっており、ノーザン・ロックと経済的にも繋がっていたのだ。ノーザン・ロックは矛盾する2つのことを両立させ、甘い汁を吸っていたのだ。

では、公益信託とは何であろうか？　世の中には多くの合法かつ素晴らしい公益信託や財団が存在し、有意義な目的のために寄付された信託財産から定期的に資金を供給して、有用な活動に取り組んでいる。そして、この慈善行為ゆえに、公益信託はとても寛容で有利な法的・税制面の優遇を受けていることが多い。しかし、いわゆる公益信託の中には、あまり慈善的とは言えない目的のものも多い。彼らの目的の核心は、受益者にカネを支払うことではなく、合法的な要塞を建てて、超と言われるほどの優遇措置を受けること、そして要塞の中では無秩序に振る舞いながら、社会の監視の目や規範からも自由になることなのだ。

この公益信託という構造が機能するためには、受益者が指名されていることが条件だ――そうでなければ、この構造自体が合法的な公益信託とは言えないが、ノーザン・ロックの場合は、そもそもダウン症の子供たちに大金を配ることなどまったく想定していなかった。ノーザン・ロックが倒産せずに済んでいれば、証券化商品などのストラクチャーが段階的に縮小され、残務処理が片づけば、DSNEも数千ポンド程度は手にできたかもしれない。だが、おそらくその寄付額は、城内での祝宴の食べ残しを城壁から外の小作人に向けて投げ捨てる程度のゴミ同然の微々たるものだっただろう。

このような理由から、世界最大級の私有財産や世界最大規模の金融商取引・事業の多くは、公益信託または財団の中に収められている。信託は、我々の経済を金融化するために欠かせない仕組みであり、富める者と我々庶民との間の格差をさらに際立たせ、金融の呪いを深刻化させているのだ。

個人仕様のタックスヘイブン

これまで誰一人として、世界中でどれほどの富が信託に預けられているかを計算した者はいない。その理由の1つは、あまりに多くの信託がタックスヘイブンに隠されていて見つけるのが不可能だからだが、それでも手がかりはある。

英王室属領ジャージーを例にとると、公式に発表されたジャージーにある信託の保有資産推定額は、1兆ポンド相当とされ、スペインの年間GDPに匹敵する。また当該地域の民間機関の情報によれば、ジャージーのほとんどの信託は一任信託であるようだ。この額を、イギリス本土の一任信託が保有している推定資産総額13億ポンドと比較すると、信託の世界におけるオフショアの果たす役割の大きさがはっきりとわかる。ジャージーは多くの信託プレーヤーの中の1つでしかない。グローバルな信託財産の総額はタックスヘイブンに存在する資産の総額に匹敵すると思われ、その額は9兆〜36兆ドルと推定され、高い推定額のほうが正確である可能性が高い。[*6]

また、信託とタックスヘイブンは、驚くほどよく似ている。それは共通する要素が多いというだけでなく、信託はいわば個人仕様のタックスヘイブンのようなもので、我々庶民を拘束する規則から、金持ち個人および企業を除外し、その財産を隠蔽できる構造を備えている。信託、中でもオフショア信託の凄さは、銀行家が顧客の秘密を墓場まで持っていくことを約束するスイスの一般的な銀行口座の条件（刑務所行きの脅しで翻意することもあるが）よりもずっと厳しく、驚くほど複雑で幾重にも秘密の層を作ることができることだ。犯罪者らが盗んだ資産を隠すために活用する法制度について世界銀行が調査したところ、信託を対象とした捜査や起訴は、その証拠集めが困難を極めるため、汚職捜査での優先順位が極端なまでに低かった。[*7]

信託は、主たるいくつかの方法で秘密保持の構造を作り出せる。最も重要な点は、億万長者の祖父がその資産を譲渡した場合、自身と資産との間に法的な壁を構築するだけでなく、潜在的に秘密保持の壁をも作っていることだ。もし彼が資産を所有していなければ、どうしてそれを彼に結びつけられるだろうか?

元夫は離婚した妻に対する財産分与を、信託を活用して免れることができる。彼の資産はすでに彼のものではなく、従って分配の対象ではない。また、政治家は、信託が管理・所有している企業に儲かる契約を与え、個人的にはそこから利益を得ているが、表向きは正真正銘自分が所有していない、と宣言することができる(これこそトランプ政権の商務長官ウィルバー・ロスが実践し、概算20億ドル相当の資産を資産開示の対象から外すことに成功した手法だ)[*8]。たとえマフィアの一員が、老紳士に資産をよこせと要求したとしても、(正しく構築された信託ならば)資産はすでに老紳士のものではないので、手渡すことはできない。

次に信託証書なるもの、すなわち、信託がどのように運営され、誰が受益者であるか等々、さまざまな項目に関する合意事項の概要が書かれたものが存在する。それは例えばベリーズのようないかがわしいタックスヘイブンの公証人事務所の引き出しの中に、紙切れ一枚として保管されていることもあれば、証人の前で交わされた単なる口約束かもしれない。このようなものをインターポールがこじ開けて中身を知ることは、どう考えても不可能だろう。2018年に英政府が、その海外領に登記された企業の実質的所有者を公表するよう強制する計画だと発表したときには、当然ながら一歩前進したと歓迎されたが、この方法では、本当の受益者、および信託で保有される資産の実質的な所有者を明らかにすることはあまり期待できない。そして、祖父がオフショアに移住してしまえば、その信託のさまざまなごまかしや逃げ口上は、さらに荒唐無稽で異様なものに変質していく。
多くの信託が公明正大に運営されている一方、未だ法的に疑わしいグレーゾーンにある信託も多く存在し、それらの契約内容の合法性は、解釈や支配権の程度、意図、自由裁量権、影響力、所有権の及ぶ範囲等に依拠している。従って、信託について解説する際には、落とし穴や罠を避けるべく細心の注意を払う必要がある。

おそらく最も露骨にごまかす手口は、不確定（取消可能）信託で、祖父が税務調査または犯罪捜査の渦中にあると感じている間は資産をその信託に譲渡し、調査の可能性がなくなれば信託を解散し、資産を取り戻すというものだ。そもそもこれは信託ではなく、偽物だが、その虚構を暴き証明するには、それが偽物であることを立証しなくてはならない――そして信託証書がパナマにある公証人の机の引き出しにしまわれていれば、その証明は難しい。

祖父にとってもう1つの戦略的選択肢となりうるのは、まさかのときのための現金を、融通の利く受託者の信託に預けることである。この場合の受託者は、信託が所有する企業の1社が、祖父への貸金は永遠に返済されないことを（ウィンクなどで）暗黙のうちに理解し、祖父にカネを貸す形で預かった現金を払い戻すことを確約するのだ。究極的には、祖父の意向をそのまま実行するような、公権力を備えた信託の「擁護者」や「執行者」を任命することもあり得る。

信託によっては、金持ち、特に高齢男性に特化したもので、元配偶者に一定の生活費を渡すのではなく、傀儡《かいらい》的な受託者に支払いの裁量権を与えるものもある。想像してみてほしい。この仕組みによって、泥沼の離婚劇の末、不幸な元妻に対して、金持ちの老人が死んだ後までどれほどの権力を行使できるかを。また、信託は、祖父にコンサルティング料を支払ったり、信託の外にある彼の怪しいペーパーカンパニーに信託のカネを投資することもでき、その会社からいつでもカネを引き出すことも可能だ。また、要望書[訳注★1]という細かい裏取引の指示書もあり、これを使って、受託者にさまざまな指示を出すことができる。

また、ダイナスティ信託のように、名門家族の財産を世代から世代へと受け継ぐことを目的にしている信託もある。消費者保護信託のうち、特に厳格な規定を備えている信託は、受託者が家族の核となる財産を守るため、受益者資格のある者から金銭トラブルに巻き込まれた者を不適格者に認定して排除することができる。財産譲渡をした委託者または受益者に外部からの脅威が生じたとき、例えば税務当局や捜査当局に拘束された場合等、いかなる支払いをも強固に拒絶する強制条項を備えた信託もある。いかなる支払いも拒絶すべく信託を封鎖することがある。さらに、他国の法執行機関が嗅ぎまわり始めた場合、信託を別の管轄地域に素早く避難させる避難条項もある。

そしてタックスヘイブンは、他国の司法がその捜査権を用いて信託をこじ開けにくくする法的ファイアーウォールを設置している。アメリカには、受益者に資産に対するほぼ無制限の支配権を与える、意図的に歪曲された「受益者欠損信託」なるものも存在する。さらに「受益者匿名信託」に至っては、受益者が受益者であること自体を一切明らかにしないものだ。前述のすべてを組み合わせたものまで存在する。

次に、太平洋に浮かぶ15個の点のような人口2万人の島々、クック諸島は、世界で最も無法な資産保護法のいくつかを盾に、スマートに儲かるビジネスを構築してしまった。いったん誰かがクック諸島の信託に資産を任せたら、彼らに対し英米いずれの裁判所でいくら訴訟を起こしても、その信託が正しい方法で設立されていれば、誰もその資産を取り戻すことはできない。裁判のためには現地まで飛ぶ必要があり、途中おそらくニュージーランドで飛行機を乗り継いで、現地ラロトンガ島まで5時間かけて着けば、待ち受けているのは不誠実なクック諸島の裁判所で、不誠実なクック諸島の法律の下、これまた不誠実なクック諸島の弁護士を雇って訴え、多くの場合、合理的な疑いの存否を――殺人事件における裁判のように、自身の訴えを堅固かつ完璧に証明しなければならない。

クック諸島の信託を活用する者の中には、ポンジ・スキームを駆使した億万長者、ヘッジファンド詐欺師、無情で残酷な離婚劇における悪徳大司教、至高のダイエット法を売り歩くインチキ業者などの輩がいた。その一人が、「恐怖の医師」とあだ名された、フロリダを拠点とする美容整形外科医リチャード・エディソンだ。彼は患者5人を死亡させ、さらにある女性の胸の中にスポンジを置き忘れたとして訴えられた。しかし、彼のクック諸島に眠る資産は、まったく影響を受けなかった。

財産保護に関して最も影響力を有する信託・相続の専門家団体STEPに使われているロゴには、武装した騎士が、現金で満たされた大きな袋の前で挑戦的に片手を振り上げた姿が描かれて

訳注1　要望書　委託者が受託者に対して一任信託における裁量権のあり方を指示する拘束力のない書面。

いる。そこには、「あなたの資産を守る鎧」と書かれている。しかし、私は少し違ったロゴのほうがふさわしいように思う。信託専門の弁護士がよく使う「攻撃からの防御」「難攻不落」「盾」などの言葉は中世的な城を連想させる。そして各城塞には衛兵がいて、周りの農民から年貢を搾取している。この城塞こそ、超金持ち個人と、資本家の富を守るために造られた世界で、これから我々はそこに足を踏み入れることになる。

資産運用産業の成長

信託を生み出すことになった中世の慣習は、消滅どころか、もっと複雑な世界に対応できるよう進化した。当時の執事は現代の資産運用マネジャーである。グローバル化以前の時代には、中世同様、これらの機能は裕福な家族に信頼された腹心が無給でその任に当たったが、その後の世界的金融市場の自由化に伴い、金融業務が加速度的に複雑になるにつれ、彼らの活動はさらに専門性を増していった。

資産運用マネジャーらは、銀行やタックスヘイブン、信託や財団、遺言、法と会計、法人、株式や債券のポートフォリオ、保険商品、ヘッジファンドなど大掛かりで複雑な国際的な構造体を構築して運営し、これらをグローバル金融を動かす機械の中核に据えているのだ。多くの場合、チームを結成し、超金持ちのためのエリート雑用係として1つの家族の資産管理をする「ファミリーオフィス」を運営する。顧客に安心感を抱いてもらうため、担当者は理想的には同じマナーや慣習で育った同じ社会階層出身者で固めた。代々受け継いできた相続財産を持つ上流階級の資産家には没落貴族に見える者をあてがい、新興成金には洗練され口先のうまい者で対応するなどの工夫をしている。有能な資産運用マネジャーは、顧客の資産を異なる法制度の間を自在に移動させ、各々の抜け穴を最大限活用しながら法や義務を回避し、つねに各国の法的・政治的情勢変化に速やかに対応できるよう気を配っている。

顧客が正真正銘の億万長者ならば、美術館や慈善財団、ワイン畑、シンクタンク設立の手助けや、ロビー活動を通じた不動産税の撤廃運動、法人税減税や、独占・タックスヘイブンに対する規制を骨抜きにするよう積極的に働きかけたりすることを勧めるかもしれない。豊富な経験に基づく投資アドバイスを提供し、いがみ合う家族のいざこざや弱点を上手に誘導しながら調整したり、身辺警護を手配したり、庭師や家政婦の給料を支払ったり、時には友人となったり、泣きたいときに肩を貸したり、心理学者、投資アドバイザー、執事、そして愛人関係、非行、家族の秘密の監視者や擁護者ともなる。本当に有能な資産運用マネジャーは、ずば抜けた忍耐力、交渉術、謙虚さ、マルチタスク能力に長けているだけでなく、何よりも思慮深さを備えている。

資産運用がより大きな産業として成長する転機となったのは、1990年にリバプールの中年の会計士ジョージ・タスカーが、「トラスト&エステート」誌というプロの資産運用者向けの雑誌に、まずは議論の場を設けたいと書き送ったことがきっかけだ。彼の手紙が雑誌に掲載された結果、大反響を引き起こした。イギリス中の開業医、弁護士などから、地元で勉強会を立ち上げたい、議論に参加したいとの連絡が殺到していると、編集者が電話をかけてきた。

そして、1991年に彼らはロンドンに集い、タスカーが偶然掘り当てた潜在的ニーズを満たすべく、新たな組織の立ち上げについて議論を始めた。その名称を決めるにあたり、信託のT、不動産のE、実務家のP、協会のSの頭文字をさまざまに組み合わせてみて、「直ちに却下されたPESTとPETSを除くと、残った組み合わせはSTEPだけだった」と言う。

STEPは1991年7月に発足し、1年もしないうちに会員は1000人に増え、その後も特にタックスヘイブンを中心に爆発的に会員数を増やしていった。今日ではSTEPは95ヶ国に2万人以上の会員を有し、今や信託やタックスヘイブン、そして「富を守る産業」のために、おそらく地球上最も強力で効力のある一元化された意見を言う組織だろう。[*9]例えば、政府がオフショアのタックスヘイブンを厳重に取り締まる捜査に着手しようとすれば、STEPの専門家部隊が立ち上がる。そして、政策決定者をターゲットに、中でも改革者を中傷しつつ、ケイマンなどのオフショア・センターには改革を妨げる新法を作るよう説得する。また、タックスヘイブンが素晴らしいと示唆する前向きな研究を積極的に推進したり、もちろん顧客の資産については、初期の段階から問題の生じる前にそれらを回避するよう誘導するなど、行動を強化するのだ。

STEPという組織は、見方によるが、閉鎖的ではあるものの、超一流の専門家の集団、またはオフショアの弁護士の表現を用いれば「多頭蛇《ヒュドラ》」と言えるだろう。その新人研修には、世界で最も不平等を助長している重要な金融テクノロジーの双璧を成す、タックスヘイブンと信託の話が満載だ。

STEPの華々しい台頭は、資産運用という産業にも根源的な変化をもたらした。それは、かつての運用者の堅実性、確実性、信頼性、慎重と忠誠を重視する観点から、アングロサクソン的価値観であるスピード、抜け目なさ、鉄面皮かつ大胆な行動で、法の精神をかいくぐりながらも一線を越えない道を探ることに重きを置く方向へと舵を切っていった。

銀行家は、顧客の資産を増やすために競争するので、コンプライアンスは邪魔だと考えるが、どちらかといえば資産運用者は、資産の保全と顧客の評判を守ることに注力する傾向があるため、コンプライアンスをより重要だと考える。[*10]

比較的わかりやすい富豪一族の資産運用の構造は、あるオフショアに信託が置かれ、受託者は別のところにいて、さらに別の場所に信託の保護者が、それらとはまた別の場所に信託受益者が、そして大もとの資産の寄贈者が1つの国から別の国へと転々としている。この信託はおそらくいくつものペーパーカンパニーを所有し、それらはさまざまなオフショアおよびオンショアに分散しているだろう。

各ペーパーカンパニーにはそれぞれ役員がいて、資産自体は別の場所、例えば信託の寄贈者、受益者と資産の消費者が休暇などを過ごすために滞在し、買い物をして楽しんだりする代表的な場所に置かれていることが多いだろう。英連邦市民にとっては、後者は特にロンドンやニューヨークで、ラテンアメリカの人にとっては、マイアミ、ヒューストンまたはニューヨーク、そしてフランス語圏のアフリカの人にとっては、パリやニューヨークである可能性が高い。

これは急成長している専門分野で、世界経済より急速な拡大を遂げている。クレディ・スイスによれば、自らを富裕層（HNWI[訳注★2]）と呼ぶ人々は、2017年までに3600万人に上り、その純資産額は一人100万ドル以上だ。そして、これらの人々が世界総人口の0・7%を占めている。HNWIの数は、世界の人口増加率の6倍以上のペースで増え続けており、2017年時点で、このグループ全体で総額129兆ドル超もの富、世界の富のほぼ半分を保有していた。このかなりの部分がオフショアに置かれ、そしてかなりの部分を信託が保有し、富のほとんどが両者に存在している。

しかし、ほとんどの資産運用者は、これら単なる富裕層と呼ばれる人たちには奉仕しない。彼らは実際には、金持ちの中でも各々の純資産総額1000万ドル相当以上を保有する160万人の金持ち、中でも5000万ドル相当以上の純資産を有する15万人ほどのわずかな超金持ち（ウルトラHNWI）を相手にしている。そして、最近の新しい金融商品の開発による金融化やタックスヘイブン、合併、技術革新、国際犯罪組織の台頭で、その数は毎年10%ずつ伸びている。加えて、これらの数字は間違いなく過小評価されたものだ。なぜなら、国民経済計算[訳注★3]では通常、信託やタックスヘイブン、そして国家のバランスシート（賃借対照表）から分離された他の仕組みの数字はつかむことができず、従って超金持ちの資産の実額を突き止めることができないからだ。[*11]

そして、信託についてはもちろん、譲渡者がすでにその資産を手放し、受益者がまだ受け取っていない場合、資産はある意味、所有者の特定されない、どっちつかずの状態にある。よって、ほとんどの統計は、その所在不明の兆単位のカネが実際には超金持ちに繋がるのに、実態としては彼らに所有されていないがために、問題の信託規模を、残念ながら深刻なまでに過小評価してしまっている。

これまで繰り返し触れてきたが、世界の主要地域で同じように進行しているのが「競争」だ。

競争の中身は、国などの管轄権を有するもの同士が、億万長者獲得のために互いを出し抜こうと競い合う一方で、その国々に住む一般庶民にとっては有害で厳しい法律を制定する結果となっている。エルサレムのヘブライ大学講師アダム・ホフリ－ウィノグラドウは、この底辺への競争は、数ある問題の中でも特に「信頼を毀損している」と指摘し、本来ならば、最も悪質な構造を備えた信託およびその資産防御の仕組みから社会を守るべき法律が、着実に切り刻まれ骨抜きにされている、と述べている。[*12]

この競争は世界中どこでも熾烈だが、アメリカでは特に苛烈を極めている。例えば、アメリカのさまざまな州では、長年の伝統であった財産の永続性に対する規制を放棄しつつある。これは米信託法の根幹を成すもので、富を永久に独占する支配階級の出現を防ぐため、例えば5代先の子孫に財産を残すことは違法とするものだ。しかし、米国内でも特にゴロツキのようなタックスヘイブンのデラウェア州は、1995年に新法を成立させて競争を始め、20年も経たないうちに、アメリカの半分以上の州が追随し、従来の法を破棄したり、制限をかけたりした（ここでは「制限」という言葉をあえて使った——例えば、アラスカ、コロラド、ユタ、ワイオミング各州などは、今は信託の寿命を1000年に制限している）。これは雪だるま式の効果を生み、今や永続的な財閥信託は、課税も十分な審査もなしに、永遠に血族に財産を受け継がせることができるようになった。

訳注2　HNWI　High Net Worth Individual の略。
訳注3　国民経済計算　一国の経済のフローおよびストック面を体系的に記録したもの。

信託受益者の不幸

それほどの財産がない人には、500万、1億ポンドの財産を持つ者たちが、なぜそれ以上にまだ欲しがるのかと疑問に思えるだろう。それはとても良い着眼点だ。金持ちの幸福度はそれほど高くなく、またその有する富には大きな代償が伴うことが多い。幸福度という点では、その恩恵をさほど受けていないのではないだろうか。にもかかわらず、カネがあればあるほど、彼らはそれを守ろうとする。

例えば、プライベート・エクイティの雄、ガイ・ハンズは、2010年に税務上の理由からそれまで住んでいたケント州を離れ、ガーンジーに移住して以降、英国内に残した就学期の子供たちに「一切会いに行ったことはない」と明かした（課税年度内にイギリスに183日以上滞在すると、課税対象となる。おそらくハンズは、国内で過ごす182日を仕事に当てていたものと思われる）。また、「イギリスにいる両親の元も、よほどの緊急事態がなければ訪ねない」と付け加えた。

調査によれば、財産は必ずしも人を幸せにはしない、否、その逆こそ真なりで、特にその財産が自分で稼いだものではなく、相続したものであればなおさらだ。イスラエル生まれのアメリカ人心理学者ダニエル・カーネマンとイギリス出身の米経済学者アンガス・ディートンが2010年に発表した調査研究によれば、幸福度は収入に比例するが、せいぜいその額は年間所得7万5000ドルくらいまでであり、それ以上は頭打ちになる、というのだ。

2018年に発表された4000人の億万長者らを対象にした研究によると、資産800万ドル以上を保有する富裕層は、それ以下の億万長者の人々より幸福度が高かったとはいうものの、僅差でしかなく、またその資産は相続によるものではない、という条件付きだった。[*13] 半数を超える回答者が、幸福度を上げるには資産を5～10倍に増やす必要があるとした。そして、たとえその目標を達成できたとしても、幸福度は現状とそれほど変わらないだろう、とも答えている。例えば、特に総額の決まっている相続財産に対して家族間で各々の取り分を主張し合わなければならない場合には、自動的に相争うことになるからだ。また、カネは友人関係も疎遠にする。なぜなら、会う人の多くが彼らに甘言を弄《ろう》したり騙したりしてカネを巻き上げようとするため、周りの人に対し疑い深くなるからだ。

ワシントンに本拠を置く出版社の経営者チャールズ・デイヴィッドソンは、フランスの石油エンジニアリング会社の財産を相続したが、カネが家族を破滅に追いやるさまを見てきた。「個人的経験から言えば、富はたいてい人を傷つける」と言う。彼が資産運用者から聞いた話では、彼らの顧客の大半の金持ちが財産が重荷になっているという。このような人々はたいてい、日々の生活のために働く必要がないことが大きな問題で、加えて多くの場合、相続財産には不法性が垣間見えるのだ。「アメリカでは、相続財産で悠々と暮らすことが社会的に受け入れられない。皆、自力で生きていくことが求められている」と彼は言ったが、中にはカネを相続することを恥と感じないドナルド・トランプの子供のような輩もいる。

一方で、欧州のように暗黙の合意や慣例、富裕層の家族同士の結婚を通じて、富を次の世代へと引き継ぐことが正当化されている地域では、相続財産で暮らすことが容易な国もある。しかし、欧州の金持ちの間でさえも、良い話しか聞こえてこない、とデイヴィッドソンは指摘する。「財産によって破滅した人の話は聞こえてこない。自慢できる話ではないからだ」。

STEPは、家族間の争議に丸ごと対応する「係争信託および不動産」部門を備えており、例えば、「家族の資産を世代を超えて守っていく」ためのバハマを拠点とするオフショア信託サービスを売り込む特集を載せたSTEPジャーナルの記事では、「身内に潜む敵への対処を考慮する必要がある。率直に言えば、家族に自暴自棄になって自己破滅のボタンを押させないためにはどうすればいいか?」を説いている。[*14]

デイヴィッドソンは信託特有の問題点を指摘する。それは、家長にあの世からもコントロールする権利を与えてしまうことだ。受益者は、受託者からちびちびと分配される受益財産をブラブラしながら待たなければならないので、その資産への責任感は芽生えない。彼らは永遠に懇願者でしかない。「願わくは、金持ちに生まれたくなかったが、それを放棄する気にもなれない」とは、故ウェストミンスター公爵の言葉である。「売ることもできない。私のものではないのだから」。2016年に彼が死んだとき、信託とそれに関連するスキームによって課税を逃れた彼の遺産は、伝えられるところによれば、約30億ポンドもの巨額の相続税を英国民に負担させたことになる。

これら諸問題のすべては、莫大な相続財産が転がり込んできたり、よくあることだが、不正で犯罪性を帯びた好ましくない方法で隠されたりしたとき、さらにこじれる。ドナルド・トランプのアドバイザーだったポール・マナフォートの娘の電話が何者かに盗聴され、その詳細な内容が暴露されると大きな不信を招いた。そして、娘の一人は姉妹に、父親は「倫理的、法的羅針盤をまったく持っていなかった。私たちの受け取ったカネは殺人の謝礼金なのよ」と書き送った（マナフォートは、資金洗浄、銀行詐欺、司法妨害および海外ロビー活動の登録申請をしなかった等の罪状で起訴され、裁判にかけられた。すべての罪状に対して、本人は無罪を主張している）。

遵法精神の欠如が、ますます富の世界を覆い尽くそうとしている。これを数値化するのはかなり大変だが、２０１７年の北欧のある調査によれば、脱税率は一般庶民の間では３％前後だが、人口の０・０１％を占める最富裕層については25～30％に達している。この数値は北欧ほどの平等主義国家でなければさらに高くなると思われる。クレディ・スイスの口座を調べた米上院議会によれば、調査した口座の85～95％がアメリカの税務当局に申告されていなかったという。[*15]

極端に多額の富は、とてつもない残酷さや復讐心も生み出すようだ。シティやウォール街のトレーダーらは、成功した取引について「レイプと略奪」「焼畑」等と乱暴な言い回しを好む。元ゴールドマン・サックスのパートナーでその企業文化についてニューヨーク・タイムズ紙に公開書簡を寄稿したグレッグ・スミスは、「顧客からカネを剝ぎ取る方法について、あまりに冷淡に平気で話すことに耐えられず、気分が悪くなった」と書いている。

超金持ちが採用するいくつかの戦略と、そのために声高に推進する政策は、彼らにとってはごくわずかな報酬にしかならないが、一方でとてつもない痛みを他の人々に強いる。２０１７年にドナルド・トランプの提案した減税パッケージの1つは、超富裕層に向けては、わずか2％の年平均収入増でしかないが、この資金を使えば、他のいくつもの人災による大惨事の犠牲者、およそ20万人の死が防げたとされている。[*16] そこで、また疑問が湧く。富裕層に対する減税のような発想がなぜ出てくるのだろうか？　そして多くの場合、富は不幸しかもたらさないのに、何のために富を追い求めるのだろうか？

これに対してはいくつもの回答がある。ジャーナリストのアレックス・クアドロスは、自身も関わった2012年のブルームバーグ・ビリオネア指数発表の数日前に、この本質を見抜くきっかけとなった出来事を記憶しているという。

その日、ブラジルのエネルギー・物流業の有力者、アイケ・バティスタのPR担当者から電話がかかってきた。アレックスらは、すでにバティスタの資産の詳細に加え、彼のガルフストリームとエンブラエルのジェット機や、4200万ドルのパーシングのヨット、彼の家の応接間に飾られているメルセデス・ベンツ・マクラーレンのスポーツカーなどの写真を提出していた。バティスタの関係者らは、ブルームバーグが間もなく彼を、資産総額300億ドルの世界10位の金持ちにランクしようとしていることを聞きつけて連絡してきたのだ。しかし、これでは不十分だとして、PR担当者はその後、本人に繋いだ。

バティスタは、ブルームバーグは彼の資産額、それも彼の所有する金鉱山の1つを過小評価していると息巻いた。彼のビジネス帝国は「ウサイン・ボルトのように」もっともっと多くの現金を生み出しており、次の数字が発表された暁には、ブルームバーグは必ずや「とてつもない恥をかくだろう。いや、これはすぐにツイートしよう」と言い、しばらく同じ言葉を繰り返すうちに、興奮のあまり言葉に詰まり始めた。

最近の報道で明らかになったところでは、バティスタはラテンアメリカの億万長者とその相続人らの秘密の会合で、当時世界で最も金持ちだったメキシコの億万長者カルロス・スリムに対して、壇上から「追い抜いてやる！」と叫んだのだそうだ。人は金持ちになればなるほど、自分を財産で評価するようになり、さらに多くの富を得ようとする。それを仲間に認められ、最後には相手より金持ちに見られたい、という強迫観念を強めるようだ。*17

バティスタは、自分が巨万の富を追い求める別の理由、というべきか、己の正当性を次のように述べたのだが、それはまさに競争力政策と金融の呪いに直結する。彼曰く、「私のカネはブラジルが発展するための生産性の高い資本だ」。彼は従業員の生活を思い浮かべ、彼らが住居・食料に不足なく、子供たちは学校へ通い、夕食を囲む食卓は笑顔で溢れている――そのような富と雇用の創造者たる億万長者の自分の姿を想像することが好きだった。「ブラジル人はつねにアメリカン・ドリームに憧れてきた。今ブラジルで起きているのは、ブラジリアン・ドリームであり、私がその良き例だ」と自慢した。彼は自分の大言壮語を「正直」という言葉で味つけし、ブラジルの超金持ちは、不正を行い、犯罪的手法によって金持ちになった脛に傷持つ者、と広く思われていることへの反対意見をちりばめながら話し続けた。

ヴェブレンがかつて酷評した、勇ましく正直な富の創造者の振りをする行動パターンは、このような人たちにとっては必須のものだ。それは、ビジネスであれ、億万長者であれ、その財産を増やすものは何であれ――税の優遇措置の獲得であっても、労働者の権利を踏みにじるものであったとしても、大規模なグローバル競争下では、結果的に国の財産を全体として増やすことになる、という意味である。「私は自国に、多国籍企業とオープンに競争してほしいのだ」と言ったバティスタは、まったく形の違う2つの競争を混同し、「今度はブラジルがナンバーワンになる時が来た」と言った。

金融の呪いの分析は、多くの億万長者にとって受け入れ難い憎むべきものとなるだろう。なぜなら、それは彼らを富の創造者から富の搾取者へと変質させるだけでなく、彼らの行動が愛国的大義により自国を発展させるのではなく、逆に、実質的に後退させることを明らかにするからだ。ブルームバーグ・ビリオネア指数を見ればわかる通り、上位を占める連中のほとんどが富の搾取者であり、具体的には独占者だ。その人の所有する企業または個人の金融行動は、あちこちのタックスヘイブンを手広く活用しながら行われている。

2018年版ビリオネア指数の最上位にくるアマゾンCEOのジェフ・ベゾスは、「何でも独占」の典型だ。次席がビル・ゲイツでウィンドウズの準独占を作り、その次はポートフォリオ独占者のウォーレン・バフェットで、ほとんど競争のないビジネスに投資していることを公言している。5位にはソーシャル・ネットワークの独占企業、フェイスブックのマーク・ザッカーバーグが入り、メキシコの超独占者カルロス・スリムは、今やテクノロジーの新しい巨人らに押されて7位に落ちた。彼らが巨万の富を築けたのは、独占禁止法がなかったり、骨抜きにされたり、またその執行が機能しなかったことに加え、オフショア金融の増進、西側諸国を中心とした経済の金融化《ファイナンシャライゼーション》、そして一般的に政府の介入が後退していたからである。

加えて、彼らが絶え間なく執拗に、ほとんど思慮分別なく富を追求し続けるもう1つの理由、それを正当化する要因が存在する。富の創造者を英雄視する神話は、リベラル、反政府主義、反社会的イデオロギーと密接に結びつき、このイデオロギーがタックスヘイブンやグローバル金融の世界、高所得者層、特に大富豪に幅広く浸透している。*18 オフショアの人々やシティの一部、また信託や資産運用部門等で働く人々と話していると、このイデオロギーに何度も出くわす。

政府とは、「世界のより生産性の高い人々の背中に巣食う身勝手なノミ」であるとの持論を展開したのは、第4代リドレー子爵の子息、マット・リドレーだった。「政府は国を運営しているのではなく、国に寄生している」と。しかしこの発言後ほどなくして、彼が会長を務めていたノーザン・ロック銀行が倒産し、巨額の政府救済資金を必要とすることになったのだ。

私はこれらの考え方を代弁する猛攻を、タックスヘイブンの取材中に、著名なパナマの弁護士アドルフォ・リナレスから受けた。2016年にパナマのあるバーで一緒に飲んだとき、彼は次のように私にぶちまけた。高い税率を誇るフランスやドイツは「税の地獄」で、問題は金持ちによる脱税ではなく、政府による支出超過なのだ、と。そこで私は、リナレスが自身を「STEPの栄えある会員」であると自慢するので、「パナマにいくつも聳え立つほぼ空っぽのマンション群について、どう思っているのか。夜は明かりも灯らず真っ暗な居室について、パナマ市民の誰に聞いても返ってくる答えは、それらのマンションはコロンビアの薬物・麻薬産業の大物たちが実質的に所有している、というではないか」と繰り返し質問した。

すると彼は毎度、私がなぜそんなことを知りたがるのか、と怒りを込めて問い返してきたが、最後は折れて、「我々の唯一の悲劇は、薬物の最大の輸出者かつ生産者、そして最大の消費者との間に位置していることだ。それが我々の呪いなのだ」と答えた。

まあ、それなりに公正な言い分と言えなくもないが、それもある程度のところまでしか真実とは言えないだろう。パナマは意図的に汚れた不正なカネを誘致しているのだ。金持ち国家の集まりであるOECDは、グローバル金融の透明性を向上させ、タックスヘイブンを厳しく規制する国際システムを監督する組織だが、リナレスに言わせれば「社会主義者だらけ」で、それが目指しているのは「税務帝国主義、財政的略奪であり、それを通じて各国が自国の官僚組織の重みで崩壊しそうな福祉政策を支援しようとしている」のだと（彼は、社会保障システムが、脱税または金持ちによる富の搾取ゆえに崩壊の危機に瀕しているという考えには思い至らなかったようだ）。対して、オフショア・ヘイブンは自由を提供し、「私のファンドは私だけのものだ」と続ける彼は、「人生における最も大切なものは、自由だと信じている」と締めくくった。

法からの自由をカネで買えるとは、ただ驚きである。研究者でありながら、個人資産について調査するためにSTEPマネジメントの資格取得講座を受けたブルック・ハリントンは、ある資産マネジャーの体験談を覚えていた。その資産マネジャーは、上司とチューリッヒ空港から欧州外にいる顧客に会いに行くとき、家にパスポートを忘れてきたことを思い出したのだそうだ。しかし上司は彼女に、心配するなと言い、その言葉通り、チューリッヒ空港から出るときも再入国するときも出入国審査はフリーパスだった。おまけに到着先にはリムジンが待機していて、ミーティングに直行できた。その資産マネジャー曰く、「CEOの言ったことは正しかった。私たちが相手にしている最も富裕な顧客は、法律の上にいる」。

また、モスクワに本拠を構える金融ブローカーで億万長者のアルカディ・ゲイダマックは、国際指名手配中の身で逮捕状まで出されていた2005年に、私がフランスやイギリスやアメリカを訪問したことがあるかと尋ねると、前記と似たような話をしてくれた。彼がイギリスに旅行したとする記事の認否については留保したが、その一方で「映画を見たことがないのか？　私が好きなところへ行けないとでも思っているのか？」と付け加えた。[*19]

ハリントンは、かつて受講したSTEPのトレーニング・コースで、信託がいかに合法的な債権者から資産を隠蔽し、防御することに習熟しているかを学んだときに、このような制度を活用する富裕層の考え方の一例を思い出していた。「一般的に人々は、借金が返済できなければ訴えられ、敗訴したり借金を背負わされたりすることがある。しかし、その資産がクック諸島の信託に置かれていれば、『まあ、どうでもいいけど、払う気がしないんだよな。取れるものなら取ってみな』と言うことができる」と説明してくれた。

タックスヘイブン、信託、資産運用業界は、税制の手の及ばないところにある。それらはすべて富豪家族の複雑な金融・資産の運用管理に欠かせないものとなっている。しかし、このような家族を結びつける共通のテーマがあるとすれば、それは法の適用を避ける道を追求すること、またそれが犯罪行為であれば、そのど真ん中を突っ切ることなのだ。

信託やタックスヘイブンは、金持ちと権力者のためのルールを作る一方で、それ以外の私たち庶民に適用される別の法体系・規制を生み出してしまった。それゆえに、我々の民主主義に対して明らかな脅威を突きつけている。

ノルウェー生まれの改革活動家でもあるフランス人予審判事で、第二次世界大戦後、欧州最大規模の汚職事件となったエルフ事件に捜査の道を開いたエヴァ・ジョリーによれば、実はこれらのカネは、しばしば国の中で生み出されたものではなく、どこかのオフショアの、どこの場所にも属さない、法の効力の及ばない、国家の狭間で搾取され抜かれたものだという。そして、「法律は国家の中で作られる。カネは国境を越えて移動する」と書いている。

「判事は、マカロニ・ウェスタン映画の中の保安官のような存在で、リオ・グランデの向こう岸で勝利を祝う山賊を眺めることしかできない。山賊は私たちを嘲り愚弄するが、我々は何もできない」

ジョリーが捜査中に、ある友人からフランツという男性を紹介された。彼はある晩、彼女を呼び止め、次のように忠告した。

「マダム、98％の重罪は裁判にかけて裁けるが、残りの2％は無理だ。これは国家の秘密だからね。あなたの周りには数多くの強力な圧力が渦巻いている。気をつけなさい。国家の秘密にはそれを守る番人がいて、彼らはお手柔らかではない。分別を持ちなさい」

ジョリーは武装警察に警護を依頼し、防弾チョッキを着用した。あたかも「自分が突如として、独自の法律を備えた、知らない世界に足を踏み入れたかのように感じた」という。彼女のオフィスの扉には、第二次世界大戦後に殺されたすべてのフランス人判事の名前が書かれたカードが貼られ、彼女の名前以外、すべてに棒線が引かれていた。「これまでもフランスだけでなく、海外でも、国家の腐敗とマフィアとの多くの類似点を目にしてきた。同じネットワーク、同じ取り巻き連中、同じ銀行、そして同じ大理石の大邸宅が出てくる」と書き、こう続けた。

「私たちは、犯罪は社会の陰の部分に潜んでいると思いがちだが、実は大企業や最も尊敬すべき高名な政治家に密接に繋がっているのが見えてくる」

オフショア、犯罪、カネと政治は、制度から逸脱したものではなく、制度そのものなのだ。

資産マネジメントは最も不幸な産業

脱法する超金持ちには、彼らなりの、これまで以上に富を追求するための理屈やそれを正当化する根拠がある。しかし、彼らのカネを運用する資産マネジャーは、今の世界で多くの国々に蔓延する不平等と寡頭政治の中で、億万長者らには法の支配を逃れる手助けをする一方で、自分たちが生活を営む社会や民主主義を毀損するような行為を、どのようにして正当化し得るのだろうか？　彼ら自身、かなり稼いで良い生活ができているとはいえ、金持ちの顧客と結婚でもしない限り、自身は大金持ちにはなれない。彼らの給料でさえ、最高とされる待遇でも、たいていは銀行幹部より低水準にある。

富豪の資産の世話をするのは「とても私的でプライベートなことだ」とは、フランスの資産運用マネジャー、ピエール・デラランドの言葉である。「マネジャーは、いわば腹心の友のような存在で、家族の一連の幸不幸にまつわる話のほとんどすべてを知り尽くしている、かかりつけ医のような存在だ」[*20]。資産マネジャーのモチベーションは顧客のそれと重なる部分もあるが、多くの場合は異なる。彼らは自分の活動するグレーゾーンでの倫理的問題を解決し、乗り越える仕掛けを用意している。その技術的挑戦を好む人もいて、ある米資産マネジャーは、「世界各国の税務当局者を焦らせ、からかう知的挑戦」に快感を覚え、多いに楽しんでいた、と打ち明けてくれた。

しかし、この職業には、顧客とその家族の面倒をできる限り見る、すなわち顧客と密接に関わる側面もあるため、彼らの動機に反社会的観点はそれほど強くは見られない。ハリントンは自身がインタビューした資産マネジャーのうち、「真の核心的新自由主義思考」を有する人はわずか20〜25％で（例えばパナマのアドルフォ・リナレス）、彼らは、あらゆる場所に「社会主義者」が潜伏しており、また諸悪は、高税率国の貪欲な課税が原因であると考えている、と。しかし、「自分の発言をまったく反省しない、また、自分の陳述がいかに無法で常軌を逸したものか、まったく気づいていない」人が溢れるほどいた、と言う。

バハマの元プライベート・バンカーがかつて語ってくれたのは、少しでも倫理観のある資産マネジャーは、「自分の良心に問いかけない」。そして、少なくとも誰かを助けたのだ――それも個人的に知っている人が傷ついたとき、その家族も含めて助けたのだ、と自分に言い聞かせて乗り切ってきた、という。

では、タックスヘイブンそのものはどうか？　超がつく金持ちに対して、母国の法律や税金から逃れる手助けをすることに、果たしてどんなメリットがあるのか？

実際には何もない。地元の得られる利益は期待よりはるかに小さく、そして他国に背負わせる損害に比べれば微々たるものである。例えば英領半植民地のケイマン諸島は、確かに自国を通過する数兆にも上る資金のうちのかけらぐらいは確保できるかもしれないが、うまい汁はすべて短期滞在の白人に持っていかれる。

アメリカの信託ゲームに積極的に参加したサウスダコタ州では、この分野からの収入は、州の税収の0・06%で、同分野の雇用創出はわずか0・02%に留まり、同時にアメリカの最富裕層が肥えるのを助けている。例えば、リグレー・チューインガムの財産を受け継いだプリツカー家、ラディソン・ホテル・チェーンのオーナーのカールソン家、ヘッジファンドの巨人ジョン・ナッシュなどは、一般の米国民に適用される規則や法律から資産を避難させており、[*21]資産の半分ほどは、州内のスーフォールズにある2階建てのややみすぼらしいビルで運用されている。総じて見れば、サウスダコタ州だけでなくアメリカでさえも、おそらく最終的に金融的損失を被っていると言えよう。

「これらのさまざまな状況下では、誰も勝者とは言えない」と指摘するのは、アメリカで出版社を経営する裕福なチャールズ・デイヴィッドソンである。「弁護士らは結託して、たとえ顧客の利益に反してでもこれを手元に囲い込み、ずっとここから飯の種を得たい、と考えている。しかし、そうは言っても彼らも被害者と呼べるかもしれない」

より正確を期して言うならば、資産マネジメントとは、最も不幸な産業と言えるのかもしれない。しかし、超金持ち連中がどれほどの悲しみを抱えていようとも、富の搾取のための金融化によるさまざまな仕組みの被害を受ける、数知れない犠牲者に比べれば、彼らは文句を言える立場にはないのだ。

第9章 プライベート・エクイティ

イギリス中部のとり残されたような郊外の町に、ケアライン・ホームケアの地方本部が入る低層階の建物がある。この会社は、プライベート・エクイティ（PE）が所有する私企業で、老人や社会的弱者の家庭に介護士を派遣し、食事の世話や入浴介助、買い物代行、薬を飲ませ、洗濯や掃除、身の回りの世話や部屋の換気を行い、その費用を地方自治体が支払っている。自治体は、支払い能力のない人からは料金を徴収しないが、十分な資産のある利用者にはその費用を負担してもらう。この地域の不動産は、ロンドンでは屋根裏部屋すら買えない価格でしか売れないため、ここの介護サービス利用者の多くが自治体の支援を受けているのが実状だ。

ケアラインとその利用者および労働者にまつわる話は、このセクターで働く人々の間では特に苦悩に満ちた話ではなく、またこの会社を所有する企業は、他のプライベート・エクイティ・プレーヤーと比較すれば、それほどがめつく攻撃的でもなさそうだ。しかし、そうは言っても私から見れば、このプライベート・エクイティのモデルが、経済と社会に突きつけている危険性を明快に描写してくれているように思う。

ケアラインは、外から見れば何の変哲もないが、会社の財務を調査してみると、会計学の知識がさほどなくても、ここで起きていることは金融化そのものだとわかる。それは、金融テクニックの注入であり、中でも特に政府の財政支援を受けている資金繰りの苦しい部門から、債務を利用して富を手に入れようとするものだ。執筆段階では、ケアライン・ホームケアは、シティ&カウンティ・ヘルスケア・グループが所有していた。さらに、この会社はシティ&カウンティ・ヘルスケア・ホールディングスが所有し、それをC&Cビドコが所有し、それをC&Cホルドコが、それをまたC&Cミドコが、そして最後にC&Cトプコが所有するという構造だ。それらだけですでに7階建てのタワーのような企業構造ができあがっている。

C&Cトプコの段階までくると、胡散くさくなってくる。この会社の所有者には、2018年時点で似たような名前のファンド数社、例えばグラファイト・キャピタル・パートナーズⅧA LP、グラファイト・キャピタル・パートナーズⅧトップ・アップ・ファンドA LP他数社と共に、部分所有者として24人の個人名が登記されていた。では、一体誰がこれらの不思議な会社を所有しているのか？　グラファイト・キャピタル・パートナーズⅧトップ・アップ・ファンドA LPの公式書類には、「グラファイト・キャピタル・パートナーズⅧ（ガーンジー）LPのゼネラル・パートナーが、グラファイト・キャピタル・ゼネラル・パートナーⅦ LLPのためおよびその代理として」英法人登記所で署名した決算書が載っている。[*1]

その「Ⅶ LLP」を上に辿っていくと、ロンドンの超高級地区、メイフェアのバークレー・スクエアにあるグラファイト・キャピタルというプライベート・エクイティの本部に行き着く。グラファイト・キャピタルはかつて、和食チェーンのワガママ、文具店のペーパーチェイス、ロンドンの高級会員制クラブのグルーチョ・クラブ、ビジネスホテルチェーンのゴールデン・チューリップ他、服飾・靴店、潜水用ガス製造会社、歯科治療の支払い計画を立案する会社、タイヤ販売会社、そしてケアラインを所有するシティ&カウンティ・ヘルスケアなどを所有または共同所有していた。

現在進行中の金融化の影響を見定める最も簡単な方法は、グラファイト・キャピタルのような投資家たちが使う言葉に注目することだ。グラファイト・キャピタルのウェブサイトでは、健康・介護関連の「市場」は、「我々に有利で好都合な人口構造」に恵まれ、機敏で効率的に動ける企業は「素早く市場シェアを取れる」と熱心に宣伝している。イギリスでは60万人以上が在宅介護の分野で働いているが、これは介護施設の分野とは異なる。在宅介護では、利用者は自宅で過ごすが、介護施設の場合は、介護士が常駐する特別な住居に移り住む。

イギリスでは、90万人以上が在宅介護を受けているが、そのほとんどが65歳以上だ。毎年約50億ドルが費やされ、この費用の大半が医療保険信託または地方自治体の予算から支出される。そして、この50億ドルの80%以上が、ケアラインをはじめとする民間セクター経由で消費されている。[*2]「有利で好都合な人口構造」という表現には、イギリスの人口が高齢化しつつあるため、今後さらに要介護者が数百万人単位で増え続け、これまで以上に自治体の多額のカネが狙われることを意味している。

しかし、最近の自治体の予算削減により、このサービスが満遍なく行き渡らず、結果として困難に直面する人や援助を必要とする人が増えた。だが、それは裏を返せば、プライベート・エクイティにとっては、介護セクターにおけるチャンスが増えることを意味している。「彼らは有望な市場だと見ている」とは、「イノベーションと高齢化の結節点に特化」したベンチャー・キャピタルの創設を手助けしたプライベート・エクイティの幹部アーノルド・ホイットマンの言葉だ。そして、在宅介護の「質向上」のためにテクノロジーを活用すれば、それだけで「その分野はもっと魅力的に見える」ようになる、というのだ。

プライベート・エクイティ企業のこの分野での「抜け目のないやり方」とは、まず介護関連の企業を安く手に入れ、「資産を絞り」「価値を引き出し」、その後、「出口戦略」として、利益を出せる価格で成功裏に処分するというものだ。彼らは「ドライ・パウダー（手元資金）」という言葉を好んで使うが、これはかつてすぐに使える火薬を意味する軍事用語で、それが転用されて今日では、投資家が投資用にプールしてあるものの、まだ投資されていない資金を指す用語として使われるようになった。

グラファイト・キャピタルとそのグループ企業は、「力強い有機的成長」を目指しており、「さらに複雑で高度なケアの要望に応じるために、準備万端整えている」と自慢している。介護システムについて、それも例えばあなたの祖母が世話になる可能性の高い介護に関するこのような宣伝文句を読んで、不安な気持ちでいっぱいになったとしても、それはあなただけではない。

２０１７年の８月にケアラインを訪問したときは、グラファイト・キャピタルとの関連性を示すものは何一つなかった。玄関先でタバコをふかしていた人懐っこい女性が、今日はあなたの取材に応対してくれそうな余裕のある人は誰もいないと思うわよ、と教えてくれた。そこで、私は長年社員として勤務している二人を探し出し、話を聞くことにした。そのうちの一人、ジャッキー[*3]はそこから数マイル離れた喫茶店で会ってくれることになった。

彼女の初対面の印象は、私が年をとったときに傍《そば》にいてくれたら安心できるタイプの介護士だ。明るく、冷静で動じない、真面目で仕事熱心な頼りがいのありそうな人だ。表向きの時給は8・2ポンドで、典型的な1日当たりのシフトでは、25人の「顧客」訪問をこなし、往復の時間も勘案すると、1日およそ12時間勤務だった。

「認知症の人もいます」と彼女は語り始めた。「薬を飲ませ、しっかり食事をとるよう見守らなければなりません。もう食べ終わった、と彼らは言うかもしれないけれど、本人が食べ終えたと思い込んでいるだけのこともあるから、本当に食事を終えたのか、こちらが確認しなければならない。そのうち、彼らの冷蔵庫や戸棚の中身まで覚えてしまう」のだそうだ。彼女には制服が2着支給されているので、1日置きに洗濯している。きつい仕事だが、顧客への愛情から一生懸命取り組めるという。「人によっては、深い絆が生まれます。彼らの抱える問題を家に持ち帰ってしまい、心配で眠れないこともある。例えば、私のいないときにベッドから落ちたらどうしよう、とか」。彼女の上司は厳しい人だが、「私がしっかり仕事をする」ので関係はいい。

ジャッキーの夫はそこそこ稼ぐし、子供たちは巣立ったので、食べるには困らない。「お金の問題じゃない」と言って両手を上げた。「そんな細かいことを考えている暇もない。給料はもらえてるし、それはそれ。二人ともお酒は飲まないけれど、私はタバコは吸う。法外に高いけどね。自分一人の給料では食べていけない」。熱心な労働党支持者で、EU残留派のジャッキーは、誰がケアラインを所有しているか、まったく知らなかったが、過去数年の間に所有者が変わるたびにガタついた印象は持っていた。その1つが、あるとき突然、一人の見知らぬビジネスマンがやってきて、「私たち（彼女および同僚ら）をひとまとめにして売りに出さなければならなくなった」と言われたことだった。

その企業構造の複雑さと、メイフェアにいる所有者とジャッキーの住む世界との違いを考えれば、ケアラインを誰が所有しているのか、彼女が知らないのも無理はない。しかし、その複雑さと隔絶された状態こそが、プライベート・エクイティのビジネスモデルの核心部分であり、金融の呪いの重要な要素そのものなのだ。

「他人のカネ」で遊ぶゲーム

プライベート・エクイティの基本的な考え方は、企業所有者が自ら作った資本のプールに、外部投資家を誘致して資本を注入してもらうことである。企業はこの集めた資本を活用して、買収や別の企業、例えばピザのチェーン店への賭けのような投資を行う。さらに多くの借り入れを行い、企業を再編して、願わくは売却して利益を得る。このプライベート・エクイティを経営している大物と、彼らと共に投資する外部投資家、そして彼らに融資する金融業者らは、その投資プールから得られた利益を、事前に合意した配分に基づいて山分けする。

プライベート・エクイティの幹部連中は、次のような話を好んで語る。病んでヨタヨタした企業を選び、怠け者で無能な経営者を放逐する。そして、痛みを伴う改革を断行して、その企業を資本主義という活気溢れる新しいエンジンを噴かす健康体に作り変える。この過程ですべての人を金持ちにする、と。

投資家は、プライベート・エクイティとヘッジファンドを二者択一の似通った投資対象と捉えるが、両者は投資内容が異なるため、まったくの別物である。ヘッジファンドの場合、通常は短期の投資が多い。債券やデリバティブ、商品、株式、珍奇な債務商品を短時間で目まぐるしく売買したり、また、各市場間の価格差や経時的価格変化を狙って賭けたり、購入後数日から早いときには秒以下の時間で売り抜けることもある。対照的に、プライベート・エクイティは、厄介で困難な仕事に従事し、企業の経営権を握って大規模に再構築するというプロセスを経るため、数年単位の時間を費やすことも珍しくない。

いずれにしろ、このショーを運営する大物は、両者共に年間手数料、それも通常は投下資本額の2%を取り、それに加えて、上がった利益を外部投資家に配当する前に、その利益の、例えば20%を前もって差し引いて取る（この基本方式は「2と20」として知られる）。プライベート・エクイティは上場されていない（だからこそプライベートと名がつく）ので、四半期ごとに高収益を要求しがちな短期視点の株主の圧力からマネジャーは解放される。いずれにしても、これらは彼らの表向きの話であり、たいていの金融分野とも共通するが、それがプライベート・エクイティの言ううまい話の核心である。しかし、この裏に、もっと邪悪な秘密の影がちらついている。

もちろん、原則として民間企業が介護施設を経営・運営することに何ら問題はない。場合によっては、1組の夫婦のほうが、行政に雇用された職員より、40人の利用者に良質で親身な対応やサービスを提供できるかもしれない。民間セクターだから問題なのではなく、プライベート・エクイティだから問題なのだ。すなわち、その底流にあるビジネスモデルは、がめつくて攻撃的で、そのビジネスに関係する、できるだけ多くの利害関係者から手当たり次第に、金融化手法によって富の搾取を行うモデルだからだ。プライベート・エクイティは、他の企業では手の届かないところからでも富を搾取する。もしかすると、これは我々の経済の中でうごめいている、最も明確な金融化の代表例と言えるかもしれない。

この分野が産業として機能し始めたのは、1960年代に米投資銀行ベア・スターンズの上級幹部だったジェローム・コールバーグ・ジュニアが、部下に対して、単に顧客企業にアドバイスをして資金集めの手助けをするのではなく、その企業ごと買い取るよう指示したことに始まるとされる。

また、彼はさらに利益を上げるための興味深い手法をいくつか提案した。まず銀行に新部署を立ち上げるよう説得、その部署が健全なキャッシュフローを有する優良・健全な企業の買収を重点的に進め、――ここでまず、最初のトリックが登場――この買収した企業（ポートフォリオ企業と呼ぶ）自らに、例えば、買収額の90％相当額を借り入れさせ、その借入額のほとんど、もしくは全額を新所有者に還流させるのである。ベア・スターンズとその経営幹部は、そのポートフォリオ企業の事業が軌道に乗ってうまくいけばそこから利益を得られるし、また新規借り入れの金利コストを、ポートフォリオ企業の税務対策として活用できる。

しかし、当該企業が破産した場合、ベア・スターンズは当該企業の債務に対し、何らの義務も負わない。その理由は、「有限責任」法という魔法の存在だ。もしも有限責任会社が破産すれば、所有者は投下資本額を限度とした責任しか負わず、それ以上の責任を負うことはない。従って、彼らは投資する自分のカネは最小限に抑え、残額については他者に投資させる。それは無知な凡人（落語に登場する「熊さん、八っつぁん」）とビジネスを立ち上げるようなものだ。その彼には経営権をほとんど、またはまったく与えずに、利益は自分だけが取り、倒産したらそのまま立ち去る。そして彼だけが債務を負う、というようなものだ。

ではポートフォリオ企業の経営者は、なぜそのような条件を受け入れるのだろうか？　主な理由は、銀行がポートフォリオ企業の経営者にとって妥当な、そこそこ魅力的な条件を提示して、彼らも金持ちになれるようなニンジンをぶら下げるからだ。実は、ポートフォリオ企業の経営者以外の利害関係者――例えば従業員や債権者という無知な凡人こそが、その債務を背負わされる羽目に陥る人たちなのだ。

この自分だけは利益を取りながら負債は他者に被せるやり方は、昔からある「他人のカネ」（OPM）で遊ぶゲームの別バージョンだ。この遊びについては、すでに第7章のグローバル金融危機に関連する箇所で述べたが、これこそが無謀なギャンブルの一般的なやり方なのである。

ベア・スターンズが資本プールに他人の資金を集めれば集めるほど、そこから相応の額の搾取が可能となり、より多額の手数料と利益の配分にありつける。そして、うまい話を上手に話せれば話せるほど、また良い評価と後援者を得てもっともらしく振る舞うほど、OPMを集めることができた。

このレバレッジド・バイアウト（LBO）ゲームで、驚異的な高利益率を生み出せることを発見したコールバーグは、1976年にベア・スターンズを辞め、ヘンリー・クラビスとクラビスの従兄弟ジョージ・ロバーツと共に新会社コールバーグ・クラビス・ロバーツ（KKR）――序章で紹介したトレインラインを所有する会社を設立した。この会社はプライベート・エクイティの草分けで、当時はこの会社も含め、その後間もなく登場した会社は総じてLBO企業として知られていた。ただ、これら乗っ取り屋企業は、ある問題に直面していた。それは、このゲームに必要な資金の融資を得るために銀行家を説得することだった。

しかし、幸運にも新しいプレーヤー、ドレクセル・バーナム・ランバートという投資銀行が、ジャンク債の帝王と呼ばれるマイケル・ミルケンの下に登場したのである。ドレクセルは、違うタイプのOPMゲームを始めた。それは、LBOにカネを貸し付けた後、そのローン（リスクの高さから、ジャンク債として知られるようになる）を、それらのリスクに精通していない保険会社や貯蓄貸付組合に対し、高い利回りで誘惑し、それがリスクに応じたリターンだと説得して販売した。

経済が上向いていた1980年代には、これらジャンク債を購入する楽観的な投資家が後を絶たなかった。LBOディールは1981年の30億ドルから1989年までに740億ドルにまで膨らみ、時には合計で企業の買収額の6％以上にもなる高い手数料を取り、ミルケンは史上最も高給取りの金融マンとなった。

しかし、1989年に米連邦大陪審が、ミルケンを、ウォール街の名士に対する裁判としては史上初、最大級の刑事犯罪および不正な金儲け行為で起訴した。マンハッタンの検事は「深刻な犯罪行為がウォール街に蔓延している」と指摘した。LBOは急停止に追い込まれ、債券市場は干上がり、市場環境も激変した。LBOによって買収された企業群は巨額の債務を背負わされていたため、バタバタと倒産した。しかし、これはほんの小休止にすぎなかった。LBOは悪者の代名詞となったが、立て役者たちは再挑戦を決意しており、間もなく、装いも新たにこの同じセクターにオシャレな名前をつけて再登場させた——それがプライベート・エクイティである。*4

同時期に、新たな知的救世主が現れた。それが、ハーバード・ビジネススクールの教授マイケル・ジェンセンで、シカゴ大学で教育を受けた、ビジネス戦略について新しいアイデア満載の構想を持つ人物だった。例えば、あなたの近くのBPやテスコ訳注★1など通常の上場会社では、多様な構成の株主がそれを所有しているが、運営については、株主とは別の主体である経営者が行っている。両者の利害は必ずしも一致していない、とジェンセンは1989年と1990年の「ハーバード・ビジネス・レビュー」誌に発表した2〜3の論文で主張した。経営者には、株主のカネをきちんと管理運営するという十分なインセンティブは存在せず、これが彼の言う「広範な無駄と非効率性」に繋がっているのだという。

ジェンセンの持論はまず、アメリカ株式会社には、金融的「M&A市場」の中で、新しいタイプのスーパースター的なオーナー経営者が必要であり、それによりシステム全体に効率性を浸透させることができるというものだ。そして、彼らは自分たちの利益を追求するためなら、虎のように戦ってでも、肥大化した企業を買収し、機敏で超高効率の利益製造機に作り変えるだろう、と。次に、これらの企業は莫大な借り入れをすべきであると言う。それは「債務の統制・規律」が、オーナー経営者をして、これまで以上に真剣に利益について考えさせることになるからだ、というのだ。そして3つ目は、給料を成果に連動させれば、レーザー光線のように一点に集中して行動する管理職をもっと働かせ、さらに大きな利益を生み出す業務に集中させることができるだろう、と。一般的な理解として、これを「ステロイド剤に依存した資本主義」だと指摘するのは、ベテラン銀行家でプライベート・エクイティ評論家のピーター・モリスである。[*5]

ジェンセンのこの考え方は、株主価値、より正確を期するならば、株主第一主義という概念に依拠している。この考え方は、当時の企業がさまざまな目的を持って企業経営を行ってきたという過去の歴史から見ると、革新的とも言える大きな飛躍だった。ピーター・ドラッカーは、1946年刊行の代表作『企業とは何か』で、ビッグビジネスとは「米国を代表する社会的組織体であり、……その地域構成員として果たす社会的機能は、効率的な生産者であるという経済的機能と同じくらい重要なのである」と主張している。これこそが高成長を遂げた「黄金時代」を支えた企業の考え方だった。企業は単に利益を上げる存在であるのみならず、良い仕事を提供し、良質な商品を作り、税金を支払い、健全な地域社会を構築する。そして株主とは、あくまでもいくつもの主要な利害関係を有するグループの1つでしかない。このような企業経営のあり方が、1960年代末までの一般通念であった。

しかし、1970年にミルトン・フリードマンが、「ニューヨーク・タイムズ・マガジン」に

訳注1　BPやテスコ　BPはイギリスの石油メジャー。2001年にBritish PetroleumからBPに社名を変更。テスコはイギリスに本拠を置く小売業を主たる事業とする企業。世界的な流通大手の1つ。

寄稿した「企業の社会的責任とは、利益を上げることである」[*6]と題した過激な記事によって、この共通認識に焼夷弾を投げ込んだ。企業経営者には、たった1つの義務しかない、すなわち株主に対するものだけだ、と論じたのである。社会的責任などの感傷的な概念、納税、給与の支払い、最低限よりも厳しい安全基準の設定は、彼から見れば、「集団・集産主義」で「根本的に破壊的」であるという。そして、あからさまに利益だけを追求しない企業経営者は、ただ「自由社会の根本を徐々に破壊する理論に、無意識に操られている人形のようだ」と述べた。この富の創造者らが稼いだ金は、別のところで再投資され、結果として皆が幸せになれる、とフリードマンは持論を展開した。

フリードマンの自由放任主義満載の議論は、時流に乗り、山火事のように瞬く間に広まった。効率的で利益を生み出す市場理論を支持するシカゴ学派の考え方は、全米だけでなく世界にも広まりつつあった。それと同じ頃、リベラリズムに向けた動きを封じるべく、ソ連とワルシャワ条約機構の軍隊によるチェコスロバキア侵攻が、西側世界の危機感を呼び覚まし、「自由」という幅広い概念に、緊急性および正統性と合法性までも包摂させる動きに繋がった。ジェンセンがバトンを受け取ったとき、彼は経済を組織的に動かすこの新システムの頂点に「国家の中核的な産業構築のために必要な資金（ドル）を、さまざまな個人や企業から魔法のごとく吸い上げる連中」として、金融業者を据えた。

こうした動きすべてが組み合わさって大規模で深層的な変化を起こし、ある記事によれば「ウォール街は、経営者支配の企業を金融家支配の企業に置き換える」手助けをしたという。イギリスでも多少の時間差はあったものの、これと似たような動きが起こり、英国内のバイアウトは1990年代初頭に離陸したのである。

ハーバード・ビジネススクールはジェンセンを採用した際、これまでの聡明なビジネス・プロフェッショナルを養成する大学院から、ウォール街を賛美するチアリーダー的存在に自ら変質してしまった、とダフ・マクドナルドは説明する。「彼らは基本的に負けを認めて、『ちくしょう、カネ儲けを目指そうぜ』と言ったのだ」。そして、偶然だろうか、彼らの資金調達は目を見張るほどの成果を挙げた。

しかし、この考え方に異議を唱える同校の教授で、ビジネス・イノベーションを専門とするクレイトン・クリステンセンは、この新たな考え方がいかに有害で破壊的だったかについて解説している。「主要なビジネススクールの金融学と経済学の教授らは、過去40年の間に新興宗教の教会を作ってしまった。私はこれを、『金融新教会』と名づけることにした。その教義を、カトリック教会が教理問答で伝道するのと同じ、迫力ある説得術で叩き込まれている」[*7]。そして彼は、それを財務比率または分数に対する熱狂と表現し、資本に対するリターン最大化への執念を引き起こしている、と説明している。

金融の比率に関して、いくつかの例を挙げよう。例えば、純資産収益率（RONA）、内部収益率（IRR）、投下資本利益率（ROIC）、1株当たり利益（EPS）他である。これらは実質的に、得られた利益や収入を、資本や導入された資産で割ることで、ビジネスを非常識だがもの凄く説得力のある計算式でがんじがらめに拘束するのだ。

何でもいいので、比率または分数を例にとってみよう。分数から導かれる答えの数字を押し上げるには2つの方法がある。1つは分子を増やすこと――ここでは利益、収入または報酬リターンであり、実質的に投資から得られたものだ。もう1つの方法は、分母を小さくすること、すなわち自分が投入するもので、通常は例えば投資である。たいていは、分母を小さくすることで比率を大きくすることが最もたやすい手法だ。従って、投資額2億ポンドに対して2000万ポンドを稼ぐ会社の利益率は1:10となり、1000万ポンドの投資額に対して200万ポンド稼いでいる会社の利益率は1:5となる。よって前者は後者の半分しか稼げておらず、後者ほどの成功は収めていないことになる。

もしも純資産をゼロにしたならば、RONAは無限大のリターンを保証してくれるだろう。では、次のような企業事例を考えてみてほしい。5000人の従業員を雇用して多額の投資もするが、小さな利益しか出していない会社と、多額の借り入れを行い、10倍の利益を出すが、100人しか雇用しないプライベート・エクイティと、果たしてどちらが国の経済に貢献するだろうか？「投下する資本額以上に多くの資本を抜き出せれば、それもできるだけ早く引き出すことができれば、それだけIRRが高く出る」とクリステンセンは指摘する。「だからこそ、彼らは引き剝がす行為に投資するようになるのだ」と。この指標偏重の動きは、企業活動にとって最も重要な要素である雇用、技術革新（イノベーション）、サプライチェーンおよび従業員の生計などのすべてを無視してしまう。無視どころか、不利になるように利用される。これらは金融市場における企業支配のための単なる指標でしかないのに。指標の重視は、企業が資本集約的な工場などを貸借対照表から外すために事業をアウトソーシングしたり、投資を削減するため、さらに金融化と金融の呪いを加速させることになる。企業は借り入れを増やし、自身で投資する資本を減らす。有能な経済学者であれば、フリードマンやジェンセンの論理を分析し、論破することができるし、すでに多くの人がそうしている。

しかし、最大の問題点は、オペレーショナル・エンジニアリング――放漫経営の企業を立て直して富を創出するものと、金融エンジニアリング――従来から存在する富の搾取の違いが十分に認識されていないことだ。

プライベート・エクイティは時には両方を、それも同時並行で実施するが、ほとんどの場合、後者を実施することのほうが多い。プライベート・エクイティの行動はそのように動機付けられており、しかもこれを実現するための選りどり見どりの豊富なトリックが用意されている。*8

主な手法は、借り入れまたは負債を増やすことで、これがいくつかの利点を提供している。しかし、そのいずれも企業を長期間存続させ、成長させようと考える方向には働かない。負債の最初の利点は、リターンを増幅させることだ。単純化した事例として、自己資金10万ポンドで家を購入し、その価値が2万ポンド上昇したと仮定しよう。この場合、あなたの資本は20%増加したことになる。しかし、もし自己資金の10万ポンドに加えて90万ポンドを借り入れ、同じような家を10軒購入し、それぞれの価値が2万ポンドずつ増加したとする。それらをまとめて120万ポンドで売却すれば、90万ポンドのローンを返済し、30万ポンドが手元に残ることになる。結果、あなたは自身の手持ち資金を3倍に増やすことに成功したことになる。これこそが、レバレッジの原理なのだ。

しかし、これには大きな問題が潜んでいる。もし家の価格が下落すれば、負債は膨らみ、損失は一気に膨れ上がる。このリスクをプライベート・エクイティの立て役者たちは、コールバーグが生み出した次のようなごまかしのトリックで見事に乗り切る。それは、自分たちで負債を背負うのではなく、彼らの買収する企業に肩代わりさせるのだ。賭けが悪いほうへ転べば、その責を負うのはその企業の他の利害関係者——従業員、取引先や債権者であり、彼らが損害を被ることになる。

先ほどの例をもう一度思い起こしてみよう。今度は自己資金10万ポンドを提供し、銀行から90万ポンドのローンを引き出した後、同じ10軒の家を購入して、それらをまとめて賃貸業を営む有限責任会社を設立したとしよう。こうなると、もはやあなた自身ではなく、有限責任会社そのものがローンの返済義務を法的に負うことになり、あなたの責任は自身の提供した額——本件の場合は10万ポンドに限定される。もしもビジネスが破綻すれば、銀行家らが損をするのであって、あなたは無罪放免だ。利益すら出るかもしれない。

しかし、ちょっと待った！ あなたは資本提供者として、元々投資した10万ポンドを失っている。

いや、あながちそうとも言えない。もし、あなたが不動産賃貸業を立ち上げた後に、修繕費や保険料を切り詰め、ペンキ塗りも安くあげ、芝を刈り、きれいに加工した写真を作り、さらに賃料を3割上げ、自由に使える新たな定期的キャッシュフローを生み出したとしよう。投資家は、通年キャッシュフロー額に対し数倍の額を貸してくれるので、一般に不動産価格や家賃が上昇している局面で家賃収入を年3万ポンド増やせれば、追加で25万ポンド、もしくは多ければ35万ポンドは借りられるかもしれない。次に、賃貸ビジネス会社にこれらすべてを特別配当の形であなた個人に還流させるように要請する――あなたには対応すべき厄介で煩わしい株主がいないので、何事もあなたのやりたいように決められる。あなたは自分の拠出した10万ポンド満額はもちろん、追加額も受け取れるかもしれない。

しかし、そうこうしているうちに経済がダメになり、数人の貸借人が仕事を失い賃料が滞る。借り入れ過多の賃貸ビジネスは破綻し、あなたは初期投資の10万ポンドを失う。だが、そもそもこのビジネス自体が有限責任会社によるもののため、あなたの責任は投資額10万ポンドに限定される。その先については、借入金は他人の肩――すなわち銀行家や投資家が背負っており、彼らが可能な限り回収できるものを回収するのみである。あなたは10万ポンドを失ったが、特別配当の名目で35万ポンドは得られたので、総じて25万ポンドは、公正性を欠くとはいえ、うまく懐に収められた計算になる。さらに、この会社をケイマンに設立していたならば、場合によってはそれにかかる税金すら支払わずに済むかもしれない。

従って、この焼畑式オペレーションから、あなたは自分の持ち金をほぼ倍増させた計算になる！そこで、あなたと同じような考え方の人々を見つけ、彼らからカネを借り入れられれば、手元の25万ポンドを用いて同じトリックを、より大きな規模で再現できる。そして、そのような理性を欠く人々を探し出すのは難しくない。彼らには彼らなりの論理があり、おかしくなったわけではないのだ。

世界には、グローバル経済の巨大な変革の結果生み出された巨額のグローバルなホット・マネー、それも兆単位の額が、大洋のごとく広がりうごめいている。それらは、貧しい国々から強奪された富であったり、世界市場に流れ込んだ中国人の巨額な預金だったり、民間銀行と西側諸国の中央銀行によってどこからともなく際限なく生み出される新たな資金である。

このようなカネはどこか、いや、どこでもいいから良い投資先を探しており、ドイツ国債のような低金利よりも高いリターンの投資先を求めている。その一方で、貸し手――例えばヘッジファンドや貸金専門の業者は、収入を生むローンを、新たな収入を生むローン担保証券（CLO）に作り変えて、資金力のある他の投資家に強引に売りつけるというプレゼント交換ゲームに似た証券化という素晴らしい手法で、自分たちの帳簿から負債を外すことが可能になった。今やCLOは世界で5000億ドル規模の産業に成長し、急拡大を続けている。そしてさらに貪欲に収益を追求すべく、新たなプライベート・エクイティ取引や買収、さらなる負債の増額を求める強力な動きを生み出している。

そして、ここからが興味深い話になる。金融システムの参加者の中で、市場環境が暗転したときに責任を背負わされる者が、必ずしも個人的に債務を負わされるわけではない。投資マネジャーやヘッジファンドの運用者あるいは銀行家は、すでにボーナスを受け取っているだろうから、見える限り損をするのは他人のカネである。究極の被害者は、長い鎖の末端にいる騙されやすい人――その可能性が最も高いのが、このような商品に大量に投資した機関であることが多い。それは、あなたが積み立てているかもしれない私的年金基金などだ。

プライベート・エクイティの代表的で大胆なゲームの1つは、次のようなものだ。まず企業を買収し、再編して、新たに色々なキャッシュフローを絞り出し、それらを活用してさらに多額の資金を借り入れる。その借り入れた資金を使って、投資対象となったポートフォリオ企業の買収額の元が十分取れるだけの金額を投資家連中に還流させるのである。

自由になるキャッシュフローを生み出すには、無限の手法がある。最もわかりやすい手法は、コスト削減だ。従業員数を削減し、給料を減額し、年金受け取りの権利を縮減し、投資を節約する。プライベート・エクイティの大物で、のちにトランプ政権の商務長官に就いたウィルバー・ロスは、米鉄鋼業界のかなりの部分の支配権を手にした後に、これと同じことをした。彼は2005年に、45億ドルの利益を手にして引き揚げたが、それは鉄鋼労働者および退職者が失った健康保険と年金の額にほぼ匹敵していた。[*9]

借入で会社を潰し、自らに還流させる

あなたが、この略奪手法のあまりにも単純で恥知らずな厚かましさに嫌悪感を覚えるなら、それはあなただけではない。しかし残念ながら、それが横行しているのも事実だ。

例えば、2005年にプライベート・エクイティの巨人、テキサス・パシフィック・グループ（TPG）とアパックス・パートナーズ・オブ・ロンドンが「プロジェクト・トロイ」を始動させ、ギリシャで3番目に大きい、当時はまだ健全だった携帯電話会社TIMヘラスを14億ユーロで買

収した。1年もしないうちに、所有者らは当該企業の負債を1億6600万ユーロからほぼ20倍の30億ユーロ超まで嵩《かさ》上げし、この新たな借入から得た資金を、税負担を最小化する複雑な仕組みの証券やヘラスの関連会社を経由させて自分たちに還流させていた。ゴルディロックス相場[訳注★2]が続いていたならば、ヘラスは存続し得たかもしれない。あるプライベート・エクイティの幹部によると、「上昇相場をうまく利用したフリーライド（タダ乗り）だった」だけで、「2006年当時の世界は素晴らしく、水の上でも歩けるような奇跡の時代だった」。

彼らはヘラスを別の投資家に投げ売りして利益を出そうとしたが、それに失敗すると、この企業からあたかも現金自動預払機のごとく搾り取った。自分たちの引出額をどんどん増やし、負債満載の今にも壊れそうな抜け殻のようになった会社を、2007年にエジプトの投資家に売り払った。

一方、イギリスの破産法に目をつけたこの投資家は、本拠地をルクセンブルクからロンドンに移し、企業倒産に関する緩い法規制を活用して、その負債を帳消しにした。2009年に破産申請がされたとき、清算人は、当該企業は「計画的に略奪された」と指摘した。[*10]

もう1つの典型的な収奪手法は、オプコ・プロプコ・シャッフルと呼ばれるもので、事業会社と所有会社の分離を行う。この場合、プライベート・エクイティ（PE）は多数の不動産物件を所有する会社を買収し、1つは不動産会社（プロプコ）[訳注★3]、そしてもう1つは実際の運営を担当する事業会社（オプコ）[訳注★4]の2社に分割する。PEはここでプロプコを売るが、その売却代金を、社会的責任を果たす事業構築などの生産的活動には投資せず、そのまますべてPE自身に還流するように仕組む。その額は、不動産価格が上昇基調にあれば、この買収資金全額を賄って余りある額だ。事実上タダで企業買収を可能にしつつ、さらにリスクを負うこともない。

しかし、この売却については、もっと多額の収益を上げられるようにする手法、例えばたった今売却したばかりの不動産を、オプコが再度、長期にわたって高額な賃料で借り受ける契約などにすることができる。賃貸契約の内容が友好的な条件であればあるほど、プロプコの不動産を取得する者は、より高額の取引に応じるだろうし、その結果より多くの特別配当がPEの所有者に入る仕組みだ。そして、その企業が倒産する確率もさらに高まる。

この例がそのまま当てはまったのが、イギリスのサザン・クロス・ヘルスケアの事例で、同社はアメリカの巨人ブラックストーンをはじめとするプライベート・エクイティ3社の手を経て、最終的に2006年7月に株式市場で売りに出された。その後の世界金融危機の直撃を受け、元々資金不足に陥っていた地元の地方自治体は、介護施設を運営する企業への支払い額を削減し始め、サザン・クロスは賃貸保証ができなくなった。その費用は年間2億5000万ポンドで、無条件に毎年2.5%ずつ上昇する取り決めになっていた。この企業は2011年に倒産し、運営する介護施設とそこに暮らすおよそ3万人の老人たちは、不動産所有者または他の運営会社に丸ごと売られてしまった。

訳注2　ゴルディロックス相場　過熱も失速もせず、適度な状況にある相場。
訳注3　プロプコ　property company の略。
訳注4　オプコ　operating company の略。

このような事態に遭遇した犠牲者を探し出すのは、さほど難しいことではない。2011年にBBCが潜入取材で撮影した映像には、ブリストルの介護施設、ウィンターボーン・ビューでの痛々しいありさまが記録されていた。

この施設は、ジャージー島に拠点を置く会社が所有していたが、この会社自体はジュネーブのリディアン・キャピタル・パートナーシップというPEに所有されていた。社会的弱者の入居者たちは、嘲けられ、平手打ちされていた。あるスタッフは、椅子の下に横たわって泣いている入居者の手首を踏みつけていた。別の女性入居者は、泣き叫ぶ中、ベッドから引きずり下ろされ、また別の入居者は過去の自殺未遂をネタにからかわれ、恒常的に目を突かれている者もいた。また、服を着たまま無理やりシャワーを浴びせられ、その後シャワールームから押し出されて、寒さに震えながら床に横たわる入居者も映し出されていた。

元看護師の話では、当時トレーナーだった男から、入居者が何らかの問題行動を起こした場合には「睾丸を蹴ってもいい」と言われたそうだ。低賃金と悪質な労働環境は、当然のことながら質の悪いスタッフを意味し、この事件の場合、記録映像を見た臨床心理学者の言葉を借りるなら ば「拷問」である。リディアンは、毎週、患者一人当たり平均3500ポンドを受け取っていた。同社に近い消息筋がデイリー・テレグラフ紙に語ったところによると、「投資家たちは、ほとんど人任せで干渉しない。彼らは大金持ちで、無関係の遠い存在だ」と指摘した。このドキュメンタリー放映後、元職員6人は刑務所送りとなった。*11

搾取される介護士たち

ケアラインに話を戻そう。

はっきりさせておくが、ケアラインの介護サービスの利用者も、従業員もウィンターボーン・ビューとは比べものにならないほど待遇は良い。ジャッキーは、毎日の仕事はたいていは「大丈夫、順調」と言っていた。しかし、別のケアラインの介護士――ここではサリーと呼ぶことにしよう――は、長時間労働に加え、とても厳しい労働環境の実態を訴えた。

彼女は自分の労働環境にうんざりしていたが、ジャッキー同様、利用者への愛情と、他の選択肢を考える時間すらないことから、この仕事に留まっているという。ジャッキー同様、彼女も心配を抱えたままの眠れない夜について語ってくれた。「文字通り、私たち介護士は、彼らが息をひきとるまで一緒にいる。それが私の仕事なの。だから期待を裏切るわけにはいかない。誰かを失うときはとても辛いけれど、最終的にはこう思うことにしている。自宅で過ごせるよう助けてあげた、って」

サリーは20年以上にわたり介護の現場で働いてきたが、仕事内容が大きく変わるさまを見てきた。「当時は友達のように優しく接するサービスだったような気がする」と言う。「家を訪ねると、お茶を淹《い》れてあげて、洗い物をして、世間話や雑談を少しして、それから次のお宅へ行く、という感じだった。各家庭訪問は30分ほどで、移動時間も別途考慮されたものです」。従って、介護士らは、今日とは違い移動中の賃金も支払われていたのである。

本書執筆時点では、ケアラインのほとんどの従業員は、利用者宅に一歩足を踏み入れたときから家を出るときまでの時間にほんの数分加算した時間給でしか賃金を支払われない。つまり、ある訪問先から別の訪問先へと移動する時間は基本的に無給なのだ（しかし、グラファイト・キャピタルによれば、それは割り当てられた仕事の時間給に「含まれて」おり、長距離移動の場合にだけ距離による加算がされることもある）。ケアラインは車も支給してくれない。「私たちがこなす仕事量は信じられないほど多い」と、サリーは次のように言葉を繋いだ。「超特急での移動を強いられるので、ケアなんてできていないに等しい。ものすごく酷い、本当に恐ろしいくらいの状況です。私は機械じゃない。こんなことを永遠に続けられるはずがない」

介護する側にとって酷い環境ならば、介護を受ける側にとってはさらに酷い状態だろう。「彼らは住み慣れた地域で暮らし続けたいのに、実際は囚人のような暮らしです」とサリーは言う。「お年寄りは本当の弱者で、人間的に触れ合えるのは訪問介護士だけなのに。それがたったの5分、薬を飲ませて、それで『バイバイ』ということであってはならないはず」と指摘する。「認知症で、暗闇に怯える人々は、優しく腕をさすってくれる人を必要としているんです」

かつて、ケアラインは携帯電話を支給していたが、それも打ち切られた。「経費がかかりすぎるから。以前はマネジャーが一緒についてくれて仕事ができたけれど、今やカネ、カネ、カネ、カネ。経営側はそれしか興味がない。会社が大きくなりすぎて、もはや社員は数字でしかない。そして、彼らは関心すら寄せない」（グラファイト・キャピタルは、会社として十分な額を投資して介護の質向上や基準の改善、介護士らのキャリアアップに貢献しているとして、サリーの現況報告を退けて受け入れず、さらに地元自治体およびケア・クオリティ・コミッション[訳注★5]からは、自分たちの支社の4分の3以上について「良好」との評価を受け、不適格は1つもなかったと主張した。また、特定の利用者に提供するケアの時間配分についても委託当局が決めており、ケアラインはその決定権を有していない、という)。[*12]

近隣の自治体の公衆衛生局長によれば、在宅介護や施設介護サービスの制度は「崩壊寸前」だという。彼女によれば、経費節減や緊縮財政によって疲弊した地元自治体は、本来なら行政の提供すべき在宅介護サービスを、コスト減の「解決策」を売りにしてうるさく勧誘してくる業者に外注すれば経費節減ができる(と同時に自治体自らが提供した質の低いサービスへの悪評を避けることもできる)と考えているようだが、それこそ間違ったうわべだけの経済性の追求なのだ。

例えば、これまでのように運動や、最低限の衛生管理などの予防的な措置をとるなどの時間すら確保できなくなった介護士の訪問に頼らざるを得なくなった利用者は、たいていが介護施設に入居したり、入院したりすることになってしまう。このような場所は、利用者にとって「最悪の場所」、それも、とてつもなく高額でありながら不衛生で、気力を削がれ、疎外感を感じる場所だ。また、多くの企業は選り好みをして、扱いやすく利益率の高い利用者を選び、逆に扱いの難しい経費のかかる利用者らは、公共の保健システムに戻してしまう。また、この局長によると、それにも増して「非常に大きな」問題は、介護士自身がストレスや過労から病気になったり、介護が

訳注5　ケア・クオリティ・コミッション(Care Quality Commission)介護施設のサービスを評価する第三者機関で、2008年10月設立。イギリス保健省の管轄。

必要となってしまうことだ。

ここに、ケアラインに現在勤務する、名前が黒塗りされた別の介護士の勤務表のコピーを入手した。ここには、彼女がかつて勤めていた別の訪問介護会社時代に組まれていた詳細なスケジュールが記載されていた。ある日のシフトは朝7時半に始まり、次のような業務が含まれていた。各行は、利用者への訪問記録を、またカッコ内の数字は業務に費やした時間を比率（60分で割った率）で示している。

10.21 - 10.31	(0.17)	個人のケアおよび投薬
10.35 - 10.40	(0.08)	個人のケア
10.47 - 10.53	(0.10)	食事の準備
10.53 - 11.02	(0.15)	食事の準備[*13]

これらのカッコ内部分は集計されて時間給を掛け、その後、税金を差し引いた額が報酬として支払われる。この勤務表には、金曜日の朝7時頃から日曜日の夜11時までの間にこなした

140ヶ所超の訪問記録が記載されており、最初の夜に介護士が取れた睡眠時間は、勤務の終わった真夜中の12時から次のシフトである早朝2時40分までの間の、わずか2時間半ちょっとである。しかも、その間に（彼女は自家用車すら買う余裕がなかったと私に打ち明けた）自宅にいったん戻ることも、トイレに行くことも、食べることはもちろん、家族と話す余裕すらなく、この種の配慮は一切なされていなかった。

前記のスケジュールの最後の2行を注意深くご覧いただきたい。一人の利用者から次の利用者へと移動する時間は0分であることがわかる。その実態は、一人にさようならを言った直後に、次の訪問先のセキュリティ・コードを入力して、その利用者にこんにちは、と挨拶し、前回の訪問以来、彼らが抱えているかもしれない感情的な問題や不意の出来事にも対処しなければならないのだ。実は、この勤務表に記載されたエントリーのほとんどすべてに許された移動時間は0分だった。このようなスケジュールをこなすことは「ワンダーウーマン」でさえ到底無理だ。ましてや弱い立場の老女が、どうして真夜中の午前3時に「びっくりワンダーウーマン」の押しかけ訪問を歓迎するだろうか？

これは、「訪問圧縮」や「訪問時間削減」と呼ばれており、利用者は十分なケアを受けられず、介護士らはとてつもなく搾取される。さらに、もし移動時間をも考慮して計算し直せば、彼らの得られる給料は最低賃金を相当額下回り、しかも企業によっては時間給4ポンド以下となり、10代の若者がスーパーのアルバイトで稼ぐよりもずっと少ない額となる。これらはゼロ時間契約とも呼ばれ、雇用主は思いつきで時間を削ることができるのだ（グラファイト・キャピタルは、このような厳しい時間繰りの勤務は許容していないとし、また、彼らの言うゼロ時間契約とは、労働者の側でどれだけの仕事量を請け負うかを自主的に決められることを意味するとした。さらに、彼らのビジネスは英歳入税関庁から、国の定める最低賃金を上回るか、もしくは生活の維持が可能な給与水準を満たしているかについて定期的に監査を受けていると言う。加えて、最新のケアライン労働者アンケートでは、回答者全31人の大半が、利用者に思いやりのあるケアサービスを提供できていると回答した、と主張)。

介護士として勤務する労働者は、これらのシフトを強制されているわけではなさそうだが、彼らの生活状況を見る限り、それを受け入れる以外の選択肢はないようにも見受けられる。

リアルな現実世界に生きるジャッキーやサリーの実態を、「抜け目のない投資《スマートな》」やグラファイト・キャピタルの「成長最優先」戦略と比較すると、そのあまりにも大きな落差に、ある言葉に辿り着く。それが金融化だ。

利益を搾り取る手法

グラファイト・キャピタルからケアラインへと連なる複雑な企業間の関係を示すパイプラインを辿ると、様相の異なる種々の債務が、各段階において異なる理由で注入されているのが見えてくる。

プライベート・エクイティ（PE）の幹部ハリーは、その複雑な企業構造の一般的なロジックを次のように説明してくれた。企業およびそのキャッシュフローを、例えばケアラインに関しては、その上部に乗る7層以上のミドコ、トプコ、ホルドコ、ビドコなどをスペクトルのごとく（光分析装置にかけるかのごとく）別会社に分離することで、いくつかの目的の達成を目指しているという。最初に目指しているのは、さまざまなタイプの専門投資家連中を惹きつけるために、彼らそれぞれが求めるリスクや分野に応じたニッチな投資機会を作り出し、投資対象として望む企業全体または子会社単体への投資や買収など、ニーズに応じた商品や環境を提供できることだ。銀行からの借入とエクイティ・ファイナンスに加えて、シニア・ジュニア債、メザニン債、優先株、ワラント債、さまざまなハイブリッド債その他の商品もある。

この多層階部分に当てはまるさまざまな企業は、タックスヘイブンを含む各地に散らばっている可能性がある。それはあたかも10ポンドのピザを各1ポンド相当となるよう10等分に切り分け、各々顧客の好みに合わせてトッピングを変えるようなもの――例えば、このピザはサラミ、あれはオリーブとケーパー、それはオリーブとアーティチョークなど――で、1切れ1・5ポンドで販売できる。多くの人からカネを借りることができれば、それだけより多くの他人のカネで遊べるようになり、手数料を抜き取るカネのプールも増えることになる。

ジャッキーとサリーの肩に乗る巨大金融構造物の構成員であるこれら資金提供企業は、そうでなくても行政の予算削減によって避けがたいプレッシャーの高まる中で、いわば馬車をもっと速く走らせようとして馬に鞭打つ、外からは見えない御者のような存在である。しかし、通常の企業活動において発生した金融問題については、株主がその損害を被るのとは対照的に、本件のような場合には、貸付人は借入企業に対して冷酷無情に、今すぐ全額支払え、となるのである。

複雑な企業構造と負債活用の2つ目の主な目的は、もう1つの巨大な利害関係者である政府が関係する。動きの鈍い、嫌われ者の巨人のように見なされている政府は、道路や裁判所、労働者の教育、下水道や公共建築物など必要不可欠なものに投資することで、すべてのPEの利益を根底で支えている。そして、政府としては、ボロボロの年金基金からもはじき出されたホームレス、失業者、疲れ果てた労働者、その他地域社会が被る損害などの費用を負担した後、少なくとも企業の利益に課税してその支出した費用を賄えることになっているはずだ。

しかし、PEの大物らは、ここでもタダ乗りをしようとする。「ここでの要は、最終的に現金を引き出すことだ」とハリーは説明する。彼の言う「閉じ込められた現金」、すなわち子会社から課税されずに引き出すのが難しいカネなら誰しも敬遠する。そこで、それを可能にするため、銀行連中やビッグフォーと呼ばれる四大会計事務所は、税法をうまくかわす方法を提供する体制を整備し、その方法が複雑であればあるほど良いとされる。

ケアラインを所有する7層建ての企業群の最上位に位置する（しかし、それ自身がPEファンドに所有され、その下に位置する）C&Cトプコの2016年3月の決算書が、その典型例である。トプコは2016年3月末締めの会計年度において、合計1億2400万ポンドの売上高を記録しており、その大半は在宅介護サービスを受けている利用者からの手数料だった。この中から、賃金および福利厚生費として9400万ポンド（およその内訳は、フルタイムの正社員とパートタイム労働者とマネジャー、合計7700人、一人当たり年平均1万2000ポンドを支払い、最も高額な報酬の取締役への支払いは30万6000ポンド）を支払った後、差し引き約3000万ポンドが残る。

ここからいくつかの控除が差し引かれ、さらに利益を圧縮するためにいろいろ経費算入し、課税対象となる利益額が確定する。控除項目の1つに借入関連がある。借入を行うと、その返済額(減価償却相当額)を帳簿上の利益から経費として差し引くことができるため、納税額が縮減される。そして借入は、例えば銀行など外部からでもいいし、内部——それも同じ企業帝国内の他部門、例えばグラファイト・キャピタルが外部の投資家から集めた投資プール資金の中から、株主からの貸付として受けることもある。

すると、ここへきて奇妙なことに気づく。銀行という企業外の資金提供者に返済する場合、金利は年5%程度だ。対して、8500万ポンドに上る株主からの借入は、理論上、企業グループ内の資金提供者に返済するわけだが、10%の固定金利が設定されており、場合によっては15%という高利が適用される場合もある(私が「理論上」とした理由は、それらの返済は実際には実行されないことが多く、単に借入の総額に加算されるだけだからだ)。

では、なぜ借入先によって利率が2倍も3倍も違うのだろうか？　それにはいくつかの理由が考えられる。外部への返済は、その企業が展開するビジネス全体にとっては真のコストなので、市場が許す限り、できるだけ低率に抑えておきたい。しかし、C&Cトプコが支払う株主からの借入金に対する利息は、グラファイト・キャピタルの他部門からの借入金で、その部門にとっては収入となり、グループ全体として見れば、利益もコストも生じない。

しかし、税務の観点からは違った絵が見えてくる。税務官は寛大にも、少なくともこの支払われるべき利息の一部をトプコの課税対象利益と相殺することを認めるのだ。そして、この利息が、課税されない一定の場所、または課税されない一定の方法で受け取れる限り（例えばタックスヘイブンで、または年金ファンドのような非課税の組織など)、課税はされない。このトリックは、税務当局が、うまく利用され騙されていることに気づき、相殺を認めなくなるまでは、金利操作を通じて、できるだけ高金利を設定し続けるということなのだ。

こうして、給料を差し引いた残り3000万ポンドのトプコの収入から、金利分として1270万ポンドが控除される。加えて2015年には1200万ポンドが、主にこの株主からの借入に対する驚くべき高利率10〜15%を賄うために控除された。[*14] 株主からの借入とは、シェフィールド大学の会計学教授アダム・リーヴァーによれば、「紙パックのジュースにストローを挿して、ジュースを吸い出すようなもの」で、現金を引き出したい資金提供者らが、惨めな税務官を尻目に、「閉じ込められた現金」をうまく引き出す行為だという。これら超高利の借入には別の利点もある。この10〜15%の金利を借入額に毎年上乗せするだけで、この多層構造企業体がグラファイト・キャピタルから借り入れている額を短期間で増やすことができる。最終的には当該企業を売却するとき、あるいはそれらが倒産したときに現金化することができるのだ。[*15]

この控除がすべて完了したとき、トプコは2015年に72万7000ポンドを納税したが、2016年には税の還付63万9000ポンドを受け取り、その2年間に納めた税額は正味8万8000ポンドにすぎなかった。それは利益の0・6%未満、売上高の0・04%でしかない。グラファイト・キャピタルによれば、株主借入によって圧縮された法人税額のメリットは「あまり多くない」、低納税額は基本的に低調な利益を反映しているというが、少なくともこの後半部分は、ウェブサイトに記載された「保健・介護分野のポートフォリオ資産は、投資額の2・5倍に上る健全なリターンをもたらしている」とは相いれず、違和感が残る。[*16] 彼らはケアラインからのリターンについてはコメントしなかったが、しかし、もし似たようなリターンを生み出しているのであれば、これこそPEファンドが金融テクニックを多用して、痛ましいほどの資金不足に陥っている社会保険システムから巨額の利益を搾り取る典型的な手法と言えよう。

ここではグラファイト・キャピタルは、違法なことは何もしていない。これらはすべて標準的な商慣行である。そしていったん、ほとんど課税されていない企業収益が、このパイプラインを通じてPEの所有者に吸い上げられると、2000年に「競争力」強化のために新たに導入されたイギリスの税制度では、極小の納税額となるよう保証されている。[*17]

もちろん、PEファンドだけが借入金を活用して節税をしているわけではなく、ビジネス界では一般的手法である。しかし、PEはこれを特に多用し、借入額が多額に上る傾向があるため、受ける恩恵も特に大きくなる。ある研究によれば、PEファンドによって買収された企業価値のうち40%は、この利息の支払いに関する税控除のみにより生み出されていると推定されている。

このような手法は適法ではあるが、果たして道理に適ったものだろうか？　私の大好きな答えの1つが、スコットランドのコメディアン、フランキー・ボイルの言葉だ。彼は「あなたが金持ちなら、脱税と見なすのではなく、小児病院があなたにビリヤード台を買ってプレゼントしてくれると思えばいい」と皮肉った。これはまんざらばかげた比喩でもない。PEファンド1社に対する事実上の補助金額は、過去には新しい大病院の建設費をも凌いでいた。[*18] 国際NGOオックスファム・インターナショナルのマックス・ローソンは、皮肉たっぷりに新たな通貨の創造を提唱し、その最小単位を1ナース（看護師）、高額単位を病院としている。そして次のような見出しを想像してもらいたい、と言う。「億万長者のリッチー・リッチが一会計年度の税逃れのため、スイスの銀行口座を使って2万人の看護師の雇用を奪っている」

PEファンドおよび類似の組織は、ビドコ[訳注★6]のような巨大企業を生み出し、それらがさらに、まだ十分に金融化がなされていない健全な企業を探し出しては買収し、金融の強奪搾り機にかけている。それは金融による収奪である。これはあまりにも利益が出るので、今や我々の経済の大部分を占めている。PEの幹部が自身が働くこの分野の成長ぶりを、がんに喩えてこう言った。「それはあたかも良いアイデアが腐ったようなもので、通常の健全な経過がまったく想定外の酷い状態にまで進行してしまったようなものだ」

アメリカの学者アイリーン・アペルバウムとローズマリー・バットによる2014年出版の本『Private Equity at Work』は、PEを最も詳細に掘り下げて分析した独立系の研究論文だ。静かながらも、しかし大きな反響を市場に与えた。彼女らが明らかにした衝撃的な内容は、「PEファンドの収益は、そのほとんどがビジネス戦略やオペレーションの改善によるものではない」ということだ。PEによって買収された企業は、たいてい買収前のほうが同業者より生産性と成長性が高い傾向にあったが、買収後は、雇用も利益も著しく減少している。[*19]

2018年に「アメリカン・アフェアーズ」誌上に発表された研究論文によれば、総額7000億ドル相当の390もの取引を検証した結果、「ほとんどのPEファンドは、長期投資を増やすのではなく、逆にそれらを削減し、それが結果として成長の鈍化に繋がっている。もしPEがビジネスをよりスピーディに成長させず、さらなる成長に向けた投資も行わず、運用の効率化をも実現できていないのであれば、一体何をしているというのか?」と指摘している。その答えは、より多くの借入を行い、リターンのレバレッジ効果を高めているだけなのだ。[*20] PEは、付加価値を与えることはほとんどなく、多くを搾取し、自分たちが金持ちだからきっと富を創出する天才なのだと周りに信じ込ませているだけの、単なる富の搾取の天才だ。

ドイツの左派連中は、PEファンドを「イナゴ」と呼んでいるが、なかなかうまい喩えだ。高級靴店ジミー チュウの創業者タマラ・メロンは、PEとは10年ほど取引したが、彼女の経験からこう言う。彼らが招き寄せたのは「ハゲタカのような強欲な人間や寄生虫のような厄介者ばかり……いずれのPEファンドも、ビジネスの成長のために資本を実質的に投入してくれたことはない。どちらかといえば重荷だった」。付け加えるならば、もっと興味深いことに、彼女はこれまでPEの女性幹部にお目にかかったことがないそうだ。

そこで浮上するのが、次に挙げる気の滅入るほど対照的な数字である。イギリスにおいて医療や社会福祉に携わる女性の比率は80%を占めるのに対し、PEファンドの幹部職に就く女性はわずか6%だ。投資家向け広報活動（IR）、法務、オペレーションや人事――PEのソフトな仕事を除外すると、数字はさらに下がって3%となる。ワシントン・ステート・インベストメント・

訳注6　ビドコ　BIDCO（Business and Industrial Development Corporation）。米州法の下で、公的機関や民間企業に直接投資、融資や運営アドバイスを行う産業開発に特化した企業。

ボードの専務取締役テレサ・ホイットマーシュは、あるPEの幹部に言われた「女性はこの仕事にまったく向いていない」という言葉が忘れられないという。なぜなら、PEが「血を流すスポーツだから」だ。[*21]

これまでの話は十分に悩ましいが、この話の最大の悲劇はまだこれからだ。

PEのゼネラル・パートナーだけが儲かるルール

多くの人は、プライベート・エクイティ（PE）とヘッジファンドの略奪的な側面についてうすうす気づいているが、それについてはポケットから富を抜かれる敗者がいれば、どこかに勝者がいてバランスが取れているだろうと考え、納得しようとする。これこそが古いシカゴ学派の株主価値に関する神話で、金融市場に携わる多くの人に半ば宗教のように信じられている価値観だ。それは利益に焦点を当てた考え方で、利益が出れば皆が幸せになるだろう、というものである。

他にもこの考え方を正当化する根拠はある。在宅介護に関して問題になるのは、システムの最上部に鎮座する富の搾取者だけではなく、自治体の厳しい予算削減の結果、システム自体にそもそも資金が足りないことだ。そこで、自治体の長としては、介護を必要とする人々に質の悪いサービスを提供せざるを得ないのであれば、民間事業者に外注することで彼らにその責めを負わせようと考えるかもしれない。民間セクターはまともな仕事をするかもしれないし、しないかもしれない。だが、問題となっているのはPEの本質とそのビジネスモデルであり、それが今やイギリス中の企業に蔓延しつつある。

しかし、たとえフリードマンやジェンセンのアドバイスを聞いたとしても、PEおよびヘッジファンドは、その唯一長けていると信じられている仕事――投資家に魅力的なリターンを提供することすら絶望的だと言わざるを得ない。

億万長者のウォーレン・バフェットは、2005年に、向こう10年かけてS&P500の株価指数に連動するシンプルなインデックス・ファンドを上回るパフォーマンスを実現するヘッジファンドを最低5つ選択できる投資家がいれば、50万ドルの報奨金を出すと発表した。これに勇気ある資産運用担当者テッド・サイデスが名乗りを上げた。そこで彼が投資先に選んだのは、直接投資をする代わりに100以上のヘッジファンドに投資し、それらが各種市場に投資する形態のファンド・オブ・ファンズだった。

そして、結果が出た。サイデスによって投資された100万ドルは、10年で22万ドルを稼ぎ、年当たりのリターンは2%という計算になった。一方の退屈なインデックス・ファンドはその間85万4000ドル――年当たり6%強稼いだ。この結果を踏まえれば、バフェットは、人気のある株式を壁にピンでとめて、チンパンジーにご褒美《ほうび》のピーナツを与えながら、壁に向けてダーツ投げをさせていたほうが良い結果を出せたことになる。大数の法則では、チンパンジーがダーツで選ぶ株式銘柄の投資利回りはより大きな数字に近いはずで、ピーナツ並みの安い手数料とも相俟って、利回りはもう少し大きくなるかもしれない。

そこで疑問が湧くだろう。これほど多くのPEのプレーヤーが、皆揃いも揃って投資家に利益をもたらせない存在なら、なぜ桁外れの金持ちになれたのだろうか？　その答えは単純だ。母艦を運営するPEの大物ら――業界用語で言うゼネラル・パートナー（GP）は、誰が何を、いつどれだけ、どのように受け取るかというルールを自分たちで決めるからだ。GPは、他のリミテッド・パートナー（LP）――すなわち投資用のプールに巨額のカネを注ぎ込んでくれる、運の悪い、人を疑わない部外者、例えば年金ファンドのマネジャーが分け前を手にする前に、自分たちだけでほぼすべての利益を得られるようにルールを決める。なので、自分たちだけがちゃっかりとその分け前を取れるようになっているのだ。

しかし、どうすればGPは、これら知的専門家集団と思われる外部の投資家を取り込み、出し抜くことができるのだろうか？　例えば、PEファンドが、成功している製薬会社を買収し、より良い製薬会社に育てるか、あるいは借入金満載の略奪行為によって巨額の内部利益を出したとしよう。GPの最初のトリックは、かの有名な2と20の法則である。彼らは投資したファンド額に応じて、マネジメント手数料として年率2％を要求し、加えてファンドとして最低収益率を達成した後のことが多いが、いわゆる成功報酬と呼ばれる、内部で生み出された利益の20％を徴収する。この公式は合理的に聞こえるかもしれないが、実際にはこの計算方式では、特にポートフォリオ企業の運営がうまくいっていない場合には、外部の投資家に支払われるべき利益の大部分を剝ぎ取って、PEの大物のポケットの中に吸い上げてしまうのだ。[*22]

この現実の裏に、実はPEファンドが対象のポートフォリオ企業を買収する段階で、まだ隠された詐欺まがいの別の手数料の世界が構築されている。例えばPEキャピタルというプライベート・エクイティ・ファンドが、オフィスビルをたくさん所有するABC社を買収したとしよう。

PEキャピタルは、その子会社のPEプロパティーズを使って、不動産の運用、メンテナンスとサービスを行い、ABC社に対して法外で複雑かつしばしば隠された手数料を要求する。もしくはPEキャピタルが、実在するコンサルティング会社を買収して、それを活用してABC社およびポートフォリオに含まれるすべての企業群に対してコンサルティング・サービスを提供し、巨額のコンサルティング料を請求する、などだ。

政府の規制では、上場会社や投資信託会社にこのようなトリックを使うことを認めていないが、PEは規制が緩いため、立て役者たちはここではフリーパスで咎められない。またGPは、買収する企業に対しほぼ全権が掌握できることを条件にしているため、外部のLPは内部を覗《のぞ》くことができず、クズをつかまされることになる。[*23]

これは、ハリウッド会計と呼ばれる不透明な会計手法に似ている。映画「スター・ウォーズ ジェダイの復讐」でダース・ベイダー役を演じた俳優デビッド・プラウズは、今ではこれをよく理解している。「私は時折、ルーカスフィルムから手紙をもらうが、そこには『スター・ウォーズ ジェダイの復讐』はこれまで一度も黒字になったことがないので、残念ながら支払えるものが何もない、と書かれている」そうだ。だが、歴代映画史上最も興行収入の多かった映画の1つには違いない。「不平や愚痴を言っているように見られたくはないが、もしどこかに金の壺があるのなら……ぜひお目にかかりたい」[*24]。高齢の俳優は、今ではパッとしないウェブサイトで、ダース・ベイダーのサイン入りの写真を1枚35ポンドの安値で販売している。

ハリウッド会計とは――貸借対照表に載せる前に資産を搾り取り、利益を損失に置き換え、厄介なロイヤリティ小切手と徴税を上手に消滅させてしまうものだ。PEでは、膨らんだ経費は、たいていが投資家宛てに送付される100ページ以上もの書類の奥深くに埋め込まれている。またPEファンドは、しばしばケイマンやルクセンブルクのような秘密へイブンに設立された遮断機能を備えたブロッカー企業を経由した投資を受けることが多いため、投資家や各国の税務当局には、何がどう行われているのか全体像を把握しにくい。

あなたや私などの一般人が投資するであろう標準的なインデックス・ファンドは、通常毎年マネジメント手数料として資産価値の0・1〜1%を投資家に請求する。これに対して、PEの手数料は、なんやかんやで毎年、投資額の6〜13%に積み上がる。[*25]「投資家は自分のポケットからカネが抜き取られているにもかかわらず、PEのファンド・マネジャーを信頼できる職業上の同僚と見なしている」と指摘するのは、影響力のある金融ウェブサイト、ネイキッド・キャピタリズム（裸の資本主義）を運営しているPEの専門家イヴ・スミスである。

では、投資家はこの多額の手数料と引き換えに何を得られるのだろうか？　まあ、世の中には、投資家が得られると噂される素晴らしいリターンについて、数多くの研究報告が出されているが、問題はこれらの論文を書いた著者はたいてい、この業界から何らかの利益を得ている者だということだ。彼らは企業の運用成績がよく見えるように、最適な期間やファンドを選択して、悪い要素は省き、比較のための指標（ベンチマーク）にあえて違うものを使ったりする。

ファンドのリターンが市場のベンチマークを超えた場合はアルファと名づけられるが、実際にアルファ・パフォーマンスを実現したと認められるもののほとんどは、実はレバレッジをかけたベータ、すなわち上昇局面における平均的なリターンを借入で膨らませたものでしかない。多くの場合、前出の内部収益率（ＩＲＲ）と呼ばれる計算方法を積極的に売り込むが、この手法を活用するＰＥ支持派は、投資家へのありきたりなリターンをトップクラスの数字に見せることができる。*26

とはいえ、ＰＥのリターンを分析した健全な独立系研究が存在することも事実である。最も好意的な研究論文では、平均的なＰＥファンドは普通の株価指数を年間１％程度上回っているが、それすらもＰＥファンドが買収することが多い中小企業のより最適な指標と比較すると、ゼロに縮減してしまう。他の独立系研究論文の内容は、それほどバラ色ではない。「平均的なＰＥファンドのリターンは、その業界関連のレポートとは著しく異なり、上場株式のリターン対比同等、もしくはそれに劣る」と指摘するのは、オックスフォード大学のルドヴィック・ファリプである。２０１０年に発表された「Private Equity, Public Loss?」と題されたレポートでは、投資家ピーター・モリスがＰＥファンドの（手数料差し引き前の）高いグロス・リターンとＬＰの口座に支払われた額とを比較し、その間に陣取る多くの料金所の存在を明らかにした。

また、あまり成功していないファンドは、研究者とこのようなデータを共有したがらないため、リサーチにはあらかじめバイアスのかかった良い数字が埋め込まれている。*27

そして現実は、これ以上に酷い。投資の鉄則とは、リスクを負うなら、より高いリターンと十分な流動性を期待すべきで、売りたいときに売れなければならない。しかし、ＰＥはこれとは正反対を行く。外部投資家は、何年も資本を固定化され、格納され、また投資と関連する潜在的ビジネスにほとんど関与できない上、平凡なリターンに比して大きなリスクを背負わされる。これとは対照的にGPは、極小のリスク負担――典型的な例では1～2%程度の自己資金をビジネスに投入しながら、潜在的に巨額のリターンを刈り取っているのだ。PEの立て役者のトップ連中の報酬はかなりの高額で、大銀行のCEOの報酬よりも高い。金融界には次のような古い格言がある。「顧客のヨットはどこにある?」。

最近、あるパーティで、愛想の良い、頭の切れる元PEのゼネラル・パートナーの隣に座った。そこで、前記のような不満を彼にぶつけると、彼はそれに対して、ナプキンにPEの買収にまつわる典型的な資本構造、前述のビドコ、ホルドコ等々をわかりやすく描き、なぜこのような構造が必要なのかをGPの観点から説明してくれた。それでもなお私は食い下がり、この凝った金融装置を社会的観点からどのようにして正当化し得るのか、彼に回答を求めた。すると彼は、今度はリターンに対するリスクのグラフを描き、投資家は高リスクを負うことを正当化するために、より高いリターンを必要としている、と説明した。

しかし、私もあきらめなかった。では、そのリスクを背負ったカネのうち、いかほどをPEのパートナーは負担しているのか、と畳み掛けた。すると、彼は言いにくそうに1%と答えた。そして、それはPEの標準的投資金額であり、投資プールの1～2%は立て役者自身のファンドから出ているのだ、と言った。[*28] 彼は図を描くのをやめ、こう続けた。もし3人のGPが5000万ドルのファンドを運用していれば、その1%、17万ポンド相当を各人が負担しており、自分のカネとしてリスクに晒すにはかなり高額である、と。対して私は、それが全財産であれば大きなリスクかもしれないが、多くの場合、もっと多額の財産があるし、本当に良いパフォーマンスを上げられれば、その投資は50倍になって返ってくるかもしれない、と反論した。それから数分もしないうちに、彼は家族共々、さよならも言わずに席を立って帰ってしまった。

なぜPEに投資するのか？

そこで、大きな疑問が湧いてくる。なぜ賢明な資産運用者たちは、この分野にこぞって投資しようとするのだろうか？　本書執筆中も、プライベート・エクイティ（PE）にはカネが滝のように流れ込んでいる。PEは2013～17年の間に、投資家から3兆ドル以上を集め、2017年の機関投資家を対象にしたアンケートでは、PEの運用実績が過去5年間でS&P500の指標を年率1・5％下回っていたにもかかわらず、それでも市場を年平均で4％上回ると予想すると回答していた。*29

この希望的観測はファンタジーでしかない。今や世界中のカネが生産的経済分野にある潜在的資産を探し回っているので、最近のPE投資家はより高額を提示しなければ企業買収が成立せず、リターンは下がる傾向にある。そして、次の経済下降局面では、PEの度を越した大量の借入は、伝統的なファンドに比べて間違いなく資産価値を下げるので、さらに倒産を招くことになろう。そこで、今一度考えてみたい。なぜこれほど多くの人がPEに投資するのか？

いくつかの理由はお粗末すぎて、信じることさえ難しいだろう。

まずは2つの冴えない、しかし大切な理由がある。1つは、大海のような巨額のカネが、世界中を渦巻きながら投資先を探している。2つ目が、会計および税務の要素がこれらの動きを助長している。また、信用ならないデータの山が、投資家を混乱させては欺き、時にはPEの幹部ですら、自ら達成したと主張する桁外れのパフォーマンスを信じ込んでいることもあるのだ。[*30]

いくつかのファンドは、実質的かつ継続的に投資家の期待に応えて実績を出しているので、皆一枚嚙みたいのはやまやまだが、しかしこれに投資するために並ぶ必要のある列はあまりにも長く、この世界でここに食い込めるのはゴールドマン・サックスとハーバードの寄贈基金くらいしかない。ある研究者が辛辣に皮肉っているように、それらのファンドは「あなたのカネを運用してくれることは永遠にない」。この分野で得られるリターンが総体的に期待を下回っており、そしてあなたがゴールドマン・サックスでもない限り、計算上、高い確率で、あなたは結果として手数料を食い尽くすロバに投資していることになる。

そして、事態はもっと悲惨になっていく。恐ろしいほどの積み立て不足に陥った年金基金が、市場の通常のリターンで十分に埋め合わせできなくなると、多くのマネジャーは——もちろん私的年金に対する善管注意義務を負っているはずだが、リスクの高さに応じたリターンが得られるはずだとして、これら高リスクの化け物に資金をつぎ込み、ギャンブルするのが解決策と信じてしまう。投資家は、介護施設の分野で展開されている搾取について理解しているかもしれないが、残念ながらその略奪された分け前にあずかることはまずない、ということを十分に理解していないのだろう。

他により不健全な理由もある。その1つが賄賂だ。2009年にニューヨーク州の役人が、賄略と引き換えに州の年金ファンドの一部をカーライルに委託して、かつ同社にうまみのある手数料の徴収を許したとされる事件では、PEファンドのカーライル・グループが罰金2000万ドルを支払うことで和解した。それを報じたガーディアン紙は、「この種の事件はこれだけではないことが証明された」と指摘している。非合法性は低いが、例えばPEに従事する裕福な卒業生からの寄付を募るために奔走する有力大学の担当者なら、その好意を何らかの形で返そうとするだろう。友人や同僚に対する依怙贔屓《えこひいき》や、見返りを得るための行為やご機嫌取りなどは、そこら中に蔓延している。

しかし、悲しいかな、この混乱を招く最も悲惨な部分は、次のような話である。多くのファンドマネジャーは、ただ自分がクールに見られたいがために、我々の大切な資金や年金基金をPEやヘッジファンドに投資するのだ。冗談ではなく、本当のことだ。私が話を聞いた全員が、これが一因だと認めた。

元JPモルガン銀行の行員で、オルタナティブ投資[訳注★7]のアドバイスを行うサイモン・ラックは、当時の職場で3500ものヘッジファンドの提案に目を通したが、「どれを取っても退屈な会合は1つもなかった。投資に長けた有能な人々に出会え、クールな体験だった」と振り返る。一方、ラックは『The Hedge Fund Mirage』という自著の中で、「ヘッジファンドから投資家に支払われるリターンは、PEのそれと変わらないほど貧弱である」と結論づけている。[*31]

訳注7　オルタナティブ投資　債券や上場株式など伝統的投資とは収益の相関性が異なるプライベート・エクイティや商品ファンド、不動産、ヘッジファンドなどへの投資を指す。

グローバルな銀行で働くある行員は、顧客のカネをどのように、そしてどこに投資するかを審査する業務に長年携わってきたが、PEとヘッジファンドに対して、あからさまな嫌悪感を持っていただけでなく、その彼らに投資する投資家も嫌いだと明かした。「投資家によっては、大金を儲けられる見込みはない、といくら説得を試みてもわかってもらえない」と言う。「彼らが求めているのはステータスだけ。朝、フィナンシャル・タイムズ紙を開き、KKRが数十億ドルもの案件をまとめている記事を読み、彼らも大物連中と同じテーブルで話したいだけなのだ」。そして、ヘッジファンドとPEのペテン師がつねに彼のオフィスを闊歩し、彼の銀行がなぜ彼らのところに投資すべきなのか、熱く武勇伝を語る姿をずっと見てきた、と。低率の手数料はご法度で、察するに、彼らは必死になっていたようだ。

また、単にメイフェアなどの豪勢なオフィスで仕事をする必要があっただけでなく、彼らは心理戦にも励んだ。「彼らは大芝居を打つ」とくだんの銀行員は続けた。「営業職との『独占的な』会合を設定するために半年も待たせたりする」。彼らは、18世紀の南海泡沫事件のごとく投資家を誘い込む罠のように、自己勘定売買を秘密のベールに包み込んだ。これは詐欺事件で暗躍した企業が、投資家に対して「大変有利な事業を推進しているが、その実体は誰にも明かされてはならない企業」への大型投資である、と呼びかけるようなものだ。この銀行員は、これまで接してきたPEの訪問客があまりにも真剣で、かつ上流階級気取りの話し方が聞くに堪えず、彼らが悪ふざけをしていないかを確認する必要があったほどだと言う。つねに彼らの一方的な話しぶりに付き合い、辛抱強く話を聞いてきたが、今まで上司に彼らに投資すべき、と進言したことはほとんどないという。

しかし、経験豊富な賢い投資家の中にも、刺激的な宣伝と魅惑的な魔力に惑わされる者が少なからずいる。ルドヴィック・ファリプは、投資家から普通の商品に投資することがいかに退屈かを繰り返し聞かされると言う。「彼らによれば、『私はこの銀行で働いているが、退屈で死にそうだ。私はただ、これらの株式や債券に投資するだけなんだ。消極的な投資しかできない。トレードするわけでも、ポートフォリオを入れ替えるわけでもなく、経費と税金を最小化するだけ。PEやヘッジファンドに投資しなければ、私は世界中で最も哀れな敗者だ』と言うのだ」[*32]。

ベテラン銀行家でアナリストのピーター・モリスは、これらすべてをまとめて、なぜ彼らが投資するのかについてこう述べた。「答えは簡単、それは彼らのカネではないからだ」。あくまで他人のカネ（OPM）なのだ。この業界の「表なら私の勝ち、裏ならあなたの負け」的なマッチョな世界観を反映してか、「PEビジネスはセックスのようなものだ」とMIT教授のハワード・アンダーソンは指摘する。「いいときはとてもいいし、悪いときでもそれなりにいい」のだ。この表現は、ジェンセンの主張する「借入の抑制、規律」およびマネジャーにより良い企業を作り上げることに焦点を絞らせるPEモデルと完全に矛盾する。逆に、いびつで複雑な内部金融の流れ、リスクの付け替え、税逃れ、企業群の中を頻繁に出入りする借入金に加え、OPMの本質、すなわちこれらすべてがより良い企業運営を行い育てるというマネジャーの意識を鈍らせ、それと並行して責任感と義務感を削いでいる。

PEプレーヤーは時にはバッタ、ハゲワシ、寄生虫などと呼ばれる。このような定義は大方当てはまると思うが、私には違う生き物――タコのように見える。特別に好戦的なＰＥファンドが企業買収を実行した場合、それは考え得るすべての利害関係グループに触手を伸ばす。それには従業員、年金受給者、納税者、在宅介護を必要とする老人など脆弱な立場の受益者、債権者、消費者、工場近くに住み、その煙を日々吸い込む住民に留まらず、ＧＰの仕事仲間とおぼしき洗練された共同投資家や貸し手までも含む。彼らは各グループをしっかりと抱き込んで掌握した後、引っくり返したり振り回したりして、新たなキャッシュフローを見つけ出す。次に貸し手に接触して、このキャッシュフローを元手に新たな借入を数倍に増やし、カネのプールを拡大して手数料も増やしていくのだ。

ＰＥファンドは、自分を守ることに関しては数歩先を行く。ある幹部が説明してくれたところによると、まず、これらの企業はイギリスに「どっさり、そして巨額」の海外投資を呼び込む。もちろんそれは事実である。しかし、その国内向け投資の大半が、私たちの地域コミュニティや地域ビジネスの生み出す富と精神をズタズタに引き裂き、サイフォンのごとく富を吸い出してオフショアに持っていくのであれば、それは果たして国益に適うと言えるのだろうか？

また、このようにして搾取された利益は、たいてい奇妙かつ疑わしい場所に流れ込んでいる。例えば、トロール網のように広がったケアラインの取引先を辿れば、多種多様な外部・オフショア投資家の存在が見え始め、その中には「高く評価された」国際的投資家も含まれている、とグラファイト・キャピタルはコメントしている。その投資家の１つ、ライジング・タイド財団は、リバタリアンのスイスのグループで、リーズン財団（「選択の権利、個人の自由および小さな政府」

を謳う）などのシンクタンクにも投資してきたし、他の投資先としてイギリスの政策研究センター（共同創立者をマーガレット・サッチャーとし、「国家の役割を制限する政策」を推し進めている）もある。また、ライジング・タイドは、タックスヘイブンをことあるごとに擁護する450以上ものリバタリアン・シンクタンクの秘密のグローバル・ネットワークを持つアトラス・ネットワークにも寄付している。これらの組織は、在宅介護の財源となる地方自治体の予算や、必要な原資を迷わず削減する政府の緊縮財政政策を支持してきたのだ。

PEが自分たちを擁護するためによく使う2つ目の理屈は、PE分野には、企業を買収し、それを運営することができる非常に経験豊富で有能な人材が少なからず、いや、おそらくかなり揃っている、という論理だ。これも事実だが、ある意味、非常にまずいことだ。なぜならこれは、本当の意味での富の創出分野から、これらの有能な人材を引き抜くことによって、素晴らしい企業群の構築を阻害してきたからだ。これこそが序章で指摘した、金融の呪いによる有用な分野からの頭脳の流出で、最も典型的な事例と言えよう。

PEを擁護する3つ目の主張は、いかに一方で搾取があろうとも、もう一方では利益を享受する受益者がいるからいいではないか、というもの――その受益者は例えば、民間の年金基金や税務当局だという。しかし、これも理屈に合わない。なぜなら、被害者はたいてい潜在的な受益者よりも貧しいから、というだけではなく、年金基金や税務当局も通常、騙されているからである。[*33]

PEセクターが、もう1つの重要な社会的役割を担っていると主張する根拠は、いわゆる行き詰まった企業への投資によって企業を立て直しているとするものと、買収再構築モデルで貢献している、というものだ。前者では、問題のある企業を「修復」して再び軌道に乗せ、後者では多くの企業を買収し、1つにまとめて規模の経済のメリットを生み出すことで真の価値を創造する、というのだ。ケアラインはこの買収再構築モデルの典型例と言える。C&Cビドコは、事実、弱者にケアを提供する企業20社以上を買収してきた買収入札の専門組織だ。[*34] しかし、ある詳細な研究によれば、すべてのPEによる企業買収のうち、行き詰まった企業への投資はわずか2%だった。[*35]

ということは、彼らの主要な活動は他にあるということだ。すなわち、健康な企業を標的に、金融工学的手法によってキャッシュフローを作り上げては、自動化された機械のように、次から次へと投資家に転売していく。そして、買収再構築モデルに関しては、最終的には旧来型の複合企業モデルのように見えながら、2点大きな違いがある。

1つ目は、企業を1つに集める目的は、彼らの営業するニッチな市場で独占的市場支配力を作り上げることだ。このようなことは、ロバート・ボーク登場以前の、政府が独占に厳しい目を向けていた時代には実現が難しかった。例えば、ケアラインを所有するC&Cは、今やイギリスで在宅介護サービスを提供する最大の独立企業で、この分野でさらに「資産」を買い漁ろうとしている。その規模の拡大は間違いなく、労働者、取引先および地元自治体に対する交渉力を飛躍的に増大させる。

2つ目は、PEファンドには、これまでの先例に比べれば、同じことをしながら比較にならないほど巨額の報酬が支払われている。

いずれの展開も、それらを擁する国々にとっては到底健全とは言えない。

そこで考えてほしいのが、果たして経済や社会にとって、PEに合法かつ合理的な存在理由などあるのだろうか？　ということだ。それはあなたのPEの定義の仕方次第だ。あなたの定義に「金融工学と巨額の手数料の搾取行為」が含まれているのなら、答えはノーになり、このモデルは100万年経っても在宅介護などの分野に近づけてはならないことになる。

反対に、あなたの定義に「苦しんでいる企業を買収し、非上場の会社として、短期的投資リターンを目論む短気な株主を気遣うことなく、企業再生を行う」ということを含めるならば、もちろん答えはイエスとなる。だが、そうであったとしても、社会の利害に沿って慎重に規定され、極端な搾取への報酬が除去されたものでなければならないだろう。それ以上に良い提案としては、彼らのような素晴らしい才能を持つ助っ人を、苦しんでいる企業にパラシュート部隊として直接投入し、彼らの能力をその最も得意とする仕事で発揮してもらい、仕事ぶりに応じて適切な対価を支払うことだ。この意味するところは、今日のPE分野とはおよそ似ても似つかぬものを目指すということになる。

かつてトニー・ブレアがPEを擁護する熱弁を振るって、「今日のグローバル市場で、もしも彼らからカネを引き剝がしたら、彼らは別のところへ移住するだろう」と言った。それならいっそのこと、ごみ収集者、医師、学校の先生、水道修理業者、エンジニア、そして在宅介護士ら——それに加えて、最も金持ちで最も好戦的なPEとヘッジファンドの立て役者連中全員をまとめて、しばらくの間どこかへ移住させてみてはどうか？　その上で、誰に一番早く帰って来てもらいたいかを考えれば、自ずとわかるだろう。

ＰＥは、もしかすると最も金融化していることを示す明確な例証なのかもしれない。しかし、ＰＥが先鞭をつけ、生み出した多くの金融テクニックは、多くのスキームを構築した法律事務所や会計事務所、銀行などが関わり扇動したことで、他のビジネス分野にまで拡散してしまった。では、これらのテクニックと金融の流れは、どのようにして国中に広がっていくのだろうか？そして、この他にどのようなリスクが積み上がっていくのだろうか？

第10章 搾取者の進軍マーチ

2012年、当時のロンドン市長ボリス・ジョンソン（現首相）は、雨の中、人の往来の激しい道端で、その金髪を風になびかせながら次のように熱弁を振るっていた。

「国にとっては、クロイドン[訳注★1]で支払う1ポンドのほうが、厳密な意味での功利主義的計算によれば、スコットランドのストラスクライド州で使う1ポンドよりずっと大きな価値を持つ。[*1] ストラスクライドに投資するよりもハックニーやクロイドンなど、ロンドン域内に投資するほうが、雇用や成長をより効果的に生み出すことができるのだ」。これこそ、本書で指摘している競争力政策の都市型変形版なのである。いうなれば、ロンドンに欲しいものを与えれば、流れ出たその富がいずれイギリス中に潤沢に行き渡るので、そのさまに注目していこう、というものだ。

多くの人はジョンソンと同じように、ロンドンが国の経済の巨大な推進エンジン役を果たしているので特別扱いしなければならない、というイメージを共有している。「ロンドンおよびイギリス南部は、国全体に補助金を与えている」とクリス・ジャイルズは、2017年にフィナン

訳注1　クロイドン　ロンドン南部の地区。1965年に周辺の町村と合併してクロイドン区となり、グレーター・ロンドンに編入された。

シャル・タイムズ紙に怒りをぶちまける記事を書いた。その見出しは「なぜロンドンはイギリスの他の地域から感謝されるべきなのか」で、公的データを基に、ロンドンが一人当たりほぼ1万6000ポンドの税収を上げ、一人当たり3070ポンドの黒字を生み出している、と指摘した。

そして、「ロンドンがイギリス国内から活力を奪っているという考えは不合理でばかばかしい」とし、こうツイッターにも投稿した。「ロンドンおよび南東イングランドからの巨額の助成金が他の地方に回されて、……イギリスのほとんどはギリシャより酷い財政赤字……ロンドンこそがイギリスの金のなる木。その経済を危機に晒せば、国家財政を危うくする」と。その後、ツイッター上では激論が飛び交い炎上して、シティの金融顧問会社のある上級幹部は、ロンドンに次のように呼びかけた。「マレーシアから追放されたシンガポールのように、イギリスから追放され、独立すべきだ[*2]」

しかし、ロンドンにはもっと好きにさせるべきだ、と主張する評論家がいる一方、首都への極端な一極集中と金融サービスへの過度の依存からは一線を画し、経済のバランスを取り戻すべきだ、とする者もいる。元財務大臣ジョージ・オズボーンは2011年に、イギリスは「製造業の活躍に支えられる国」になる必要があると言った後、当時の政府の下で、ロンドンの力に匹敵する「ノーザン・パワーハウス[訳注★2]」構想の推進を誓った。

この種の議論は、私が1990年代初頭にアンゴラに駐在していた当時、ほぼ毎日ラジオから流れてきた内容を思い起こさせる。歴史的に石油の主要産地であるカビンダ州北部を拠点とする分離派は、その石油収入がアンゴラの南部地域に流出するのを防ぎ、自ら独占することを目指して、独立を勝ち取るべく戦ってきた経緯がある。その間、アンゴラの他の政治家らは当時から（そして今でも）、石油および群を抜く力を持つ首都ルアンダを除く地方経済の再構築と、石油がもたらす富を他の産業立ち上げと国全体への投資資金として使うよう求めてきた。

しかし、内戦終結後も結局、経済の再構築は実現しなかった。IMFによれば、私の駐在当時と変わらず、アンゴラの輸出の99・7％を石油とダイヤモンドが占めている。石油以外の経済分野が発展しない主な理由の1つは、アンゴラのオイルマネーが他の経済分野の活力を徐々に蝕むとともに政治的経済的緊張を生み、それが対立と腐敗を助長し、総じて成長性と経済の健全性を損なっているのだ。石油産業が発展する一方、他の経済分野は取り残されたままなのである。この現象は資源に恵まれた国々に共通するもので、本書の冒頭でも紹介した、資源の呪いの核心的特徴なのだ。

同様に、多くの人々は、イギリスがロンドンと肥大化した金融セクターに依存しすぎている、という。それはあまりにも成長しすぎて強力になったロンドンと金融セクターが、あたかも大地に深く根を張り巡らせた天蓋のような大木となり、その下で太陽と水を求めて飢え苦しむ苗木のようにもがく他の経済分野から搾取している状態だ。

では、ロンドンは財政面で国全体を下支えしているのだろうか？　果たしてボリス・ジョンソ

訳注2　ノーザン・パワーハウス（Northern Powerhouse）イングランド北部の経済成長を後押しし、投資を呼び込もうとする計画。

ンの主張する通り、クロイドンや南東イングランドで投資を行えば、ストラスクライドのような地方にまでその恩恵が波及するのだろうか？　ロンドンは搾取者となって製造業の発展を妨げ、他の地域から権力とカネを吸い上げる金融化装置の中心となってはいないか？　シティとそれを除くイギリスは共に繁栄できるのだろうか？　それとも地方の繁栄のために、シティはもっと謙虚になるべきだろうか？

　この質問に答えるため、ロンドンの行政区クロイドンからスコットランド南部のストラスクライドに至る富の大河の流れを詳細に辿ってみることにしよう。

　手始めに、２００２年にチャールズ皇太子によって開設・竣工された、グラスゴーにほど近いイースト・キルブライドにあるストラスクライド警察訓練センターから見てみよう。その建設と運営は、保守党ジョン・メージャー政権のもとで始動した、今では評判の悪いプライベート・ファイナンス・イニシアチブ（ＰＦＩ）と呼ばれるスキームによって行われ、その後１９９７年に政権を取った新生労働党[訳注★3]トニー・ブレアのもとで破格の支援を受けてきた。[*3]

　伝統的に政府は、学校や道路その他のインフラ整備をする際には、税額を上げたり、借入を行ったりすることで対応してきた。しかし、ＰＦＩの下では、民間企業がこれらのプロジェクトに必要な資金を銀行や特別な貸出機関から借り入れてインフラを整備する。その前提条件として、のちにこのインフラを政府が通常25～30年の長期にわたって彼らからリースすることによって、借入グループとしての共同事業体（コンソーシアム）に長期の安定的収入を供給する。ＰＦＩでは、初期投資の費用が民間に外注されているので、直ちに必要な税金の投入と政府の借入金額は低く抑えられる。しかし、その落とし穴は、将来世代または将来の政府がその代金支払いをさせられる点である。この特殊構造によって、PFIは出だしから物議を醸した。

イースト・キルブライドにある警察訓練センターの背後のPFIの内容を調べれば、その企業構造は、前章のケアラインの上にタワーのようにそびえる企業構造と似ていることがわかるだろう。話はストラスクライド・リミテッド・パートナーシップという特別目的事業体（SPV）が、警察訓練センターの建設をバルフォア・ビーティという建設会社に発注したことから始まる。しかし、このSPVよりもその上層の企業組織のほうがさらに興味深い。

ストラスクライドSPVより上層にあり、鎖のように繋がる所有関係にある企業やパートナー10社前後の中に、執筆時点でガーンジーに拠点を置くインターナショナル・パブリック・パートナーシップス・リミテッド（INPP）という、ロンドン証券取引所に上場している20億ポンド規模のインフラ・ファンドがある。INPPの株式は多種多様な株主に保有されているが、中でも、いずれもシティに拠点を置く主要な大株主3社、資産管理会社のシュローダーPLC、インベステック・ウェルス&インベストメント・リミテッドという南アフリカの投資会社の子会社、そしてニュートン・インベストメント・マネジメント・リミテッドという米巨大銀行BNYメロンの子会社が含まれていることに注目したい。

一方、INPPの投資の運用はアンバー・インフラストラクチャー・グループ・ホールディン

訳注3　新生労働党　1990年代半ばから後半にかけて始まり、2010年まで続いたトニー・ブレアとゴードン・ブラウンの両党首のもとでの労働党（ニューレイバー）。

グス・リミテッドが担っている。この会社はロンドン中心部のテムズ川の南にガラス張りのオフィスを構え、ＩＮＰＰとは複雑な株式持ち合い関係を有している。私が最後に確認できた公式記録によれば、アンバーの株式のおよそ半分は、テキサス州エル・パソに拠点を置くハント・カンパニーズが所有しており、その残りの主要な株主は、ルクセンブルクにある企業、そしてジャージーにある信託会社とアンバーの上級幹部が所有するイギリスの会社だ。この3社目の登記住所は、ロンドン南西部ワンズワース・コモンに近い緑豊かな住宅街にある２００万ポンドほどの価値の大きなセミデタッチ（二軒長屋）の家になっている。ＩＮＰＰは投資家に、２０１６年と２０１７年に税引き前利益として2億８２００万ポンドを稼ぎ、それに対して２５０万ポンドの税の還付を受けた、と説明している。[*4]

その一方でストラスクライドＳＰＶの上に座るほとんどの企業は、経営者も含め、アンバーと同じ住所に登記され、さらに公式記録の示すところでは、この構造の至るところに債務――すなわち借入と負債が記載されている。貸し手とアレンジャー[訳注★4]には、英銀のＲＢＳ、カナダに拠点を置くＢＮＹ信託、シティにあるオフィス経由でドイツのヒポ・フェラインス銀行が名を連ねている。その他大半の貸し手の名前は明らかにされていないが、おそらくシティもしくはオフショアに拠点を置いていると思われる。ここで大事な点は、スコットランドの警察当局の予算を源泉とする資金は、ロンドンの富の集まる場所の人々や組織に流れ込んだり、ロンドン経由でタックスヘイブンや外国へと流れたりしているという実態である。

英財務省のデータによれば、警察訓練センターの建設費用は、バルフォア・ビーティを主契約者とし、1700万ポンドかかったとされている。政府のPFI共同事業体への返済予定額は、2001〜26年までの25年の契約期間で、年平均400万ポンドを優に超え、総額1億1200万ポンドに上る。もし政府が直接バルフォア・ビーティに発注していたならば、そしてその1700万ポンドもの建設費を年率5%の25年の建設国債の発行で賄っていたならば、負担総額は、3700万ポンドに留まったはずだ。

もちろん、その驚くべき7500万ポンドもの差額すべてが富の搾取と言っているのではない。財務省がPFIへの返済額を算出するとき、利息に留まらず、運営費、保険料、競争入札費用、株主に支払う配当金、投資の際に民間部門が負うリスクを反映したリスク要因も加味しなければならない。[*5] 発表された数字をもとに、これら各要素の正確な数字を厳密に検証することは不可能だが、手がかりはある。

1つの手掛かりは推定ではあるが、PFI全体の返済総額のうち60%近くは、金融化によって膨らんだインフラ建設費が占めていることだ。この推定割合をストラスクライドの件に当てはめれば、その額は6600万ポンド相当となり、もし政府が直接発注していたならばかかったであろう3700万ポンドのほぼ倍額となる。

問題と認識すべきは、政府は民間部門よりもずっと安く資金調達できることにある。公的および民間の独立した研究機関の推計値では、両者の借入コストには年当たり2・5〜4%の差があり、

訳注4　アレンジャー　不動産の証券化を実現するために、各段階の実務を行う参加者の間に立つ調整役。貸付等の資金負担はしない。

これを25年複利で計算すると、借入コストはおよそ倍に跳ね上がる。[*6] PFI研究の第一人者でもあるアリソン・ポロックは、このあまりにも顕著な高額金融費用を指して、1つの病院を2つ分の費用で手に入れる、と言った。それ以上に問題なのは、賛否両論あるものの、PFIの事業提供者は総じて並みかそれより劣る見かけ倒しのケチなサービスしか提供できていないようなのだ。

総じて見れば、スコットランドの警察当局（さらに言うとスコットランドの納税者）は、本来のプロジェクト建設にかかったであろう費用以上に、不要で多額の過剰なコストを支払わされている。その過剰なコスト部分は、結果的には金融のパイプラインを通じてロンドンに登記された団子状の数社の企業に吸い上げられ、やがて、それらの企業の多くの所有者や、関係する銀行家、シティやジャージー、ガーンジー、ルクセンブルク、エル・パソ、ドイツ、カナダ他、諸々の手数料徴収のみを目的とする正体不明の仲介業者等に流れ込んでいる。[*7] これらすべては完全に合法に見えるだろうが、この証拠を見る限り、ジョンソンの言うロンドンからストラスクライドに流れるカネの方向は、実はアベコベである。

ストラスクライド警察訓練センターの事案は、最新の集計ではあくまでイギリス中で行われている700を超えるPFI契約のうちの1つでしかない。いずれのケースでもその運用はSPVを経由しており、私の調べた限り、これと似た複雑で入り組んだ企業構造を有していた。私が精査したすべてのケースで、地方から都市部への継続的なカネの流れという基本構造は同じだった。これはすなわち、ロンドンの恵まれない地域を含むイギリスの各地方から吸い上げられ、私がロンドン・ネクサス（ロンドン結合体）と名づけた、シティおよびロンドンの高級住宅街とその周辺に向けた継続的なカネの流れのことだ。そこには主要企業とそれらの関係者だけでなく、英領を中心とする多くのタックスヘイブンや、他国に住む株主、債権者、金融関係者が居を構えている。[*8]

国の財務データによれば、2016年に実施されたPFIスキームによる純資産価値総額が594億ポンドであった一方、イギリスの納税者はこれらPFIプロジェクトの存続期間中に3060億ポンド以上も支払わされる計算で、純資産価値の5倍を超える額を支払い続けることになる。これはあくまで公的予測でしかなく、実態はおそらくさらに酷い結果となるだろう。なぜなら彼ら民間業者は、不都合な状況からうまく抜け出したり、難しい契約から離脱したりすることに長けている一方で、政府が何らかの変更を加えようとわずかな気配でも見せれば、容赦のない違約条項を発動させるからだ。[*9]

また、これらプレーヤーには、政府を意のままに操る、相当な市場支配力がある。大半のPFI構造の頂点には、ストラスクライドのようなPFI案件への入札を専門に行う巨大な複合企業が存在する。2017年に出されたある報告書によれば、イギリスにおける700あまりのPFIプロジェクトのおよそ半分は、オフショアに拠点を置くインフラ・ファンド9社が支配権を有しており、さらにタックスヘイブンが所有していたプロジェクトの比率同様、この形態での市場支配率は増加傾向にあった。加えて、PFIの企業規模上位5社を対象にした調査では、2011〜15年までの間の利益に対し、彼らは一切税金を支払っていなかった。[*10]

地理的構図は、もちろん複雑かつ多様である。すべてのカネがタックスヘイブンに向けてザブザブと流れるわけでも、またイギリスのエリート部門に流れ込むわけでもない。確かにカネの一部は、例えば年金基金に到達することで、ジャージーやモナコの一握りの億万長者の懐に流れ込むよりも多くの人に富を配分し、潤すことはできるだろう。[*11]だが、たとえそうだとしても、株式の所有と年金基金の所有およびその配分は、富裕層とロンドン結合体がほぼ独占しているので、全体の構図が変わらないのは明らかだろう。

このような状況は、ＰＦＩがストラスクライドのような案件に、効率的で低コストのサービスを提供し得ていれば許容されるのかもしれない。ＰＦＩの元々の趣旨は、政府の活動に競争原理を導入することだ。硬直的な官僚制に民間部門の持つ新鮮なダイナミズムや鋭い嗅覚、リスクを恐れない起業家精神を持ち込んで効率性を引き出し、公共予算の負担の軽減を目指していた。しかし、私が先ほど提示した数字を見れば、これとはまったく違う絵が描かれていることがわかるだろう。現実は、莫大な富の搾取であり、搾取金額は付加価値を大きく上回る額だ。

それだけではない。今やメディアを通じて幾度となく、ＰＦＩ関連の恐るべき話や、民間セクターへ外注される政府事業の全体像が明らかになりつつある。例えば、警察がパンク修理に数百ポンドも支払う羽目になったとか、企業の従業員が犯罪者からカネを受け取って電子タグをあえて緩く取り付けたり、企業が政府部門に対して電気プラグの交換だけに１０００ポンド請求したり、提供してもいない架空サービスの代金として数百万ポンドの請求書を発行したり、ＮＨＳの運営する保険信託が原資不足で支払い遅延や機能不全に追い込まれたり、ＰＦＩ企業が危険で超満員の刑務所の改修改善よりも株主配当を優先したりしているのだ。

そして、PFIが建てたリバプールにある学校が、生徒数不足のため2014年に閉鎖された。この学校に納税者は未だに毎日1万2000ポンドも支払っており、市当局は2027年になってもまだその支払いを続けることになっている。それは契約を変更できないからだ。このような取引を、リスクを負っている民間セクターに対する公正な補償だとして擁護する人々に、まともな言い分があるとは思えない。英会計検査院をはじめとする他の機関も、PFI企業群は企業構造を巧みに利用する専門家となり、リスクを他者に負担させることに熟達し、結果として自らはリスクをほとんど負っていないことを突き止めた[*12]。

より大局的に見れば、PFIとは、政府支出で賄う事業の一部を、民間セクターを通じて行うものでしかない。英政府の年間予算の3分の1を占めるおよそ2400億ポンドは、今や税収によって賄われる民間経営の公共サービスだ。この構図は、地方からロンドン結合体へと流れ込む構図に似ている。しかし、これはあくまで公共セクターから流れ込んだカネである。これよりもっと大きな問題は、間違いなく民間セクターの金融化であり、それは同じような地理的構図を有しながらも、まったく違った形態のアウトソーシングと、異なる富の流れを生んでいる。そして、これらの富の流れが、多種多様な問題を作り出すのだ。

地方からロンドンへ吸い上げられる富

金融危機が世界を直撃した10年余り前、ほどなくしていくつものロンドンの大銀行が、何年にもわたり金融市場で大きなリスクを取りながら法外な利益を上げていたことが明るみに出た。そして、このリスクが危機の最中に損失として確定し始めると、そのような銀行の救済と尻拭いをさせられたのが、緊縮財政と支出削減という形で負担を強いられたイギリスの納税者たちだった。利益はロンドン結合体に流れたが、損失は国中で負担させられた。危機後の緊縮財政は、地方に特に大きな打撃を与え、残酷な結果を残した。

例えば、イギリスの地方自治体協会の予測では、このまま緊縮政策が続くと、2015～20年の間に議会の予算額が77％減に陥ると警鐘を鳴らした。これがもたらす衝撃は明らかに厳しいものだ。イギリスの地方自治体の支出額のおよそ3分の2は、中央政府からの補助金で、残りは地元の税収や手数料で賄われる。より貧しい地方では財源となる原資が不足する中で、中央政府への依存度はますます高まり、同時にそこに住むもっと恵まれない人々には、さらに多くの公共サービスによる支援が必要となる。

この経費削減は最も貧しい地方自治体に最も大きな打撃を与えてしまった。例えば、イギリスの中で最も貧しい2つの地域、ノーズリーとリバプールでは、2000～16年の間に、地方財政の支出額を住民一人当たり約400ポンド削減することになったが、最も裕福な自治体ウォーキ

ンガムとエルムブリッジは、それぞれ2・19ポンドおよび8・14ポンドの削減額にとどまった。[*13] シェフィールド大学の会計学・社会学教授アダム・リーヴァーは、この好景気ブームと危機のもたらす地政学的影響について、「この北と西から南東地域へ向けて流れる目立たない一方通行の内部補助は、長い間気づかれずに実行されており」、結果として「地域のモラルハザードを引き起こしている……利益の都市部集中化と損失の国有化」であるとしている。

この大きな流れの1つが株式市場だ。多くの人は株式市場の主要な機能は、投資家のカネを企業に——生産的なものに投資するため、円滑に流す役割を果たしていると信じているだろう。しかし、前章で説明した通り、株主価値の革命は、これを完全に覆してしまった。企業は利益を設備投資に投入せず、これまで以上に自社株買いを最優先する。それに伴い、株価を押し上げながら、株主の富と企業役員のストックオプションの価値を増やし、もしくは市場独占を目指してM&Aで企業買収に邁進している（石油企業が、本来投資すべき掘削装置ではなく、このような形の投資に走ることを、アメリカでは「ウォール街を掘削する」と呼ぶ）。

企業の投資用予算から、株主や経営者たちの懐にカネを流し込む行動は、実体経済という血管にたくさんの注射針を差し込んで利益を抜き取る、金融セクターが最も渇望するものの1つである。米ビジネス戦略の専門家ビル・ラゾニックによれば、株式市場を通じて行われてきた前記のような搾取は、アメリカでは毎年推計で平均4000億ドル超に上る。これが生産的な経済活動への巨大な打撃であるにもかかわらず、たいていのコメンテーターは株価急上昇というもう一方の現象に惑わされているので、正当な評価をしていない。米国民の最富裕層である5％が、上場銘柄のおよそ3分の2を所有している現状では、このような形の富の移転は、金融化による不平等を助長する装置の核心部分となっている。

そして、大西洋を挟んでS&P欧州350株式指数のうち298社を対象とした調査では、2000～15年にかけて、企業が総額3兆2800億ドルを使って自社株買いや株主への配当を行っていたことが明らかになった。2015年には3500億ユーロ――純利益の110%に相当する額を株主配当と自社株買いに費やしていた。それに対してイギリスの場合は150%だった。イングランド銀行のエコノミスト、アンドリュー・ホルデーンの言う、企業が「自分を食べている」とはこのことを指している。[*14] 実体経済の動いているイギリスの地方で、企業の投資や雇用の創出のほとんどが行われているのに、利益のほとんどがロンドン結合体近辺に流れ込んでいることに鑑みると、これも全体としては同じ構図を生み出している。

このカネの流れのもう1つの目指すところは、国のほとんどの経済分野の独占化だ。これは本質的には中央集権化の動きである。合併のそもそもの目的と趣旨は、周辺の競争相手を犠牲にしてでも中核となる市場の支配権を増強することだ。犠牲者は、企業内の従業員の場合もあれば、外部の関係者、つまり消費者、仕入先、納税者の場合もある。独占企業や中央集権化した企業グループがより大きな市場支配権を獲得するにつれ、街の精肉店、書店、喫茶店、小規模農家や中小企業は、競争することすら難しい立場に追い込まれていく。すでにその影響は、街を見れば明らかだ。栄えていた地域や成功していたビジネスが、場外馬券や宝くじ売り場、百円ショップやチャリティー店――いわゆる貧困ビジネスに置き換えられている。ロンドンのダーク・スターは、英産業界とその生み出す利益および従業員をますます強力で破壊的な引力でかき回し、打撃を与えている。

ほとんどの場合、行きすぎた金融化は、前述のような金融比率へのより強いこだわりへの傾斜を意味する。それがひいては企業を、貸借対照表からの資産外し、経費削減、人員削減および納税額削減による株主配当の増加、もしくは、そもそも当初から少ない資本でできるビジネスへと駆り立てていく。[*15]

これはシリコン・バレー型の金融ゲームだ。例えばウーバーのようなライドシェアのプラットフォーム企業は車に投資せず、エアビーアンドビーは不動産をほぼ所有せず、フェイスブックやグーグルは、経営不振の新聞社の従業員やその他多くの人々が、汗と地道な投資と足で集めて生み出したコンテンツから利益を搾り取っている。これらは縮小と配分モデルの変形版で、経費削減と設備投資の縮小を実施した結果、企業に残った現金を将来性の見込める潜在的事業に投資するのではなく、株主配当のために吐き出させるよう強制するものだ。

「これは短期対長期の対比や差異の問題ではない。価値創造対価値搾取なのだ」とラゾニックは指摘する。フィナンシャル・タイムズ紙で目にするすべての企業再編、すべての合併またはプライベート・エクイティの買収劇、すべての法人税の回避スキーム、そしてほとんどすべての金融工学は、つねにと言っていいほど意図的な利益搾取手法を盛り込んでおり、地方から中央へ流れるカネの地理的なパターンもほぼ同じだ。

マンチェスター大学の外部委託に関する調査研究で、新たにこれを裏づける数字が明らかにされた。この研究では、スーパーマーケットと私鉄企業、例えばヴァージンやファースト・スコットレイルなどを比較していた。そこでは、スーパーマーケットの使用資本利益率（株主に人気の金融比率の1つROCE）が8・5％だったのに対して、私鉄企業は120％以上となっていた。

なぜそこまで大きな開きが生じたのか？ それは単純な話である。私鉄企業は自前で列車を所有していたのではなく、借りていたからだ。彼らの資本投資の総額は2億ポンドを少し超えたくらいの金額で、一方、スーパーマーケットの投資額は430億ポンドで、その大部分は雇用創出のための投資だ。

私鉄企業は、政府出資のネットワーク・レイルが鉄道インフラ整備に注ぎ込んだ公共事業費の360億ポンドにタダ乗りしていたことになる。それは他人のカネだ。[*16] それゆえ、マンチェスター大学の研究は、私鉄企業と英政府との間の契約には「ありえないほど最大規模の利鞘《りざや》が存在している」と結論づけた。このような小さな資本を使って行うビジネスモデルに他人の資本を惹きつけながら、金融関係者は経済的要衝に居座り、通行料たる手数料を搾取するのだ。そして、イギリスの場合、この要衝は毎度のことながらロンドン結合体が牛耳っている。

イアン・フレイザーは、著書『Shredded』の中でRBSの不正行為と半破壊的行為を酷評し、金融業界そのものがその株主価値の比率達成を追い求めて金融化してしまったことを如実に描いている。そして、「RBSを含む銀行が1985～95年にかけて、株主価値に新たに重点を置いたときから、彼らの経営スタイルが完全に変質してしまった」という。決定権を持つ優秀な人材は最前線から外されて異動となり、支店は空洞化し、決定権は中央が握った。地元住民から預金を集め、地元企業に貸出を行うことを主張してきた地元の銀行員は追い出され、代わりに営業マンに置き換えられた。

「至高の目標は、抱き合わせ販売になり、それがしばしば不適正販売に、……そして販売、販売、販売が目標となり、それに応じてスタッフは報奨を与えられた」

一般的に、複雑な金融商品を売るために営業マンに金銭的報酬を与えるのはとんでもない考え方だ。しかし、これを株主は大歓迎した。債務返済保証保険の販売手数料に関する政府調査では、この詐欺行為に関わるROEは2006年に平均490%あったことが明らかになった。アドバイザーや営業マンの中には、報奨金があまりに高かったため、家族や自分にまで詐欺的不正商品を売りつけていた者がいた。さらに危機の後も数年間にわたり売り続けていたという。[*17] 富が地方からロンドン結合体へと吸い上げられるこのような現象は、今は亡き地理学者ドリーン・マッシーの言葉を借りれば、ロンドンの一部とイギリスの他の地域との間の「植民地的な関係」の兆候である。[*18]

そこでこの構図全体を見ると、確かに次のような考え方もできる。シティはイギリスの地方からだけカネを集めているのではなく、海外のカネも引き寄せているのだから、国家全体として見れば、おしなべてバランスは取れているのではないか？　というものだ。

しかし、ちょっと待った。当面、この海外から流入してくるカネの大半が、エリートやグローバル銀行、多国籍企業群が他国、それも大方は貧しい国々から略奪し、ロンドンの不動産や銀行口座に蓄財したものだという事実を横に置いておくとしよう。それよりもイギリスにとって核心的な問題は、FTSE100銘柄[訳注★5]の株式価値の55％超が外国人に所有されていることだ。その結果、ロンドン結合体に流入するカネのほとんどではないにしてもその多くが、ロンドン周縁部はおろか中心部にも達せず、配当としてそのまま直ちに海外へ流出してしまっている。[*19]

これら金融化の流れは、ロンドンにすら恩恵をもたらさないどころか、ロンドンのごく一部の富裕層だけをこれまで以上に富ませるのと同時に、貧しい層だけでなく、首都の中間層の人々からもさらに搾取しているのだ。このことが一因となり、富の所有に関しては、ロンドン自体が西側世界で最も不公平な場所の1つに挙げられている。最新の集計では、居住者の上位1割が、その最下層の1割の173倍もの富を所有していることが明らかになった。[*20]

このとんでもない地域分断機は、人種分断機でもあり、性別分断機でもある。さらに言えば、障害者や弱者の分断機でもあり、在宅介護を必要とする人とその分野で働く従業員（不均衡なほど大多数が女性で、かつほとんどが非白人で脆弱な立場の人たち）から搾取した価値や富を、メイフェアのバークレー・スクエアや、そのはるか彼方から経営している連中に手渡ししてしまっている。いわば、これは世代分断機とも言え、PFIやシャドー・バンキングのもたらす利益およびさまざまな金融化が、今日の勝者にはご褒美のジャムを与え、その請求書を我々の子孫に送りつけることにより、他のあらゆる世代から集めた富を一部のベビーブーム世代に手渡ししているのだ。[*21]

このような表面化しにくい富の流れは、ロンドンからはもちろんのこと、イギリス全土から、疲れ切った脆弱な大衆と差別や虐待の被害者から吸い上げられ、巨大で複雑な金融パイプラインを通ってメイフェア、チェルシー、ルクセンブルク、ジャージー、ジュネーブ、ケイマン、ニューヨークにいる、比較的少数の、ほとんどが欧米の白人男性宛てに送られている。これこそが現在進行中の金融の呪いだ。この構図がわかれば上出来で、そのカネを受け取る側に食い込むことができるならおいしい話である。

政府を食い物にする外注先企業

政府および生産性の高い民間セクターからの富の吸い上げと並行して、もう1つ、一方通行の大きな流れが進行中だ。それが、知識、技術、人材の大流出である。

「私は具体的な事件についてブログで書くことはないが、今日はそのルールを破らなければならない」と2017年に書いたのは、弁護士で元保守党議員のジェリー・ヘイズだ。この事件では、ある民間のいい加減な鑑識捜査機関が、鑑識で、ある被告人と証拠物との間に一致があったとでっち上げた。そのサンプルはグロック社製の拳銃と銃弾・弾薬だったので、被告男性は冤罪で何年も服役することになったかもしれなかった。国選弁護人による度重なる追加情報の提出要請のおかげで、当該民間機関は最終的に、この被告人を誤って犯罪者に仕立ててしまう「手違い」のあったことを認めた。

ヘイズは自身のブログの中で、この問題の本質は、数年前に英国家鑑識捜査部門が民営化されたことに起因し、その発表が専門家たちを恐怖の底に陥れたと指摘した。「会計検査院は本件民

訳注5　FTSE100　ロンドン証券取引所（LSE）における株価指数で、LSEに上場する時価総額上位100銘柄で構成される時価総額加重平均株価指数。

営化について、『司法制度の中で危機を誘発しかねない』と警告していた。彼らは正しかったのだ」とヘイズは指摘している。そして、自身が裁判官に対して、どのようにこの鑑識機関が間違いを犯したかを説明したときの「恐怖に満ちた裁判官の表情を私は一生忘れることはないだろう。40年にわたる弁護士活動の中で、この事件は、かつて世界最高で最も公平だった我が国の司法制度に対する私の信頼をくじいたのである。これを読んで嘆き、泣け。そして、英司法制度にお悔やみ申し上げる」と述べている。

政府がその機能を民間に外注すればするほど、責任の所在が不明になり、有機的な組織活動に対する理解も薄れ、管理運営機能を着実に失っていく。今や、これまで政府が運営してきた保健衛生、刑務所関連、社会保障、警察の訓練その他多くの分野の3分の1が外部委託された結果、これらの分野は政府運営とは似て非なる市場と化した。当該分野で働く有能で知識・経験豊富な人材が政府からどんどん流出し、以前にも増して外注先企業に依存しなければ立ち行かなくなってきている。その結果がもたらしたのは、「公共部門の無能・無知化の推進、組織的知識の根本からの喪失に留まらない、戦略的監視監督および一貫性の喪失である」と指摘するのは、ロンドン・スクール・オブ・エコノミクス（LSE）のアビー・インズだ。

旧共産主義諸国の専門家であるインズは、国家の機能を民間に外注することは、皮肉にも旧ソ連の中央計画の手法と薄気味悪いほどよく似た、間違った報奨満載のシステムを作り出してしまったと言う。[*22] 上意下達の国家は、長期計画を立てるが、起こりうる不測の事象のすべてに対処することは不可能だ。また、非常に複雑な契約を効率的に監視監督することは不可能なだけでなく、変化の速い世界の動きに対処するには柔軟性に欠ける。ゲームの参加者らは、つねに責任転嫁や義務を逃れる方法を模索している。このように国家の機能と専門的知識を民間に外注した政府では、利害衝突が起きようものなら、「勝てない喧嘩に引きずり込まれ、妥協を強いられる」のがオチである。

「首相戦略ユニット」という部署で仕事をしたことのある独立系コンサルタント、トム・ガッシュは、政府がこれまでの民間企業との関わり合いの中で、どのようにして賢明な判断力を有する顧客としての能力を失い、負けてきたのか、その経緯をつぶさに見てきた。彼によれば、政府が大手ハイテク企業とITサービスの契約を結んだとき、「いわば、『政府殿、我々がこの問題を引き受けるので、7年契約を締結してくれ』」というものだった。しかし、政府が変更を要求したときには罠が仕掛けられており、変更にあたっては企業が巨額の賠償を請求できるようになっていた。「政府は現実問題として、何が起こっているのか理解する能力を完全に失っていた。『この仕組みはどのように機能するのか、どれほどの人員を要するものなのか』さえも」。

これをきっかけに、民間企業間における入れ子構造や結託関係が生まれ、複数の企業が入れ替わり立ち替わり、政府からさらにカネをむしり取る方向に向かっていった。例えば、あるサービス専門企業が、あるITプロジェクトで政府にアドバイスしているかもしれない一方で、同じプロジェクトに入札している別の企業は、そのサービス専門企業と他のプロジェクトでは緊密に連携していることもあるのだ。ガッシュ曰く、「背景には、さまざまな集団で構成される人間関係や権力構造が存在し、入札についての話し合いに影響を与える多様なルートが存在する。裏には裏があり、皆が互いに顔見知りなのだ」。

彼がその好例に挙げたのが、ユニバーサル・クレジットだ。2010年にコンサル企業らが、イギリスの低所得者対策としての収入保障や福祉手当支払いの大規模なシステム再構築を政府に勧奨するにあたり、大きな役割を果たしたことは言うまでもないが、この構想を官僚らはとんでもなく酷いものと見なしていた。

「コンサル企業らは時として大々的な破壊的革新プロジェクトの実施を望み、その際に『我々なら効率的にできるので、この大変革をもたらすメガプロジェクトを任せてください。そこやここをちょっといじって20%だけ改善するようなことはやめましょう』と主張する」。ユニバーサル・クレジットに関しては、官僚たちの直感が正しかったことが証明された。プロジェクトは当初の予定より何年も遅れ、その費用は想定額より数十億余計にかかった。[*23] それは裏を返せば、関与した民間企業にとっては、大変利益率の高い事業であったことを意味する。

「市場」がこれらの手続きをもっと効率的にしてくれる、と主張する輩は、物事がうまく運ばないときには、改善策としてさらに多くの民間コンサルタントを雇えばいい、と言う。しかし、もし改善策の提供が利益率が高く儲かるならば、そもそも初めから彼らの目的の中に、持続性のある本当の解決策を提供する意思などあるのか、はなはだ疑わしい。

もともと外注を取り入れた目的は、融通の利かない国家によって独占されていた分野に、競争原理を取り入れることで、費用を削減することだった。しかし、その結果は、セルコ、アトス、キャピタ、そしてすでに倒産したカリリオンなど、数社の巨大独占企業を生み出しただけだ。彼らは競争力のある最良のサービスを提供する専門家集団として活動するのではなく、政府との契約を獲得し、自分たちの利益の最大化を図っただけである。2018年までの5年間に政府が外注した契約の80％を、最も巨大な企業5社が独占したのだ。

しかし、能力や知識が流出し、失われることで「無能化」しているのは国家だけではなく、民間部門も同じだ。財務比率にとらわれ、その虜になった有能な人々が、本来ならその能力を傾注すべき富の創造分野に背を向け、もっと利益率の高い、資本の少ない富の搾取活動に専念するからだ。これがまさに経済全般に広がったプライベート・エクイティのモデルなのである。

例えば、まずい民営化構想と準備不足の結果、不幸な結末を迎えたレールトラックを取り上げてみよう。この企業は、オペレーション・マネジャーやエンジニアを解雇することで経費を大幅削減し、その代わりに「民営化に長け、シティとの関係が濃厚」なリーダーを重用した、と幹部の一人は言った。その後、彼らは、シティにとっては素晴らしい利益をもたらす見通しの、しかし実現の可能性のない新技術を追いかけ始めた。ただ、この成功の見込みのない構想をすぐに見抜いて指摘できるエンジニアはとっくに解雇されていた。民間鉄道会社のトップ、クリス・グリーンによれば、レールトラックは「とても優秀な技術者チームを擁していたのに、潰してしまった」のだ。

断片に寸断され、無知で愚かな組織に成り下がったこの企業は、将来への影響を理解しないままヴァージン・トレインズとの自殺的な提携に転げ込んだ。その後数ヶ月の内に数回の列車衝突事故を起こしたレールトラックは、非難轟々《ごうごう》の中、巨額の納税者負担を強いて倒産した。[*24]

民間部門への外注を後押しする金融面からの圧力は、垂直統合された巨大な大企業群を解体し、商社の構造に似せて再構築し、これまで企業内でうまく賄われていた機能を外部の大規模なサプライチェーンに結びつけることで巨額の利益を生み出す。時には消費者にも値下げという恩恵をもたらした。しかし同時に、かつて繁栄していた産業収益構造を空洞化させる。一方、これまで経済全般にわたって恩恵を与え、多様なビジネスを育んできた研究や訓練など、費用のかかる機能は剝ぎ取られた。政府はその穴を埋めるために介入することもできたが、実際には、自国の経済政策遂行に必要な人材や知識を自らどんどん捨ててしまった。代わりにそれらの穴は、安易な金融緩和政策、そして自由放任という平凡な主義で埋められた。

この現実のどこかに、イギリスの生産性が、競合相手である欧州のフランス・ドイツ・オランダ・ベルギー・スウェーデン対比15~25%もの驚くべき低さとなっていることを説明する主要な根拠が隠されているはずだ。[*25] 何十年もの間、英支配層は労働組合を悪者扱いし、賃金アップ要求でイギリスの生産性を毀損してきた、と主張してきた。しかし、昨今の金融工学による「高リターンを要求する組織化されたカネ」のほうが「ずっと大きな破壊力として作用している」とマンチェスター大学におけるアウトソーシングの研究が結論づけている。[*26]

金融的熱狂の「スーパー・スプレッダー」

これまで見てきたように、政府機能の外注と民間部門の金融化という新自由主義の2つの主要なパイプラインを通じて、あらゆる富と人と能力が流出し、枯渇しようとしている。この人たちは一体どこに行き着くのだろうか？

彼らはコンサルタントやアドバイザーと呼ばれる、鵺《ぬえ》のような何でも屋の集団に流れ込み、その規模は確実に大きくなって、力をつけつつある。最近のある統計によれば、イギリスには47万7000人の経営コンサルタント、38万2000人の会計士、31万1000人の法務関連従事者、42万1000人の銀行家がいた。ボストン コンサルティング グループやマッキンゼー・アンド・カンパニー、アクセンチュア、ベイン・アンド・カンパニーなどのコンサルティング会社があるが、ベインのグループは、2017年に世界での売り上げが推定1400億ポンドを記録した。また、ロンドンに拠点を置く法律事務所のうち、上位100社だけで220億ポンドもの収入を2017年に上げている。

フィナンシャル・タイムズ紙のコラムでジョン・ギャッパーは、「どこを見てもコンサルタントは増えるばかりである。それも戦略、投資、経営、賠償、デジタル革命、テクノロジー、マーケティング分野において顕著だ。そして、中には完全にコンサルタントに乗っ取られたように見える分野もある」と指摘した。誰でも弁護士を必要とするし、時にはコンサルタントの助言を――誰もが金融を必要としているように必要としているのだが、問題は社会的にどの程度役に立つかであろう。いったん中に入り込まれると、彼らを追い出すのは難しい。これについては、私には スティーブ・マックイーン主演の1958年の映画「マックイーンの絶対の危機《ピンチ》」が思い出される。この映画では、異次元から赤いゼリーが地球に落ちてきて、何も疑わない老紳士に発見される。それは彼の手に粘り付くと彼を丸呑みし、動き回り、遭遇するすべての生命体を食べ尽くし、どんどん成長してパニックを拡散させていく。

この赤いゼリーのようなコンサルティング業界には、さまざまな規模の多様な外国の民間部門の関係者が含まれており、場合によっては平均的な経営コンサルタントより無作法で獰猛な者もいる。このような連中の一人で、自称「アレンジャー」は、彼と同僚らが世界をくまなく歩き回り、どのようにして課税されすぎた企業を探し当て、彼らに近づいて積極的な税効率化機械に繋ぐ提案をするのかについて教えてくれた。彼の表現は、ある意味完熟した果物を摘み取る行為に似ていた。世界金融危機前には、彼曰く「まだまだ税務対策の市場は急速に伸びていた。そして規模はどんどん大きくなり、さらに多くの管轄圏の適用範囲が――例えばポーランドやスペイン等々にまで広がり始めた。税の専門家たちは、種々の税金が銀行や他の組織によって代行支払いされている国々に目をつけ、『そこに乗り込んでいって、ディールをしようぜ』と言っていた」[*27]。

また、コンサル業にはビジネススクールも参加しており、彼らは迷うことなく株主価値信条を押し付ける。世界金融危機以降、本来ならそのような幻想的イデオロギーは完全に破壊されたはずなのに、その立場を変更したようには見受けられない。彼らの教える財務比率は、わずかな努力で多くのことを早く成し遂げようという衝動へと駆り立てていく。ビジネス界がこだわるこれら財務比率こそ、私たちをいつも何かをしようにも時間が足りないという気持ちにさせ、アマゾンが「継続的なパフォーマンス改善のためのアルゴリズム」を従業員に課し、銀行があなたに詐欺まがいのサービスを繰り返し勧めながら、一方であなたのカネで大きなリスクを取りに行くゆえんなのである。

今ではどこを見てもこのような考え方ばかりだ。２０１７年にアンゴラのベテラン経済学者で起業家でもあるアルナルド・ラゴ・デ・カバルロは、このような世界観がいかに破壊的で危険かを説明してくれた。２０１４年の石油価格暴落によって打ち壊された一攫千金の夢の残骸――建設半ばで放置され、朽ちかけたオフィスビルや海沿いのホテルが立ち並ぶ風景を指差した彼は、内戦によって国を離れざるを得なくなった若い世代のアンゴラ人が、西洋のビジネススクールで学び、内戦終結後の２００２年に国に戻ってきて招来したこのような結末を次のように嘆いていた。

「海外で学んだ若者は、国に戻ってくると、皆早く金持ちにならなければと思うらしく、誰も何かを真剣に作ったり、富を生み出したり、蓄積しようとは考えないようだ。ＭＢＡを修了した人々は、コンサルタントになったり、金融機関に勤めたりしたいのだ。誰も農業やそれに類する産業で働き、経営したいなどとは思わない。貧しい発展途上国では、このような考え方の人は役に立たない」

コンサルタントには、多様な考えを持つ優秀な人材も多いが、特に最上位の経営陣レベルになると、取引先顧客の金融ニーズを反映した視点や特徴、繋がりを共有する傾向にある。彼らは、顧客――大銀行や多国籍企業、ヘッジファンド、プライベート・エクイティ（ＰＥ）等の税金や情報開示、法律、規則などを回避する手助けの報酬を受け取っている。そのため、必然的に反国家、反税金、反規制の企業文化を育み、また前章で取り上げた株主価値へのこだわりに傾注する形となる。その結果、彼らは金融化を目指すロンドン中心の世界観を具体化し、促進する利害関係集団を構築していく。コンサル業界は中央集権的な構造ではないが、しかし構成員共通の類似性、例えば顧客に対して株主価値向上のために負うべき標準的な責任、政府中枢への勢力浸透などを考慮すれば、その集団の活動は紛れもなく政治運動そのものである。

アドバイザー、コンサルティング、会計事務所は、シェフィールド大学のアダム・リーヴァー教授の言う、民間部門全体に跨がる金融的熱狂の「スーパー・スプレッダー」となった。なぜなら、上場企業がタックスへイブンに繋がる幾層にも連なる会社を通じて、借入や資本を巧妙に組み合わせて活用しながら子会社から収入を吸い取る一方、リスクはその子会社内に残し、何かあったときには他の関係者にその責を負わせる構造を作り上げるという、PEの開拓した搾取のテクニックをどんどん学び取るからだ。

リーヴァー教授によると、「アドバイザリーおよびコンサルティング事務所の連中は、顧客に『あなた方は収入の流れを効率的に運用していない』と指摘する。かつては親会社が、自身の子会社から吸い上げた収入を用いて投機的投資家となるなど、前代未聞の事態だった。大金のプールやその流れに触手を伸ばすなど、罰当たりな行為と見なされてきた。しかし、今ではこれが現実のものとなり、常識となってしまったらしい」[*28]。

コンサル業界は、民間部門の金融化に取り憑いているだけではなく、政府まで巻き込んでいる。そして、外注が増えれば増えるほど、それら勢力の浸透力は増加する。第5章でも述べたが、HMRC(歳入税関庁)自体も、少なくとも特定の納税者にとっては、反税を是とする税徴収当局に成り下がっている。また、スタッフの数は、過去10年間で45%削減され、さらなる削減も計画されており、それはすなわち以前にも増して外注が増えることにほかならない。

英政府の税のアドバイザーを務めるデヴィッド・ヒートンのある会合での講演がビデオに残っているが、その中身は、どうすれば「自分のカネを財務大臣の汚い手から守れるか」、また妊産婦手当を巧みに操作して「政府に自分宛てのボーナスを支払ってもらう方法」を教えるものだった。彼よりも上位の税務当局者で、現在HMRCの事務次官を務めるエドワード・トループは過去に、税とは「法的に公認された強奪」と述べている。[*29] 英財務大臣に就任する前のジョージ・オズボーンは、テレビ番組に出演した際、電話相談者に相続税の支払い回避を指南した上で、「その後、個人の医療費まで国に支払ってもらう方法」について伝授していた映像が残っている。そして、「こんなことをテレビで推奨してはいけないのだろうが」と言いながら、ニヤついた笑いを口の端に浮かべ、その後やましい笑い顔になった。[*30]

コンサル業界に巣食うさまざまな業種のうち、最も影響力があり、油断ならない狡猾で危険なグループがある。それがビッグフォーと呼ばれる監査・会計コンサルティング事務所のKPMG、PwC、アーンスト・アンド・ヤング、そしてデロイトである。

実話そっくりのハリウッドの大ヒット映画「マネー・ショート 華麗なる大逆転」の中で、変わり者の小グループを演じるブラッド・ピット、スティーヴ・カレル、ライアン・ゴズリング、クリスチャン・ベールが、2000年代中頃の高騰する米不動産市場の裏に潜む数字を探求し、大暴落を予知する。誰も彼らの言うことを信じないが、最後に彼らが正しかったことが証明される。もし、前もって警鐘を鳴らすべき存在がいたとすれば、それは紛れもなく、巨大かつ有用な情報源を持ち、企業へのアクセスを有するビッグフォーに違いない。その情報量はこの映画の中のはみ出し者が手に入れた情報とは比べものにならない。

しかし、ビッグフォーは、西側先進国の巨大銀行が金融の大混乱に突入する直前に、いずれも問題なし、とする合格の意見書をすべての決算書類に対して発行していた。すべての銀行に例外なく、である。加えて彼らはあろうことか、アグレッシブでリスク満載のあらゆる取引に適格署名をしていた。例えばPwCの場合、ゴールドマン・サックスが保有する毒入りの債務担保証券(CDO)の一連の契約について、市場相応の評価を受け入れる一方、ゴールドマン・サックスの顧客であるAIGが保有するまったく同じCDOに関しては、別のかけ離れた評価基準を嬉々として認めていた。そして、そのCDOがAIGを倒産に追い込んだのだ。

著名な米投資家チャーリー・マンガーは、一連の取引を見て1つの単純な結論に辿り着いた。彼は、会計という職業が「下水道」である、と結論づけたのだ。そして、これこそが金融危機が起こるはるか前から存在する問題だった。ビッグフォーの監査役らは、エンロンやBCCI、多くの預金および負債の詐欺行為、ワールドコムとタイコ・スキャンダル他多くの事件を起こした企業の倒産の最後の瞬間まで、お墨付きを与え続けたのだ。

監査役の本来の業務は、いわば番犬のような役割である。企業の財務状況をチェックし、投資家、従業員や社会全般を幅広く守ることだ。金融危機はその意味で、本来なら番犬が守るべきフィールドに光を当てたのである。そして、実は示し合わされた見えない取引の中で、番犬が、本来守るべき羊——すなわちあなたや私を、狼である大銀行や危機以前の好景気時代に数十億稼いだプレーヤーらと一緒に襲って食べていたことが明るみに出たのだ。

では、会計監査業界は、いかにして社会を敵に回し、略奪者の側に回ったのだろうか？　税務評論家で元企業担当税務官のリチャード・ブルックスはその著書『Bean Counters』で、かつては誇り高い自慢の職業が、腐敗と汚職にまみれていく衝撃的な調査結果を著している。エンロンに関する箇所では、「この時点で、監査役はどこにいたのか？　という問いかけがあってもいいだろう。その答えは、彼らは同じ建物内にいた。それこそが問題だったのだ」。監査役らはエンロンと密接に絡み合っており、エンロンの財務部長が、アーサー・アンダーセンの主席担当パートナーと一緒に、経費で休暇の旅行やゴルフを繰り返していたのである。

ビッグフォーは監査対象の企業にとっては、単なる監査人に留まらず、複雑に絡み合う関係を構築してしまっている。彼らは多くの分野に首を突っ込んでいる。その担当する企業（や富裕な個人）のために税を回避するスキームを構築したり、政府に対しては租税システム構築の手助けをしたり、ITシステム構築のアドバイザリー業務やコンサルティングを行ったり、タックスヘイブンSPVを設立すべきか、原子力発電所をどのように管理・監督すべきか、保健福祉行政をどのように行うべきか、倒産企業をどのように清算すべきか等々枚挙にいとまがない。そして、彼らは最も予見しにくいところに出現する。2017年のオスカーの授賞式では、ウォーレン・ベイティが、映画「ラ・ラ・ランド」が作品賞を受賞したと間違って発表してしまった。審査員らは「ムーンライト」のほうが良かった（実際に良かった）と思っていたのに、PwCがベイティに間違った封筒を手渡してしまったのだ。当時、多くの人が抱いた疑念は、一体なぜ、関係のないPwCがオスカーに関わっているのだろう？　だった。

これまでに多種多様な機能が外注された結果、ビッグフォーは実質的に公共・民間部門の知識の穴を埋める役割を担っている。これらの業務があまりにも儲かるため、彼らの全世界での収入およそ1300億ドルのうち監査業務の占める割合は40％未満で、英国内に限れば25％未満だ。直近の統計によれば、ビッグフォーは税務相談だけで年間ほぼ300億ドルの収入を得ており、顧客には税法遵守を説明しながら、一方では税逃れを助言、それもたいていは同時に行っていた。このまったく正反対の行動がどのように機能するかを理解するには、「抜け穴」という言葉を思い出してもらいたい。

ブルックスによれば、これらの企業は今や「監査業務を副業とするコンサルティング会社」となっている。そして、これが大きな利益相反状況を生み出している。ビッグフォーが大手銀行や多国籍企業から数千万でコンサルティング業務を請け負っているなら（例えばアーサー・アンダーセンの場合、ある時期エンロンから年間1億ドルの手数料を期待していた）、当該企業の財務状況を監査する際に、どれほど厳しい質問を投げかけることができるだろうか？　加えて、もしこれら利益相反が、先の金融危機を招く危険性を前もって増大させていたのなら、今もその状況が変わっているとは言えず、今回は明らかに健全な主要企業もリスクに晒されている。そして、金融化が進んだ企業ほど、そのリスクが高いと思われる。

健全な企業は、負債よりも資産のほうが多い。建設会社のカリリオンが倒産したとき、調査の結果、優に3分の1を超える額の資産が会計上「のれん代」[訳注★6]として計上されていた。のれん代とは、基本的に会計士が査定する将来の収入を反映したものだが、不明瞭な専門用語だ。好調時にはカリリオンの帳簿に記載されたのれん代が多ければ多いほど財務状況は良く見え、より多くの借入ができた。このメカニズムは、将来の価値を現在に持ち込み、今日のジャムとボーナスを生み出すために使われた手法だった。

しかし、企業が倒産すると、この不明瞭な概念は雲散霧消し、貸借対照表に大きな穴を開けてしまうだけでなく、大やけどを負った債権者を残す結果を招いた。ビッグフォーが財務のお墨付きを簡単に与えて応援したため、企業の間ではこのボーナスを生み出す「のれん代」ゲームがますます一般的になった。もし次の大きな景気後退局面で金利が上昇するか、もしくはもはや「のれん代」はあてにならないとして投資家等の信頼を失えば、前回同様、システム全般にわたる巨額の損失が再び経済全体を襲う可能性がある。[*31]

では、なぜビッグフォーはこの見せかけの幽霊資産を有効と認めるのだろうか？　管財人が、倒産したカリリオンの残骸から何か回収できるものがないか探したとき、その主要な理由を見つけた。それは、これらの会計士グループが、カリリオンの倒産の10年ほど前から7000万ポンド以上を手数料として得ていたことだ。KPMGおよびデロイトが彼らの監査役であり、決算を承認していた。アーンスト・アンド・ヤングは当該企業に対する大規模なコンサルティングを請け負っており、PwCはアドバイザリー・サービスを提供していた。

訳注6　のれん代　賃借対照表における勘定科目の1つで、企業が保有する無形固定資産のこと。ブランド力や技術力、ノウハウなどを指す。

さらに、管財人が破産手続きをする企業を探していたところ、「たったの」1700万ポンドをカリリオンから受け取っていたPwCが、4社の中で最も利害関係を有していないとして、その仕事を請け負うことになった——が、そこには一工夫された捻《ひね》りが含まれていた。PwCは「この仕事にかかる時間の見通し、そして最終見積もり金額の提出もしなかったし、また、しようともしなかった」と議会諮問委員会は結論づけた。「PwCは言い値で請け負うことができた。結果、寡占が独占になってしまった」。そしてビッグフォーは、この清算で5000万ポンド前後の儲けを見込んでいる。*32

問題の本質は、ロバート・ボーク以前の反独占派であれば、誰にでも見抜けるものだ。それは、自らのビジネスモデルに埋め込まれた儲けの多い利益相反を利用した、巨大な市場支配権を手に入れた企業の存在だ。彼らは、その利益相反を不当に利用しながら利益を上げるよう動機づけられているのだ。監査の役割が、ビッグフォーを「資本主義の自警団」という立場にした、と指摘するのは会計学の教授プレム・シッカである。企業は、決算の監査を受けることを法律上義務づけられている。今日の大企業の決算はとてつもなく複雑なため、ビッグフォー以外の事務所は監査を引き受けたがらない。しかし、例えば警察の給料が政府から支払われるのとは違って、この大金持ちの会計士らは顧客から報酬を得ている。

過去数十年にわたって、ビッグフォーが監査を担当してきた企業は、FTSE100銘柄のうちの99~100%に上る。バークレイズは、EUの警告を受けて強制的に変えさせられるまで、120年間同じ監査法人を使い続けてきた。番犬は狼と結託しているだけではない。何十年も連れ添った夫婦と同じで、時間の経過とともに互いに似てくるのだ。[*33]

泥棒に家の鍵をつけてもらうような愚行

ビッグフォーが利益を搾り取れる利益相反案件の規模と数は、頭が混乱するほどある。彼らは同時並行的に、大企業には金融化サービスを提供し、世界中のオンショア政府の税法の青写真を描く手助けをする有利な契約をがっちり獲得しながら、タックスヘイブンでは、多国籍企業と億万長者がオンショア税を逃れられるよう、ヘイブンの法律制定に関して助言し、多国籍企業や銀行には、彼らに有利になるようタックスヘイブンを活用する方法を伝授する。

これらの企業にイギリスの税法の制定を託すなど、泥棒に報酬を払って自分の家に一番安全な鍵をつける相談をするようなものである。家の安全については、確かに泥棒は専門家と言えるかもしれないが、彼らこそ家宅侵入の能力を有する最有力候補なのだ（泥棒との違いは、ビッグフォーは顧客が法律に触れることなくうまく泳げるように指南することなので、法律を堂々と破るわけではない）。

そして、ビッグフォーは単に消極的なアドバイスの提供者に留まらない。彼らは国の税法に穴を開けることに熱心に取り組む。[*34] 例えば、アーンスト・アンド・ヤングは、多国籍企業のために「税務対策および規制予測情報交換網」なるものを準備し、メディアが脱税に関する微妙な話を嗅ぎ付けようものなら、直ちに「政策対策班が、低リスクの代替案を提示可能」であるとして、税制の変更への対応が「最小遅延で実施可能である」ことを自慢している。「政策対策」とは、ロビー活動と、税法に影響を与えるための活動の婉曲表現にほかならない。このようにしながら、ビッグフォーの幹部らは、回転ドアを行き来するように政府への出入りを繰り返し、あたかも「犯罪を犯す側から取り締まる側に回った人が、再び犯罪者になったようなものだ」と、ある議会諮問委員会で皮肉られた。[*35]

　ビッグフォーは「公的利益と民間の利益の境界を溶解する溶媒のような役割を果たしてきた」とブルックスは言う。「経済を回し、金融業界で仕事をする、またはビッグフォーで働くことは、もはや同じ意味である。彼らと政治家たちは、世の中を同じ視点から見ており、政治家らは——オズボーンもオバマもその他も、いったん公職から退くと大儲けできるのだ。財務省を仕切っていた頭脳明晰な40代の連中は、ブラックロック[訳注★7]やそれに類する企業へ転じたし、健康保険サービスを切り詰める構造改革を担当していた連中は、その後、彼らがズタボロに切り刻んだ新たな競争原理の働く健康保険サービスの分野を仕切るＫＰＭＧに転職して働いている」。そのようにしてコンサル・会計業界は徐々にその影響力を拡散している。

　新聞は、ビッグフォーが企業に推奨する税の最小化策を税逃れと報道しがちだが、形式上違法とは言えない。しかし、このような見方はしばしば間違っている。真に独立した専門知識を有する人材の揃った税務関係の裁判で、これら税逃れの計画が争点に挙げられれば、当局に論破され、粉砕されるだろう。

　２０１３年にＰｗＣの上級幹部が英公正会計委員会（ＰＡＣ）に証言したところによると、会計事務所としては、裁判で争った場合、勝訴する確率が４分の１であったとしても、多国籍企業に対して税逃れ対策を強引に勧める、というのだ。それは、PACの委員長マーガレット・ホッジの言葉を借りれば、「あなた方は顧客に対して――意図的にこれらのスキームを販売し、それも自ら75%の確率で違法と判断されるリスクがあると認めたサービスを、あえて提供しているのですね」[*36]ということである（別のPwCの幹部は証言を否定し、「その話がどこから出たのかは知らない。そのような発言は聞いたことがない」と反論した。またアーンスト・アンド・ヤングの別の幹部は2000年代初頭から規範は改善されたと言う）[*37]。

ビッグフォーのパートナーの報酬が収入に連動していることに鑑みれば、倫理観の継続的な低下と法に抵触するギリギリのところまで――時にはそこを越えて、圧力がかかるのも頷けるというものだ。ホッジは、これを明確にするために金融の呪いの概念に沿った定義づけをした。

とある多国籍企業担当の不運な税務官を前にした、彼女のトレードマークとも言える厳しい批判講演の中で、「私が無念な思いにさせられ、一番落胆したのは、あなた方は社会や公益のために多くの貢献をすることができるのに、皆が皆熱中して取り組もうとしているのは、我々が学校や病院を建設し、インフラ整備をしようとしても、それに必要な財源と提供可能な資源を削ぐことばかりだということです」と言った。そして、彼女にとって何よりショックだったのは、その産業規模であり、幅広い分野にわたってそれが浸透していることだった。ビッグフォーは間違いなく多国籍企業の側に立ち、社会全般を敵に回し、「イギリス政府ならびに国民に対して、敬意

訳注7　ブラックロック　世界最大級の資産運用会社。

も払わない、恥知らずで厚かましい顔を向けているのです」。

発展途上国では、富裕国よりも法人税の税収により大きく依存しているため、事態はより深刻だ。途上国が巨大な多国籍企業を相手に自国の税法を適用しようとする場合、経験の浅い、薄給の税務官数人を派遣するに留まったり、時にはそのような陣容で海外の裁判所で争わなければならなかったりする。その場合税務官らは、一流の弁護士とビッグフォーがアドバイザーを務める大掛かりなチームを相手にしなければならない。それは、ライオンを棒で追い払おうとするようなものだ。

イギリスのNGOのアクションエイドが出版した報告書の表紙には、ガーナ人露天商マルタ・ルトグロットが載っている。彼女はSABミラーのビールを微々たる差益で販売し、所得税として年間50ポンド弱を支払っているが、報告書によれば彼女の支払った税額は、その年のガーナにおけるSABミラーの支払った税の総額を上回るものだったという。この事実を聞かされたルトグロットはただ一言、「信じられない」。それ以外に何と言えただろうか?

政府が中枢機能をコンサル・会計業界に外注すればするほど、彼らの支配下に入らざるを得なくなる。[*38] その影響力は深く浸透し、彼らの価値観は我々の文化や社会をも取り込んでしまっている。最新の複雑なビジネスや税の話に困惑したジャーナリストらは、税反対で規制緩和に詳しいコンサルタントやビッグフォーに接触して必要な専門知識を得ようとし、彼らの視点を吹き込まれ、彼らに洗脳されていく。それは、例えば在宅介護を民営化せよ！　大学を金融化せよ！　税務官のオフィスも売り払って、意のままになるタックスヘイブンの企業に払い下げよ！　刑務所も鑑識も民営化せよ！　この健全な企業をあのプライベート・エクイティ・ファンドに売却せよ！　この巨大なスーパーマーケット2社を合併させよ！　ということになる。そして、これらの動きの1つ1つが地域からさらに多くの富を収奪し、ロンドン結合体に流し込む。

各国政府は、いずれもビッグフォーの訴追に失敗し、最も必要な改革ですら実施できないでいる。その改革とはすなわち、企業分割を実施することであり、中でも特に監査機能を彼らの他の営業分野から分離することだ。彼らは口うるさい国民からの質問を黙殺し、監査局の調査要求にも応じず、英米規制当局からのさまざまな要求にはほとんど応じず、相手にしなかった。2011年に英公正取引委員会が実施した、彼らの巨大な市場支配力に対する調査は、努力も虚しく、簡単に撃退された。課せられた罰金額は、多くても50万ポンドであったり数百万ポンドであったりで、彼らが世界規模で稼ぐ象のごとき巨額マネーに比べれば、ノミに食われた痕のようなものでしかない。金融危機勃発前まで舵取りを行ってきたビッグフォーのボスやパートナーらは、今や規制当局の役員に名を連ね、貴族の称号や爵位を与えられたりしている。[*39]

そして、ここでもまたおなじみの地理的構図が現れる。ロンドン結合体では、ビッグフォーのパートナーや緩い監査から恩恵を受ける企業所有者には富が集まり、その他の地域では、残りのすべての人が結果として将来にわたり、もっと大きな損失を背負うことになる。

どう見ても、これが国の繁栄のための処方箋とはなり得ない。

第11章 エビデンス装置

2015年7月、ビッグフォーの会計事務所の上級幹部が、イギリスの素晴らしい最新の法人所得税率減免措置について話してくれた。この減税がイギリス経済を成長させるだろう、と彼女は熱く語り、それを証明するために最新の夏の予算案の表まで準備していた。

早速それを調べてみると、なるほど55ページに掲載された、青とグレーのきれいなグラフに「競争力ある税制」とタイトルがつけられ、今後20年間に実施される一連の法人税減税（2010年の28％から2020年に予定されている18％までの減税）により、英産業界はおよそ170億ポンド節約でき、海外からの多額の投資も呼び込める。新たな経済活動が期待されるので、長期的に見ればGDPが180億ポンド相当増えると予測していた。バラ色の日々の到来だ！

しかし、よく見るとグラフの下に小さな字で「出典：HMRC（歳入税関庁）応用一般均衡モデルより策定およびHMT（財務省）分析」とある。これは一体何を意味するのか？　オンライン上のうんざりするほど長く退屈な公的書類がそれを説明してくれている。要するに、税に関する情報や国の経済状態など多くの要素を入力し、取っ手をひねると、このモデルが、いくつかの方程式でこれらの入力項目を混ぜ合わせ、答えを吐き出す仕組みになっているのだ。それでも腑に落ちない私には、このモデルには一体どんな要素が含まれ、どう機能するのかなどの疑問が湧いた。手がかりがなかったので、さらに情報を求めてHMRCに宛てて情報自由法に基づく情報公開請求をし、彼らの返答を辛抱強く待つことにした。

巨額のカネは自分に有利なように証拠を歪曲し、その痕跡すら隠蔽しようとすることを誰もが知っている。例えば、その資金源に関しては、左派系シンクタンクのほうが減税推進派で自由市場主義で金融規制緩和に積極的な右派よりはるかに透明性が高いことに、さほど驚きを感じる人はいないだろう。金融界の影響力は、つねに経済ニュースや情報分析の中に、たいていは目に見えない形で浸透している。

例えば、歴史家ニーアル・ファーガソンのDVD「マネーの進化史」を見たことがある人は、その背後に、金額は非公開ではあるものの、ケイマン諸島が数十万ポンドという高額のスポンサーになっていたことをご存じだろうか？　経済学者たちは、現実世界では通用しない数学的に美しいモデルを作り出して提示しては、時々笑い者になっている。[*1]

本章で明らかにしたいのは、どれほど有能かつ誠実で自主性のある研究者であったとしても、計測行為そのものが、根拠となる数字等を大手銀行や多国籍企業寄りに計画的に歪めてしまう傾向があることだ。これにはいくつかの理由があるが、特に社会全体に広く恩恵を及ぼすものより、大企業を利するもののほうが測定しやすい。従って、調査や測定から得られた数字を証明装置《エビデンス》に通して出してくる新聞の見出しや、根拠となる数字から打ち出される新政策は、企業に有利なものとなるのだ。

私の問い合わせに対するHMRCの興味深い回答を紹介する前に、今や戦場と化した「根拠となるデータ」にまつわる背景と、それがどのようにして累進的増税政策に反対するための武器に変わるのかについて探索してみよう。

法人税減税を声高に主張する人々は、主に次の3点を主張している。

まず、法人税減税を行えば、地元産業により多くのカネが滞留する。それを元手に投資が行われ、新たな雇用を生み出し、経済成長をもたらすという主張だ。2つ目は、低税率が海外からの投資を呼び込むという主張、そして3つ目は、税の低減策は企業が税をごまかそうとする意欲を削ぐというものだ。これらの主張は往々にして、「競争力のある税制」や「グローバル競争に敗れる」など、反対しづらい新自由主義的な表現を伴って皆を興奮させる。一見、この核となる3つの主張は筋の通ったものに見える。そうはいっても真面目で勤勉な政府の政策立案者ならば、実際にこれらの事象が起こる根拠となるデータの提示を期待されるため、何らかの調査を行うか、もっと可能性が高いのは、前向きなコメントをしてくれる専門家を探しに行くかもしれない。

政策立案者の結論がすでに減税方向に傾いているならば、ビジネス指向性の強い「オックスフォード大学ビジネス税制センター」なる組織を頼るかもしれない。ここで一言、「オックスフォード大学」という響きは素晴らしいが、政策立案者は実はこの組織が、2005年に元ゴールドマン・サックスの最高幹部クリス・ウェールズの口添えで、多国籍大企業グループで構成されたハンドレッド・グループからの500万ポンドもの寄付で設立されたことを知っているだろう。設立当初は、その学術研究の影響力を駆使して「イギリスの産業界にとって、より競争力のある税制を実現する」という目標の達成を目指していた、と「アカウンタンシィ・エイジ」誌の中のウェールズのプロフィールには記述されていた。

その活動の成果を見れば、そこかしこに競争力政策の概念がちりばめられているのがわかるだろう。当センター長マイク・デヴェロー教授は、あるときフィナンシャル・タイムズ紙に「法人税制の最良の改革は、その廃止である」と題した見解を寄稿したことがある。彼と話していると、その考え方はフィナンシャル・タイムズ紙の表題とは少し違う印象を受けたし、当該センターとしても複雑で技術的に高度な幅広い提案を数多く出しているようだ。しかし、こと資金提供に関しては、大銀行や多国籍企業からいくら受け取ったのか明言こそしないものの、多額であることは確かだ。そして、その提案は、フィナンシャル・タイムズ紙に発表したものと大概同じ結論、法人税減税はそれほど悪いものではない、という方向に舵を切る傾向にある。[*2]

ではここで、我が政策立案者が、古風で伝統を重んじる理想主義者で、従来の公共サービスを提供することを使命とし、利害関係のない、完全に自由な立場の学者に仕事を依頼したいと考えている、と仮定してみよう。このような人は探せばいくらでもいるので、自由な立場の学者が任命され、仕事に取り掛かるだろう。例えば彼女は多数の国を異なった時間軸で調査し、それらの国で法人税減税または増税を行ったときに何が起こるか、何らかのパターンを見つけようとするところから始めるだろう。果たして法人税減税は、企業の設備投資を刺激するのか、あるいは海外からの投資の増加に寄与するのか、新たな雇用を生み出しているのか？　この関係をより深く理解するために、彼女は数理的テクニックである回帰分析を用い、何らかの因果関係、もしくは相関関係における変数の果たす役割を見極めようとするだろう。

また彼女は、経済セクターがどれほど税制の変化に反応するかを示す「弾性値」または「半弾性値」を算出するかもしれない。もし彼女に十分な時間と協力体制があれば、さまざまな税制や企業や投資家を調査していくだろう。その彼らは、何もない緑の草原に新工場を建てる外国のグリーンフィールド投資家なのか？　それとも既存地元企業の株式を取得し、地元経済にほとんど貢献しない、カネを回しているだけの投資家なのか？　また、法人税減税が、極小国のルクセンブルクや貧困に喘ぐタンザニアに与える影響と、ドイツのような国に与える影響が同じではないことを彼女は斟酌するだろう。このように見ていくと、取り組むべき事象は無限にあり、調査すべき対象も大量に存在する。複雑な数字の調査は容易ではないだろう――科学者であれば、当然その数字を解きほぐし、事実を解明する努力をしなければならない。しかし、彼女ならいくつかの答えは導き出せるだろう。[*3]

多くの場合、根拠となるデータの積み重ねは直ちに「法人税減税は投資を促進する」という筋書きに直結し、それは期待通りのうまい話となる。この手の話は、主流派の調査研究発表で目にすることも多いだろう。しかし、ここではひとまず、我が研究者と政策立案者が特に真面目で勤勉であるという前提で考えてもらいたい。彼女らはもっと奥深く掘り下げ、さらに多くの探究的な質問を投げ掛け始めるが、そうすればするほど、話の筋書きが徐々に空中分解し始める。そして、より深く掘れば掘るほど崩壊し、雲散霧消してしまう。

カンザス州の失敗

この問題の核心に迫る前に、まずは法人税減税のイデオロギーが特に蔓延しているアメリカ中部に少し回り道をしてみよう。カンザス州は2011年に、州で最も裕福な家庭出身で、自称農場青年のサム・ブラウンバックを知事に選出した。声の大きい反体制派で、当然ビッグビジネス賛成派の新知事は、自分の執務室のホワイトボードに連邦政府の負債額の最新情報を殴り書きしたり、聖書の讃える謙虚さを示すべく、退職する側近の足を洗ったりして人目を引きつけ、有名になった。彼は進化論を「事実ではなく、理論」と呼び、あるときは州職員をゲイであることを理由に解雇できるとする州知事命令に署名した。また、ロビイストや巨額の献金を声高に非難したにもかかわらず、その後、かなり怪しいロビー企業から広範な支援を受けて何とか再選を果たした。上院委員会の証言記録によれば、この企業は選挙資金規制を迂回して彼を支援したという。[*4]

当選を果たしたブラウンバックは、個人所得税と法人事業税を大幅に削減するカンザス史上最大規模の減税法案に署名して成立させた。[*5] ブラウンバックは「この実験を我々自ら証明しよう。隣接する他州は減税をしていないのだから、この実験は成功する」と言い、この減税はカンザス経済にとって有用な「一発のアドレナリン」になること間違いなし、と約束した。

彼は、ラッファー曲線で有名な経済学者アーサー・ラッファーを招聘した。ラッファーは1974年、ディック・チェイニーに対して、カクテル・ナプキンにこのグラフを描いてみせた。その曲線は、丸みを帯びたロケットの先端が上向きになったような形をしている。その意味は、税率が0％ならば税収は0——同時に、税率が100％でも人々は仕事をしないので税収は0である。従って、グラフの線は上昇してから下降するが、そのちょうど中間あたりに最高税収を得られる最適なポイントが存在する。ラッファーは右側の下降曲線に興味を抱いており、その下降曲線部分で減税すれば税収が増加するのである！

こう見てくると、ディック・チェイニーをはじめ彼に続いた多くの人々が、このタダ飯のような考え方にすっかり魅了されたのも不思議ではない。人々の支払う税金は減り、政府はより多くの税収を手にするのだ。皆が勝者となる！　ラッファーは「雇用増、より多くのアウトプット、生産増、そしてもっと多くの売上税の実現へ」とブラウンバックの「一発のアドレナリン」政策を評した。この二人は、協力し合い、人とビジネスがミズーリ州からカンザス州へ大波のごとく移動すると予言したのだ。[*6]

そして2018年、実験の結果は出揃った。減税措置の結末は、いつ爆発してもおかしくないほどの債務超過を招き、経済政策の失敗の残骸を晒す結果となった。学校は閉校に追い込まれ、道路には大穴が開き、カンザスの知識人は州外へ流出した。貧しい人にとっては増税となり、民間部門の雇用は失われた。

共和党のある上院議員は、「地元の選挙民から『お願いだから早くこの実験を中止してくれ』との嘆願メールが次から次へと届いた」と語った。地元と全国版の新聞にも「サム・ブラウンバックはカンザスを内部から完全に破壊した。アメリカ史上最悪の知事と超保守的イデオロギーがいかに1つの州を破綻させたか」との見出しが躍った。[*7]

2014年には100人以上の著名な共和党員が、ブラウンバックの対抗馬である民主党知事候補を公に支持した。また、事態があまりにも悪化したため、カンザス州の最高裁は教育への支出が憲法に抵触するほど低く抑えられていると裁定し、2017年6月には、共和党が多数を占める州議会では多くの減税措置を撤回した。

その後、ブラウンバックは州の四半期ごとのGDP成長率の公表を密かに止めたが、新たに選出されたドナルド・トランプ大統領に対し、これまでカンザス州で実施してきた減税政策を連邦レベルで採用するよう公然と強く働きかけ、その後実際にトランプもこれを実施した。

ラッファー曲線には、長く不名誉な歴史がある。あえて言うなら、この理論は現実には存在し得ず、崩壊している。そしてカンザス州の例は、これまでの膨大な実験の中で、ラッファー理論は一般の政策指針としてはまったく役に立たない、という直近の証明の1つとなった。

例えば、法人税減税は企業の課税逃れを抑制すると考える人もいるだろうが、実際には正反対の動きを招いている。1980年代以降、世界的に法人税減税が行われてきたが、それに伴って企業の節税対策は増加の一途を辿り、過去15年間だけでも税に関連する利益移転は5倍に急増した。各国政府の負担は年間3000億~6500億ドルに上り、特に発展途上国の受ける影響は甚大である。

どう考えれば、企業の税率を25%から20%に削減することが、彼らにさらに15%に削減させようとするロビー活動の抑止となり得るのだろうか？　また、タックスヘイブンでは税率ゼロで済むのに、どうして企業は20%または15%の税率を受け入れるというのか？[*8]

法人税減税の代償

押さえておくべき大事な点とは、いくらの多くのロビイストらが、減税を声高に主張しても、加えてHMRCが減税賛成の立場から、都合の良い有利なデータを採用し、結果を歪めたラッファー理論にお墨付きを与えても、現実に減税によって税収が減っているという事実である。[*9]そこで、さらに次の大きな問題に突き当たる。

ここでは論点を整理しやすくするために便宜上、例えば真に自主的な我が研究者が、法人税減税政策が明らかに地元投資を増やすか海外投資家を誘致できたという結果を見つけ、何らかの明確な研究成果を発表したと仮定しよう。しかし、これだけでは減税が優れた案だったことの証明にはならない。なぜなら、研究者は減税のもたらす利益面だけに焦点を当て、コストに関しては検証を行っていないからだ。研究者は当然、勝者がいれば敗者もいることを承知している。勝者は多国籍企業などの利益団体で、その利得はたいてい増加した利益や投資額等で判断できる。しかし、コストに関しては、多くの場合、計測し得ない種々の要因を通じて、より広範にわたる利害関係者が負担を強いられているのだ。

しかし、政治家は数字が欲しい！　例えば、1981年以降、米連邦機関では、政策立案の根拠に、費用便益分析を用いて算出することが要求されている。そこで我が研究者は、算出可能な数字は提示するが、数値化できない費用に関しては、警鐘を鳴らすことしかできない。つまり、具体的な数字を出す努力をすると、プラス面だけが際立ち、数値化が難しい警鐘を鳴らされたマイナス部分が無視されることを意味する。

本章の冒頭では、イギリスの法人税率の28％から20％への引き下げにビッグフォーの幹部が大喜びしていたことを紹介したが、政府試算では、この減税措置によりイギリスは年間165億ポンドの税収減に見舞われそうだ。これはオックスフォード大学をフル稼働で12校運営できる額に相当する。もしくは、オックスフォード大学9校分の運営に加えて、金融行動監視機構に必要とされる人員などのリソースを倍増し、政府のサイバーセキュリティ人材を3倍以上に増員し、HMRCの人員を倍にすることができる。また、バーツ級[訳注★1]の大病院をロンドンに毎年15以上建てられるし、物理的に可能ならば、約50万人の子供を毎年名門イートン校に送り込んで教育することもできる額だ。[*10]

このような代償は減税に見合うものと言えるだろうか？　イギリスをより「競争力」のある国にしてくれるだろうか？　そして、生産性を向上させるだろうか？

本当のところ、これらの質問に数字で回答することはできない。研究の結果、算出された税収減の確定的な数字、年間165億ポンドが提示されているにもかかわらず、それに対する見返りがあるのか、答えは出ていないのが現状だ。もし、財政削減が学校や犯罪に対する見張り番を削減することになったり、選挙民の公平感を裏切ったり、税制に対する国民の支持を削いだりすれば、これらの税収減によって、失うもののコストは、潜在的に見込める投資の増加分を上回るこ

訳注1　バーツ　聖バーソロミュー病院の略称。ロンドン中心部に1123年に設立された欧州最古の病院とされ、現在も400床近いベッドを有する。

とはないのだろうか？　これらにかかるコストは計測不能なだけでなく、財政削減の見返りとしての妥当性を判断するための何らの科学的・経済的根拠もない。

自主性の高い我が研究者は、今や混乱しているかもしれない。しかし、有能な研究者ならば、これらの質問に答えられるのは、政治および民主主義だけであり、数字は役に立たない、と説明してくれることだろう。

しかし、それでも数字に対する短絡的な欲求は、イギリスの最も評価の高い機関にまで浸透しており、それがゆえに彼らの信頼度を最終的に大きく毀損している。財政研究所（ＩＦＳ）を例にとれば、ここは「ミクロ経済学に特化した研究所」だと所長のポール・ジョンソンが教えてくれた。その上で、法人税の影響は「確かにミクロ経済学の問題だ」という。従って彼らは、マクロ経済学には手をつけない、と言うのだ。ここは重要だ。なぜならミクロ経済学が個人や企業などの個別動向、すなわち経済の一部を研究するのに対し、マクロ経済学では、経済の全体を見ているからだ。

政策立案者は、国全体にとっての減税の費用対効果を、ミクロではなくマクロ的な視点から見て最終的に判断する必要がある。ミクロ的思考では、細心の注意を払わなければ、経済学者の言う「合成の誤謬」に陥る恐れがある。一国の経済の中の一分野――本件では大企業だけへの利得は、必ずしも国の経済全体にとって良いことを意味するわけではない。２０１７年に労働党が法人税率の大幅引き上げを提案したとき、ＩＦＳは、本件は税収を上げることにはなるが、「イギリスは、その競争優位性を他のＥＵ諸国に譲り、その順位を下げるだろう」と警告する研究報告を発表した。[11]

このIFSの同じ研究報告の中には、もう1つ減税派を後押しする部分があった。それは、法人税増税の負担の大部分は、そのしわ寄せが労働者に回る傾向が強く、企業への課税を強化すれば、雇用する労働者数が減るか、一人当たりの給料が減ることになる、というものだった。この主張はほとんどナンセンスだ。法人税の負担は大方、企業の所有者にかかるものであり、その所有者のほとんどが驚くほどの大金持ちだ。

トランプ大統領が2017年に行った巨額の減税措置は、目下の論点の好例だ。彼は減税措置が労働者家庭の4000ドルの賃金上昇に繋がると約束したが、最新の集計では、推計された棚ぼたの一時所得の83%は、アメリカ人の中でも最富裕層の1%に流れていた。ウォール街の銀行、巨大ハイテク企業や巨大製薬会社は、減税措置により巨額の一時利益を得たのに、労働者の4%しか賃金増や給付の増額を期待できなかった。実際に起きたのは、約束したのとは正反対の結果で、法人税減税は、税負担を労働者に転嫁することで、政府の税収増のかなりの部分を労働者が支払う結果になっている。[12]

実は、法人税減税によって他にも表に出ない隠された損失があまりにも多く存在することがわかってきている。一例としては、法人税率を大きく下げれば、高収入の人は雇用主に対して、給料や手数料を本人に直接ではなく、彼が設立したペーパーカンパニーに支払うよう求めるかもしれない。こうすれば、彼らは高い所得税率ではなく、法人税率で納税することができる。また大方の場合、会計的手法を駆使することによって、それ以上の課税を避けながら、そのペーパーカンパニーからカネを引き出せるのだ。

こうして見ると、法人税減税は、同時に所得税の税収減を招き、国民保険制度の財源にも影響を及ぼす恐れがある。[*13] 実はそもそも、当初多くの国が法人所得税を導入し、整備してきた主な理由は、個人に対する所得税の過剰な徴収防止のためだった。それゆえに、法人税率の低減は、全体としての税回避を助長してしまう結果ともなっている。

もしも、一部のロビイストが要求するように、法人税が完全に撤廃されたらどうなるだろうか。試しに、かかる廃止が所得税収に与え得るダメージを予測し、それを先述の165億ポンドに加算してみよう。イギリスの個人所得税と国民保険からの税収が、法人所得税のすでに6倍強であることに鑑みれば、その損失は大きな打撃であろう。しかし、私の知る限りでは、このような予測を学術的に検証する努力がなされた事実は確認できなかった。測定できない不確定要素があまりにも多いために、実のある数字を出すことは不可能かもしれない。

それ以上に困るのは、ここにフィードバック・ループ[訳注★2]が存在すること、すなわち、ある事象が次の事象を招くことにより、結果が増幅されていくことである。法人税率を下げすぎると、人々は「そら見たことか、個人に対して所得税の逃げ道を作っている！ ならば、所得税の最高税率を下げて、これを止めよう！」となる。これは、税制度における底辺への競争であり――注意してほしいのは、今回は2国間ではなく、国内における2つの税制の間の競争であることだ。[*14] この競争はこれまでと同様、富と権力をさらに上層へと集中させていく。

ここで新たな問題が生じる。法人税減税は、純粋な富の創造活動よりも、略奪的利潤追求活動に対して褒賞的であるという点だ。例えば、工場と５００人の従業員に1億ポンドを投資し、課税収入として５００万ポンドを生み出すビジネスと、金融化された短期転売目的の企業で5人の従業員を抱え、ＩＴシステムに２００万ポンドを投資し、同じく年間利益が５００万ポンドの会社を比較してみよう。

法人税率が40％から20％に引き下げられた場合、税引き後の利益は両社ともに１００万ポンド増えて、３００万ポンドから４００万ポンドに増加する。工場の所有者は資本に対するリターンが1％上昇する——すなわち１００万ポンドを1億ポンドで割るからだ。もらえるものなら、自由に使える魅力的なカネではあるが、ビジネスに大変革をもたらすほどの額ではない。対照的に短期転売目的の企業の投資リターンは50％上昇——つまり１００万ポンドを２００万ポンドで割る——となり、先ほどの会社に比べると、資本に対する税引き後の対資本利益改善率は50倍になる。これは真剣にロビー活動をするに値する額だ。

この単純計算を見ただけでも、法人税率の低減策が、歓迎されない投資家にどれほどインセンティブと褒賞を与え、前章で指摘したように、株主価値中心の悲劇的考え方を煽り立てる結果となるかがおわかりいただけるだろう。[*15] 英経済における法人税減税は、人体における白砂糖のようなもので、何の栄養もない金融が長期的な健康被害を引き起こすのだ。

どうすれば、このような法人税減税のもたらす長期的損失を測定する方向に舵を切り、実際に

訳注2　フィードバック・ループ　フィードバックを繰り返すことで結果が増幅されていくこと。

法人税減税の効果

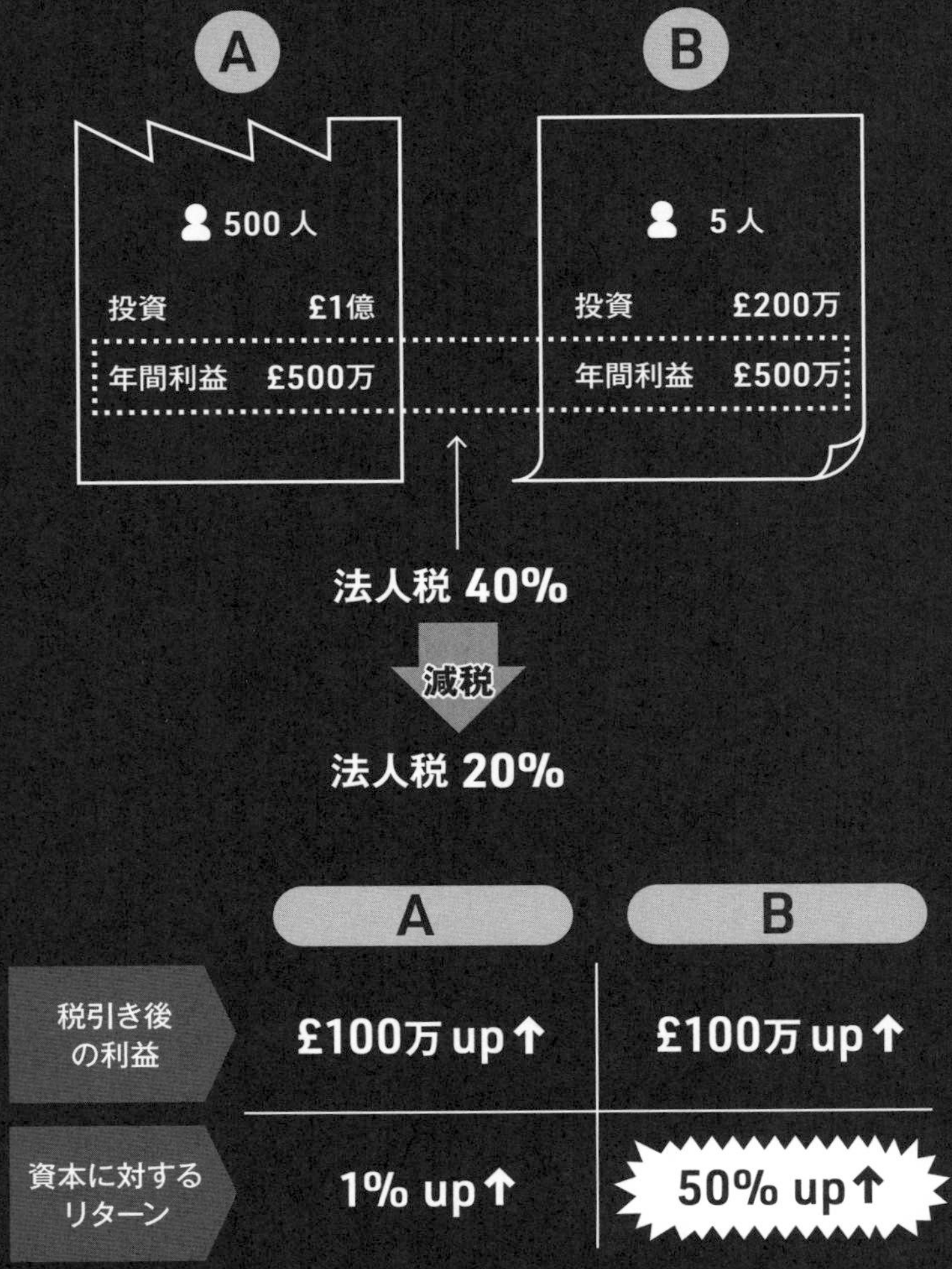
A
B
500人
5人
投資 £1億
投資 £200万
年間利益 £500万
年間利益 £500万
法人税 40%
減税
法人税 20%
A
B
税引き後の利益
£100万 up↑
£100万 up↑
資本に対するリターン
1% up↑
50% up↑

測定し始めることができるだろうか？　また、どのような基準に当てはめて実施すべきだろうか？　だが、やりたくてもできないのが現実だ。英政府高官ですら問題を認識してはいたが、意味深な作り笑いを浮かべ、却下した。「政府としては、すべてのビジネスを精査して、それを生産者と略奪者に分け、例えば『略奪者加算税』など、それぞれに違う税率を適用することは考えていない」と財務副大臣のデヴィッド・ゴークは言い、「そのようなアプローチはＨＭＲＣに過大な負担を強いることになる」と指摘した。

ゴークはこのような悪い冗談を言うべきではないし、それにも増して間違っている。思い出していただきたいのだが、国々には地元経済に根ざした投資が必要なのだ。それらは雇用や技術、長期にわたる地元との連携を構築し、そうすることで企業の従業員の子供は地元の学校に通い、またそのビジネス自体が地元の供給網を立ち上げて運営し、下支えする構図ができあがる。この素晴らしい構図がうまく構築されるなら、税制の動向に左右されることはない。税に敏感な投資家は当然、地元との結びつきが浅い。雇用も生み出さず、役立たずで略奪的な連中を、税は遠ざけ追い払う傾向がある。[*16] 従って企業への増税は、それ自体がいわば略奪的捕食者に対する加算税であり、社会にとって不要な輩を選別除去し、滋養になる小麦だけを留め置く最適な手法なのだ。少なくともこのくらいのことは、ゴークも理解すべきであろう。

加えてゴークは、イギリスがいわゆるＣＦＣ税制（タックスヘイブン対策税制）改革を導入したときに何が起こったかを認識しておくべきだった。これは、企業のタックスヘイブンでの活動に対する規制を骨抜きにし、税負担の軽いイギリス国内に海外の多国籍企業の拠点を誘致することを期待したものだ。2014年にデイリー・テレグラフ紙は、ビッグフォーの幹部が5000人以上の雇用を生み出す見通しであるとの話を引いて、これらの改革がすでに大きな成功を収めつつあると報じていた。記事によれば、「数百社にも上る多国籍企業がイギリスでの事業設立に向けて長蛇の列を成している。……これからさらに数千人もの新たな雇用と数十億ポンドもの税収増への道が開かれつつある」[*17]。そして、本改革は見たところ「10億ポンド以上の新たな法人税収増をもたらす」ということだった。

実際には何が起きたのだろうか? まず、見込まれていた10億ポンドの税収増は、どうやら政府予測では、逆に改革に年間10億ポンドかかり、税収減となったようだ。2015年に実施された小規模調査を見ると、本社機能をイギリスに移そうとしているとした企業は16社に留まった。そして、このうち確認できた2社、バミューダに本拠を置く保険会社ランカシャーと、広告・PR会社のWPPだけが、移転の決定的要因は税制である、と回答した。WPPはイギリスでの新規採用の募集はなく、ランカシャーはイギリス移転による雇用は「おそらく5、6人だろう」と述べた。

世界最大の保険ブローカー、エーオンは、イギリスへの移転で20人の管理職のポストが生まれるが、税制が決め手ではない、と追加コメントした。同じく納税の拠点をイギリスに移転すると発表したイタリアの自動車メーカー、フィアットは、税制は多くの要因の1つにすぎず、移転によって「イタリアを含む他の拠点でも何ら人員配置に影響はない」と述べた。

またこれ以前に、税制上の理由でイギリスに移転した米企業を対象に行われたロイターの調査では、新たに生み出された雇用は合計50人程度しか確認できなかった。しかし、税対策が動機の一部だったリバティー・グローバルによるヴァージン・メディアの買収では、600人もの雇用の喪失に繋がった。利益は圧倒的に大企業とその株主に流れたのだ。[*18] 従って、政府独自の予測を借りれば、この「競争力強化」のための活動は、年間10億ポンドもの税収を無駄に費やし、雇用の喪失に繋がる可能性も高い。

そして、この特別なタックスヘイブンを優遇する改革は、他の国々にも影響を与えた。NGO団体のアクションエイドによれば、発展途上国は年間およそ40億ポンド相当の税収の損失に見舞われ、その額はイギリスが海外援助に割く予算の3分の1以上となっている。結果は明らかで、次のようなものだ。「競合する」法人税減税は、利益をごまかす活動を呼び込んで助長する傾向があり、雇用の創出や社会福祉水準の向上には貢献せず、幅広く多様なコストだけが膨らむようになる。[*19]

2018年に計測されたグローバルな海外直接投資（FDI）のうち約40%は、IMFによれば「完全に実体のないもの」である。すなわち、それはタックスヘイブンにある実体のないペーパーカンパニーに対する投資で、実質的経済活動を何も行っておらず、別の場所へカネを移す途中の金融の導管でしかない、というのだ。この不都合な真実の指摘は、これまでの政策立案者が依拠してきた、法人税減税策は有効、と主張する多くの研究を論破することに成功した。

エビデンス装置をめぐる闘争

仮に研究者が、何とかこの法人税減税に対する巨大な障害物を乗り越えられたとしても、まだいくつかの新たな障害物が目の前に立ちはだかるだろう。[*20]その障害物の1つで、警戒すべきことは、今や世界がまったく異なる様相を呈し、世界中で資本が溢れ出していることだ。そして、これが目に見えない深層で計算を狂わせてしまっている。ムーディーズによれば、欧米では2017年中頃までに、大企業は投資先の見つからない、あっという間に積み上がる3兆ドル近い現金の山の上に鎮座していたという。

これらは巨額利益が積み上がったもので、実体のあるビジネスに投資されるのではなく、現金や国債、そしてデリバティブなどのエキゾチックな金融商品へ投資されている。これは不平等の結果とその反映で、大企業とその株主は、労働組合を破壊し、脱税し、労働者や消費者、納税者等さまざまな者から、成長する経済のパイの分け前を、合併や独占的力で過剰に奪い取っている。貧困層に比べて、金持ちの所得対比の消費割合は低い。そのため、この富裕層に向けた富の移転は、総じて経済全体における消費力を弱め、企業の生産する商品やサービスへの需要は低迷して落ち込み、ひいては企業の投資を減少させる。

これがIMFその他の機関が指摘した、不平等な格差社会が経済成長の下押し圧力となる主な理由だ。これは古くから問題視されてきた経済問題である。かつてジョン・メイナード・ケインズはこう指摘した。米南北戦争後から第一次世界大戦にかけての金メッキ時代[訳注★3]（第二次世界大戦後の黄金時代とは無関係）の寡頭政治の下、金融のグローバル化と不平等な格差社会について論じた際に「その時代はあまりにも枠にはめられた社会であったために、人々は増加する所得の大半を、それを最も消費する可能性のない階層の人々の支配に委ねるべく、丸投げした」と。

前述の3兆ドルの存在は、税の削減を主張する者たちが説明すべき重要な問題を提起している。すでに巨額の未投資の現金の山があるのに、なぜ法人税減税がさらなる企業の投資意欲を刺激するというのか？　法人税減税は、事態の改善が望めない無意味な行為だ。これまで現金の山がいかに速く積み上がってきたか、そして最新の統計で、そのスピードが年6％もの高率であることを勘案したとき、過去の数字に基づいたいかなる研究も、この事実を計算に入れて分析しているとは思えない。[*21]

このような状況下、どうして私たちの選んだ勤勉な研究者が、これらすべてを数値化して厳密な費用便益分析に盛り込むことができようか？　誰にもできないだろう。

学界の真の真面目な専門家、政府省庁、シンクタンク――ＩＦＳの人々を含む――は皆、この事実を承知している。省庁内部では、根拠となるデータに基づいて計画を立てるべきと主張する人々と、自分の上司やデイリー・メール紙などを喜ばせたい人々との間で緊張した綱引きが行われている。「これは騙されやすく軽率なゴマスリの輩が、野心にギラついた目の政治家に媚びながら、法人税について言われたことだけをやるような話ではない」とは、証拠と事実に基づく政

訳注3　金メッキ時代　19世紀後半、南北戦争終結後の再建期に人口が増加し、アメリカ経済が急速な発展を遂げた時代。

策立案の専門家として英政府各省庁や他の国々で働いた経験を持つ人の言葉である。そして「これは本当の意味での内部闘争で、政治的なものだ」と続けた。[22]

誠実な公務員や学者は、自身で集めた事実を適切な言葉で組み立てようとするが、このエビデンス装置のどこかで微妙なニュアンスがぬぐい落とされている。私が検証した特定の事案について言えば、まっとうな普通のモデルでは、法人税減税によって経済浮揚効果があるとの結論を導き出し得ない。にもかかわらず、HMRCの提示するモデルでは、そのまきれいなグラフに変換され、法人税減税は経済を押し上げると「見える」ようになっていた。[23]

アメリカの独占禁止法の専門家ケネス・M・ディヴィッドソンは、財布の中に、1977年のある記事の切り抜きを何年も持ち歩いてきた。そこには「最初の一歩は、簡単に計測可能なものを計測すること」とある。

「これはこれでよしとする。2つ目は、計測できないものを無視する、または恣意的な定量値を与える。これは人工的で、誤解を招く。3つ目は、簡単に測定できないものはそれほど重要ではない、と仮定することである。これは無知だ。4つ目は、簡単に測定できないものは実は存在しない、とすることである。これはもはや自殺行為だ」

アーネスト・ヘミングウェイの名作『老人と海』に登場する巨大な魚のように、肉が骨から徐々に剝がされ、骨だけになるまで、根拠となるデータは着実に剝ぎ取られ、その骨はあたかも栄養たっぷりのマグロのステーキであるかのように無防備な国民に売りつけられる。そしてサメのような詐欺師が次々に押し寄せ、「競争力」という一致した見解が特定の学者らの議論を一定の結論へと導くように押し動かす。企業の巨額のカネが研究所内で「好都合な」学者をあたかも壁のように囲い込み、メディア内の派閥は、微妙な絵の中から好みの数値だけをつまみ食いし、政策立案者と政治家は、デイリー・メール紙やシティの支配層に受けのいい結論に到達したい焦りに駆られている。誠実な公務員や研究者は、この分厚い壁に立ち向かい、すべてを打ち破らなければならないのだ。このように、根拠となるデータに基づく政策として、法人税減税は実現されていくのである。

永遠のブラックボックス

HMRC（歳入税関庁）が、彼ら自身の証拠に基づいた政策立案装置に対する私の情報公開請求に返答するのに、さほど時間はかからなかった。電子メールの返信には、公的な言い回しで、彼らの採用している「応用一般均衡」モデルに関する説明は拒否する、とだけ書かれていた。要は、彼らの採用した装置に何を入力し、またその内部がどのように機能しているかについても、説明を拒否したのだ。これらを明らかにすれば、「商業的利害関係者に損害を与えかねず、平等な競争市場における契約当事者の立場を弱めかねない」とのことだ。「商業的利害関係者とは？」と改めて突っ込んでみたが再度、失せろ、と言われてしまった。ただ、このモデルが、ロッホ・アルパイン・エコノミクスという民間団体の査読審査を受けていることだけは認めた。

彼らは一体何者なのか？　調べてみると、ロッホ・アルパインは、ウィスコンシン州マディソンの緑豊かな郊外にある邸宅を拠点としている。気候変動モデルを主導するクリストフ・ボーリンジャーとトーマス・F・ラザフォードという専門家二人が展開する事業で、明らかに活動範囲を気候変動以外にも広げていたようだ。

オンラインでも閲覧できる彼らのレビューを読むと、HMRCが採用したモデルは、彼らが「異なる時点間の貯蓄と投資に関する多部門動学ラムゼーモデル」と呼ぶもので、「きちんとした説明がない」ものの概ね合格である、と書かれていた。依然としてわからないことがあったので、ラザフォード本人に電話をかけた。彼はムキになって、私の批判は「非常に世間知らずで、フォックス・ニュースの気候変動に関する迷信的報道と変わらない」と非難した。しかし、このモデルの信頼性は、どのような前提条件を入力するかにかかっているということには、全面的に同意した。

ロッホ・アルパインのレビューは、HMRCのブラックボックス化されたエビデンス装置について、いくつかのヒントを提供してくれた。それは例えばこの装置が「新古典主義者の競争市場の効率性パラダイム」に依存しており、「最も純粋な効率性に配慮した最適な税制は、さまざまな税のMCPF（公金の限界費用）を可能な限り最低水準に収斂させる」というのだ。それが何を意味するのか、おなじみのシカゴ学派に代表される経済学や本書で触れた概念を理解してくれた読者なら、覚えているだろう。

このブラックボックスは、税制に関する政策立案を行うグループで最近頻繁に採用されているものの1つで、ダイナミック・スコアリングまたはダイナミック・モデリングとも呼ばれている。この底流にある考え方は道理に適っている。すなわち、政府が税を変更するとき、それに対応して、経済の主体である家計や企業は、消費や設備投資の増減で調整する。あるいは税自体を回避しようとする。そこで彼らの反応を予測して、モデルに組み込む。そのやり方は理論上それでいい。しかし、次のような難題が残る。どのようにこのモデルは機能するのか？　そして、このモデルにはどのような事実が入力されるのか？　誰もがこのモデルに使われる入力情報とその内部を操作して加工し、自分たちに都合の良い結果をいくらでも導き出すことができる。だからこそ、アメリカの税の専門家エドワード・クラインバードは、ダイナミック・スコアリングについて「減税政策はさも良いことのように見せるための共和党の策略」だと指摘するのだ。まさにその通りで、ロッホ・アルパインのクリストフ・ボーリンジャーは、自身の論文の中で、ＨＭＲＣが用いるモデルでは「素人には『ブラックボックス』が永遠に残る運命にある」と述べている。[*24]

これはいわば、ＨＭＲＣがあらかじめ決めた結論を得るために、あえて途方もなく素晴らしい楽観的な結論を出す装置を用いているのかもしれず、その上で「証拠と事実に基づく政策」というラベルを貼り付けているだけなのかもしれない。なぜ秘密にしているのだろうか？　本書執筆時、トランプ政権はダイナミック・スコアリング手法を用いて、ラッファー方式同様、２兆ドルの減税措置は元が取れることを正当化しようとしていた。

「徴税とは、実に人生そのものである」とは、アメリカの元内国歳入庁高官シェルドン・コーエンの言葉である。「税に対するその人の考え方を聞けば、彼らの哲学そのものがうかがい知れる。税法は、それをいったん理解すれば、人生の本質、欲望、政治、権力、徳のすべてを体現していることがわかる」。そして、欲望、政治、権力、徳、民主主義等々、これらは数値化することができない。ＨＭＲＣのブラックボックスでは、これら計測不能なものを扱うことはできない。彼らが扱えるのは、等式の利益の部分のみである。ここで思い出されるのが、テレビコメディ「リトル・ブリテン」でデヴィッド・ウォリアムス演じる銀行員だ。もし彼が法人税を引き上げる提案を受けたなら、きっと物憂げにキーボードを叩き、うんざりした声で「コンピュータはノーと言っている」と答えたに違いない。

ここまで事実関係を整理したなら、我が正直者の研究者は、この課題は絶望的だと感じているかもしれない。しかし、彼女にはまだ最後の切り札が残されている。それは、不確かな利益を計測不能なコストと比較検討するよりも、法人税減税が国の経済全体に及ぼす影響を、例えば経済成長や雇用の総創出数などのマクロ的な数字から検証する方法だ。これまでも多くの人が、中身の見えないブラックボックスに秘密の数字を入力するよりもずっと信頼できるこの方法で検証を試みてきたのだが、ここへきていくつもの新たな障害物が姿を現し始めた。

まず大きな問題が、企業の減税は通常、経済活動のごく小さな一部でしかなく、大方はGDPの1%未満にしかならない点だ。もし、他の無数の成長要素の中で、法人税減税が突出して目立つようなら驚くべきことだろう。いずれにしても、GDPの伸びへの貢献度の内訳は、細く精密なプリズムを通して分散反射させた上でしか判別できないものである。成長率が高くても、そのほとんどの利益が数人の独裁者に流れるような国には、誰も住みたくないはずだ。また、成長の結果、汚染された川や大気汚染の蔓延する国もごめんこうむりたい。

経済学者らがGDPの伸びに関し、あまりにも近視眼的な視点しか持っていなかったため、彼らは商取引のグローバル化を呆れるほどに誤解し、それがもたらす経済上の利得がどのようにして社会全般に分配され、潤していくのかを真剣に考察しなかった、と説くのは、ハーバード・ケネディスクールの経済学者ダニ・ロドリックである。このような経済学者の短絡的な考え方が、過激主義者や扇動家たちが民衆の支持を得るのに拍車をかけてしまったのだ。

加えて、減税を主張する者たちは、厄介な歴史的事実も乗り越えなければならない。第二次世界大戦後、四半世紀続いた黄金時代には、幅広い累進的経済政策環境の下、今よりも高い法人税や個人所得税が課されていたが、その後急速に進んだ減税時代には、長期にわたる成長率の鈍化と格差の拡大が顕著となった。また、減税主義者にとって不利なことに、北欧やその他欧州諸国の高課税率の国は、アングロサクソンの低課税国同様、ほぼ同じ成長率を達成しながら、格差が小さく、非常に質の高い人材開発が実現している。

このような状況は、単純な因果関係では説明しきれない複雑な要因が絡み合ってはいるが、これら議論の余地のない明白な事実が、減税主義者に自らの主張を展開する前にアルプス級の山越えを求めることになる。[*25]

法人税検証のための最適な研究材料は、再度アメリカということになろう。その各州を横並びで比較することは、非常に役に立つ。理由の1つは、豊富な事例のデータが揃っていること、もう1つは、例えばミシガン州をミズーリ州と比較したほうが、ベルギーをバミューダやバングラデシュなどと比較するよりも合理的と言えるからだ。州の税制に関する事実を徹底的に収集し再調査した中で、「予算と政策優先順位研究センター」のマイケル・マゼロフは「幾多の学術研究がなされてきたが、州税の水準と州のさまざまな経済的パフォーマンスの測定結果との間には、何の相関関係も見出せなかった……他の研究結果では、高税率が実はより良い経済パフォーマンスを生み出しているとする関係性が確認された」と結論づけている。[*26]

ここでもう一度カンザス州に戻ろう。今度は州都から遠く離れたマーケットという人口600人ほどの少し寂れた農業集落である。2014年にブラウンバックの減税実験「一発のアドレナリン」の直撃を受けた結果、最後の学校が閉鎖に追い込まれた。

学校で最後に開かれた集会では、怒り心頭の親たちが、各家庭から学校に通えなくなる生徒数の書かれた紙を掲げていたが、地元の商店主らもこの減税を歓迎してはいなかった。「地元の商店としても、学校の先生がマーケットで働いてくれていたほうが良かった。彼らは町で買い物もしてくれるし、そんな形で支援してくれるのだから」と青果店主のスティーブ・パイパーは言った。「売り上げは落ちるし、そもそも利益がなければ、税など意味がない。私がもし店を売るとしても、学校もないマーケットの店など、誰が買いたいと思うだろうか？」[*27]。

ここでパイパーは、たいていは無視されてしまいかねない極めて重要な法人税に関する問題点を指摘した。つまり、法人所得税は、商売の利益に対して課される。つまり、大きな2つの数値――収入から費用を差し引いた差額に課税される。この収入または費用の比較的小さな増減が、利益にとてつもなく大きな影響を与えることがある。

例えば、あなたの費用が96で収入が100、そして利益が4であると仮定しよう。わずか3％の減少で収入が97％に落ち込むと、あなたの粗利益は4から1に極端に落ち込み、75％もの落ち込みとなる。5％の落ち込みで95になれば、破産するかもしれない。それとは対照的に、法人所得税の40％から30％への大幅減税は、目立った変化すらもたらさないだろう。利益は4から4・4と1割アップするだけだ。[*28]

そして、公的サービスの量と質の低下をもたらす減税は、特に零細事業者を直撃する。なぜなら、全体の経費はほとんど減らないため、それは即彼らの収入に響く。加えて事業を成功に導くための資金や人材の育成等に悪影響を及ぼすからだ。それに留まらず、経費率が高く利鞘の薄いビジネスほど、減税の悪影響をもろに受ける傾向があるが、そのようなビジネスこそ州内に残っていてほしい産業なのだ。なぜなら、高い経費率は高賃金と多くの雇用を意味し、また、地域社会が栄える基盤として、例えば地元に根ざした供給網を維持するコストかもしれないのだ。

このような実態が、ビジネスに関するアンケートを取るたびに浮かび上がってくる。街角の店でも、また世界を股にかけた多国籍企業でも、減税はそれほど大きな問題ではない。しかし、企業のCEOらはつねにもっと減税が必要だと不平を言う。もちろんそうだろうが、それはあくまでうちの子供たちがもっとアイスクリームが欲しい、と駄々をこねるのと同じ次元だ。

しかし、ビジネスの実働部門の移転を検討するときに求めるものの具体的な優先順位を聞かれると、企業の幹部らは税よりも他の要素をつねに上位に挙げてくる。それは、法の支配、健全で教育水準の高い労働力、整備され行き届いたインフラ、好調かつ有望で需要旺盛な市場へのアクセス、豊富な物流・供給網、経済的安定――これらのほとんどが税収を必要とするものだ。低税率は優先度としては低く、5、6、7位あたりに来る。[*29] ウォーレン・バフェット曰く、「私は投資家と共に60年仕事をしてきたが、未だに……潜在的利益に対する税率が高いからという理由で賢明な投資を敬遠したという人に、お目にかかったことがない。人々はカネ儲けのために投資をするが、潜在的な税が彼らの投資意欲を削いだことはない」[*30]。

これを違った切り口から見てみよう。先進諸国の中で、高税率の国家は、総じて見れば低税率国家と同等のＧＤＰと成長率を達成しており、同時に、健康や社会保障面では優位に立ち、格差は少ない。言い換えれば、フィナンシャル・タイムズ紙のチーフ経済コメンテーター、マーティン・ウルフが指摘しているように、「低税率国より、高税率国のほうが目指した社会目的の達成に成功しており、経済的不利益を被らずにそれを実現できている」[*31]。

法人税減税に反対する論拠には十分な説得力があり、また減税推進派の研究が間違っている理由は数多《あまた》あるため、ここですべてを列挙するのは退屈だし、大変だ。ここに挙げたものは、数多ある中のほんの数例である[*32]。しかし、これ以上に重要な論点がある。私が提起し、もしくはこの分野において提起し得る議論のほとんどは、他の経済分野、それも実際には巨大銀行や多国籍企業が関与し活動するあらゆる分野に、若干の修正で幅広くあてはまることがわかる[*33]。その理由は単純だ。

特定の政策によって企業にもたらされる便益は、他の関係者に転嫁される種々の費用に比べれば、計測がより容易だ。例えば、労働者の賃金と福利厚生費を削ることで押し上げられる企業の利益に関する数字をはじき出すなどは朝飯前だ。しかし、そうした経費削減は、家庭崩壊の増加、格差の拡大、消費の落ち込み、薬物依存の増大、共有経済および社会における信頼度の低下によるコスト増に跳ね返る。これらの要素の多くは計測不能で長期にわたるため、重要度は低くはない。だが、得られる数字に基づいた費用便益分析はシステム上、人への中長期的な影響は斟酌されず、企業に有利に働く。その結果は、元IMFの経済学者サイモン・ジョンソンの言葉を借りれば、「ウォール街にとって良いことが国にとっても良いこと、という考え方が定着した。……政策立案に携わる世代すべてが催眠術をかけられてしまった」[*34]。

証明装置がこのように機能する最も重要な分野が、金融と言えるかもしれない。イギリスがどのように自国の金融セクターを遇し、規制しているかは、法人税率以上にはるかに重要なことである。イギリスに対して提起すべき最も重要な質問は「シティのような巨大な金融センターを維持する費用と便益はどのようなものなのか?」。この質問の本質こそ、本書の中心テーマである金融の呪いである。ここで改めて証明装置に関する同様の問題と並んで、この物語にまつわる奇妙で目を見張るような新たな側面を目にするのだ。

「政治」と「民主主義」を道標に

2009年に、労働党の財務大臣アリスター・ダーリングと英財務省は、金融危機で銀行家たちの果たした役割への国民の怒りを尻目に、金融による英政府支配・攻略をより深め堂々と推進していった。彼ら流の言い回しで「イギリスを拠点とする国際金融サービス業界への、さらなるプロモーション強化に向けた品質向上」を目指して実行に移した。その目的は、危機後のシティを整理・浄化して改革するよりもむしろ、彼らの特権を脅かす激しい怒りを回避して阻止することだった。

結果、ザ・シティUKという、シティ・オブ・ロンドン自治体[訳注★4]が運営するワンストップ型の総合金融ロビー業が誕生したのである。シティ・オブ・ロンドン自治体は、ロンドン中心部のイングランド銀行（BOE）を取り囲むように位置する、1マイル四方の金融不動産を管轄する地元当局そのものだ。

この自治体は単なる行政機関ではなく、英金融セクターと世界における金融自由化のための〝公式の〟ロビー団体である。その歴史は1000年前に遡り、英議会よりも古い。他の地方政府機関と異なる特別な存在であるため、女王がこの1マイル四方の域内を訪れるときに出迎えるのはロンドンの名誉市長（ロンドン市長と混同してはならない）で、足を踏み入れてもいいか許可を得ることになっている。その後、名誉市長は忠誠を誓う証として剣を捧げるのだ。

また、シティ・オブ・ロンドン自治体には、議会に常駐し、質問者の正面に座る「記憶掛《がかり》」と呼ばれる官吏がおり、シティに国会で起きていることを逐一報告するとともに、まぎれもなくシティの影響力を議会内に広める役割も担っている。

そして、銀行、法律・会計事務所その他の民間企業は、地方選挙で選挙人を指名することができる。すなわち、中国共産党でさえも、例えばシティにある中国の銀行を通じてイギリスの選挙に参加し、実質的に投票することができるのだ。また、シティ・オブ・ロンドン自治体は巨大なオールド・ボーイズ・ネットワークで運営され、謎めいた無数の伝統に染まり、ネットワーク自体もつねに新陳代謝を繰り返している。

名誉組合と呼ばれる伝統的企業、例えばスキナーズ、獣脂ろうそく製造販売組合、白目細工師組合その他多くのシティの古い同業組合と並んで、現在名誉組合には、1995年に設立された税理士組合も含まれている。そのメンバーにはイギリスの税務の世界的著名人が多く名を連ねている。

シティ・オブ・ロンドン自治体とは、長年にわたり評論家として活動しているグラスマン男爵によれば、「資本を代表する中世の生活共同体」[*35]だというが、このような組織は間違いなく、世界を見渡しても似たものすら存在しない。

ザ・シティUKは、「イギリスの開発戦略および経済政策立案の中心に陣取る、統一的、戦略的、そして目的意識を明確に持ったシティー財務省結合体」として設立された。[*36]その公式発表による負託の中心は、「金融サービスセクターの競争力向上」を支援するとともに、「イギリスの金融サービス産業の重要性をより広範囲にイギリス市民およびその他大勢に対し説明、論証すること」としている。そして、その役員会と諮問委員会の委員は、イギリス、アメリカ、スイスの銀行の代表やジャージー島のようなタックスヘイブン、ビッグフォーの会計事務所の代表、その他の利益代表に占拠されている。その諮問委員会の頂点である委員長は、シティ・オブ・ロンドンの名誉市長だ。

ザ・シティUKはメディアのニュース編集室に向けて、金融サービスがイギリス経済にもたらすメリットを挙げた報告書を雨あられと浴びせている。最近では2017年後半に、金融サービ

訳注4　シティ・オブ・ロンドン自治体　ロンドンのシティ地区の行政機関。

スにおけるイギリスの貿易黒字、純額で770億ドルが、それに次ぐ黒字額を誇るアメリカとスイスの合計額よりも大きかったことを自慢していた。加えて、金融サービスは720億ドルもの年間税収に貢献し、100万人の雇用を生み出し、さらに120万人もが金融分野と関連する経営コンサルティングや法律、会計などの専門サービスに従事しているという。これらの驚くほど巨大な数字が、世論に与える影響も計り知れない。

しかし、ここまで読み進めてくださった読者には、あくまで一方の側の主張でしかないことがおわかりだろう。ザ・シティUKは、細心の注意を払って、肥大化しすぎた金融によりイギリスの他の経済分野が負担させられるコストにはあえて触れていない。従って、そのデータ自体も信用できない。また、前述の貢献と称する数字も、彼らの主張よりかなり小さいと思われる。[*37]

この他の分野が負担する計測不能なコストには、オランダ病[訳注★5]といわれるものもある。つまり、イギリスに流入する資金によって物価と為替レートが上昇したせいで、輸出価格が押し上げられ、輸出業者を直撃する。

また、頭脳流出も起こる。最も優秀な人材は、市民社会や政府機関から去り、シティの高収入の仕事に流れ、金融化が起こる。地域経済の歪みや格差の拡大も引き起こし、他の多くの要素と相俟って、民主主義や社会の団結を壊してしまう。さらに、たび重なる公的資金注入による銀行救済や銀行家に対するあからさまな訴追免除と刑事免責は、英政府と支配層に対する幅広い信頼の失墜を招いている。これらの多くの損失コストは測定不能だ。[*38] では、果たして民主主義の値段はいくらなのだろうか？　そして、社会の信頼失墜のコストは？

この本当の価値については、本書の序章でジェラルド・エプスタインとジュアン・モンテシーノが推計値を出そうとした額、すなわち英経済への打撃は、累計純額4兆5000億ポンドである。彼らも認める通り、この数字がいくつもの条件や不確定要素の影響を受けるのは、これまで本章の中で指摘してきた通りだ。しかし、ここで重要なのは、プラス要因だけを計測しているザ・シティUKの数字とは違い、これは方程式の両側の数字を含めて算出していることだ。こちらのほうがより信頼でき、より正直な推計である。そして、この推計ですら、とりわけ控え目で保守的と言えるのは、多くのコストが数値化できず、方程式に入っていないからだ。

それにもかかわらず、ザ・シティUKは金融セクターによるイギリス経済への貢献という、完全に偽りの、かつ無意味で一方的な話だけを盛んに喧伝している。加えて政府でさえも、手品のごとく統計数値を生み出すことを国家戦略の重要な事柄と位置づけ、公的支援を与えてきた。金融支配実現のための、なんと素晴らしい方策だろう！

これらの状況は、次の2つの大きな疑問を提起する。

第一に、もし法人税減税推進のため、または金融の規制緩和もしくは他の企業寄りの新自由主義的な政策支援のために巧みに使われてきたこれらの事実が存在しなかったとしたら――ここで指摘しておきたいのは、いくらあなたの用いるモデルが賢く誠実でも、正しい数値を算出するこ

訳注5　オランダ病　オランダで1950年代に天然ガスの発見により、その輸出収入に起因する通貨の大幅上昇が起きて競争力が低下し、産業が衰退した。そのことから天然資源の輸出拡大が国内産業を衰退させる現象のことをいう。

とは不可能なのだ——可哀想な政策立案者には、他に何か手立てがあるのだろうか？

まあ、見かけほど絶望的に難しいわけでもないだろう。肝心なのは証拠となるエビデンスで、その中には数字の果たす役割も含まれる。しかし、タチの悪い証拠は、ないよりも始末が悪い。また、表計算シートには載っていない、他の証拠も形を変えて出てくる。

その1つが現状・情勢分析と呼ばれるもので、それは賢明で良識ある議論をもとに判断したり、同僚や国民と公の場で胸襟を開いて意見交換をしたりすることだ。さらにこれを、パイオニア的存在の米経済学者ジェームズ・ヘンリーの「調査経済学」と呼ばれる新たな視点から補強していくのだ。さあ、肘掛け椅子から立ち上がって、不確実性を認識し、表計算シートが役立ちそうな部分を見極め、同時にそれが決定的に役に立たないところも把握しよう。外部の人たちとも意見交換しよう。本当は何が起こっているのか、自分の感覚と熱意で徹底的に調べ上げよう。誰が何を誰とどのように、そしてなぜ行っているのかを認識することが肝要だ。多くの経済学者にとって、これは難題である。経営的判断を日々行っている多忙な要人に電話をかけるのは怖いことかもしれないが、世界が実はどのように動いているのかについて理解を深める最高の方法である。

この他にも、データにそもそも反映されないが、政策立案者が道標とすべき2つの言葉がある。1つは「政治」で、もう1つが「民主主義」だ。この腹立たしいまでに民衆を裏切ってきたこの2つの概念の中にこそ、数世紀にも及ぶ人類の叡智が詰まっているのだ。これらこそが、私にとってはすべての政策の指針となるべき唯一の王道と考えている。

2つ目の疑問は、もし多国籍企業に影響を与える特定の政策の損失と利益の予測値がすべてごまかしなら、そもそもなぜそこから導き出された予測値を信じる必要があるのだろうか？

これに答えるには、少し前に我々の仲間の誠実な研究者が行った、国の経済構造の一部から生まれる利益部分のみ足し上げて、そこから測定不能かつ比較すらできない他の経済分野の損失を差し引く代わりに、一国の経済全体を包摂する基準を用い、長期にわたってこれらの政策が経済成長に与える影響を見ていくことに注力するマクロ的アプローチに立ち戻りたい。法人税に関しては、法人税減税が経済全体のごく一部しか占めていない上に、他の複雑に絡み合った多くの出来事の中から、減税の影響だけを取り出して計測するやり方は、不可能で現実的ではなかった。

しかし、金融はもっと大きな猛獣だ。この猛獣は、イギリスのGDPの10倍以上に匹敵する金融資産を有し、国の経済に占める規模が群を抜く大きさで、その十分に大きな規模ゆえ、もたらす影響を分析・計測する必要があるだろう。

不確実要素の多い中、我々の提示した数字のほうが、今起こっている事象を理解するための出発点としてはより適していると言える。その数字は、肥大化しすぎた英金融セクターが、国民に信じられないほどの巨額の負担を強いていることを如実に示している。本書では、このような負担がいかように仕組まれてきたか、その数多ある手口の一部を紹介してきた。まぎれもなく、イギリスは最悪の金融の呪いに侵されてきたのである。

終章

金融を社会に貢献するものとするために

2013年10月、北京を訪れた英財務大臣ジョージ・オズボーンは、ロンドンを、中国当局によって厳しく規制されてきた中国人民元建ての国際金融取引、投資・決済を行える世界トップのグローバル・センターにすることが、自分の「個人的使命」であると述べた。このオズボーンの訪中中で、英中は手始めに、外資系企業が人民元建てで中国に投資することを認める80億ポンド相当の枠をロンドンに与えること、そしてイギリスは、自国の銀行法の規制を曲げてまで、ロンドンでの中国の銀行の営業活動に対する監督を緩和することに合意し、署名した。

この訪問中、オズボーンは中国企業が英原子力発電所の株式を100%まで取得することを認めた。多くの合意を成し遂げた訪中の核心部分は、単なる交換条件付き取引でしかなかった。その中身は、英原発事業への参入を中国に認める代わりに、中国が公的規制を徐々に緩和している人民元取引において、シティが世界トップのグローバル・センターとしての地位を獲得するもので、シティにとっては喉から手が出るほど欲しい金融取引であった。*1

この2年後に中国の習近平主席がロンドンを訪問した際、この交換条件の中身が明らかになった。中国人民銀行は、中国国債300億人民元の売却を、史上初めて中国国外で通貨を問わず、シティの市場で行ったのである。しかも、この資金調達のタイミングは、サマセット州にある世界史上最も高額な原子力発電所、ヒンクリー・ポイントCの大半の所有権取得を、中国国営の中国広核電力（CGN）に対して認める署名をした数時間後のことだった。CGNは他にも2つの原発関連事業、サフォーク州にあるサイズウェルCとエセックス州にあるブラッドウェルBに参画する仮合意にも署名し、後者は完全に中国仕様となっていた。

訪英に際して習は、グリーンパークから41発の礼砲を、加えてロンドン塔から62発の礼砲を受け、さらにザ・モールを通ってバッキンガム宮殿までの道程を王室の馬車で女王と同乗した。両国の政府当局者は、これをもって英中の関係を「黄金の時期」と表現した。しかし、これよりわずか3ヶ月前に、米当局者らはCGNを、原発関連機密情報を20年以上の長期にわたり盗み取る陰謀に参画していた、として起訴していた。

テリーザ・メイが2016年7月に首相に就任すると、彼女は安全保障上の理由から原発関連の計画承認を一時停止した。だが、その2ヶ月後にはシティからの圧力と、中国側からの、拒否は「中英の黄金時代」を傷つけるとした「再三にわたる警告」を受け、ゴーサインを出した。

経済的観点から見たヒンクリー・ポイントCの計画は、ある専門家によれば「ばかばかしいほど酷い」という。それは、金融面のみならず、技術的にリスクが大きいことと、稼働予定の2025年以降は、再生可能エネルギーの登場と「スマートグリッド」技術の導入によって、より安価で安全な代替エネルギーに取って代わられ廃れてしまう可能性も高いからだ。このプロジェクトが予定通り実行されれば、これを助成するために、消費者たる英国民は、通常の電気料金に加えて何百億ポンドも支払わされることになりかねない。[*2]

英原発政策の迷走の原因は、例えば巨額の資金をちらつかせて主導権を握ろうとする利害関係者によるロビー活動や、将来の電気料金設定に関する明確な意見の不一致など、複雑に絡み合うさまざまな理由によるもので、その結果、経済的に実行不可能な原発事業を推進しようとしている。しかし、もう1つの考慮すべき重要な理由は、イギリス軍の核戦力部隊の支援である。この部隊を支える民間の核開発計画なしには、核兵器計画に必要な関連知識・技術の協調体制を維持することは難しい。そして、この最後の理由こそが、金融よりも究極的に重要な国家安全保障を天秤にかけていいのかという議論に繋がるのだ。

イギリスの原子力と安全保障の専門家らは、この機密に溢れた敏感な産業に中国が参入するというニュースに慄然とした。「彼らが発電所を建設すれば、我々のエネルギーインフラの心臓部に、サイバー鍵を用いるなどして裏口から入り込むことが可能となる」と心配するのは、英国防省などに助言を行う原子力の専門家でユニバーシティ・カレッジ・ロンドン[訳注★1]名誉上級研究員のポール・ドーフマンである。

「中国が信じられない方法でハッキングを行っているのは周知の事実だ。ほとんど悪い冗談のような話だ。OECD諸国の中で、中国を自国の核心的エネルギー施設や通信インフラの周辺に近寄らせるような国は、どこを探しても他にはない」

もちろん、ロシアのイギリスに対するサイバー攻撃をはじめ、シティおよび英支配層へ浸透した腐敗し切ったロシアの犯罪分子の活動を懸念するのは正しいとしても、中国——それも特に習近平下の中国共産党は、もっと奥深く数多の、そして多面的で長期にわたる潜在的な脅威をイギリスや西側諸国の安全保障に突きつけている。

中国の産業振興および強い経済を築き上げてきた中国共産党の政策は、数億もの中国人民を貧困から抜け出させる素晴らしい成果を生んだ。中国工業化の奇跡は、今では誰もが享受する中国からの低価格の輸入品のみならず、多くの経済効果を世界中に行き渡らせた。しかし、それですべてではない。1970年代以降、世界貿易に門戸を開いた中国であったが、中国共産党の抑圧的な態度は変わらなかった。これは多くの場合、人権問題と呼ばれている――例えば、中国はダライ・ラマを「僧衣をまとった狼」と呼んで攻撃していることなどが有名だが、西側諸国にとっての問題や脅威はもっと幅広い分野に及ぶ。

かつて習の言った「外国を中国に奉仕させる」という計画の下、中国共産党はグローバルな野望を抱いている。それは世界制覇を達成するために、巨大な1つの目的に向かってあらゆるものを包摂した三次元のグローバル・チェスを勝ち抜くという計画だ。その「中国共産党中央統一戦線工作部」は、推定およそ年間100億ドルを国家予算から割り当てられ、その資金で中国共産党の本国での政治的コントロールの強化や、海外での影響力拡大のために「明確に標的にしたグループや個人を誘惑し、仲間へ引き込み、または攻撃」を仕掛け、機密情報を集めている。統一戦線の訓練マニュアルには、これらの戦略的行為が「勝利を奪取するために、1万個の問題を取

訳注1　ユニバーシティ・カレッジ・ロンドン　ロンドン大学を構成するカレッジの1つ。

り除いてくれる巨大な魔法の武器である」と書かれている。

中国の新たな、グローバルに展開される独断的な自己主張は、急成長し影響力を急拡大させてきた新興国としては驚くことでもない。その先鋭的な戦略をことさらイギリス人が非難することは、お笑い種《ぐさ》だろう。翻ってみれば、過去数世紀にわたり、イギリス自身が世界支配に注力して、冷酷な拡大主義で他国を食い物にしてきたのだ。そして、その後の大英帝国の崩壊でその地位を引き継いだスーパー・パワーとしてのアメリカも――控えめに言っても、世界に対してつねに博愛的リーダーシップを示した好例とは言えない。例えば、特にここ数十年の間にかなり寡頭政治化したこと、さらに金融化による経済拡張や「世界規模でのテロとの戦い」などがその証左であろう。

しかし、我々が自身の偽善的行為およびこれまでの度重なるグローバル・パワーを行使してきた恥ずべき歴史と向き合わなければならないとしても、このたびの中国の台頭は、単なる醜い覇権国の入れ替えという話では到底済まない。このシフトは、これまで我々が最も大切にしてきた貴い理想や信念の多くを、潜在的な見えない脅威に晒すのだ。自由の価値観の根幹を成す表現の自由や信教の自由、学問の独立性や個人の人権は、中国共産党には忌み嫌われる受け入れ難い考え方だ。中国はこれらの理想・理念をできるところから――イギリスおよび西側諸国を含めて、徐々に打ち崩そうとしている。[*3] 西側民主主義諸国は、かつて中国に自由な価値観を輸出できると期待していた。しかし、すでに今やホームグラウンドで防戦を強いられ、これらの価値観を守りきれるかどうかの瀬戸際まで追い込まれている。

その間にも中国共産党や他の外国勢力は、第二次世界大戦以降、西側諸国の安全保障と、繁栄の基礎を築いた西側同盟を徹底的に破壊しようと目論んでいる。この目標達成のため、彼らは諸外国の社会の亀裂や弱みにつけ込もうとしている。これらの勢力は、すでにオーストラリアとニュージーランドでは相当な成功を収めており、そこでは大きな戦略の1つとして、「徐々にこれら2ヶ国をアメリカとの同盟から引き剝がし、中国に対する公の議論や批判を封じ込める」ために、特定の政界関係者に資金を流しているのだ。[*4]

このような中国の動きを勘案すれば、総じて分断的で社会の弱体化、寡頭政治への傾斜という結果をもたらす金融の呪いは、西側諸国の中では、イギリスが最も脆弱で中国の影響力を受けやすいことを意味している。2013〜16年の原発取引は、この浸透工作を受けた明らかな結果の1つであると同時に、2015年にシティの影響力でイギリスが中国主導のアジアインフラ投資銀行（AIIB）の創立メンバーに名を連ねる決断をしたのも同様の理由からだ。この決断に対し、米政府高官は公の場でイギリスを「つねに中国に便宜を図っている」と異例の形で強く非難した。イギリスは、シティの存在ゆえに特に脆弱なのだ。その理由は、中国共産党の英政府に対する群を抜く影響力の強さゆえである。これは次のような単純な公式の結果だ。中国共産党はシティの金融関係者に幅広い人脈を含む影響力を有しており、そのシティはとうの昔にイギリスの政策立案、規制、犯罪対策組織の大部分を制圧し、支配権を握ってしまっているのだ。

シティの危険なゲーム

その他にも表面化せず見えにくいものの、敵対的利害関係者らによる、シティを使っての有害な情報の拡散や影響力の行使も可能になっている。これまで大手銀行とも協働してきたアメリカのある反テロリズムの専門家は、世界で最悪のならず者に対するシティの好意的態度は、これまでに培われたイギリスの、アメリカの頼れる同盟国としての伝統的な立場を脅かしかねない、と指摘した。「私は常日頃から同僚に注意を促すべく、次のように呼び掛けている。イギリスがすべてにおいて我々の友人だと思うな――特に金融に関連するものについては。一般論としてイギリスは本当に危険な火遊びをしているように思う。アメリカはそろそろ――非常に冷静に、特にこの分野では、イギリスはどこまで我々の同盟国であるのか、もしくは敵対しているのか？　と自問し始めるだろう」

アメリカの一部の人たちは、シティの危険なゲームについて認識し始めている。イギリスは、これまでの行為に対して、国際的に「大きな代償」を払うことになるだろうし、その代償は、イギリスが思い込んでいる、ワシントンとの「特別な関係」によって軽減されることはないだろう、と語った。そして、「イギリスを犠牲にしなければならないと感じれば、アメリカは躊躇なくそうするだろう」とも。[*5]

これまでも本書の中で繰り返し見てきたように、シティによる英支配層の「取り込み・洗脳」方策は、競争力政策そのものである。すなわちその政策は、どこの国にも属さない根無し草的な、または外国資本の所有者たる株主の要求を満たさなければ、もっと歓迎してくれる場所へ移転するぞ、とつねに脅すことである。

シティは、これまでも必要とあらば、国内の他の産業分野の利益を損なってでも、つねに自らの利益を最優先してきた。それがもし国家の安全保障であっても、何ら変わることはない。シティの金融機関はたいてい、英国内の人々のために汗を流すより前に、株主、特に海外の株主に優先的に対応している。敵対する勢力はこれを熟知しているので、シティの企業や団体を使って意図的に情報を操作し、密かに影響力を伝播・行使することができる。

例えば、シティの最大規模を誇る獰猛な銀行、HSBCを取り上げてみよう。これは元々は香港上海銀行で、ロンドンに本拠を構える多国籍巨大企業だ。その海外を含む資産規模は、およそ2兆5000億ドルに上り、イギリスのGDPと同規模である。HSBCは2015年に「アジアへの軸足移動」という戦略を発表し、欧州や他の地域から、成長著しい世界経済牽引の中心であるアジアへとさまざまな資源を移した。そして2017年時点で、従業員の半数以上と、170億ドルにも上る彼ら全体の利益の90%近くがアジアで生み出され、その大半が香港と中国であるとコメントした。[*6] このことだけを見ても、HSBCが英政府より中国共産党の言うことを聞く可能性が高いと推察できるだろう。

しかし、それ以上に重要なのは、実はHSBCが英政府に指示を出すことが可能で、しかもそれをすでに実施していることを公に示していることだ。この銀行が好む手段の1つは、競争力政策をそのまま利用することで、それはすなわち、各業界に幅広く目立つように、銀行本部をロンドンに据え置くか、それとも香港に移転するかの「見直し」を定期的に発表していることだ。HSBCの幹部は、選別した特定のジャーナリストと権威ある学者を招いては、本部機能を国外に移転することを「検討している」などと、英国民に最大限の不安を与えるメッセージを出し続けている。そして、2016年に出された直近の論評は、シティに対する課税の低減と規制緩和策を政府に働きかけ、実現させた功績が多方面で高く評価されている。*7

もしイギリスが、特にシティの望む政策である中国人民元の国際化の旗振り役と、中国の金融機関のグローバルな展開計画において中心的役割を果たすことを追求し続けるならば、このルートを通じた中国共産党のイギリスへの影響力は増すばかり――ということは、言い換えれば、我々は中国共産党に対して、金融分野のみならず、他のさまざまな分野でもつねに出血を伴う譲歩を強いられ続けることを意味している。ブレグジットは、これまで享受してきた欧州市場へのアクセスの潜在的喪失が、イギリスにもっと「ビジネスに対してオープンである」ことを示せ、という各方面からの要求を高め、国民の不安をさらに助長することになりそうだ。

肥大化した金融とその競争力政策とは、私たちが最も受け入れたくない悪夢を、すでに招き入れてしまった開け放しの扉である。その悪夢とは、貧困、急拡大する格差、社会的分断と対立の増加、経済危機と停滞、越境する組織犯罪、法を欺きながらお咎めがなく、しかも我々国民に対して威張っている手に負えないエリート連中のことだ。この扉が閉められない限り、それも早急に閉じられない限り、より巨大でグローバルな脅威が忍び込み――それも核武装した武器で侵入してくるだろう。

この新たな競争は、多方面から多面的に展開されている。それは、経済、政策戦略、外交および軍事分野で進行中だ。世界中で今明らかになりつつあるのは、ロシアが西側諸国の分断を図り、その同盟関係を弱体化させようとしている一方で、中国共産党の行動は世界を長期的に支配し、他の国民の支配をも目論む、本当の意味での国家間の競争である。これまで本書の中で幾度も述べた競争力政策という名の下での国家間の金融化中心のまやかしの経済「競争」とは、まったくの別物である。イギリスは躍起になって、もっと怪しいカネを他に先駆けてシティに吸い寄せることで、まやかしの競争で先んずれば真の競争も勝ち抜ける、と信じているようだ。

ここまで書けば、これが勝利に結びつく戦略でないことは明らかだろう。実際には、金融の呪いは西側諸国が採用してはいけない戦略である。フィナンシャル・タイムズ紙のコラムニスト、ラナ・フォルーハーは、このことを次のように問題提起している。21世紀の戦略的競争という大きなグローバル・ゲームにおいて「果たしてどの国が一番、金融エリートたちをうまくコントロールできるのだろうか?」[*8]。

これらのエリート連中は、この金融化と金融の呪いに満ちた時代に、富の創造者ではなく、ますます富の搾取者として機能しており、我々の国を弱体化させている。ここで私はウィーブルズのCMソングを思い出してしまう。それは小さな卵型の起き上がりこぼしだ。宣伝文句は、「ウィーブルズはぐらぐらするけど、倒れない」。彼らが立っていられるのは、重心が下にあるからだ。現在の窮地に立たされた我が不公正な民主主義についても、同様のことが言えよう。経済活動の大半および重要な部分が、勤勉で貧しい層や中間層に維持されればされるほど、イギリスと西側諸国はより強く、そしてより団結できる。反対に、より多くの富が上層部に集中すればするほど、国としても倒れやすくなる。

富の搾取によって生じた不平等は特に危険で、分断にも繋がる。それは単に貧困層と中間層がますます無視され疎外感を感じるからとか、失うものがほとんどないとかではなく、億万長者連中は、自分たちが金持ちになった手口を悟られまいと、我々の注意を逸らせる必要を感じているからだ。それゆえ、彼らは古典的な政治的常套手段に立ち戻る。メディアに対する影響力を駆使して、人々の怒りを別の方向へ逸らせる――例えば肌の色の違いであったり、性的偏見であったり、宗教の違いなどである。かつて我々は、この憎しみに満ちた決まり文句と手口を嫌というほど経験してきている。

不毛な競争からの「一方的」離脱

読者には、この本を読んでぜひとも、「変化を実現するためには、自分に何ができるだろうか？」と自問していただきたい。

改革は難しいし、シティの権力は巨大で、最近の出来事には何一つ勇気づけられるものはない。しかし、幸運なことに、将来への明確な方向性は見えており、そして必要な変化を推し進めたい人々にとっての大きな可能性が、今まさに開かれようとしている。

どうすれば前進できるかを理解するために、まずは最近の改革の動向を学ぶことから始めればいいだろう。それは、タックスヘイブンに対する世界規模での反撃についてだ。ほとんどの人は、私の著作『タックスヘイブンの闇』が最初に出版された2011年までは、タックスヘイブンといえば、ヤシの木の生い茂る島々やスイスなどを思い浮かべるだけで、世界経済にとってのエキゾチックな余興程度の認識しか持っていなかった。しかし、それから事情は大きく変化し、パナマ文書の暴露に加え、それにまつわるタックスヘイブンのさまざまな実態解明が進む中で、より詳細に問題点が浮き彫りにされ、この問題がいかにグローバルに根深く浸透しているかが明らかになった。

今やグローバルに展開するタックスヘイブンが中心となって行った不正取引が世界経済に及ぼした悪影響や、英米両国がその中心であった事実について、異議を唱える人はほとんどいない。そして今では、パブや映画館の列に並びながら、タックスヘイブンについて怒りもあらわに議論する人々を見かけることも稀ではなくなった。イギリスをはじめ他の国々で、タックスヘイブンに対する人々の意識を目覚めさせ、成功に導いた動きには、目を見張るものがある。

ただ、国民の認識の変化の大きなうねりと世論の高まりにもかかわらず、実際のイギリスのタックスヘイブンに対する闘いの進捗状況は、これまでのところ迫力に欠ける感がある。これには当然のことながら、影響力を持つオフショアの利害関係者の抵抗以上に、いくつかの大きな理由がある。その1つは、オフショア・ゲームでイギリスの果たしている役割について、イギリス人は相反する感情を有していることが多い点だ。タックスヘイブンが他国に与えるダメージや悪影響について嘆くことはあっても、よそ者のために国内で立ち上がって闘うための協調体制を構築することには躊躇し、消極的である。そして、(小声で)シティがイギリスにもたらすカネが魅力的で大好きだ、と囁くのだ。

たとえタックスヘイブンの活用が有害な底辺への競争だと知っていたとしても、多くの人は、イギリスはグローバルな競争の渦中にあり、それが醜い競争であっても国のためには闘い続けなければならない、と溜め息交じりに嘆きつつ、この流れ込むカネが何らかの形で自分たちにも恩恵をもたらしている、と思い込んでいる。この不毛な競争を止める、もしくは抑制する唯一の方法は、国際的協調体制を通じて、多国間での休戦協定のようなものを結ぶことだ、と思い込んでいる人が多い。そして、この固定観念が新たなハードルを生み出してしまう。

例えば、国境を跨いで行動する多国籍企業に課税するような複雑な問題に対して、多国間の協力を得る作業は、トランポリン上のリスを追い回し、集めるよりも大変な作業だ。しかも、どの国でも、底辺への競争で金持ちになり、強大な権力を手にしたエリート連中には、自国が脱税に加担するよう仕向けるのに十分な見返りが存在する。また、ほとんどの有権者は、この複雑で個人的には関係のないグローバルな話には興味もない。それゆえに、人々を説得して、ＯＥＣＤの推奨する共通報告基準（各国が金融情報を共有して、グローバル金融に対する透明性を高める国際的枠組み）に対する支持を得るために、プラカードを持って街に繰り出す15万人もの群衆を集められればいいが、それは至難の業だろう。

だが、実は嬉しいことに、もっと強力にこれを前進させる方法があるのだ。

１９８３年公開の映画「ウォー・ゲーム」は、マシュー・ブロデリック扮するコンピュータ・オタクが、米国防総省のスーパーコンピュータにハッキングして侵入し、「世界全面核戦争」と呼ばれる戦略ゲームに引きずり込まれる話である。ゲームが現実と融合し始めると、結論に到達する前に、機械が幾千ものシナリオをシミュレートする。その結論は、「奇妙なゲームだ。このゲームに勝利する唯一の方法は、プレーしないことだ」[*9]。

我々も今、これと同じ立ち位置にいる。もし、金融過多が国の経済を害するとする金融の呪いの分析が正しければ、自国経済に占める金融の役割を縮減することが理に適っている――従って論理的に考えれば、我々は一方的にレースから離脱可能だし、自ら離脱すべきなのだ。

この「一方的」という言葉の意味が重要で、鍵となる。自ら主体的行動を起こす意義さえ理解できれば、イギリス経済と社会を、民主的に課税し、規制規範に基づいて管理監督を行うための共通の土台が確保できる。そうなればイギリスは、他国の潜在的な敵対的勢力、独占企業、タックスヘイブン運営者、プライベート・エクイティの大物、その他多くの富の搾取者の要求に応じる必要性をさほど感じなくなるだろう。

世界規模での協調、協力は役に立つし、可能な限りやる価値はあるが、我々が必要としている変化を起こすための必須条件ではない。そして、これから訪れるであろう嵐を前にして、国力強化というわかりやすい訴えかけは、金融の呪いの問題を、国益に関わる問題と捉え直して問題提起することにより、単にタックスヘイブンと闘うことを主眼にしていたときよりも、より多くの、そしてより影響力のある支持者を改革のために動員できる、という非常に大きなメリットをもたらすことになる。

金融の呪いからの解放を目指すと決めたなら、手始めに働きかけを行い、説得を試みる最適な対象がいくつかある。

タックスヘイブンに対する国際的な応戦は、もともと私も参加し協働してきたタックス・ジャスティス・ネットワークが主導してきた。その中でも、人々の関心を高めるために実施した特筆すべき重要な成功要因の1つは、専門性の高い、学際的な知識を結集したことで――そのために会計士、銀行家、弁護士、ジャーナリスト、経済学者を巻き込み、現在の支配層の一致した意見に対し、真に抜本的な意見を述べ、健全で力強く、妥協のない、時には過激とも思われる立場を取ることも厭わない意志の強さで臨んだことだった。

メディアも巻き込む一方で、異なる関係者それぞれを対象に、計画的に次から次へとタックスヘイブンの問題点を指摘し、自らの問題として捉えるよう彼らの覚醒を図り、説得していった。まず、発展途上国の支援に主眼を置くNGOに対し、タックスヘイブンがいかに、途上国に対する海外からの支援額以上の富を、当該国のエリート連中に収奪させる抜け道を提供しているかの実態について説明することから始めた。

次に、不平等な格差に懸念を抱くグループ、そして大銀行や多国籍企業の傲慢な力を恐れる組織、さらには地方における緊縮財政の影響を心配するグループなどに、多国籍企業や億万長者らが税金を支払わないのに、なぜ市民の側がさまざまな節減を強いられるのか、という問題提起を行ってきた。他にも労働組合、人権団体、さらにはタックスヘイブンの活動が原因で税収基盤が蝕まれているため、我々の提案を受け入れてくれそうな政府なども積極的に引き込んだ。いずれの場合も我々は、これら大きなプレーヤーがこの種の議論に強い関心を示してくれるよう必要な導火線役、または煽り役を演じることに徹し、ほどなく頼りになる強力な味方を数多く生み出すことに成功した。

このようなステップで、さらに関連する分野の覚醒を促すことができる。例えば、独占禁止政策も、タックスヘイブンに負けず劣らず大きな問題だ。イギリスと欧州には、独占を推進する支配層に対峙し得る制度も、力を持つ組織も存在しない。もっと厳しい表現をするなら、ほとんどの市民社会グループと彼らの資金提供者らは、この件に関しては寝ているも同然だ。また、タックスヘイブンとの闘いに関して言えば、さまざまな市場の腐敗に対する闘いであるから、格差問題や大規模化しすぎた企業権力に対する懸念を持つ伝統的左派の立場からだけでなく、さまざまな市場の腐敗や効率的な競争がなくなることを危惧する伝統的な右派の立場まで、政治的左右の立場に関係なく、横断的に協力し合い、同盟を築くことも可能である。

今こそ我が民主主義社会は、独占および独占企業の規制に関し、完璧で画期的な再評価を行うために、専門的・急進的な新しい市民運動を必要としている。そして、このような反撃勢力が今アメリカで生まれつつあり、その勢力の中心は、資金力は乏しいが広範な影響力を持つ専門家集団、オープン・マーケッツ・インスティチュートが担っている。[*10] これに似た組織と動きが、早急にイギリスと欧州にぜひとも必要だ。

新たな行動を起こす

この腐りきった現状を引っくり返すための新たな行動が必要だろう。イギリスの競争規制当局は、どのようにして、経済危機を引き起こした巨大すぎて潰せない銀行を、危機前よりもさらに巨大化することを許したのか？　なぜビッグフォーの会計事務所は、利益相反の原則に従って分割されないのか？　なぜアマゾンやグーグル、フェイスブックなどのＩＴ独占企業に対し、公共の利益に沿うように有効な規制をかけないのか？　そしてなぜ、これらの巨大ＩＴ企業が、広告やコンテンツ制作などの地道で大変な仕事をしているメディア・グループその他から吐き出させた利益のほとんどを、タックスヘイブンに流し込んでいるのを傍観しているのか？

また、ヴェブレンの比喩にあるキザなヒキガエルたちが、目の前を行き交うハエを逃さず捕まえるのに似て、「独占的中間業者」としての強力な利権団体の数々が、ネットワークに参加するすべてのプレーヤーから富を収奪するために、グローバル供給網の核心的要衝に居座るのをなぜ容認しているのか？　もちろん、これらを変えることは非常に難しいだろう。しかし、何らかの組織的反攻なしには、何も起こらない。

別の方法で金融の呪いに組みつく方法もある。これは、根本的には競争力政策とは真逆の発想で、「スマート資本管理」と呼べるかもしれない。この目的は、経済市場から出て行く資本の流れを管理するよりも、流入してくる資本を慎重に精査し、選別するものだ。この管理手法は、通常の国境における資本の流れに対し障壁を設けるのではなく、流入する資本を政策的に選択・管理できるようにすることで、我々をより危険なグローバルマネーから守り、経済がより良く機能するよう政策立案できるようにするものである。

例えば、旧ソ連諸国から英不動産市場へ流れ込む数十億ドルもの大量の資金は、総体的に見てイギリスに良い影響を与えてはいない。不動産所有者は、金持ちになった気分になり、不動産業者やシティの銀行家連中に棚ぼた利益をもたらす一方、その他の人々は不動産市場から締め出される。加えて、バブル景気を助長したり、不動産を保有する金持ち外国人に国の政治に不当に介入する機会を与えたりするなど、多くの問題を引き起こす危険性を孕んでいる。[*11]

このような資本流入を管理するための政策としては、不動産市場における特定の投資を明確に禁止することに始まり、極端なまでの透明性を要求し、英国内の不動産の受益者である所有者の名前を強制的に公開することまで考えられる。また、固定資産税については、所有する土地の1平方メートルごとに課すことで、英国内に不動産を所有する富裕外国人から税を取り立てる道を開き、その税収を、強制的に優先度の高い社会保障、例えばベーシック・インカム[訳注★2]等に充当することも可能だ。

固定資産税は、正しく設定できれば、課税逃れはできない。たとえ不可侵のクック諸島の信託の下、それを誰が所有し、管理していたとしても、また、受益者が誰であっても、きちんとした税額を毎年納めなければ、国はその土地（もしくはその一部）の権利を没収し、差し押さえ執行官を派遣して処分すればいいだけだ。この「スマート資本管理」は、不動産市場がバランスを取り戻すのに役立ち、不動産市場の過熱とバブル崩壊のリスクや空き家を減らし、格差の是正に貢献して、市場から潜在的な犯罪要素を排除することに役立つだろう。

訳注2　ベーシック・インカム　最低限の所得を保障する仕組み。

またこれとは別に、悪どいプライベート・エクイティから英国内へ流れ込む資本の流れを止める賢明な方法も見つけられるだろう。もし、この国内に向かう投資の流れが、国の生産性ある経済基盤を壊して空洞化させ、略奪するバールのようなものなら、ないほうがずっとマシだ。スマート資本管理の採用により、脱税を排除し、略奪の報酬を削ぎながら、一方で純粋に生産性のある雇用を生み出す真の投資に対しては、イギリスを開かれた市場として存続させ得る。

また、スマート資本管理政策の導入は、人民元取引のオフショア・ハブとしての機能を提供するロンドンの意欲に水を差すかもしれない、という別の利点もあるだろう。すなわち、人民元のハブ機能を有するということは、イギリスの政策立案に中国共産党が影響力を及ぼし行使する潜在的可能性が大きいだけでなく、イギリス経済における金融の規模拡大と影響力増大を招くこのような取引は、金融の呪いが示しているように、我々に被害しかもたらさないからだ。

スマート資本管理は、大銀行が資本に対する安全性を高めるためのバッファーを劇的に積み増すことを支持する。それはシティの利益を削減することになるが、一方で金融セクターをより安定させ、納税者のカネでギャンブルをする傾向を減らし、総じて国に大きな利益をもたらすことになるだろう。

さらにスマート資本管理は、この数十年で初めて、シティの秩序回復を図るために、シティにおける犯罪行為を取り締まるための権限と資源を警察に提供するだろう。また、イギリスが監督するタックスヘイブンに対して厳格な透明性を義務づけ、同時に、彼らに法的側面ならびに課税面からの抜け穴を、世界規模で展開する銀行や多国籍企業に提供しないよう強制することができれば、英国民も同じくその利益を享受することができるだろう。

要するに、悪を追い出し、良いものを維持温存していく大掃除を行うことが必要なのだ。イギリス経済はその大掃除が実施できれば、結果としてより強く成長し、多くの分野で成功を収め、利益を得られる。

これらはいずれも容易なことではない——短期的な混乱や、政治的にも何らかの副作用が生じることを覚悟しなければならないだろう。そして欧州の資本の自由移動の原則が、これらの革新的政策の邪魔をするかもしれない。しかし、すべては手の届くところまで来ている。これまでのところ、競争力政策はシティを守る一方、人々に現状変更の可能性について考えることすら妨害していることが証明された。人々は、民主主義と経済的繁栄はトレードオフの関係にあり、民主主義的考え方が強まればシティに損失を与え、それが我々の繁栄に水を差す、という誤った考えを信じ込まされてきた。

しかし、金融の呪いは、この競争力政策が億万長者に好意的な作り話で、今にも崩れそうな砂上の楼閣であることを明らかにした。大方の有能な経済学者は、すでにこの種の競争力にまつわる神話が愚かな話であることを知っているし、苦労しながら奮闘している全国の人々も、自分にとって無用であることを百も承知だ。だが、学者や主要メディアを見る限り、影響力を持つといわれている人々のほとんどがまだ真相を理解していないようだ。しかし、この障害物はけっこう簡単に除去することができ、撤去するための手段を、金融の呪いの分析が与えてくれている。トレードオフなどないのだ。

民主主義の深化は、これまで以上の繁栄はもとより、より高い経済成長の達成を意味している。加えて、より小さなシティこそが、シティにとってもより良いのだ。この障害物さえ除去できれば、抜本的な新たな政治的可能性の展望も開ける。もし序章の研究報告が暗示しているように、シティが4兆5000億ポンドもの損失をイギリス経済に負わせたのなら、金融の呪いの手法を逆手に取れば、逆に多大な利益をもたらすだろう。これは、イギリスのどの政党にとっても、計り知れない好機である。このような大胆なアプローチは、支配層の面々を狼狽させるだろうが、うまくやり遂げられれば、選挙を勝ち抜き、大成功を収められることを証明できるだろう。変化をあきらめている人たちほど、民主主義が実は強力な武器であり、今でも確かに息づいていることを忘れがちだ。

ブレグジットが前進すれば、イギリスの進路は二択になる。1つは、「テムズ川に浮かぶシンガポール」方式を追求すること、すなわち「競争力」を追求する島として、これまで以上に速く走り、世界中の寡頭政治家、犯罪者、脱税をする多国籍企業の富を追い求め、彼らに従属しながら自国の品位を下げていく道である。

もう1つの道を行き、自国民の利益を追求する道を選ぶこともできる。従って、我々は今、国の将来を左右する、とても重要な分岐点に立っている。今求められている変化は、革命的なものだ。しかし、我々はすでに好むと好まざるとにかかわらず、革命的な時代に突入している。トランプとブレグジットは、おそらくこれから訪れるであろう、時代のより大きな変化の予兆だろう。今急速に現実になりつつある、新たな脅威の数々、例えば増大しつつある金融の安定化を脅かすリスク、気候変動、ロシア、中国、独占的な市場支配力を増すＩＴ巨人と人工知能の出現、そして格差拡大による社会の分断などは、すべて西側社会の尺度や基準が失敗したことを如実に物語っている。

もし、あなたが正しい方向に変化を起こし、それを推進したいならば、できることはいくらでもある。政治的行動に移す、影響力のある改革グループへ寄付する、デモに参加する、などだ。もはや臆病ではいられない。フェイスブックで勇壮な言葉だけを並べ、あなたと同意見のお友達にメッセージを送るだけでは、不十分だ。たった一人でもいいから、あなたと反対の意見を持つ人に、我々の社会に存在する肥大化した金融センターの危険性に気づいてもらい、その問題点を心から理解してもらえれば、それだけでもあなたは大きな貢献を果たしたことになる。

古典的な政治的右派や左派の区分けはすでに過去のもので、死んだも同然だ。今日のイギリスにおける最大の政治的分断は、金融化および金融の呪いを支持する者と、金融を社会に貢献する本来のものとして、元のあるべき姿に戻すことを熱望する者たちとの間にある。

さあ、あなたはどちらの味方だろうか？

［著者］
ニコラス・シャクソン（Nicholas Shaxson）
イギリスのジャーナリスト。タックスヘイブン、金融センター、資源問題を中心に、「フィナンシャル・タイムズ」紙、「エコノミスト」誌などに寄稿している。NGO団体Tax Justice Networkの一員でもある。
著書に『Poisoned Wells: the Dirty Politics of African Oil』、『タックスヘイブンの闇』（朝日新聞出版）などがある。

［訳者］
平田光美（ひらた・てるみ）
慶應義塾大学法学部卒。同志社大学大学院でMBA取得。幼少期から中学時代までをロンドンで過ごす。大学では独占禁止法を中心とした国際経済法を専攻。バイリンガルとして大学在学中から翻訳に加え英会話を教え、国際会議や企業の会議通訳も務める。

平田完一郎（ひらた・かんいちろう）
慶應義塾大学経済学部卒。1970〜80年代に住友銀行ロンドン支店及び同行現地法人に14年間勤務。国際金融、為替ディーリング、証券各業務に携わる。スウェーデンの大手銀行スウェッドバンク及びスウェーデン地方金融公社の日本代表を務め、現在、スウェーデンの商社ガデリウスの監査役。

世界を貧困に導く ウォール街を超える悪魔

2021年11月２日　第１刷発行

著　者――ニコラス・シャクソン
訳　者――平田光美　平田完一郎
発行所――ダイヤモンド社
〒150-8409　東京都渋谷区神宮前6-12-17
https://www.diamond.co.jp/
電話／03·5778·7233（編集）　03·5778·7240（販売）
装幀――斉藤よしのぶ
イラスト――モノ・ホーミー
図版作成――浦郷和美
地図作成――伏田光宏(F's factory)
編集協力――佐藤和子　佐藤悠美子
校正――鷗来堂　三森由紀子
DTP製作――伏田光宏(F's factory)
製作進行――ダイヤモンド・グラフィック社
印刷――加藤文明社
製本――加藤製本
編集担当――酒巻良江

ISBN 978-4-478-10934-2